U0828388

| 一带一路双向投资丛书 |

中国双向投资政策指南 2016

徐绍史　主编
何立峰　宁吉喆　王晓涛　副主编

机械工业出版社
CHINA MACHINE PRESS

图书在版编目（CIP）数据

中国双向投资政策指南 . 2016 / 徐绍史主编 . —北京：机械工业出版社，2017.4

（一带一路双向投资丛书）

ISBN 978-7-111-56308-2

Ⅰ . ①中… Ⅱ . ①徐… Ⅲ . ①投资政策—中国—2016—指南 Ⅳ . ① F832.48-62

中国版本图书馆 CIP 数据核字（2017）第 050406 号

机械工业出版社（北京市百万庄大街 22 号 邮政编码 100037）

责任编辑：徐明煜 闫洪庆 责任校对：黄兴伟

封面设计：饶 薇 责任印制：李 飞

北京新华印刷有限公司印刷

2017 年 4 月第 1 版第 1 次印刷

170mm × 242mm · 33 印张 · 496 千字

标准书号：ISBN 978-7-111-56308-2

定价：180.00 元

凡购本书，如有缺页、倒页、脱页，由本社发行部调换

电话服务 网络服务

服务咨询热线：010-88361066 机 工 官 网：www.cmpbook.com

读者购书热线：010-68326294 机 工 官 博：weibo.com/cmp1952

010-88379203 金 书 网：www.golden-book.com

封面无防伪标均为盗版 教育服务网：www.cmpedu.com

编委会

丛书主编 徐绍史

丛书副主编 何立峰 宁吉喆 王晓涛

丛书编委（按姓氏笔画排序）

马 欣 王 赋 王东光 王汉春 王宏彬 王忠林
田富英 田锦尘 乔晓林 华弼天 刘 文 刘 颖
刘建兴 刘洪宽 汤 兹 安桂武 苏 伟 杨 扬
杨洪波 肖生滨 吴忠琼 吴海昆 何忠华 余 璟
宋 群 宋功美 宋华友 宋岗新 陈永久 陈震宁
欧晓理 周晓飞 赵建军 秦 柯 顾 强 顾大伟
柴利能 黄方方 曹文炼 梁文跃 韩庆东 程泽业
曾 松 谢建辉

丛书执行主编 曹文炼 宋 群

丛书执行副主编 宋功美 刘建兴

丛书编辑组（按姓氏笔画排序）

王 然 王 暘 王希君 王素荣 王善根 韦文峰
方 浩 尹 力 孔 梦 邓光荣 付燕晨 印宏亮
冯 燕 毕荣华 刘 哲 刘佳洁 孙雪珍 苏 闯
李 芃 李 昕 李忠益 李建书 李封序 李梓溪
李潭秋 杨 柳 吴成天 吴振娟 张文超 张文魁
张焕腾 陈柯先 邵建华 林树枫 杭佑飞 周金刚
赵心悦 郝思欢 荆佳鑫 胡 军 胡书国 段 娅
袁 刚 莫灵聪 徐 琰 徐加明 高新涛 郭琦峰
黄 睿 曹 阳 韩 彪 焦学利 曾 玉 谢恩年
蓝迪曦 谭 宁 潘继南 薛 毅

本册编者 焦学利 常 皓 李晓娟

序言

对外开放是我国的基本国策。开放是国家繁荣的必由之路。开放带来进步，封闭导致落后，这已为世界和我国发展实践所证明。党的十八届五中全会公报把开放作为五大发展理念的重要内容之一，指出“坚持开放发展，必须顺应我国经济深度融入世界经济的趋势，奉行互利共赢的开放战略，发展更高层次的开放型经济”。《中华人民共和国国民经济和社会发展第十三个五年规划纲要》提出，“十三五”时期要“全面推进双向开放，促进国内国际要素有序流动、资源高效配置、市场深度融合，加快培育国际竞争新优势”。推进双向开放，特别是加快促进双向投资，不断提升利用外资和对外投资，是新时期构建全方位开放新格局的重要内容。

2015 年，在世界经济普遍不景气的大环境下，中国经济仍保持了 6.9% 的中高速增长，对世界经济增长做出了应有的贡献。其中，中国的双向投资不仅交上了一份令人满意的答卷，而且呈现出六大新的发展格局。

新格局之一：中国双向投资总规模都位居全球第二，对外直接投资规模首次超过实际使用外资规模，并保持了快速增长势头。

2015 年，中国实际使用外资金额为 1355.77 亿美元，同比 2014 年增长 5.51%，比 2014 年增速快 1.8

个百分点；与此同时，中国对外直接投资为1456.7亿美元，同比2014年增长18.3%，比2014年增速快4.1个百分点，投资额是2002年的54倍，不仅实现连续13年的增长，而且年均增速高达35.9%。2015年，中国对外直接投资规模仅次于美国，实际使用外资规模位列全球第三，且“走出去”比“引进来”多100.7亿美元，首次成为资本的净输出国。

“十二五”时期，中国利用外资与对外直接投资总规模分别是“十一五”时期的1.5倍和2.4倍，这表明中国的开放程度与国际化发展能力水平都进入了一个新阶段。

新格局之二：在服务业已成为中国双向投资的重点领域的同时，出现了利用外资产业结构中第三产业持续增加，对外直接投资产业结构中第二产业比重增加的新特点。

2015年，中国利用外资的三个产业构成比为1.13∶32.16∶66.71。与2014年相比，第一、第二产业分别下降0.05、2.04个百分点，第三产业相应增加2.09个百分点。投资金额最多的主要产业领域依次排名是制造业、房地产业、金融业及批发零售业，共计占利用外资金额总量的77.34%。国内产业结构变动与利用外资产业结构变动的吻合，充分表明利用外资对推动中国产业结构升级起了重要的积极作用。

2015年中国对外直接投资已涵盖了国民经济的18个大类，对外直接投资金额的三个产业构成比为1.74∶27.5∶70.76。与2014年相比，第一、第二产业分别提升了0.44和2.2个百分点，相应第三产业下降了2.64个百分点。投资金额最多的主要产业领域依次排名是制造业199.9亿美元，同比增长108.5%，其中流向装备制造业100.5亿美元，占制造业的50.3%；金融业242.5亿美元，同比增长52.3%；信息传输软件和信息服务业68.2亿美元，同比增长115.2%。

新格局之三：香港仍是内地双向投资最大和最稳定的来源地与投资目的地，发达经济体在中国双向投资中出现了分化的新特点。

2015年，中国境内利用外资的来源地与对外直接投资地仍主要是亚洲，实际使用外资金额与对外直接投资流量都占七成以上（分别为82.32%和74.4%），其中来自香港的投资与内地对香港的投资都高达六成以上（分别为

63.7% 和 61.7%），基本与 2014 年持平，保持了稳定的态势。

2015 年，在外商投资来源地中，来自美国与欧盟 15 国的企业数量分别增长 5.53% 和 11.9%，但来自美国的实际投资金额同比下降了 11.8%，欧盟则增长了 3.55%。2015 年，在中国对外直接投资中，对美国的投资仅增长 5.7%，对欧盟、澳大利亚的投资则分别下降了 44% 和 16%，都大大低于去年同期增长两位数以上的水平。这表明，尽管随着中国经济综合实力的不断增强，以及中国企业发展经营实力的不断壮大，中国参与高端产业国际分工合作与竞争的能力正在大大提高，但对外投资的政治风险、市场风险、环境风险等也在逐步加大，成为影响着中国对外投资稳定发展的重要因素。

新格局之四：在中国双向投资的国内区域分布中，“东重中西轻”的格局没有根本变化，但中西部地区的作用正在逐步增强。

2015 年，东部地区仍是中国双向投资的主要地区，外商投资企业数量与投资金额占总量之比分别约为 88.41% 和 78.09%。相比之下，中部分别约为 7.04% 和 7.7%，西部分别约为 4.52% 和 7.34%，比重都仍较低，但一些中西部省份已经出现了较快发展的好势头。如中部的安徽省和湖南省，实际使用外资分别为 136.2 亿美元和 115.6 亿美元，分别增长 10.4% 和 12.7%；对外直接投资分别为 9.7 亿美元和 14.8 亿美元，分别增长 1.1 倍和 55.9%，均大大高于全国平均增速。又如西部的云南省和新疆维吾尔自治区，实际使用外资分别为 29.9 亿美元和 4.5 亿美元，分别增长 10.6% 和 8.5%；对外直接投资分别为 13.44 亿美元和 11.02 亿美元，分别增长 30.4% 和 37%，也均大大高于全国平均增速。这表明“一带一路”倡议带动的中西部大开发正在逐步形成中国新的经济增长极。

新格局之五：投资主体与投资方式的多元化已经成为中国双向投资的主要发展格局。

2015 年，外商独资、中外合资、中外合作及股份制等已成为中国利用外资的主要企业类型，但其中外商独资和中外合资占有九成，已成为主导。2015 年，在对外投资中，已形成了以有限责任公司为主导的，包括民营、股份制、个体、集体等多元化的投资主体。中国国有企业在对外直接投资中占比为 50.4%，较 2014 年同期下降了 3.2 个百分点，与此同时，非国有企业的比重持续上升为49.6%，表明非国有企业在“走出去”方面已成为重要的生力军。同时，中国对外投资已形成了并购投资、股权投资、收益再投资、债务工具投资等多种投资方式并存的多元化格局。

新格局之六：中国与“一带一路”沿线国家的双向投资跨入新阶段，国际产能与装备制造合作已成为中国对外投资的新亮点。

2015年，我国企业共对“一带一路”相关的49个国家进行了直接投资，投资额合计189.3亿美元，同比增长38.6%，投资主要流向新加坡、俄罗斯、印度尼西亚、阿联酋、印度、土耳其、越南、老挝、马来西亚、柬埔寨等国家。我国企业在“一带一路”相关的60个国家新签对外承包工程项目合同3987份，新签合同额926.4亿美元，占同期我国对外承包工程新签合同额的44.1%，同比增长7.4%；完成营业额692.6亿美元，占同期总额的45%，同比增长7.6%。2015年，“一带一路”沿线国家在华设立外商企业2164家，比2014年同期增长18.32%；实际使用外资金额77.89亿美元，比2014年同期增长25.34%，均大大高于同期全国的水平。这充分表明在全面推进建设“一带一路”的带动下，中国对“一带一路”沿线国家的投资正显示出强劲的发展势头与广阔的发展空间。

2015年中国企业在交通运输、电力、通信等优势产业的对外直接投资累计约116.6亿美元，同比增长80.2%。截至2015年年底，我国企业正在推进的境外经济合作区共计75个，其中一半以上是与产能合作密切相关的加工制造类园区，建区企业累计投资70.5亿美元；入区企业1209家；合作区累计总产值420.9亿美元，上缴东道国税费14.2亿美元，带动了纺织、服装、轻工、家电等优势传统行业优势富余产能向境外转移。境外投资、工程承包带动装备出口快速增长，大型成套设备出口额同比增长超过10%。中资企业通过国际产能合作优化全球布局，带动国内装备、技术、服务、标准和品牌走出去，促进了我国经济结构调整优化。这充分表明，中国积极推进国际产能和装备制造业合作的成效正在持续显现，国际产能与装备制造业合作正成为我国对外投资的新亮点。

在取得成绩的同时也应清醒看到，中国的双向投资仍存在诸多问题。就“引进来”方面，要进一步改善国内投资环境，提升外资的质量与水平，吸引与指导外资更好地为促进中国经济增长方式转变、产业结构转型升级服务。就“走出去”方面，由于中国企业“走出去”的时间相对较短，发展经验还有待进一步积累。特别是由于对外投资面临的国家多、领域宽，情况复杂多变，政治、经济、市场、文化、外交及人才等风险因素交错，更增加了中国企业对外投资的不确定性与难度。同时，在今后的对外投资发展中中国企业也还将要面临许多新形势、新问题，因此，特别需要加强对投资国国情、法律、市场等方面的深入了解与认识，不断积累经验，增强国际化运营能力，才能更好适应对外投资发展的新形势。

由国家发展和改革委员会国际合作中心组织编写的“一带一路双向投资丛书”，是一套为推动中国“引进来”与“走出去”双向投资良好发展，以信息服务指导为主要内容的工具书。丛书的主要特点：一是收集了2015年中国国家与各地方双向投资的发展情况，为全面了解中国双向投资发展情况提供了大量信息；二是汇集了最新推进国际产能和装备制造合作的相关政策，向境内外投资者展示中国开放的新政策及投资导向；三是提供了国际产能和装备制造合作重点国别研究报告，对境内外投资者深入了解投资国国情，把握市场动向，进行投资决策提供一定的帮助；四是收集了推进国际产能和装备制造合作的典型案例，包括地方案例和企业案例，以及重点行业研究报告，对境内外投资者进一步系统了解相关情况提供了多层面的大量信息。

我相信，丛书的出版将对各方面更加全面完整了解中国的双向投资提供有益的信息与情况，有助于更好推进“一带一路”建设，有助于推进国际产能和装备制造合作健康有序发展，促进中国企业的国际化进程和与世界各国的经贸合作交流。

徐绍史

（时任国家发展和改革委员会主任）

目录

双向投资篇

对外投资篇

外商及港澳台商投资篇

国内投资篇

双向投资篇

国家质量监督检验检疫总局《出入境特殊物品卫生检疫管理规定》

（总局令第 160 号）

《出入境特殊物品卫生检疫管理规定》已经 2014 年 12 月 4 日国家质量监督检验检疫总局局务会议审议通过，现予公布，自 2015 年 3 月 1 日起施行。

局　长

2015 年 1 月 21 日

出入境特殊物品卫生检疫管理规定

第一章　总　　则

第一条　为了规范出入境特殊物品卫生检疫监督管理，防止传染病传入、传出，防控生物安全风险，保护人体健康，根据《中华人民共和国国境卫生检疫法》及其实施细则、《艾滋病防治条例》《病原微生物实验室生物安全管理条例》和《人类遗传资源管理暂行办法》等法律法规规定，制定本规定。

第二条　本规定适用于入境、出境的微生物、人体组织、生物制品、血液及其制品等特殊物品的卫生检疫监督管理。

第三条　国家质量监督检验检疫总局（以下简称国家质检总局）统一管理全国出入境特殊物品的卫生检疫监督管理工作；国家质检总局设在各地的出入境检验检疫部门（以下简称检验检疫部门）负责所辖地区的出入境特殊物品卫生检疫监督管理工作。

第四条　出入境特殊物品卫生检疫监督管理遵循风险管理原则，在风险评估的基础上根据风险等级实施检疫审批、检疫查验和监督管理。

国家质检总局可以对输出国家或者地区的生物安全控制体系进行评估。

第五条　出入境特殊物品的货主或者其代理人，应当按照法律法规规定和相关标准的要求，输入、输出以及生产、经营、使用特殊物品，对社会和公众负责，保证特殊物品安全，接受社会监督，承担社会责任。

第二章　检疫审批

第六条　直属检验检疫局负责辖区内出入境特殊物品的卫生检疫审批（以下简称特殊物品审批）工作。

第七条　申请特殊物品审批应当具备下列条件：

（一）法律法规规定须获得相关部门批准文件的，应当获得相应批准文件；

（二）具备与出入境特殊物品相适应的生物安全控制能力。

第八条　入境特殊物品的货主或者其代理人应当在特殊物品交运前向目的地直属检验检疫局申请特殊物品审批。

出境特殊物品的货主或者其代理人应当在特殊物品交运前向其所在地直属检验检疫局申请特殊物品审批。

第九条　申请特殊物品审批的，货主或者其代理人应当按照以下规定提供相应材料：

（一）《入 / 出境特殊物品卫生检疫审批申请表》；

（二）出入境特殊物品描述性材料，包括特殊物品中英文名称、类别、成分、来源、用途、主要销售渠道、输出输入的国家或者地区、生产商等；

（三）入境人体血液、血浆、组织、器官、细胞、骨髓等，应当提供卫生主管部门的批准文件；

（四）入境、出境供移植用人体组织、细胞、器官、骨髓，应当提供医疗机构出具的供体健康证明和相关检验报告；

（五）入境用于预防、诊断、治疗人类疾病的生物制品、人体血液制品，应当提供国务院药品监督管理部门发给的进口药品注册证书；

（六）入境、出境特殊物品含有或者可能含有病原微生物的，应当提供病原微生物的学名（中文和拉丁文）、生物学特性的说明性文件（中英文对照件）以及生产经营者或者使用者具备相应生物安全防控水平的证明文件；

（七）出境用于预防、诊断、治疗的人类疾病的生物制品、人体血液制品，应当提供药品监督管理部门出具的销售证明；

（八）出境特殊物品涉及人类遗传资源管理范畴的，应当提供人类遗传资源管理部门出具的批准文件；

（九）使用含有或者可能含有病原微生物的出入境特殊物品的单位，应当提供与生物安全风险等级相适应的生物安全实验室资质证明，BSL-3 级以上实验室必须获得国家认可机构的认可；

（十）出入境高致病性病原微生物菌（毒）种或者样本的，应当提供省级以上人民政府卫生主管部门的批准文件。

第十条 申请人为单位的，首次申请特殊物品审批时，除提供本规定第九条所规定的材料以外，还应当提供下列材料：

（一）单位营业执照、组织机构代码证等证件复印件，同时交验原件；

（二）单位基本情况，如单位管理体系认证情况、单位地址、生产场所、实验室设置、仓储设施设备、产品加工情况、生产过程或者工艺流程、平面图等；

（三）生物安全体系文件，如特殊物品储存管理制度、使用管理制度、废弃物处置管理制度、专业人员管理制度、突发事件应急处置规程等。

申请人为自然人的，应当提供身份证复印件，同时交验原件。

出入境病原微生物或者可能含有病原微生物的特殊物品，其申请人不得为自然人。

第十一条 直属检验检疫局对申请人提出的特殊物品审批申请，应当根据下列情况分别作出处理：

（一）申请事项依法不需要取得特殊物品审批的，应当即时告知申请人不予受理；

（二）申请事项依法不属于本单位职权范围的，应当即时作出不予受理的决定，并告知申请人向有关行政机关或者其他直属检验检疫局申请；

（三）申请材料存在可以当场更正的错误的，应当允许申请人当场更正；

（四）申请材料不齐全或者不符合法定形式的，应当当场或者自收到申请材料之日起 5 日内一次性告知申请人需要补正的全部内容。逾期不告知的，自收到申请材料之日起即为受理；

（五）申请事项属于本单位职权范围，申请材料齐全、符合法定形式，或者申请人按照本单位的要求提交全部补正申请材料的，应当受理行政许可申请。

第十二条 直属检验检疫局对申请材料应当及时进行书面审查。并可以根据情况采取专家资料审查、现场评估、实验室检测等方式对申请材料的实质内容进行核实。

第十三条 申请人的申请符合法定条件、标准的，直属检验检疫局应当自受理之日起 20 日内签发《入/出境特殊物品卫生检疫审批单》（以下简称

《特殊物品审批单》)。

申请人的申请不符合法定条件、标准的，直属检验检疫局应当自受理之日起 20 日内作出不予审批的书面决定并说明理由，告知申请人享有依法申请行政复议或者提起行政诉讼的权利。

直属检验检疫局 20 日内不能作出审批或者不予审批决定的，经本行政机关负责人批准，可以延长 10 日，并应当将延长期限的理由告知申请人。

采取专家资料审查、现场评估、实验室检测等方式审查的时间不计入审批期限，但应当书面告知申请人所需时间。

第十四条 《特殊物品审批单》有效期如下：

（一）含有或者可能含有高致病性病原微生物的特殊物品，有效期为 3 个月。

（二）含有或者可能含有其它病原微生物的特殊物品，有效期为 6 个月。

（三）除上述规定以外的其它特殊物品，有效期为 12 个月。

《特殊物品审批单》在有效期内可以分批核销使用。超过有效期的，应当重新申请。

第三章 检疫查验

第十五条 入境特殊物品到达口岸后，货主或者其代理人应当凭《特殊物品审批单》及其他材料向入境口岸检验检疫部门报检。

出境特殊物品的货主或者其代理人应当在出境前凭《特殊物品审批单》及其他材料向其所在地检验检疫部门报检。

报检材料不齐全或者不符合法定形式的，检验检疫部门不予入境或者出境。

第十六条 受理报检的检验检疫部门应当按照下列要求对出入境特殊物品实施现场查验，并填写《入 / 出境特殊物品卫生检疫现场查验记录》：

（一）检查出入境特殊物品名称、成分、批号、规格、数量、有效期、运输储存条件、输出 / 输入国和生产厂家等项目是否与《特殊物品审批单》的内容相符。

（二）检查出入境特殊物品包装是否安全无破损，不渗、不漏，存在生物安全风险的是否具有符合相关要求的生物危险品标识。

入境口岸查验现场不具备查验特殊物品所需安全防护条件的，应当将特殊物品运送到符合生物安全等级条件的指定场所实施查验。

第十七条　对需实验室检测的入境特殊物品，货主或者其代理人应当按照口岸检验检疫部门的要求将特殊物品存放在符合条件的储存场所，经检疫合格后方可移运或者使用。口岸检验检疫部门不具备检测能力的，应当委托有相应资质的实验室进行检测。

含有或者可能含有病原微生物、毒素等生物安全危害因子的入境特殊物品的，口岸检验检疫部门实施现场查验后应当及时电子转单给目的地检验检疫部门。目的地检验检疫部门应当实施后续监管。

第十八条　邮寄、携带的出入境特殊物品，不能提供《特殊物品审批单》的，检验检疫部门应当予以截留并出具截留凭证，截留期限不超过 7 天。

邮递人或者携带人在截留期限内补交《特殊物品审批单》后，检验检疫部门按照本规定第十六条规定进行查验，经检疫查验合格的予以放行。

第十九条　携带自用且仅限于预防或者治疗疾病用的血液制品或者生物制品出入境的，不需办理卫生检疫审批手续，出入境时应当向检验检疫部门出示医院的有关证明；允许携带量以处方或者说明书确定的一个疗程为限。

第二十条　供移植用人体组织因特殊原因不能提供《特殊物品审批单》的，入境、出境时检验检疫部门实施检疫查验后先予放行，货主或者其代理人应当在放行后 10 日内补办特殊物品审批手续。

第二十一条　口岸检验检疫部门对经卫生检疫符合要求的出入境特殊物品予以放行。有下列情况之一的，由口岸检验检疫部门签发《检验检疫处理通知书》，予以退运或者销毁：

（一）名称、批号、规格、生物活性成分等与特殊物品审批内容不相符的；

（二）超出卫生检疫审批的数量范围的；

（三）包装不符合特殊物品安全管理要求的；

（四）经检疫查验不符合卫生检疫要求的；

（五）被截留邮寄、携带特殊物品自截留之日起 7 日内未补交《特殊物品审批单》的，或者提交《特殊物品审批单》后，经检疫查验不合格的。

口岸检验检疫部门对处理结果应当做好记录、归档。

第四章　监督管理

第二十二条　出入境特殊物品单位，应当建立特殊物品安全管理制度，严格按照特殊物品审批的用途生产、使用或者销售特殊物品。

出入境特殊物品单位应当建立特殊物品生产、使用、销售记录。记录应当真实，保存期限不得少于 2 年。

第二十三条　检验检疫部门对出入境特殊物品实施风险管理，根据出入境特殊物品可能传播人类疾病的风险对不同风险程度的特殊物品划分为不同的风险等级，并采取不同的卫生检疫监管方式。

出入境特殊物品的风险等级及其对应的卫生检疫监管方式由国家质检总局统一公布。

第二十四条　需实施后续监管的入境特殊物品，其使用单位应当在特殊物品入境后 30 日内，到目的地检验检疫部门申报，由目的地检验检疫部门实施后续监管，未经检验检疫部门同意，不得擅自使用。

第二十五条　检验检疫部门对入境特殊物品实施后续监管的内容包括：

（一）使用单位的实验室是否与《特殊物品审批单》一致；

（二）入境特殊物品是否与《特殊物品审批单》货证相符。

第二十六条　在后续监管过程中发现下列情形的，由检验检疫部门撤回《特殊物品审批单》，责令其退运或者销毁：

（一）使用单位的实验室与《特殊物品审批单》不一致的；

（二）入境特殊物品与《特殊物品审批单》货证不符的。

检验检疫部门对后续监管过程中发现的问题，应当通报原审批的直属检验检疫局。情节严重的应当及时上报国家质检总局。

第二十七条　检验检疫部门工作人员应当秉公执法、忠于职守，在履行职责中，对所知悉的商业秘密负有保密义务。

第五章　法律责任

第二十八条　违反本规定，有下列情形之一的，由检验检疫部门按照《中华人民共和国国境卫生检疫法实施细则》第一百一十条规定处以警告或者 100 元以上 5000 元以下的罚款：

（一）拒绝接受检疫或者抵制卫生检疫监督管理的；

（二）伪造或者涂改卫生检疫单、证的；

（三）瞒报携带禁止进口的微生物、人体组织、生物制品、血液及其制品或者其他可能引起传染病传播的动物和物品的。

第二十九条　违反本规定，有下列情形之一的，有违法所得的，由检验检疫部门处以 3 万元以下的罚款：

（一）以欺骗、贿赂等不正当手段取得特殊物品审批的；

（二）未经检验检疫部门许可，擅自移运、销售、使用特殊物品的；

（三）未向检验检疫部门报检或者提供虚假材料，骗取检验检疫证单的；

（四）未在相应的生物安全等级实验室对特殊物品开展操作的或者特殊物品使用单位不具备相应等级的生物安全控制能力的；未建立特殊物品使用、销售记录或者记录与实际不符的；

（五）未经检验检疫部门同意，擅自使用需后续监管的入境特殊物品的；

（六）先予放行的供移植用人体组织，其申请人未在放行后 10 日内补办特殊物品审批手续的。

第三十条　出入境特殊物品的货主或者其代理人拒绝、阻碍检验检疫部门及其工作人员依法执行职务的，依法移送有关部门处理。

第三十一条　检验检疫部门工作人员徇私舞弊、滥用职权、玩忽职守，违反相关法律法规的，依法给予行政处分；情节严重，构成犯罪的，依法追究刑事责任。

第三十二条　对违反本办法，引起检疫传染病传播或者有引起检疫传染病传播严重危险的，依照《中华人民共和国刑法》的有关规定追究刑事责任。

第六章　附　　则

第三十三条　本规定下列用语的含义：

微生物是指病毒、细菌、真菌、放线菌、立克次氏体、螺旋体、衣原体、支原体等医学微生物菌（毒）种及样本以及寄生虫、环保微生物菌剂。

人体组织是指人体细胞、细胞系、胚胎、器官、组织、骨髓、分泌物、排泄物等。

人类遗传资源是指含有人体基因组，基因及其产物的器官、组织、细胞、血液、制备物、重组脱氧核糖核酸（DNA）构建体等遗传材料及相关的信息资料。

生物制品是指用于人类医学、生命科学相关领域的疫苗、抗毒素、诊断用试剂、细胞因子、酶及其制剂以及毒素、抗原、变态反应原、抗体、抗原－抗体复合物、核酸、免疫调节剂、微生态制剂等生物活性制剂。

血液是指人类的全血、血浆成分和特殊血液成分。

血液制品是指各种人类血浆蛋白制品。

出入境特殊物品单位是指从事特殊物品生产、使用、销售、科研、医疗、检验、医药研发外包的法人或者其他组织。

第三十四条　进出口环保用微生物菌剂卫生检疫监督管理按照《进出口环保用微生物菌剂环境安全管理办法》（环境保护部、国家质检总局令第10号）的规定执行。

第三十五条　进出境特殊物品应当实施动植物检疫的，按照进出境动植物检疫法律法规的规定执行。

第三十六条　本规定由国家质检总局负责解释。

第三十七条　本规定自2015年3月1日起施行，国家质检总局2005年10月17日发布的《出入境特殊物品卫生检疫管理规定》（国家质检总局令第83号）同时废止。

国务院关于加快发展服务贸易的若干意见

（国发〔2015〕8号）

各省、自治区、直辖市人民政府，国务院各部委、各直属机构：

近年来，我国服务贸易发展较快，但总体上国际竞争力相对不足，仍是对外贸易“短板”。大力发展服务贸易，是扩大开放、拓展发展空间的重要着力点，有利于稳定和增加就业、调整经济结构、提高发展质量效率、培育新的增长点。为适应经济新常态，加快发展服务贸易，现提出以下意见：

一、总体要求

（一）指导思想。深入贯彻党的十八大和十八届二中、三中、四中全会精神，以深化改革、扩大开放、鼓励创新为动力，着力构建公平竞争的市场环境，促进服务领域相互投资，完善服务贸易政策支持体系，加快服务贸易自由化和便利化，推动扩大服务贸易规模，优化服务贸易结构，增强服务出口能力，培育“中国服务”的国际竞争力。

（二）基本原则。深化改革，扩大开放。深化服务业改革，放宽服务领域投资准入，减少行政审批事项，打破地区封锁和行业垄断，破除制约服务业发展的体制机制障碍；坚持有序推进服务业开放，以开放促改革、促发展、促创新。

市场竞争，政府引导。发挥市场在服务贸易领域资源配置中的决定性作用，着力激发各类市场主体发展新活力；强化政府在制度建设、宏观指导、营造环境、政策支持等方面的职责，更好发挥政府引导作用。

产业支撑，创新发展。注重产业与贸易、货物贸易与服务贸易协调发展。依托制造业优势发展服务贸易，带动中国服务“走出去”；发挥服务贸易的支

技术出口。支持知识产权境外登记注册，加强知识产权海外布局，加大海外维权力度，维护企业权益。

三、政策措施

（十一）加强规划引导。发挥规划的引领作用，定期编制服务贸易发展规划。指导地方做好规划工作，确立主导行业和发展重点，扶持特色优势行业发展。加强对重点领域的支持引导，制订重点服务出口领域指导目录。建立不同层级的重点企业联系制度。

（十二）完善财税政策。充分利用外经贸发展专项资金等政策，加大对服务贸易发展的支持力度，进一步优化资金安排结构，突出政策支持重点，完善和创新支持方式，引导更多社会资金加大对服务贸易发展的支持力度，拓宽融资渠道，改善公共服务。结合全面实施“营改增”改革，对服务出口实行零税率或免税，鼓励扩大服务出口。

（十三）创新金融服务。加强金融服务体系建设，鼓励金融机构在风险可控的前提下创新金融产品和服务，开展供应链融资、海外并购融资、应收账款质押贷款、仓单质押贷款、融资租赁等业务。鼓励政策性金融机构在现有业务范围内加大对服务贸易企业开拓国际市场、开展国际并购等业务的支持力度，支持服务贸易重点项目建设。鼓励保险机构创新保险品种和保险业务，探索研究推出更多、更便捷的外贸汇率避险险种，在风险可控的前提下采取灵活承保政策，简化投保手续。引导服务贸易企业积极运用金融、保险等多种政策工具开拓国际市场，拓展融资渠道。推动小微企业融资担保体系建设，积极推进小微企业综合信息共享。加大多层次资本市场对服务贸易企业的支持力度，支持符合条件的服务贸易企业在交易所市场上市、在全国中小企业股份转让系统挂牌、发行公司债和中小企业私募债等。

（十四）提高便利化水平。建立和完善与服务贸易特点相适应的口岸通关管理模式。探索对会展、拍卖、快递等服务企业所需通关的国际展品、艺术品、电子商务快件等特殊物品的监管模式创新，完善跨境电子商务通关服务。加强金融基础设施建设，便利跨境人民币结算，鼓励境内银行机构和支付机构扩大跨境支付服务范围，支持服务贸易企业采用出口收入存放境外等方式提高外汇资金使用效率。加强人员流动、资格互认、标准化等方面的国际磋商与合作，为专业人才和专业服务“引进来”和“走出去”提供便利。为外籍高端人才办理在华永久居留提供便利。

（十五）打造促进平台。支持商协会和促进机构开展多种形式的服务贸易促进活动，通过政府购买服务的形式整体宣传“中国服务”，提升服务贸易品牌和企业形象。支持企业赴境外参加服务贸易重点展会。积极培育服务贸易交流合作平台，形成以中国（北京）国际服务贸易交易会为龙头、以各类专业性展会论坛为支撑的服务贸易会展格局，鼓励其他投资贸易类展会增设服务贸易展区。积极与主要服务贸易合作伙伴和“一带一路”沿线国家签订服务贸易合作协议，在双边框架下开展务实合作。

四、保障体系

（十六）健全法规体系。加快推进相关服务行业基础性法律制修订工作，逐步建立和完善服务贸易各领域法律法规体系，规范服务贸易市场准入和经营秩序。研究制定或完善有关服务进出口的相关法规。鼓励有条件的地方出台服务贸易地方性法规。建立与国际接轨的服务业标准化体系。

（十七）建立协调机制。建立国务院服务贸易发展协调机制，加强对服务贸易工作的宏观指导，统筹服务业对外开放、协调各部门服务出口政策、推进服务贸易便利化和自由化。各地要将大力发展服务贸易作为稳定外贸增长和培育外贸竞争新优势的重要工作内容，纳入政府考核评价指标体系，完善考核机制。

（十八）完善统计工作。建立和完善国际服务贸易统计监测、运行和分析体系，健全服务贸易统计指标体系，加强与国际组织、行业协会的数据信息交流，定期发布服务贸易统计数据。创新服务贸易统计方法，加强对地方服务贸易统计工作的指导，开展重点企业数据直报工作。

（十九）强化人才培养。大力培养服务贸易人才，加快形成政府部门、科研院所、高校、企业联合培养人才的机制。加大对核心人才、重点领域专门人才、高技能人才和国际化人才的培养、扶持和引进力度。鼓励高等学校国际经济与贸易专业增设服务贸易相关课程。鼓励各类市场主体加大人才培训力度，开展服务贸易经营管理和营销服务人员培训，建设一支高素质的专业人才队伍。

（二十）优化发展环境。积极营造全社会重视服务业和服务贸易发展的良好氛围。清理和规范服务贸易相关法律法规和部门规章，统一内外资法律法规，培育各类市场主体依法平等进入、公平竞争的营商环境。推动行业协会、商会建立健全行业经营自律规范、自律公约和职业道德准则，规范会员行为，推进行业诚信建设，自觉维护市场秩序。

五、组织领导

（二十一）各地区、各有关部门要从全局和战略的高度，充分认识大力发展服务贸易的重要意义，根据本地区、本部门、本行业实际情况，制订出台行动计划和配套支持政策。各地区要建立工作机制，结合本地实际，积极培育服务贸易特色优势产业。各有关部门要密切协作，形成合力，促进产业政策、贸易政策、投资政策的良性互动，积极营造大力发展服务贸易的政策环境。

附件：重点任务分工及进度安排表

国务院

2015 年 1 月 28 日

附件

重点任务分工及进度安排表

序号	工作任务	负责部门	时间进度
1	在有条件的地区开展国际服务贸易创新发展试点。依托现有各类开发区和自由贸易试验区规划建设一批特色服务出口基地。	商务部牵头，发展改革委、财政部、海关总署、质检总局参加	2015年上半年启动
2	拓展海关特殊监管区域和保税监管场所的服务出口功能，扩充国际转口贸易、国际物流、中转服务、研发、国际结算、分销、仓储等功能。	海关总署牵头，发展改革委、财政部、商务部、人民银行、税务总局、质检总局等参加	持续实施
3	探索对外商投资实行准入前国民待遇加负面清单的管理模式。	发展改革委、商务部牵头，相关部门参加	2015年3月实施
4	积极参与多边、区域服务贸易谈判和全球服务贸易规则制定。建立面向全球的高标准自由贸易区网络，依托自由贸易区战略实施，积极推动服务业双向互惠开放。基本实现内地与港澳服务贸易自由化。推动大陆与台湾服务业互利开放。	商务部牵头，发展改革委、港澳办、台办参加	持续实施
5	支持各类服务业企业通过新设、并购、合作等方式，在境外开展投资合作，加快建设境外营销网络，增加在境外的商业存在。	发展改革委、商务部牵头	持续实施
6	支持服务业企业参与投资、建设和管理境外经贸合作区。鼓励企业建设境外保税仓，积极构建跨境产业链，带动国内劳务输出和货物、服务、技术出口。	商务部牵头，发展改革委、财政部、海关总署、贸促会参加	持续实施
7	支持知识产权境外登记注册，加强知识产权海外布局，加大海外维权力度，维护企业权益。	知识产权局、商务部牵头	持续实施
8	发挥规划的引领作用，定期编制服务贸易发展规划。指导地方做好规划工作，确立主导行业和发展重点，扶持特色优势行业发展。	商务部	持续实施
9	加强对重点领域的支持引导，制订重点服务出口领域指导目录。	商务部	2015年上半年实施
10	充分利用外经贸发展专项资金等政策，加大对服务贸易发展的支持力度，进一步优化资金安排结构，突出政策支持重点，完善和创新支持方式，引导更多社会资金加大对服务贸易发展的支持力度，拓宽融资渠道，改善公共服务。	财政部、商务部	持续实施

（续）

序号	工作任务	负责部门	时间进度
11	结合全面实施“营改增”改革，对服务出口实行零税率或免税，鼓励扩大服务出口。	财政部、税务总局牵头，商务部参加	持续实施
12	鼓励金融机构在风险可控的前提下创新金融产品和服务，开展供应链融资、海外并购融资、应收账款质押贷款、仓单质押贷款、融资租赁等业务。	银监会牵头，人民银行、商务部参加	持续实施
13	鼓励政策性金融机构在现有业务范围内加大对服务贸易企业开拓国际市场、开展国际并购等业务的支持力度，支持服务贸易重点项目建设。	银监会牵头，人民银行、商务部参加	持续实施
14	鼓励保险机构创新保险品种和保险业务，探索研究推出更多、更便捷的外贸汇率避险险种，在风险可控的前提下采取灵活承保政策，简化投保手续。	保监会	持续实施
15	加大多层次资本市场对服务贸易企业的支持力度，支持符合条件的服务贸易企业在交易所市场上市、在全国中小企业股份转让系统挂牌、发行公司债和中小企业私募债等。	证监会、发展改革委	持续实施
16	建立和完善与服务贸易特点相适应的口岸通关管理模式。探索对会展、拍卖、快递等服务企业所需通关的国际展品、艺术品、电子商务快件等特殊物品的监管模式创新，完善跨境电子商务通关服务。	海关总署牵头，财政部、商务部、税务总局、质检总局、邮政局参加	持续实施
17	加强金融基础设施建设，便利跨境人民币结算，鼓励境内银行机构和支付机构扩大跨境支付服务范围，支持服务贸易企业采用出口收入存放境外等方式提高外汇资金使用效率。	人民银行、外汇局	持续实施
18	加强人员流动、资格互认、标准化等方面的国际磋商与合作，为专业人才和专业服务“引进来”和“走出去”提供便利。	商务部牵头，人力资源社会保障部、质检总局参加	持续实施
19	为外籍高端人才办理在华永久居留提供便利。	公安部	持续实施
20	支持企业赴境外参加服务贸易重点展会。积极培育服务贸易交流合作平台，形成以中国（北京）国际服务贸易交易会为龙头、以各类专业性展会论坛为支撑的服务贸易会展格局，鼓励其他投资贸易类展会增设服务贸易展区。	商务部牵头，贸促会参加	持续实施
21	积极与主要服务贸易合作伙伴和“一带一路”沿线国家签订服务贸易合作协议，在双边框架下开展务实合作。	商务部	持续实施
22	研究制定或完善有关服务进出口的相关法规。	商务部牵头，相关部门参加	持续实施

（续）

序号	工作任务	负责部门	时间进度
23	建立国务院服务贸易发展协调机制，加强对服务贸易工作的宏观指导，统筹服务业对外开放、协调各部门服务出口政策、推进服务贸易便利化和自由化。	商务部	2015 年上半年启动
24	建立和完善国际服务贸易统计监测、运行和分析体系，健全服务贸易统计指标体系，加强与国际组织、行业协会的数据信息交流，定期发布服务贸易统计数据。创新服务贸易统计方法，加强对地方服务贸易统计工作的指导，开展重点企业数据直报工作。	商务部牵头，统计局、外汇局、贸促会参加	持续实施
25	鼓励高等学校国际经济与贸易专业增设服务贸易相关课程。	教育部	持续实施

国家知识产权局关于进一步推动知识产权金融服务工作的意见

（国知发管函字〔2015〕38 号）

各省、自治区、直辖市、新疆生产建设兵团知识产权局，各有关单位：

为深入贯彻党的十八大和十八届三中、四中全会精神，积极落实《中共中央国务院关于深化体制机制改革加快实施创新驱动发展战略的若干意见》有关战略部署，加快促进知识产权与金融资源融合，更好地发挥知识产权对经济发展的支撑作用，现就进一步推动识产权金融服务工作提出如下意见：

一、充分认识知识产权与金融结合的重要意义

知识产权是国家发展的战略性资源和国际竞争力的核心要素，金融是现代经济的核心。加强知识产权金融服务是贯彻落实党中央国务院关于加强知识产权运用和保护战略部署的积极举措，是知识产权工作服务经济社会创新发展、支撑创新型国家建设的重要手段。促进知识产权与金融资源的有效融合，有助于拓宽中小微企业融资渠道，改善市场主体创新发展环境，促进创新资源良性循环；有助于建立基于知识产权价值实现的多元资本投入机制，通过增值的专业化金融服务扩散技术创新成果，全面促进知识产权转移转化；有助于引导金融资本向高新技术产业转移，促进传统产业的转型升级和战略性新兴产业的培育发展，提升经济质量和效益。

各地知识产权管理部门应站在全局和战略高度，积极会同有关部门，深化和拓展知识产权金融服务工作，引导和促进银行业、证券业、保险业、创业投资等各类金融资本与知识产权资源有效对接，加快完善知识产权金融服务体系，切实落实国家对中小微企业发展金融扶持政策，为深入实施创新驱

动发展战略和知识产权战略提供有力保障。

二、工作目标和方式

（一）工作目标

推动完善落实知识产权金融扶持政策措施，优化知识产权金融发展环境，建立与投资、信贷、担保、典当、证券、保险等工作相结合的多元化多层次的知识产权金融服务机制，知识产权金融服务对促进企业创新发展的作用显著提升。力争到2020年，全国专利权质押融资金额超过1000亿元，专利保险社会认可度和满意度显著提高，业务开展范围至少覆盖50个中心城市和园区；全国东部地区和中西部地区中心城市的知识产权金融服务实现普遍化、常态化和规模化开展。

（二）工作方式

政府引导与市场化运作相结合。充分发挥政府引导和组织协调作用，强化知识产权金融扶持政策与区域、产业政策相结合，鼓励和支持各类金融机构和中介机构参与知识产权金融服务工作，通过市场化运作，构建知识产权金融服务工作机制和服务体系。

深化试点与整体推进相结合。全国知识产权系统要在现有工作基础上，深化试点工作，创新实践，探索有效工作模式，推动工作向纵深发展；要总结推广各地的经验做法，以服务地区经济和企业创新发展为导向，扩展工作覆盖面，整体推进知识产权金融服务工作。

三、工作重点

（一）深化和拓展知识产权质押融资工作

1. 加强对企业知识产权质押融资的指导和服务。引导企业通过提高知识产权质量，加强核心技术专利布局，提升知识产权质物价值的市场认可度；开展针对企业知识产权质押融资的政策宣讲和实务培训，使企业深入了解相关扶持政策、融资渠道、办理流程等信息；加强专利权质押登记业务培训，规范服务流程，为企业提供高效、便捷、优质的服务；建立质押项目审核及跟踪服务机制，对拟质押的知识产权项目，开展法律状态和专利与产品关联度审查，对在质押知识产权项目进行动态跟踪和管理，强化知识产权保护。

2. 鼓励和支持金融机构广泛开展知识产权质押融资业务。推动并支持银行业金融机构开发和完善知识产权质押融资产品，适当提高对中小微企业贷款不良率的容忍度；鼓励各类金融机构利用互联网等新技术、新工具，丰富和创新知识产权融资方式。

3. 完善知识产权质押融资风险管理机制。引导和支持各类担保机构为知识产权质押融资提供担保服务，鼓励开展同业担保、供应链担保等业务，探索建立多元化知识产权担保机制；利用专利执行保险加强质押项目风险保障，开展知识产权质押融资保证保险，缓释金融机构风险；促进银行与投资机构合作，建立投贷联动的服务模式，提升企业融资规模和效率。

4. 探索完善知识产权质物处置机制。结合知识产权质押融资产品和担保方式创新，研究采用质权转股权、反向许可等形式，或借助各类产权交易平台，通过定向推荐、对接洽谈、拍卖等形式进行质物处置，保障金融机构对质权的实现，提高知识产权使用效益。

（二）加快培育和规范专利保险市场

1. 支持保险机构深入开展专利保险业务。推动保险机构规范服务流程，简化投保和理赔程序，重点推进专利执行保险、侵犯专利权责任保险、知识产权质押融资保险、知识产权综合责任保险等业务运营。

2. 鼓励和支持保险机构加强运营模式创新。探索专利保险与其他险种组合投保模式，实践以核心专利、专利包以及产品、企业、园区整体专利为投保对象的多种运营模式；支持保险机构开发设计符合企业需求且可市场化运作的专利保险险种，不断拓宽专利保险服务范围。

3. 加大对投保企业的服务保障。结合地区产业政策，联合有关部门，利用专利保险重点加强对出口企业和高新技术企业创新发展优势的服务和保障；加强对企业专利纠纷和维权事务的指导，对于投保专利发生法律纠纷的，要按照高效、便捷的原则及时调处。

4. 完善专利保险服务体系。加大工作力度，引导和支持专利代理、保险经纪、专利资产评估与价值分析、维权援助等机构参与专利保险工作，充分发挥中介机构在投保专利评估审核、保险方案设计、企业风险管理、保险产品宣传推广、保单维护和保险理赔服务等方面的重要作用。

（三）积极实践知识产权资本化新模式

1. 研究建立促进知识产权出资服务机制。开展本地区知识产权出资情况调查，了解有关知识产权和企业发展现状，会同工商等部门建立项目资料库；开展对出资知识产权的评估评价服务，对于出资比例高、金额大的知识产权项目加强跟踪和保护；将知识产权出资与本地区招商引资工作相结合，加强跨地区优质知识产权项目引进，加快提升地区经济发展质量。

2. 推动知识产权金融产品创新。鼓励各地建立知识产权金融服务研究基地，为产品及服务模式创新提供支持;鼓励金融机构开展知识产权资产证券化，发行企业知识产权集合债券，探索专利许可收益权质押融资模式等，为市场主体提供多样化的知识产权金融服务。

（四）加强知识产权金融服务能力建设

1. 推进开展专利应用效果检测及评价服务。依托企业建立专利应用效果检测分析服务平台，为拟投融资、转让、许可的项目提供检测分析支持；推进专利价值分析指标体系运用，结合知识产权资产评估方法，对专利项目进行科学合理评价，支持专利投融资工作有效开展。

2. 组织中介机构积极参与知识产权金融服务。引导知识产权评估、交易、担保、典当、拍卖、代理、法律及信息服务等机构进入知识产权金融服务市场，支持社会资本创办知识产权投融资经营和服务机构，加快形成多方参与的知识产权金融服务体系。

3. 完善企业和金融机构需求对接机制。开展知识产权金融服务需求调查，建立企业知识产权投融资项目数据库，搭建企业、金融机构和中介服务机构对接平台，定期举办知识产权项目推介会。

4. 加强知识产权金融服务专业机构及人才队伍建设。加大中介服务机构培育和人才培养工作力度，加快形成一批专业化、规范化、规模化的知识产权金融服务中介机构，造就一支具有较高专业素质的知识产权金融服务人才队伍，满足各地知识产权金融服务工作需求。

5. 加强经验交流和工作宣传。认真做好本地区工作总结，加强地区间经验交流，不断优化工作模式；积极发挥舆论宣传的导向作用，组织媒体对知识产权质押融资、投融资、专利保险等工作进行报道，并通过召开新闻发布会和宣讲会、政府网站设置专栏等形式，推广知识产权金融服务的政策、经验、成效及典型案例。

（五）强化知识产权金融服务工作保障机制

1. 完善工作协调机制。各地知识产权管理部门应加强与金融、财政、银监、保监等部门的沟通合作，建立工作协调机制，将知识产权系统在政策、信息、项目以及知识产权保护和服务等方面的优势与相关部门的资源优势有机结合，促进知识产权金融服务工作有效开展。

2. 加强政策落实和绩效评估。各地知识产权管理部门应会同相关部门对出台的政策措施落实情况及实施效果进行跟踪评估，切实发挥政策的导向作用。

3. 加强经费保障。各地要积极推动建立小微企业信贷风险补偿基金，对知识产权质押贷款提供重点支持；要加大经费投入，通过贴息、保费补贴、担保补贴、购买中介服务等多种形式，深入推动知识产权金融服务工作健康快速发展。

各地要根据本意见要求，制定实施方案，明确目标任务，扎实推进本地区知识产权金融服务工作，并定期向我局报送工作进展情况。

国家知识产权局

2015 年 3 月 30 日

联系人：专利管理司　王双龙　王文静

电话：010-62083612　62086122

邮箱：wangwenjing_2@sipo.gov.vn

海关总署关于开展丝绸之路经济带海关区域通关一体化改革的公告

（总署公告〔2015〕9号）

为落实“一带一路”国家发展战略，顺应中国经济新常态和贸易发展新业态，尊重企业的自主选择与物流运作规律，加快经济紧密联系地区区域通关一体化改革步伐，海关总署决定在山东、河南、山西、陕西、甘肃、宁夏、青海、新疆、西藏（以下称丝绸之路经济带）等九省（区）内的青岛、济南、郑州、太原、西安、兰州、银川、西宁、乌鲁木齐、拉萨等十个海关（以下称丝绸之路经济带海关）启动丝绸之路经济带海关区域通关一体化改革。现将有关事项公告如下：

一、自2015年5月1日起，启用丝绸之路经济带海关区域通关一体化通关方式。

二、丝绸之路经济带海关区域通关一体化通关方式适用于丝绸之路经济带企业在丝绸之路经济带各口岸海关进出口的货物。丝绸之路经济带企业可自主选择向经营单位注册地、货物实际进出境地海关或其直属海关集中报关点办理申报、纳税和查验放行手续。

企业可根据实际需要，自主选择口岸清关、转关、区域通关一体化等任何一种通关方式。

三、取消丝绸之路经济带报关企业跨关区从事报关服务的限制，允许报关企业“一地注册、多地报关”；允许区域外报关企业在区域内设立的分支机构，在区域海关直接报关；允许许可证件证面签注口岸为丝绸之路经济带任一口岸的货物（除国家明确实施口岸限制管理措施的货物外），在区域内任一海关办理申报验放手续。

四、丝绸之路经济带海关间互认商品预归类、价格预审核、原产地预确定和归类、价格、原产地等专业认定结果以及暂时进出境等行政许可决定；待系统完善后，在银行总担保及汇总征税项目的基础上，实现企业的一份税款保函在丝绸之路经济带海关互认通用。

五、丝绸之路经济带海关区域通关一体化报关单审核、税单打印、税费核注核销、无纸转有纸、汇总征税试点等操作按现行规定办理。

六、丝绸之路经济带海关区域通关一体化报关单所涉货物可由企业根据物流实际需求，自主选择在口岸或属地海关监管场所实施查验。对需转运分流到属地监管场所实施查验的，进出境货物及其运输工具应符合海关途中监管的要求。

七、丝绸之路经济带海关可凭电子放行信息办理货物出场（库、区）手续，实现卡口自动核放。

八、丝绸之路经济带海关通过“中国海关网上服务大厅”和海关“12360”服务热线，为企业提供通关、舱单状态查询、疑难咨询等公共服务。

特此公告。

海关总署

2015 年 3 月 30 日

海关总署关于开展东北地区海关区域通关一体化改革的公告

（总署公告〔2015〕10号）

为服务振兴东北规划，顺应中国经济新常态和贸易发展新业态，尊重企业的自主选择与物流运作规律，加快经济紧密联系地区区域通关一体化改革步伐，海关总署决定在辽宁、吉林、黑龙江、内蒙古（以下称东北地区）等四省（区）内的大连、沈阳、长春、哈尔滨、呼和浩特、满洲里等六个海关（以下称东北地区海关）启动东北地区海关区域通关一体化改革。现将有关事项公告如下：

一、自2015年5月1日起，启用东北地区海关区域通关一体化通关方式。

二、东北地区海关区域通关一体化通关方式适用于东北地区企业在东北地区各口岸海关进出口的货物。东北地区企业可自主选择向经营单位注册地、货物实际进出境地海关或其直属海关集中报关点办理申报、纳税和查验放行手续。

企业可根据实际需要，自主选择口岸清关、转关、区域通关一体化等任何一种通关方式。

三、取消东北地区报关企业跨关区从事报关服务的限制，允许报关企业“一地注册、多地报关”；允许区域外报关企业在区域内设立的分支机构，在区域海关直接报关；允许许可证件证面签注口岸为东北地区任一口岸的货物（除国家明确实施口岸限制管理措施的货物外），在区域内任一海关办理申报验放手续。

四、东北地区海关间互认商品预归类、价格预审核、原产地预确定和归类、价格、原产地等专业认定结果以及暂时进出境等行政许可决定；待系统完善后，在银行总担保及汇总征税项目的基础上，实现企业的一份税款保函在东北地区海关互认通用。

五、东北地区海关区域通关一体化报关单审核、税单打印、税费核注核销、无纸转有纸、汇总征税试点等操作按现行规定办理。

六、东北地区海关区域通关一体化报关单所涉货物可由企业根据物流实际需求，自主选择在口岸或属地海关监管场所实施查验。对需转运分流到属地监管场所实施查验的，进出境货物及其运输工具应符合海关途中监管的要求。

七、东北地区海关可凭电子放行信息办理货物出场（库、区）手续，实现卡口自动核放。

八、东北地区海关通过“中国海关网上服务大厅”和海关“12360”服务热线，为企业提供通关、舱单状态查询、疑难咨询等公共服务。

特此公告。

海关总署

2015 年 3 月 30 日

中国人民银行、海关总署《黄金及黄金制品进出口管理办法》

（中国人民银行　海关总署令〔2015〕第1号）

根据《中华人民共和国中国人民银行法》、《中华人民共和国海关法》和《国务院对确需保留的行政审批项目设定行政许可的决定》，中国人民银行、海关总署制定了《黄金及黄金制品进出口管理办法》，现予发布，自2015年4月1日起施行。

中国人民银行行长　周小川

海关总署署长　于广洲

2015年3月4日

列条件之一：

（一）生产、加工或者使用相关黄金制品的企业，有必要的生产场所、设备和设施，生产过程中的污染物排放达到国家环保标准，有连续 3 年且年均不少于 100 万元人民币的纳税记录；

（二）适用海关认证企业管理的外贸经营企业，有连续 3 年且年均不少于 300 万元人民币的纳税记录；

（三）因国家科研项目、重点课题需要使用黄金制品的教育机构、科学研究机构等。

第十条　申请黄金进出口的，应当向中国人民银行提交下列材料：

（一）书面申请，应当载明申请人的名称、住所（办公场所）、企业概况、进出口黄金的用途和计划数量等业务情况说明；

（二）《黄金及黄金制品进出口申请表》（附 2）；

（三）加盖公章的企业法人营业执照复印件；

（四）黄金进出口合同及其复印件；

（五）加盖公章的《中华人民共和国组织机构代码证》复印件；

（六）申请人近 2 年有无违法行为的说明材料；

（七）银行业金融机构还应当提供内部黄金业务风险控制制度有关材料；申请出口黄金的还应当提交在国务院批准的黄金现货交易所实物黄金库存量证明；

（八）黄金矿产的生产企业还应当提交省级环保部门出具的污染物排放许可证件和年度达标检测报告复印件、商务部门有关境外投资批复文件复印件、银行汇出汇款证明书复印件，境外国家或者地区开采黄金有关证明，企业近 3 年的纳税记录。申请出口黄金的还应当提交由行业主管部门或自律组织出具的黄金产能证明和在国务院批准的黄金现货交易所的登记证明。

前款其他材料未发生变更再次申请黄金进出口的，只需提交前款第二项和第四项材料；前款其他材料发生变更的，比照初次申请办理。

第十一条　申请黄金制品进出口的，应当向申请人住所地的中国人民银行地市级以上分支机构提交下列材料：

（一）书面申请，应当载明申请人的名称、住所（办公场所）、企业概况、进出口黄金制品的用途和计划数量等业务情况说明；

（二）《黄金及黄金制品进出口申请表》；

（三）加盖公章的企业法人营业执照、事业单位法人证书等法定登记证书复印件；

（四）黄金制品进出口合同复印件；

（五）加盖备案登记章的《对外贸易经营者备案表》或《外商投资企业批准证书》；

（六）申请人近 2 年有无违法行为的说明材料；

（七）生产、加工或者使用黄金制品的企业还应当提交近 3 年的企业纳税记录，地市级环保部门出具的污染物排放许可证件和年度达标检测报告及其复印件；

（八）从事外贸经营的企业还应当提交适用海关认证企业管理的有关证明材料、近 3 年的企业纳税记录；

（九）教育机构、科学研究机构还应当提交承担国家科研项目、重点课题的证明材料；

（十）出口黄金制品的企业还应当提交在国内取得黄金原料的增值税发票等证明材料。

前款其他材料未发生变更再次申请黄金制品进出口的，只需提交前款第二项和第四项材料，教育机构、科学研究机构还应当提交前款第九项材料，出口黄金制品的企业还应当提交前款第十项规定的有关材料；前款其他材料发生变更的，比照初次申请办理。

第十二条　加工贸易因故转内销的黄金制品、转内销商品中进口料件是《黄金及黄金制品进出口管理目录》范围内商品的、在境内购置黄金原料以加工贸易方式出口黄金制品的，适用本办法第九条第一项规定的申请条件。

因加工贸易转内销的，应当按照本办法第十一条规定报送申请材料，同时，还应当提交有正当理由需要转内销的说明材料、加工贸易业务批准证复印件、加工贸易合同等材料及其复印件。

境内购置黄金原料以加工贸易方式出口黄金制品的，企业应当在加工贸易手册设立（变更）时向海关申报境内购置黄金情况，并提交《中国人民银行黄金及黄金制品进出口准许证》。

第十三条　个人、法人或者其他组织因公益事业捐赠进口黄金及黄金制品的，应当由受赠人向中国人民银行提交下列材料：

（一）符合《中华人民共和国公益事业捐赠法》规定的捐赠协议；

（二）事业单位法人证书或社会团体法人登记证书等法定登记证书及其复印件；

（三）《黄金及黄金制品进出口申请表》。

第十四条　中国人民银行应当自受理黄金及黄金制品进出口申请之日起20个工作日内做出行政许可决定。

第十五条　中国人民银行地市级分支机构应当自受理黄金制品进出口申请之日起20个工作日内将初步审查意见和全部申请材料直接报送上一级机构。上一级机构应当在收到初步审查意见和全部申请材料后20个工作日内做出行政许可决定。

中国人民银行上海总部，各分行、营业管理部、省会（首府）城市中心支行，深圳市中心支行直接受理黄金制品进出口申请的，应当自受理之日起20个工作日内做出行政许可决定。

第十六条　需要对申请材料的实质内容进行核实的，中国人民银行及其分支机构可以对申请人进行核查，核查应当由两名以上工作人员进行。

第十七条　被许可人在办理黄金及黄金制品货物进出口时，凭《中国人民银行黄金及黄金制品进出口准许证》向海关办理有关手续。

《中国人民银行黄金及黄金制品进出口准许证》实行一批一证，自签发日起40个工作日内使用。被许可人有正当理由需要延期的，可以在凭证有效期届满5个工作日前持原证向发证机构申请办理一次延期手续。

第十八条　中国人民银行及其分支机构有权对被许可人从事行政许可事项的活动进行监督检查，被许可人应当予以配合。

第十九条　被许可人应当按照中国人民银行及其分支机构的规定，及时上报黄金及黄金制品进出口许可的执行情况并且提供有关材料。

第二十条　除本办法第四条规定外，以下方式进出的黄金及黄金制品免予办理《中国人民银行黄金及黄金制品进出口准许证》，由海关实施监管：

（一）通过加工贸易方式进出的；

（二）海关特殊监管区域、保税监管场所与境外之间进出的；

（三）海关特殊监管区域、保税监管场所之间进出的；

（四）以维修、退运、暂时进出境方式进出境的。

第二十一条　除本办法第四条、第五条和第二十条规定之外，个人、法人和其他组织不得以其他任何方式进出口黄金及黄金制品。国家另有规定的除外。

第二十二条　个人、法人和其他组织进出口黄金及黄金制品应当遵守国家反洗钱和反恐怖融资有关规定。

第二十三条　黄金及黄金制品进出口发生的外汇收支，应当按照外汇管理规定办理。

第二十四条　被许可人不得有下列行为：

（一）转让、出借黄金及黄金制品进出口证件；

（二）使用伪造、变造的黄金及黄金制品进出口证件；

（三）骗取或者采用其他不正当手段获取黄金及黄金制品进出口证件；

（四）超越进出口行政许可品种、规格、数量范围；

（五）虚假捐赠进口黄金及黄金制品；

（六）进口黄金未按照规定在黄金现货交易所登记、交易；

（七）以囤积居奇等方式恶意操纵黄金交易价格，或有欺诈等其他侵犯投资者权益行为；

（八）违反黄金市场及黄金衍生品交易相关政策或管理规定；

（九）拒绝中国人民银行及其分支机构监督检查，或者在监督检查过程中隐瞒有关情况、提供虚假材料。

被许可人有前款所列行为之一的，中国人民银行及其分支机构可以暂停受理其进出口申请；情节严重的，按照《中华人民共和国中国人民银行法》第四十六条规定予以处罚。

第二十五条　中国人民银行及其分支机构可以依法撤销被许可人的黄金及黄金制品进出口证件。

第二十六条　违反本办法规定进出口黄金及黄金制品，构成走私行为或者违反海关监管规定等违法行为的，由海关依照《中华人民共和国海关法》、《中华人民共和国海关行政处罚实施条例》等法律法规处理；构成犯罪的，依法移交司法机关追究刑事责任。

第二十七条　本办法由中国人民银行、海关总署负责解释。

第二十八条　本办法自 2015 年 4 月 1 日起施行。

附 1. 中国人民银行黄金及黄金制品进出口准许证

2. 黄金及黄金制品进出口申请表

附 1

中国人民银行黄金及黄金制品进出口准许证

进（出）口商					
收（发）货人					
进出口用途					
进口国（地区）			出口国（地区）		
进境口岸			出境口岸		
合同号			增值税发票号		
商品名称	商品编码	件数	毛重（克）	成色（%）	含纯金重量（克）
合计数量	——			——	
商品总值（美元）					
有效期限自 ×× 年 ×× 月 ×× 日至 ×× 年 ×× 月 ×× 日。					
经办人			签发单位签章 签发日期		
签发人					

第二联 签发单位留存

第一联 海关留存

置服务、后续核查等方式将口岸通关现场非必要的执法作业前推后移，把口岸通关现场执法减到最低限度。对企业实施分类管理，拓宽企业集中申报、提前申报范围，支持企业扩大出口、增加进口。完善查验办法，增强查验针对性和有效性。提高非侵入、非干扰式检查检验比例。对查验没有问题的免除企业吊装、移位、仓储等费用，此类费用由中央财政负担。同时，加大对有问题企业的处罚力度。对“走出去”企业在国外生产加工的符合我国要求的产品进口，予以通关便利。

（三）清理规范收费。坚决取缔进出口环节违规设立的行政事业性收费，进一步规范进出口环节经营服务性收费，切实减轻外贸企业负担。对依法合规设立的进出口环节行政事业性收费、政府性基金以及实施政府定价或指导价的经营服务性收费实行目录清单管理，未列入清单的一律按乱收费查处。对征收对象相同、计征方式相似、使用范围相近的收费项目予以归并，适当降低收费标准。厘清各类电子商务平台边界，属于政府投入的免费向社会开放，属于市场化增值服务的放开资质要求，鼓励多元化投入。清理整顿报关、报检、货代、船代、港口服务等环节收费，坚决取缔依托行政机关、依靠行政权力提供强制服务、不具备资质、只收费不服务的“红顶中介”。协调毗邻国家公布进出境环节各类收费的项目、标准和依据。

（四）推进通关作业无纸化。优化报关单随附单证传输方式，提高企业申报效率，节约报关成本。加快推进税费电子数据联网进程，取消纸质税单，实现税单无纸化。进一步完善和优化联网核查管理，逐步取消人工验核纸质单证，加快推进监管证件无纸化进程。研究取消纸质出口货物报关单（出口退税专用），税务部门可凭海关电子数据为企业办理出口退税手续，提高企业出口退税速度。

二、加强口岸建设，推动外贸转型升级

（五）加强口岸基础设施建设。以共享共用为目标，整合口岸监管设施资源和查验场地。尽快制订口岸查验设施建设标准。研究规范口岸查验设施建设、改造、运行维护等资金管理，进一步明确资金来源渠道，加大资金投入力度。

跨区域口岸通关和便利运输协作机制。将边境口岸合作事务纳入与邻国签署的共建“一带一路”合作备忘录等协议，与毗邻国家围绕重点口岸开展合作。建立健全我与毗邻国家口岸合作机制，加强双边在口岸对等设立、工作制度、安全防范、便利通关和基础设施建设等方面的沟通与协作。支持边境口岸地方政府、口岸查验机构与毗邻国家对应政府和机构开展交流协作，协调解决通关中存在的问题。选择部分条件较好的边境口岸开展查验监管模式创新的国际合作，研究实施“一地两检”、“绿色通道”、“联合监管”等措施，推动陆路边境口岸提升通行能力和通关效率。

（十三）保障口岸安全畅通。建立健全口岸突发事件应急联动机制和处置预案，明确任务分工，落实安全防控措施。加大对口岸查验及安防设备等硬件的投入，提高查验监管科技水平和疫病疫情防控能力。口岸查验各部门要加强联防联控，及时交换相关情报信息，推动在防控暴恐、应对突发事件、打击走私、打击骗退税、查处逃避检验检疫、反偷渡和制止不安全产品及假冒伪劣商品进出境等方面的合作，提高口岸整体安防管控水平，确保口岸运行安全、高效、畅通。

四、扩大口岸开放，提升对外开放水平

（十四）扩大内陆地区口岸对外开放。完善“一带一路”内陆地区口岸支点布局，支持在国际铁路货物运输沿线主要站点和重要内河港口合理设立直接办理货物进出境手续的查验场所。支持内陆航空口岸增开国际客货运航线、航班。在符合条件的地方扩大旅客联程中转、口岸签证和过境免签政策试点口岸范围。发展江海、铁水、陆航等多式联运，允许运输工具、货物换装和集拼，实现多式联运一次申报、指运地（出境地）一次查验，对换装地不改变施封状态的予以直接放行，加快形成横贯东中西、联结南北方的对外经济贸易走廊。

（十五）加快沿边地区口岸开放步伐。将沿边重点开发开放试验区、边境经济合作区、跨境经济合作区建成我与周边合作的重要平台，允许沿边重点口岸、边境城市、经济合作区在人员往来、加工物流、旅游等方面实施特殊方式和政策。有序推动边境口岸的对等设立和扩大开放，加快建设丝绸之路经济带

重要开放门户和跨境通道。支持边境地区完善口岸功能，推进边境口岸城镇化建设，促进城镇、产业与口岸经济协同可持续发展。研究制定边民通道管理办法，规范云南、广西等省区边民通道管理，支持“一口岸多通道”监管模式创新。

（十六）提升沿海地区口岸开放水平。推进21世纪海上丝绸之路建设所涉港口对外开放，支持上海、广东、天津、福建等自贸试验区范围内港口、机场的开放和建设。统筹规划、有序开发利用沿海对外开放的港口码头和岸线资源，实现同一经济区域内口岸合理布局、错位发展、优势互补。按照长三角、珠三角、环渤海、北部湾等区域经济协同发展需求，在沿海地区形成若干具有较强国际竞争力的枢纽型水运、航空口岸和区域口岸集群。

五、夯实口岸基础，提高服务经济社会发展能力

（十七）创新口岸开放管理机制。加强口岸运量统计、通关效率和发展状况监测分析，科学预测中远期客货运量，为口岸的开放布局、优化整合、投资建设等提供数据支撑。实施口岸动态管理，制定口岸准入退出管理办法，整合或关闭开放后长期无通关业务和业务量小、国家批准后长期不开放的口岸。推行口岸分级管理，根据口岸的功能定位、客货运量，探索实施国际枢纽口岸、国家重要口岸和地区普通口岸三级管理方式，在扩大开放、建设投入、功能扩展、通关模式和人力资源配置等方面实行差别化措施。优化整合、规范管理内陆无水港、监管点和车辆检查场等查验场所。

（十八）优化口岸开放工作流程。深入研究新形势下口岸的功能定位，科学论证经济社会发展对口岸工作的需求，准确评估全国口岸布局状况，研究制定国家“十三五”口岸发展规划。由省、自治区、直辖市人民政府按照国家口岸发展规划和口岸开放有关要求，按程序提出口岸开放申请，涉及口岸查验机构设置和人员编制、国家基建投资补助及军事设施保护措施等，统一由国家口岸管理部门会商中央编办、国务院相关部门和总参谋部研究确定。健全口岸开放审批会商机制，明确各环节办理时限，加强有关信息沟通，提高口岸开放审批效率。完善口岸开放验收的标准、条件和工作规程。完善临时开放口岸管理办法，根据需求适当延长临时开放期限。

（十九）优化口岸查验人力资源配置。按照“总量控制、动态调整”原则，健全查验机构设置、人员编制的调配机制，促进系统内编制的挖潜调剂与优化配置。进一步优化查验流程、整合内设机构，合理设置工作岗位，推行口岸查验机构扁平化管理模式，加大人员向执法一线倾斜力度。通过深化改革、简政放权、改进管理、创新监管，进一步提高查验机构工作效能。深入开展窗口建设、行风治理。以外树形象、内强素质为重点，加强队伍建设，努力打造文明、公正、廉洁的高素质口岸查验队伍。

（二十）完善通关法治体系建设。抓紧出台口岸工作条例。推动适时修订完善与口岸执法相关的法律法规。建立健全口岸开放、建设、运行等方面的规章制度。加快建设企业诚信体系，建立健全企业信用评价档案。制定完善查验机构执法服务规范和标准，营造稳定、透明、可预期的执法服务和营商环境。

六、加强对口岸工作的组织领导

（二十一）加强组织领导和工作协调。充分发挥国务院口岸工作部际联席会议制度的作用，协调解决全国口岸改革发展中的重大问题，研究确定并推进实施口岸重大改革方案和政策措施，推进口岸通关中各部门的协作配合。国务院口岸工作部际联席会议统一承担全国及各地方电子口岸建设业务指导和综合协调职责。国家口岸管理部门要加强政策研究和协调，会同有关部门制定联席会议工作规则，完善工作机制，加强督促落实。

（二十二）强化地方政府责任。各省、自治区、直辖市人民政府要制定落实国家口岸发展规划的配套措施，结合本地实际进一步完善口岸工作制度，统筹规划口岸发展。县级以上地方人民政府要进一步加强对本地区口岸工作的领导，建立健全口岸工作综合协调机制，完善口岸基础设施，强化口岸综合治理，推进跨区域口岸合作和大通关建设，做好口岸服务保障工作，确保口岸安全高效运行。

国务院

2015 年 4 月 1 日

国务院关于印发中国（福建）自由贸易试验区总体方案的通知

（国发〔2015〕20号）

各省、自治区、直辖市人民政府，国务院各部委、各直属机构：

国务院批准《中国（福建）自由贸易试验区总体方案》（以下简称《方案》），现予印发。

一、建立中国（福建）自由贸易试验区（以下简称自贸试验区），是党中央、国务院作出的重大决策，是在新形势下推进改革开放和深化两岸经济合作的重要举措，对加快政府职能转变、积极探索管理模式创新、促进贸易和投资便利化，为全面深化改革和扩大开放探索新途径、积累新经验，具有重要意义。

二、自贸试验区要当好改革开放排头兵、创新发展先行者，以制度创新为核心，贯彻“一带一路”建设等国家战略，在构建开放型经济新体制、探索闽台经济合作新模式、建设法治化营商环境等方面，率先挖掘改革潜力，破解改革难题。要积极探索外商投资准入前国民待遇加负面清单管理模式，深化行政管理体制改革，提升事中事后监管能力和水平。

三、福建省人民政府和有关部门要解放思想、改革创新，大胆实践、积极探索，统筹谋划、加强协调，支持自贸试验区先行先试。要加强组织领导，明确责任主体，精心组织好《方案》实施工作，有效防控各类风险。要及时总结评估试点实施效果，形成可复制可推广的改革经验，发挥示范带动、服务全国的积极作用。

四、根据《全国人民代表大会常务委员会关于授权国务院在中国（广东）自由贸易试验区、中国（天津）自由贸易试验区、中国（福建）自由贸易试验区以及中国（上海）自由贸易试验区扩展区域暂时调整有关法律规定的行

政审批的决定》，相应暂时调整有关行政法规和国务院文件的部分规定。具体由国务院另行印发。

五、《方案》实施中的重大问题，福建省人民政府要及时向国务院请示报告。

国务院

2015 年 4 月 8 日

中国（福建）自由贸易试验区总体方案

建立中国（福建）自由贸易试验区（以下简称自贸试验区）是党中央、国务院作出的重大决策，是新形势下全面深化改革、扩大开放和深化两岸经济合作采取的重大举措。为全面有效推进自贸试验区建设，制定本方案。

一、总体要求

（一）指导思想

全面贯彻落实党的十八大和十八届二中、三中、四中全会精神，按照党中央、国务院决策部署，紧紧围绕国家战略，立足于深化两岸经济合作，立足于体制机制创新，进一步解放思想，先行先试，为深化两岸经济合作探索新模式，为加强与21世纪海上丝绸之路沿线国家和地区的交流合作拓展新途径，为我国全面深化改革和扩大开放积累新经验，发挥示范带动、服务全国的积极作用。

（二）战略定位

围绕立足两岸、服务全国、面向世界的战略要求，充分发挥改革先行优势，营造国际化、市场化、法治化营商环境，把自贸试验区建设成为改革创新试验田；充分发挥对台优势，率先推进与台湾地区投资贸易自由化进程，把自贸试验区建设成为深化两岸经济合作的示范区；充分发挥对外开放前沿优势，建设21世纪海上丝绸之路核心区，打造面向21世纪海上丝绸之路沿线国家和地区开放合作新高地。

（三）发展目标

坚持扩大开放与深化改革相结合、功能培育与制度创新相结合，加快政府职能转变，建立与国际投资贸易规则相适应的新体制。创新两岸合作机制，推动货物、服务、资金、人员等各类要素自由流动，增强闽台经济关联度。加快形成更高水平的对外开放新格局，拓展与21世纪海上丝绸之路沿线国家和地区交流合作的深度和广度。经过三至五年改革探索，力争建成投资贸易便利、金融创新功能突出、服务体系健全、监管高效便捷、法制环境规范的自由贸易园区。

二、区位布局

（一）实施范围

自贸试验区的实施范围118.04平方公里，涵盖三个片区：平潭片区43平方公里，厦门片区43.78平方公里（含象屿保税区0.6平方公里、象屿保税物流园区0.7平方公里、厦门海沧保税港区9.51平方公里），福州片区31.26平方公里（含福州保税区0.6平方公里、福州出口加工区1.14平方公里、福州保税港区9.26平方公里）。

自贸试验区土地开发利用须遵守土地利用法律法规。

（二）功能划分

按区域布局划分，平潭片区重点建设两岸共同家园和国际旅游岛，在投资贸易和资金人员往来方面实施更加自由便利的措施；厦门片区重点建设两岸新兴产业和现代服务业合作示范区、东南国际航运中心、两岸区域性金融服务中心和两岸贸易中心；福州片区重点建设先进制造业基地、21世纪海上丝绸之路沿线国家和地区交流合作的重要平台、两岸服务贸易与金融创新合作示范区。

按海关监管方式划分，自贸试验区内的海关特殊监管区域重点探索以贸易便利化为主要内容的制度创新，开展国际贸易、保税加工和保税物流等业务；非海关特殊监管区域重点探索投资体制改革，推动金融制度创新，积极发展现代服务业和高端制造业。

三、主要任务和措施

（一）切实转变政府职能

1. 深化行政管理体制改革。按照国际化、市场化、法治化要求，加快推进政府管理模式创新，福建省能够下放的经济社会管理权限，全部下放给自贸试验区。依法公开管理权限和流程。加快行政审批制度改革，促进审批标准化、规范化。建立健全行政审批目录制度，实行“一口受理”服务模式。完善知识产权管理和执法体制以及纠纷调解、援助、仲裁等服务机制。健全社会服务体系，将原由政府部门承担的资产评估、鉴定、咨询、认证、检验检测等职能逐步交由法律、会计、信用、检验检测认证等专业服务机构承担。

（二）推进投资管理体制改革

2. 改革外商投资管理模式。探索对外商投资实行准入前国民待遇加负面清单管理模式。对外商投资准入特别管理措施（负面清单）之外领域，按照内外资一致原则，外商投资项目实行备案制（国务院规定对国内投资项目保留核准的除外），由福建省办理；根据全国人民代表大会常务委员会授权，将外商投资企业设立、变更及合同章程审批改为备案管理，备案由福建省负责办理，备案后按国家有关规定办理相关手续。配合国家有关部门实施外商投资国家安全审查和经营者集中反垄断审查。强化外商投资实际控制人管理，完善市场主体信用信息公示系统，实施外商投资全周期监管，建立健全境外追偿保障机制。减少项目前置审批，推进网上并联审批。

放宽外资准入。实施自贸试验区外商投资负面清单制度，减少和取消对外商投资准入限制，提高开放度和透明度。先行选择航运服务、商贸服务、专业服务、文化服务、社会服务及先进制造业等领域扩大对外开放，积极有效吸引外资。降低外商投资性公司准入条件。稳步推进外商投资商业保理、典当行试点。完善投资者权益保障机制，允许符合条件的境外投资者自由转移其合法投资收益。

3. 构建对外投资促进体系。改革境外投资管理方式，将自贸试验区建设成为企业“走出去”的窗口和综合服务平台。对一般境外投资项目和设立企业实行备案制，属省级管理权限的，由自贸试验区负责备案管理。确立企业及个人对外投资主体地位，支持企业在境外设立股权投资企业和专业从事境外股权投资的项目公司，支持设立从事境外投资的股权投资母基金。支持自贸试验区内企业和个人使用自有金融资产进行对外直接投资、自由承揽项目。建立对外投资合作“一站式”服务平台。加强境外投资事后管理和服务，完善境外资产和人员安全风险预警和应急保障体系。

（三）推进贸易发展方式转变

4. 拓展新型贸易方式。积极培育贸易新型业态和功能，形成以技术、品牌、质量、服务为核心的外贸竞争新优势。按照国家规定建设服务实体经济的国际国内大宗商品交易和资源配置平台，开展大宗商品国际贸易。按照公平竞争原则，发展跨境电子商务，完善与之相适应的海关监管、检验检疫、退税、跨境支付、物流等支撑系统。在严格执行货物进出口税收政策前提下，允许在海关特殊监管区内设立保税展示交易平台。符合条件的地区可按政策规定申请实施境外旅客购物离境退税政策。允许境内期货交易所开展期货保税交割试点。推进动漫创意、信息管理、数据处理、供应链管理、飞机及零部件维修等服务外包业务发展。开展飞机等高技术含量、高附加值产品境内外维修业务试点，建立整合物流、贸易、结算等功能的营运中心。扩大对外文化贸易和版权贸易。支持开展汽车平行进口试点，平行进口汽车应符合国家质量安全标准，进口商应承担售后服务、召回、“三包”等责任，并向消费者警示消费风险。

5. 提升航运服务功能。探索具有国际竞争力的航运发展制度和运作模式。允许设立外商独资国际船舶管理企业。放宽在自贸试验区设立的中外合资、中外合作国际船舶企业的外资股比限制。允许外商以合资、合作形式从事公共国际船舶代理业务，外方持股比例放宽至 51%，将外资经营国际船舶管理业务的许可权限下放给福建省，简化国际船舶运输经营许可流程。加快国际船舶登记制度创新，充分利用现有中资“方便旗”船税收优惠政策，促进符合条件的船舶在自贸试验区落户登记。允许自贸试验区试点海运快件国际和台港澳中转集拼业务。允许在自贸试验区内注册的大陆资本邮轮企业所属的“方便旗”邮轮，经批准从事两岸四地邮轮运输。允许中资公司拥有或控股拥有的非五星旗船，试点开展外贸集装箱在国内沿海港口和自贸试验区内港口之间的沿海捎带业务。支持推动自贸试验区内符合条件的对外开放口岸对部分国家人员实施 72 小时过境免签证政策。结合上海试点实施情况，在统筹评估政策成效基础上，研究实施启运港退税试点政策。

6. 推进通关机制创新。建设国际贸易“单一窗口”，全程实施无纸化通关。推进自贸试验区内各区域之间通关一体化。简化《内地与香港关于建立更紧密经贸关系的安排》、《内地与澳门关于建立更紧密经贸关系的安排》以及《海峡两岸经济合作框架协议》（以下简称框架协议）下货物进口原产地证书提交需求。在确保有效监管前提下，简化自贸试验区内的海关特殊监管区域产品内销手续，促进内销便利化。大力发展转口贸易，放宽海运货物直接运输判定标准。试行企业自主报税、自助通关、自助审放、重点稽核的通关征管作业。在确保有效监管前提下，在海关特殊监管区域探索建立货物实施状态分类监管模式。允许海关特殊监管区域内企业生产、加工并内销的货物试行选择性征收关税政策。试行动植物及其产品检疫审批负面清单制度。支持自贸试验区与 21 世纪海上丝绸之路沿线国家和地区开展海关、检验检疫、认证认可、标准计量等方面的合作与交流，探索实施与 21 世纪海上丝绸之路沿线国家和地区开展贸易供应链安全与便利合作。

（四）率先推进与台湾地区投资贸易自由

7. 探索闽台产业合作新模式。在产业扶持、科研活动、品牌建设、市场开拓等方面，支持台资企业加快发展。推动台湾先进制造业、战略性新兴产业、现代服务业等产业在自贸试验区内集聚发展，重点承接台湾地区产业转移。取消在自贸试验区内从事农作物（粮棉油作物除外）新品种选育（转基因除外）和种子生产（转基因除外）的两岸合资企业由大陆方面控股要求，但台商不能独资。支持自贸试验区内品牌企业赴台湾投资，促进闽台产业链深度融合。探索闽台合作研发创新，合作打造品牌，合作参与制定标准，拓展产业价值链多环节合作，对接台湾自由经济示范区，构建双向投资促进合作新机制。

8. 扩大对台服务贸易开放。推进服务贸易对台更深度开放，促进闽台服务要素自由流动。进一步扩大通信、运输、旅游、医疗等行业对台开放。支持自贸试验区在框架协议下，先行试点，加快实施。对符合条件的台商，投资自贸试验区内服务行业的资质、门槛要求比照大陆企业。允许持台湾地区身份证明文件的自然人到自贸试验区注册个体工商户，无需经过外资备案（不包括特许经营，具体营业范围由工商总局会同福建省发布）。探索在自贸试验区内推动两岸社会保险等方面对接，将台胞证号管理纳入公民统一社会信用代码管理范畴，方便台胞办理社会保险、理财业务等。探索台湾专业人才在自贸试验区内行政企事业单位、科研院所等机构任职。深入落实《海峡两岸共同打击犯罪及司法互助协议》，创新合作形式，加强两岸司法合作。发展知识产权服务业，扩大对台知识产权服务，开展两岸知识产权经济发展试点。

电信和运输服务领域开放。允许台湾服务提供者在自贸试验区内试点设立合资或独资企业，提供离岸呼叫中心业务及大陆境内多方通信业务、存储转发类业务、呼叫中心业务、国际互联网接入服务业务（为上网用户提供国际互联网接入服务）和信息服务业务（仅限应用商店）。允许台湾服务提供者在自贸试验区内直接申请设立独资海员外派机构并仅向台湾船东所属的商船提供船员派遣服务，无须事先成立船舶管理公司。对台湾投资者在自贸试验区内设立道路客货运站（场）项目和变更的申请，以及在自贸试验区内投资的生产型企业从事货运方面的道路运输业务立项和变更的申请，委托福建省审核或审批。

商贸服务领域开放。在自贸试验区内，允许申请成为赴台游组团社的3家台资合资旅行社试点经营福建居民赴台湾地区团队旅游业务。允许台湾导游、领队经自贸试验区旅游主管部门培训认证后换发证件，在福州市、厦门市和平潭综合实验区执业。允许在自贸试验区内居住一年以上的持台湾方面身份证明文件的自然人报考导游资格证，并按规定申领导游证后在大陆执业。允许台湾服务提供者以跨境交付方式在自贸试验区内试点举办展览，委托福建省按规定审批在自贸试验区内举办的涉台经济技术展览会。

建筑业服务领域开放。在自贸试验区内，允许符合条件的台资独资建筑业企业承接福建省内建筑工程项目，不受项目双方投资比例限制。允许取得大陆一级注册建筑师或一级注册结构工程师资格的台湾专业人士作为合伙人，按相应资质标准要求在自贸试验区内设立建筑工程设计事务所并提供相应服务。台湾服务提供者在自贸试验区内设立建设工程设计企业，其在台湾和大陆的业绩可共同作为个人业绩评定依据，但在台湾完成的业绩规模标准应符合大陆建设项目规模划分标准。台湾服务提供者在自贸试验区内投资设立的独资建筑业企业承揽合营建设项目时，不受建设项目的合营方投资比例限制。台湾服务提供者在自贸试验区内设立的独资物业服务企业，在申请大陆企业资质时，可将在台湾和大陆承接的物业建筑面积共同作为评定依据。

产品认证服务领域开放。在强制性产品认证领域，允许经台湾主管机关确认并经台湾认可机构认可的、具备大陆强制性产品认证制度相关产品检测能力的台湾检测机构，在自贸试验区内与大陆指定机构开展合作承担强制性产品认证检测任务，检测范围限于两岸主管机关达成一致的产品，产品范围涉及制造商为台湾当地合法注册企业且产品在台湾设计定型、在自贸试验区内加工或生产的产品。允许经台湾认可机构认可的具备相关产品检测能力的台湾检测机构在自贸试验区设立分支机构，并依法取得资质认定，承担认证服务的范围包括食品类别和其他自愿性产品认证领域。在自愿性产品认证领域，允许经台湾认可机构认可的具备相关产品检测能力的台湾检测机构与大陆认证机构在自贸试验区内开展合作，对台湾本地或在自贸试验区内生产或加工的产品进行检测。台湾服务提供者在台湾和大陆从事环境污染治理设施运营的实践时间，可共同作为其在自贸试验区内申请企业环境污染治理设施运营资质的评定依据。

工程技术服务领域开放。允许台湾服务提供者在自贸试验区内设立的建设工程设计企业聘用台湾注册建筑师、注册工程师，并将其作为本企业申请建设工程设计资质的主要专业技术人员，在资质审查时不考核其专业技术职称条件，只考核其学历、从事工程设计实践年限、在台湾的注册资格、工程设计业绩及信誉。台湾服务提供者在自贸试验区内设立的建设工程设计企业中，出任主要技术人员且持有台湾方面身份证明文件的自然人，不受每人每年在大陆累计居住时间应当不少于 6 个月的限制。台湾服务提供者在自贸试验区内设立的建筑业企业可以聘用台湾专业技术人员作为企业经理，但须具有相应的从事工程管理工作经历；可以聘用台湾建筑业专业人员作为工程技术和经济管理人员，但须满足相应的技术职称要求。台湾服务提供者在自贸试验区内投资设立的建筑业企业申报资质应按大陆有关规定办理，取得建筑业企业资质后，可依规定在大陆参加工程投标。台湾服务提供者在自贸试验区内设立的建筑业企业中，出任工程技术人员和经济管理人员且持有台湾方面身份证明文件的自然人，不受每人每年在大陆累计居住时间应当不少于3个月的限制。允许台湾建筑、规划等服务机构执业人员，持台湾相关机构颁发的证书，经批准在自贸试验区内开展业务。允许通过考试取得大陆注册结构工程师、注册土木工程师（港口与航道）、注册公用设备工程师、注册电气工程师资格的台湾专业人士在自贸试验区内执业，不受在台湾注册执业与否的限制，按照大陆有关规定作为福建省内工程设计企业申报企业资质时所要求的注册执业人员予以认定。

专业技术服务领域开放。允许台湾会计师在自贸试验区内设立的符合《代理记账管理办法》规定的中介机构从事代理记账业务。从事代理记账业务的台湾会计师应取得大陆会计从业资格，主管代理记账业务的负责人应当具有大陆会计师以上（含会计师）专业技术资格。允许取得大陆注册会计师资格的台湾专业人士担任自贸试验区内合伙制会计师事务所合伙人，具体办法由福建省制定，报财政部批准后实施。允许符合规定的持台湾方面身份证明文件的自然人参加护士执业资格考试，考试成绩合格者发给相应的资格证书，在证书许可范围内开展业务。允许台湾地区其他医疗专业技术人员比照港澳相关医疗专业人员按照大陆执业管理规定在自贸试验区内从事医疗相关活动。允许取得台湾药剂师执照的持台湾方面身份证明文件的自然人在取得大陆《执业药师资格证书》后，按照大陆《执业药师注册管理暂行办法》等相关文件规定办理注册并执业。

上述各领域开放措施在框架协议下实施，并且只适用于注册在自贸试验区内的企业。

9. 推动对台货物贸易自由。积极创新监管模式，提高贸易便利化水平。建立闽台通关合作机制，开展货物通关、贸易统计、原产地证书核查、“经认证的经营者”互认、检验检测认证等方面合作，逐步实现信息互换、监管互认、执法互助。完善自贸试验区对台小额贸易管理方式。支持自贸试验区发展两岸电子商务，允许符合条件的台商在自贸试验区内试点设立合资或独资企业，提供在线数据处理与交易处理业务（仅限于经营类电子商务），申请可参照大陆企业同等条件。检验检疫部门对符合条件的跨境电商入境快件采取便利措施。除国家禁止、限制进口的商品，废物原料、危险化学品及其包装、大宗散装商品外，简化自贸试验区内进口原产于台湾商品有关手续。对台湾地区输往自贸试验区的农产品、水产品、食品和花卉苗木等产品试行快速检验检疫模式。进一步优化从台湾进口部分保健食品、化妆品、医疗器械、中药材的审评审批程序。改革和加强原产地证签证管理，便利证书申领，强化事中事后监管。

10. 促进两岸往来更加便利。推动人员往来便利化，在自贸试验区实施更加便利的台湾居民入出境政策。对在自贸试验区内投资、就业的台湾企业高级管理人员、专家和技术人员，在项目申报、入出境等方面给予便利。为自贸试验区内台资企业外籍员工办理就业许可手续提供便利，放宽签证、居留许可有效期限。对自贸试验区内符合条件的外籍员工，提供入境、过境、停居留便利。自贸试验区内一般性赴台文化团组审批权下放给福建省。加快落实台湾车辆在自贸试验区与台湾之间便利进出境政策，推动实施两岸机动车辆互通和驾驶证互认，简化临时入境车辆牌照手续。推动厦门—金门和马尾—马祖游艇、帆船出入境简化手续。

（五）推进金融领域开放创新

11. 扩大金融对外开放。建立与自贸试验区相适应的账户管理体系。完善人民币涉外账户管理模式，简化人民币涉外账户分类，促进跨境贸易、投融资结算便利化。自贸试验区内试行资本项目限额内可兑换，符合条件的自贸试验区内机构在限额内自主开展直接投资、并购、债务工具、金融类投资等交易。深化外汇管理改革，将直接投资外汇登记下放银行办理，外商直接投资项下外汇资本金可意愿结汇，进一步提高对外放款比例。提高投融资便利化水平，统一内外资企业外债政策，建立健全外债宏观审慎管理制度。允许自贸试验区内企业、银行从境外借入本外币资金，企业借入的外币资金可结汇使用。探索建立境外融资与跨境资金流动宏观审慎管理政策框架，支持企业开展国际商业贷款等各类境外融资活动。放宽自贸试验区内法人金融机构和企业在境外发行人民币和外币债券的审批和规模限制，所筹资金可根据需要调回自贸试验区内使用。支持跨国公司本外币资金集中运营管理。探索在自贸试验区内设立单独领取牌照的专业金融托管服务机构，允许自贸试验区内银行和支付机构、托管机构与境外银行和支付机构开展跨境支付合作。构建跨境个人投资者保护制度，严格投资者适当性管理。强化风险防控，实施主体监管，建立合规评价体系，以大数据为依托开展事中事后管理。

12. 拓展金融服务功能。推进利率市场化，允许符合条件的金融机构试点发行企业和个人大额可转让存单。研究探索自贸试验区内金融机构（含准金融机构）向境外转让人民币资产、销售人民币理财产品，多渠道探索跨境资金流动。推动开展跨境人民币业务创新，推进自贸试验区内企业和个人跨境贸易与投资人民币结算业务。在完善相关管理办法、加强有效监管前提下，允许自贸试验区内符合条件的中资银行试点开办外币离岸业务。支持自贸试验区内法人银行按有关规定开展资产证券化业务。创新知识产权投融资及保险、风险投资、信托等金融服务，推动建立知识产权质物处置机制。经相关部门许可，拓展自贸试验区内融资租赁业务经营范围、融资渠道，简化涉外业务办理流程。统一内外资融资租赁企业准入标准、设立审批和事中事后监管，允许注册在自贸试验区内由福建省有关主管部门准入的内资融资租赁企业享受与现行内资试点企业同等待遇。支持自贸试验区内设立多币种的产业投资基金，研究设立多币种的土地信托基金等。支持符合条件的自贸试验区内机构按照规定双向投资于境内外证券期货市场。在合法合规、风险可控前提下，逐步开展商品场外衍生品交易。支持厦门两岸区域性金融服务中心建设。支持境内期货交易所根据需要在平潭设立期货交割仓库。

13. 推动两岸金融合作先行先试。在对台小额贸易市场设立外币兑换机构。允许自贸试验区银行业金融机构与台湾同业开展跨境人民币借款等业务。支持台湾地区的银行向自贸试验区内企业或项目发放跨境人民币贷款。对自贸试验区内的台湾金融机构向母行（公司）借用中长期外债实行外债指标单列，并按余额进行管理。在框架协议下，研究探索自贸试验区金融服务业对台资进一步开放，降低台资金融机构准入和业务门槛，适度提高参股大陆金融机构持股比例，并参照大陆金融机构监管。按照国家区域发展规划，为自贸试验区内台资法人金融机构在大陆设立分支机构开设绿色通道。支持在自贸试验区设立两岸合资银行等金融机构。探索允许台湾地区的银行及其在大陆设立的法人银行在福建省设立的分行参照大陆关于申请设立支行的规定，申请在自贸试验区内设立异地（不同于分行所在城市）支行。台湾地区的银行在大陆的营业性机构经营台资企业人民币业务时，服务对象可包括被认定为视同台湾投资者的第三地投资者在自贸试验区设立的企业。在符合相关规定前提下，支持两岸银行业在自贸试验区内进行相关股权投资合作。研究探索台湾地区的银行在自贸试验区内设立的营业性机构一经开业即可经营人民币业务。在框架协议下，允许自贸试验区内大陆的商业银行从事代客境外理财业务时，可以投资符合条件的台湾金融产品；允许台资金融机构以人民币合格境外机构投资者方式投资自贸试验区内资本市场。研究探索放宽符合条件的台资金融机构参股自贸试验区证券基金机构股权比例限制。研究探索允许符合条件的台资金融机构按照大陆有关规定在自贸试验区内设立合资基金管理公司，台资持股比例可达 50% 以上。研究探索允许符合设立外资参股证券公司条件的台资金融机构按照大陆有关规定在自贸试验区内新设立 2 家两岸合资的全牌照证券公司，大陆股东不限于证券公司，其中一家台资合并持股比例最高可达 51%，另一家台资合并持股比例不超过 49%、且取消大陆单一股东须持股 49% 的限制。支持符合条件的台资保险公司到自贸试验区设立经营机构。支持福建省股权交易场所拓展业务范围，为台资企业提供综合金融服务。加强两岸在金融纠纷调解、仲裁、诉讼及金融消费者维权支持方面的合作，健全多元化纠纷解决渠道。

（六）培育平潭开放开发新优势

14. 推进服务贸易自由化。赋予平潭制定相应从业规范和标准的权限，在框架协议下，允许台湾建筑、规划、医疗、旅游等服务机构执业人员，持台湾有关机构颁发的证书，按规定范围在自贸试验区内开展业务。探索在自贸试验区内行政企事业单位等机构任职的台湾同胞试行两岸同等学历、任职资历对接互认，研究探索技能等级对接互认。对台商独资或控股开发的建设项目，借鉴台湾的规划及工程管理体制。

15. 推动航运自由化。简化船舶进出港口手续，对国内航行船舶进出港海事实行报告制度。支持简化入区申报手续，探索试行相关电子数据自动填报。探索在自贸试验区内对台试行监管互认。对平潭片区与台湾之间进出口商品原则上不实施检验（废物原料、危险化学品及其包装、大宗散装货物以及国家另有特别规定的除外），检验检疫部门加强事后监管。

16. 建设国际旅游岛。加快旅游产业转型升级，推行国际通行的旅游服务标准，开发特色旅游产品，拓展文化体育竞技功能，建设休闲度假旅游目的地。研究推动平潭实施部分国家旅游团入境免签政策，对台湾居民实施更加便利的入出境制度。平潭国际旅游岛建设方案另行报批。

四、保障机制

（一）实行有效监管

1. 围网区域监管。对自贸试验区内的海关特殊监管区域，比照中国（上海）自由贸易试验区内的海关特殊监管区域有关监管模式，实行“一线放开”、“二线安全高效管住”的通关监管服务模式，推动海关特殊监管区域整合优化。对平潭片区按照“一线放宽、二线管住、人货分离、分类管理”原则实施分线管理。除废物原料、危险化学品及其包装、散装货物外，检验检疫在一线实施“进境检疫，适当放宽进出口检验”模式，在二线推行“方便进出，严密防范质量安全风险”的检验检疫监管模式。

2. 全区域监管。建立自贸试验区内企业信用信息采集共享和失信联动惩戒机制，开展使用第三方信用服务机构的信用评级报告试点。完善企业信用信息公示系统，实施企业年度报告公示、经营异常名录和严重违法企业名单制度，建立相应的激励、警示、惩戒制度。建立常态化监测预警、总结评估机制，落实企业社会责任，对自贸试验区内各项业务实施有效监控。加强监管信息共享和综合执法。构筑以商务诚信为核心，覆盖源头溯源、检验检疫、监管、执法、处罚、先行赔付等方面的全流程市场监管体系。建立各部门监管数据和信息归集、交换、共享机制，切实加强事中事后动态监管。整合执法主体，形成权责统一、权威高效的综合执法体制。提高知识产权行政执法与海关保护的协调性与便捷性，建立知识产权执法协作调度中心和专利导航产业发展工作机制。完善金融监管措施，逐步建立跨境资金流动风险监管机制，完善风险监控指标，对企业跨境收支进行全面监测评价，实行分类管理。做好反洗钱、反恐怖融资工作，防范非法资金跨境、跨区流动。探索在自贸试验区内建立有别于区外的金融监管协调机制，形成符合自贸试验区内金融业发展特点的监管体制。健全符合自贸试验区内金融业发展实际的监控指标，实现对自贸试验区内金融机构风险可控。

（二）健全法制保障

全国人民代表大会常务委员会已经授权国务院，暂时调整《中华人民共和国外资企业法》、《中华人民共和国中外合资经营企业法》、《中华人民共和国中外合作经营企业法》和《中华人民共和国台湾同胞投资保护法》规定的有关行政审批，自 2015 年 3 月 1 日至 2018 年 2 月 28 日试行。自贸试验区需要暂时调整实施有关行政法规、国务院文件和经国务院批准的部门规章的部分规定的，按规定程序办理。各有关部门要支持自贸试验区在对台先行先试、拓展与 21 世纪海上丝绸之路沿线国家和地区交流合作等方面深化改革试点，及时解决试点过程中的制度保障问题。福建省要通过地方立法，建立与试点要求相适应的自贸试验区管理制度。

（三）完善税收环境

自贸试验区抓紧落实好现有相关税收政策，充分发挥现有政策的支持促进作用。中国（上海）自由贸易试验区已经试点的税收政策原则上可在自贸试验区进行试点，其中促进贸易的选择性征收关税、其他相关进出口税收等政策在自贸试验区内的海关特殊监管区域进行试点。自贸试验区内的海关特殊监管区域实施范围和税收政策适用范围维持不变。平潭综合实验区税收优惠政策不适用于自贸试验区内其他区域。此外，在符合税制改革方向和国际惯例，以及不导致利润转移和税基侵蚀前提下，积极研究完善适应境外股权投资和离岸业务发展的税收政策。

（四）组织实施

在国务院的领导和统筹协调下，由福建省根据试点内容，按照总体筹划、分步实施、率先突破、逐步完善的原则组织实施。各有关部门要大力支持，加强指导和服务，共同推进相关体制机制创新，在实施过程中要注意研究新情况，解决新问题，总结新经验，重大事项要及时报告国务院，努力推进自贸试验区更好更快发展。

（五）评估推广机制

自贸试验区要及时总结改革创新经验和成果。商务部、福建省人民政府要会同相关部门，对自贸试验区试点政策执行情况进行综合和专项评估，必要时委托第三方机构进行独立评估，并将评估结果报告国务院。对试点效果好且可复制可推广的成果，经国务院同意后推广到全国其他地区。

国务院关于印发进一步深化中国（上海）自由贸易试验区改革开放方案的通知

（国发〔2015〕21号）

各省、自治区、直辖市人民政府，国务院各部委、各直属机构：

国务院批准《进一步深化中国（上海）自由贸易试验区改革开放方案》（以下简称《方案》），现予印发。

一、进一步深化中国（上海）自由贸易试验区（以下简称自贸试验区）改革开放，是党中央、国务院作出的重大决策，是在新形势下为全面深化改革和扩大开放探索新途径、积累新经验的重要举措，对加快政府职能转变、积极探索管理模式创新、促进贸易和投资便利化、形成深化改革新动力、扩大开放新优势，具有重要意义。

二、扩展区域后的自贸试验区要当好改革开放排头兵、创新发展先行者，继续以制度创新为核心，贯彻长江经济带发展等国家战略，在构建开放型经济新体制、探索区域经济合作新模式、建设法治化营商环境等方面，率先挖掘改革潜力，破解改革难题。要积极探索外商投资准入前国民待遇加负面清单管理模式，深化行政管理体制改革，提升事中事后监管能力和水平。

三、上海市人民政府和有关部门要解放思想、改革创新，大胆实践、积极探索，统筹谋划、加强协调，支持自贸试验区先行先试。要加强组织领导，明确责任主体，精心组织好《方案》实施工作，有效防控各类风险。要及时总结评估试点实施效果，形成可复制可推广的改革经验，更好地发挥示范引领、服务全国的积极作用。

四、根据《全国人民代表大会常务委员会关于授权国务院在中国（广东）自由贸易试验区、中国（天津）自由贸易试验区、中国（福建）自由贸易试验区以及中国（上海）自由贸易试验区扩展区域暂时调整有关法律规定的行

政审批的决定》，相应暂时调整有关行政法规和国务院文件的部分规定。具体由国务院另行印发。

五、《方案》实施中的重大问题，上海市人民政府要及时向国务院请示报告。

国务院

2015 年 4 月 8 日

进一步深化中国（上海）自由贸易试验区改革开放方案

中国（上海）自由贸易试验区（以下简称自贸试验区）运行以来，围绕加快政府职能转变，推动体制机制创新，营造国际化、市场化、法治化营商环境等积极探索，取得了重要阶段性成果。为贯彻落实党中央、国务院关于进一步深化自贸试验区改革开放的要求，深入推进《中国（上海）自由贸易试验区总体方案》确定的各项任务，制定本方案。

一、总体要求

（一）指导思想

全面贯彻落实党的十八大和十八届二中、三中、四中全会精神，按照党中央、国务院决策部署，紧紧围绕国家战略，进一步解放思想，坚持先行先试，把制度创新作为核心任务，把防控风险作为重要底线，把企业作为重要主体，以开放促改革、促发展，加快政府职能转变，在更广领域和更大空间积极探索以制度创新推动全面深化改革的新路径，率先建立符合国际化、市场化、法治化要求的投资和贸易规则体系，使自贸试验区成为我国进一步融入经济全球化的重要载体，推动“一带一路”建设和长江经济带发展，做好可复制可推广经验总结推广，更好地发挥示范引领、服务全国的积极作用。

（二）发展目标

按照党中央、国务院对自贸试验区“继续积极大胆闯、大胆试、自主改”、“探索不停步、深耕试验区”的要求，深化完善以负面清单管理为核心的投资管理制度、以贸易便利化为重点的贸易监管制度、以资本项目可兑换和金融服务业开放为目标的金融创新制度、以政府职能转变为核心的事中事后监管制度，形成与国际投资贸易通行规则相衔接的制度创新体系，充分发挥金融贸易、先进制造、科技创新等重点功能承载区的辐射带动作用，力争建设成为开放度最高的投资贸易便利、货币兑换自由、监管高效便捷、法制环境规范的自由贸易园区。

（三）实施范围

自贸试验区的实施范围120.72平方公里，涵盖上海外高桥保税区、上海外高桥保税物流园区、洋山保税港区、上海浦东机场综合保税区4个海关特殊监管区域（28.78平方公里）以及陆家嘴金融片区（34.26平方公里）、金桥开发片区（20.48平方公里）、张江高科技片区（37.2平方公里）。

自贸试验区土地开发利用须遵守土地利用法律法规。浦东新区要加大自主改革力度，加快政府职能转变，加强事中事后监管等管理模式创新，加强与上海国际经济、金融、贸易、航运中心建设的联动机制。

二、主要任务和措施

（一）加快政府职能转变

1. 完善负面清单管理模式。推动负面清单制度成为市场准入管理的主要方式，转变以行政审批为主的行政管理方式，制定发布政府权力清单和责任清单，进一步厘清政府和市场的关系。强化事中事后监管，推进监管标准规范制度建设，加快形成行政监管、行业自律、社会监督、公众参与的综合监管体系。

2. 加强社会信用体系应用。完善公共信用信息目录和公共信用信息应用清单，在市场监管、城市管理、社会治理、公共服务、产业促进等方面，扩大信用信息和信用产品应用，强化政府信用信息公开，探索建立采信第三方信用产品和服务的制度安排。支持信用产品开发，促进征信市场发展。

3. 加强信息共享和服务平台应用。加快以大数据中心和信息交换枢纽为主要功能的信息共享和服务平台建设，扩大部门间信息交换和应用领域，逐步统一信息标准，加强信息安全保障，推进部门协同管理，为加强事中事后监管提供支撑。

4. 健全综合执法体系。明确执法主体以及相对统一的执法程序和文书，建立联动联勤平台，完善网上执法办案系统。健全城市管理、市场监督等综合执法体系，建立信息共享、资源整合、执法联动、措施协同的监管工作机制。

5. 健全社会力量参与市场监督制度。通过扶持引导、购买服务、制定标准等制度安排，支持行业协会和专业服务机构参与市场监督。探索引入第三方专业机构参与企业信息审查等事项，建立社会组织与企业、行业之间的服务对接机制。充分发挥自贸试验区社会参与委员会作用，推动行业组织诚信自律。试点扩大涉外民办非企业单位登记范围。支持全国性、区域性行业协会入驻，探索引入竞争机制，在规模较大、交叉的行业以及新兴业态中试行“一业多会、适度竞争”。

6. 完善企业年度报告公示和经营异常名录制度。根据《企业信息公示暂行条例》，完善企业年度报告公示实施办法。采取书面检查、实地核查、网络监测、大数据比对等方式，对自贸试验区内企业年报公示信息进行抽查，依法将抽查结果通过企业信用信息公示系统向社会公示，营造企业自律环境。

7. 健全国家安全审查和反垄断审查协助工作机制。建立地方参与国家安全审查和反垄断审查的长效机制，配合国家有关部门做好相关工作。在地方事权范围内，加强相关部门协作，实现信息互通、协同研判、执法协助，进一步发挥自贸试验区在国家安全审查和反垄断审查工作中的建议申报、调查配合、信息共享等方面的协助作用。

8. 推动产业预警制度创新。配合国家有关部门试点建立与开放市场环境相匹配的产业预警体系，及时发布产业预警信息。上海市人民政府可选择重点敏感产业，通过实施技术指导、员工培训等政策，帮助企业克服贸易中遇到的困难，促进产业升级。

9. 推动信息公开制度创新。提高行政透明度，主动公开自贸试验区相关政策内容、管理规定、办事程序等信息，方便企业查询。对涉及自贸试验区的地方政府规章和规范性文件，主动公开草案内容，接受公众评论，并在公布和实施之间预留合理期限。实施投资者可以提请上海市人民政府对自贸试验区管理委员会制定的规范性文件进行审查的制度。

10. 推动公平竞争制度创新。严格环境保护执法，建立环境违法法人“黑名单”制度。加大宣传培训力度，引导自贸试验区内企业申请环境能源管理体系认证和推进自评价工作，建立长效跟踪评价机制。

11. 推动权益保护制度创新。完善专利、商标、版权等知识产权行政管理和执法体制机制，完善司法保护、行政监管、仲裁、第三方调解等知识产权纠纷多元解决机制，完善知识产权工作社会参与机制。优化知识产权发展环境，集聚国际知识产权资源，推进上海亚太知识产权中心建设。进一步对接国际商事争议解决规则，优化自贸试验区仲裁规则，支持国际知名商事争议解决机构入驻，提高商事纠纷仲裁国际化程度。探索建立全国性的自贸试验区仲裁法律服务联盟和亚太仲裁机构交流合作机制，加快打造面向全球的亚太仲裁中心。

12. 深化科技创新体制机制改革。充分发挥自贸试验区和国家自主创新示范区政策叠加优势，全面推进知识产权、科研院所、高等教育、人才流动、国际合作等领域体制机制改革，建立积极灵活的创新人才发展制度，健全企业主体创新投入制度，建立健全财政资金支持形成的知识产权处置和收益机制，建立专利导航产业发展工作机制，构建市场导向的科技成果转移转化制度，完善符合创新规律的政府管理制度，推动形成创新要素自由流动的开放合作新局面，在投贷联动金融服务模式创新、技术类无形资产入股、发展新型产业技术研发组织等方面加大探索力度，加快建设具有全球影响力的科技创新中心。

（二）深化与扩大开放相适应的投资管理制度创新

13. 进一步扩大服务业和制造业等领域开放。探索实施自贸试验区外商投资负面清单制度，减少和取消对外商投资准入限制，提高开放度和透明度。自贸试验区已试点的对外开放措施适用于陆家嘴金融片区、金桥开发片区和张江高科技片区。根据国家对外开放战略要求，在服务业和先进制造业等领域进一步扩大开放。在严格遵照全国人民代表大会常务委员会授权的前提下，自贸试验区部分对外开放措施和事中事后监管措施辐射到整个浦东新区，涉及调整行政法规、国务院文件和经国务院批准的部门规章的部分规定的，按规定程序办理。

14. 推进外商投资和境外投资管理制度改革。对外商投资准入特别管理措施（负面清单）之外领域，按照内外资一致原则，外商投资项目实行备案制（国务院规定对国内投资项目保留核准的除外）；根据全国人民代表大会常务委员会授权，将外商投资企业设立、变更及合同章程审批改为备案管理，备案后按国家有关规定办理相关手续。对境外投资项目和境外投资开办企业实行以备案制为主的管理方式，建立完善境外投资服务促进平台。试点建立境外融资与跨境资金流动宏观审慎管理政策框架，支持企业开展国际商业贷款等各类境外融资活动。统一内外资企业外债政策，建立健全外债宏观审慎管理制度。

15. 深化商事登记制度改革。探索企业登记住所、企业名称、经营范围登记等改革，开展集中登记试点。推进"先照后证"改革。探索许可证清单管理模式。简化和完善企业注销流程，试行对个体工商户、未开业企业、无债权债务企业实行简易注销程序。

16. 完善企业准入"单一窗口"制度。加快企业准入"单一窗口"从企业设立向企业工商变更、统计登记、报关报检单位备案登记等环节拓展，逐步扩大"单一窗口"受理事项范围。探索开展电子营业执照和企业登记全程电子化试点工作。探索实行工商营业执照、组织机构代码证和税务登记证"多证联办"或"三证合一"登记制度。

（三）积极推进贸易监管制度创新

17. 在自贸试验区内的海关特殊监管区域深化"一线放开"、"二线安全高效管住"贸易便利化改革。推进海关特殊监管区域整合优化，完善功能。加快形成贸易便利化创新举措的制度规范，覆盖到所有符合条件的企业。加强口岸监管部门联动，规范并公布通关作业时限。鼓励企业参与"自主报税、自助通关、自动审放、重点稽核"等监管制度创新试点。

18. 推进国际贸易"单一窗口"建设。完善国际贸易"单一窗口"的货物进出口和运输工具进出境的应用功能，进一步优化口岸监管执法流程和通关流程，实现贸易许可、支付结算、资质登记等平台功能，将涉及贸易监管的部门逐步纳入"单一窗口"管理平台。探索长三角区域国际贸易"单一窗口"

建设，推动长江经济带通关一体化。

19. 统筹研究推进货物状态分类监管试点。按照管得住、成本和风险可控原则，规范政策，创新监管模式，在自贸试验区内的海关特殊监管区域统筹研究推进货物状态分类监管试点。

20. 推动贸易转型升级。推进亚太示范电子口岸网络建设。加快推进大宗商品现货市场和资源配置平台建设，强化监管、创新制度、探索经验。深化贸易平台功能，依法合规开展文化版权交易、艺术品交易、印刷品对外加工等贸易，大力发展知识产权专业服务业。推动生物医药、软件信息等新兴服务贸易和技术贸易发展。按照公平竞争原则，开展跨境电子商务业务，促进上海跨境电子商务公共服务平台与境内外各类企业直接对接。统一内外资融资租赁企业准入标准、审批流程和事中事后监管制度。探索融资租赁物登记制度，在符合国家规定前提下开展租赁资产交易。探索适合保理业务发展的境外融资管理新模式。稳妥推进外商投资典当行试点。

21. 完善具有国际竞争力的航运发展制度和运作模式。建设具有较强服务功能和辐射能力的上海国际航运中心，不断提高全球航运资源配置能力。加快国际船舶登记制度创新，充分利用现有中资“方便旗”船税收优惠政策，促进符合条件的船舶在上海落户登记。扩大国际中转集拼业务，拓展海运国际中转集拼业务试点范围，打造具有国际竞争力的拆、拼箱运作环境，实现洋山保税港区、外高桥保税物流园区集装箱国际中转集拼业务规模化运作；拓展浦东机场货邮中转业务，增加国际中转集拼航线和试点企业，在完善总运单拆分国际中转业务基础上，拓展分运单集拼国际中转业务。优化沿海捎带业务监管模式，提高中资非五星旗船沿海捎带业务通关效率。推动与旅游业相关的邮轮、游艇等旅游运输工具出行便利化。在符合国家规定前提下，发展航运运价衍生品交易业务。深化多港区联动机制，推进外高桥港、洋山深水港、浦东空港国际枢纽港联动发展。符合条件的地区可按规定申请实施境外旅客购物离境退税政策。

（四）深入推进金融制度创新

22. 加大金融创新开放力度，加强与上海国际金融中心建设的联动。具体方案由人民银行会同有关部门和上海市人民政府另行报批。

（五）加强法制和政策保障

23. 健全法制保障体系。全国人民代表大会常务委员会已经授权国务院，在自贸试验区扩展区域暂时调整《中华人民共和国外资企业法》、《中华人民共和国中外合资经营企业法》、《中华人民共和国中外合作经营企业法》和《中华人民共和国台湾同胞投资保护法》规定的有关行政审批；扩展区域涉及《国务院关于在中国（上海）自由贸易试验区内暂时调整有关行政法规和国务院文件规定的行政审批或者准入特别管理措施的决定》（国发〔2013〕51号）和《国务院关于在中国（上海）自由贸易试验区内暂时调整实施有关行政法规和经国务院批准的部门规章规定的准入特别管理措施的决定》（国发〔2014〕38号）暂时调整实施有关行政法规、国务院文件和经国务院批准的部门规章的部分规定的，按规定程序办理；自贸试验区需要暂时调整实施其他有关行政法规、国务院文件和经国务院批准的部门规章的部分规定的，按规定程序办理。加强地方立法，对试点成熟的改革事项，适时将相关规范性文件上升为地方性法规和规章。建立自贸试验区综合法律服务窗口等司法保障和服务体系。

24. 探索适应企业国际化发展需要的创新人才服务体系和国际人才流动通行制度。完善创新人才集聚和培育机制，支持中外合作人才培训项目发展，加大对海外人才服务力度，提高境内外人员出入境、外籍人员签证和居留、就业许可、驾照申领等事项办理的便利化程度。

25. 研究完善促进投资和贸易的税收政策。自贸试验区内的海关特殊监管区域实施范围和税收政策适用范围维持不变。在符合税制改革方向和国际惯例，以及不导致利润转移和税基侵蚀前提下，调整完善对外投资所得抵免方式；研究完善适用于境外股权投资和离岸业务的税收制度。

三、扎实做好组织实施

在国务院的领导和协调下，由上海市根据自贸试验区的目标定位和先行先试任务，精心组织实施，调整完善管理体制和工作机制，形成可操作的具体计划。对出现的新情况、新问题，认真研究，及时调整试点内容和政策措施，重大事项及时向国务院请示报告。各有关部门要继续给予大力支持，加强指导和服务，共同推进相关体制机制创新，把自贸试验区建设好、管理好。

国务院关于印发中国（天津）自由贸易试验区总体方案的通知

（国发〔2015〕19 号）

各省、自治区、直辖市人民政府，国务院各部委、各直属机构：

国务院批准《中国（天津）自由贸易试验区总体方案》（以下简称《方案》），现予印发。

一、建立中国（天津）自由贸易试验区（以下简称自贸试验区），是党中央、国务院作出的重大决策，是在新形势下推进改革开放和加快实施京津冀协同发展战略的重要举措，对加快政府职能转变、积极探索管理模式创新、促进贸易和投资便利化，为全面深化改革和扩大开放探索新途径、积累新经验，具有重要意义。

二、自贸试验区要当好改革开放排头兵、创新发展先行者，以制度创新为核心，贯彻京津冀协同发展等国家战略，在构建开放型经济新体制、探索区域经济合作新模式、建设法治化营商环境等方面，率先挖掘改革潜力，破解改革难题。要积极探索外商投资准入前国民待遇加负面清单管理模式，深化行政管理体制改革，提升事中事后监管能力和水平。

三、天津市人民政府和有关部门要解放思想、改革创新，大胆实践、积极探索，统筹谋划、加强协调，支持自贸试验区先行先试。要加强组织领导，明确责任主体，精心组织好《方案》实施工作，有效防控各类风险。要及时总结评估试点实施效果，形成可复制可推广的改革经验，发挥示范带动、服务全国的积极作用。

四、根据《全国人民代表大会常务委员会关于授权国务院在中国（广东）自由贸易试验区、中国（天津）自由贸易试验区、中国（福建）自由贸易试验区以及中国（上海）自由贸易试验区扩展区域暂时调整有关法律规定的行

政审批的决定》，相应暂时调整有关行政法规和国务院文件的部分规定。具体由国务院另行印发。

五、《方案》实施中的重大问题，天津市人民政府要及时向国务院请示报告。

国务院

2015 年 4 月 8 日

中国（天津）自由贸易试验区总体方案

建立中国（天津）自由贸易试验区（以下简称自贸试验区）是党中央、国务院作出的重大决策，是新形势下全面深化改革、扩大开放和加快推进京津冀协同发展战略的重大举措。为全面有效推进自贸试验区建设，制定本方案。

一、总体要求

（一）指导思想

全面贯彻落实党的十八大和十八届二中、三中、四中全会精神，按照党中央、国务院决策部署，紧紧围绕国家战略，以开放促改革、促发展、促转型，以制度创新为核心，发挥市场在资源配置中的决定性作用，探索转变政府职能新途径，探索扩大开放新模式，努力打造京津冀协同发展对外开放新引擎，着力营造国际化、市场化、法治化营商环境，为我国全面深化改革和扩大开放探索新途径、积累新经验，发挥示范带动、服务全国的积极作用。

（二）战略定位

以制度创新为核心任务，以可复制可推广为基本要求，努力成为京津冀协同发展高水平对外开放平台、全国改革开放先行区和制度创新试验田、面向世界的高水平自由贸易园区。

（三）总体目标

经过三至五年改革探索，将自贸试验区建设成为贸易自由、投资便利、高端产业集聚、金融服务完善、法制环境规范、监管高效便捷、辐射带动效应明显的国际一流自由贸易园区，在京津冀协同发展和我国经济转型发展中发挥示范引领作用。

二、区位布局

（一）实施范围

自贸试验区的实施范围119.9平方公里，涵盖三个片区：天津港片区30平方公里（含东疆保税港区10平方公里），天津机场片区43.1平方公里（含天津港保税区空港部分1平方公里和滨海新区综合保税区1.96平方公里），滨海新区中心商务片区46.8平方公里（含天津港保税区海港部分和保税物流园区4平方公里）。

自贸试验区土地开发利用须遵守土地利用法律法规。

（二）功能划分

按区域布局划分，天津港片区重点发展航运物流、国际贸易、融资租赁等现代服务业；天津机场片区重点发展航空航天、装备制造、新一代信息技术等高端制造业和研发设计、航空物流等生产性服务业；滨海新区中心商务片区重点发展以金融创新为主的现代服务业。

按海关监管方式划分，自贸试验区内的海关特殊监管区域重点探索以贸易便利化为主要内容的制度创新，开展货物贸易、融资租赁、保税加工和保税物流等业务；非海关特殊监管区域重点探索投资制度改革，完善事中事后监管，推动金融制度创新，积极发展现代服务业和高端制造业。

三、主要任务和措施

（一）加快政府职能转变

创新行政管理方式，提升行政管理水平，建设适应国际化、市场化、法治化要求和贸易投资便利化需求的服务体系。

1. 深化行政体制改革。加快行政审批制度改革，实行审管职能分离，建立综合统一的行政审批机构，实施“一颗印章管审批”。推进政府管理由注重事前审批向注重事中事后监管转变，完善信息网络平台，提高行政透明度，实现部门协同管理。健全社会信用体系；建立行业信息跟踪、监管和归集的综合性评估机制，加强对企业的管理、监督和服务，健全企业及从业人员信用信息记录和披露制度，完善企业信用约束机制；完善企业信用信息公示系统，实施企业年度报告公示、经营异常名录和严重违法企业名单制度；探索建立市场主体信用评级标准，实施分类管理。提高执法效能，建立集中统一的综合执法机构，整合执法力量，实行“一支队伍管执法”，鼓励社会力量参与市场监督，加大对违法行为打击力度。构建反垄断审查机制。加强知识产权保护和服务，完善知识产权管理和执法体制以及纠纷调解、援助、仲裁等服务机制。发挥专业化社会机构力量，提高知识产权保护成效。将原由政府部门承担的资产评估、鉴定、咨询、认证、检验检测等职能逐步交由法律、会计、信用、检验检测认证等专业服务机构承担。

2. 提高行政管理效能。天津市依法向自贸试验区下放经济管理权限。自贸试验区内工作部门依法公开管理权限和流程，建立各部门权责清单制度。建立健全行政审批管理目录制度，完善“一口受理”服务模式，改革审批事项，优化审批流程，缩短审批时间，推进审批后监管标准规范制度建设。加强发展规划、政策、标准的制定和实施工作。

（二）扩大投资领域开放

稳步扩大开放领域，改革“引进来”和“走出去”投资管理方式，突出重点，创新机制，有效监管，完善服务，探索建立与国际通行做法接轨的基本制度框架。

3. 降低投资准入门槛。实施自贸试验区外商投资负面清单制度，减少和取消对外商投资准入限制，提高开放度和透明度。重点选择航运服务、商贸服务、专业服务、文化服务、社会服务等现代服务业和装备制造、新一代信息技术等先进制造业领域扩大对外开放，积极有效吸引外资；金融领域，在完善相关配套措施前提下，研究适当减少对境外投资者资质要求、股权比例、业务范围等准入限制。鼓励跨国公司设立地区性总部、研发中心、销售中心、物流中心和结算中心，鼓励先进制造业延伸价值链，与现代服务业融合发展。

支持外资股权投资基金规范创新发展，完善资本金结汇、投资基金管理等新模式，鼓励外资股权投资、创业投资管理机构发起管理人民币股权投资和创业投资基金。允许取得国际资质的外籍和港澳台地区专业服务人员和机构，在自贸试验区内依照有关规定开展相关业务。允许取得中国注册会计师资格的港澳专业人士，在自贸试验区试点担任合伙制事务所的合伙人。

4. 改革外商投资管理模式。探索对外商投资实行准入前国民待遇加负面清单管理模式。对外商投资准入特别管理措施（负面清单）之外领域，按照内外资一致原则，外商投资项目实行备案制（国务院规定对国内投资项目保留核准的除外），由天津市负责办理；根据全国人民代表大会常务委员会授权，将外商投资企业设立、变更及合同章程审批改为备案管理，备案由天津市负责办理，备案后按国家有关规定办理相关手续。配合国家有关部门实施外商投资国家安全审查制度。完善市场主体信用信息公示系统，实施外商投资全周期监管，建立健全境外追偿保障机制。完善投资者权益保障机制，允许符合条件的境外投资者自由转移其投资收益。

5. 构建对外投资合作服务平台。确立企业及个人对外投资主体地位，支持企业及个人开展多种形式的境外投资合作，在法律法规规定范围内，允许自担风险到各国各地区自由承揽项目。逐步减少个人对外投资的外汇管制。对不涉及敏感国家和地区、敏感行业的境外投资项目全部实行备案制，属市级管理权限的由自贸试验区负责备案。建立对外投资合作“一站式”服务平台。加强对外投资合作事后管理和服务，建设多部门信息共享平台，完善境外资产和人员安全风险预警和应急保障体系。鼓励设立从事境外投资的股权投资企业和项目公司，支持设立从事境外投资的股权投资母基金。

（三）推动贸易转型升级

积极培育新型贸易方式，打造以技术、品牌、质量、服务为核心的外贸竞争新优势，探索形成具有国际竞争力的航运业发展环境。

6. 完善国际贸易服务功能。积极探索服务贸易发展的新途径和新模式，搭建服务贸易公共服务平台、服务贸易促进平台，推动现有融资平台依法合规为中小服务贸易企业提供融资服务。按照公平竞争原则，积极发展跨境电子商务，并完善与之相适应的海关监管、检验检疫、退税、跨境支付、物流等支撑系统。发展服务外包业务，建设文化服务贸易基地。建设亚太经济合作组织绿色供应链合作网络天津示范中心，探索建立绿色供应链管理体系，鼓励开展绿色贸易。探索开展财政资金支持形成的知识产权处置和收益管理改革试点，建立华北地区知识产权运营中心，发展知识产权服务业。开展知识产权跨境交易，创新知识产权投融资及保险、风险投资、信托等金融服务，推动建立知识产权质物处置机制。

加快建设国家进口贸易促进创新示范区，促进对外贸易平衡发展。鼓励企业统筹开展国际国内贸易，实现内外贸一体化发展。支持进口先进技术、关键设备及零部件和资源类商品。支持开展汽车平行进口试点，平行进口汽车应符合国家质量安全标准，进口商应承担售后服务、召回、“三包”等责任，并向消费者警示消费风险。建立国际贸易“单一窗口”管理服务模式。在执行现行税收政策前提下，提升超大超限货物的通关、运输、口岸服务等综合能力。扶持和培育外贸综合服务企业，为从事国际采购的中小企业提供通关、融资、退税、国际结算等服务。

在总结期货保税交割试点经验基础上，鼓励国内期货交易所在自贸试验区的海关特殊监管区域内开展业务，扩大期货保税交割试点品种，拓展仓单质押融资等功能，推动完善仓单质押融资所涉及的仓单确权等工作。依法合规开展大宗商品现货交易，探索建立与国际大宗商品交易相适应的外汇管理和海关监管制度。在严格执行货物进出口税收政策前提下，允许在海关特殊监管区域内设立保税展示交易平台。开展境内外高技术、高附加值产品的维修业务试点。探索开展境外高技术、高附加值产品的再制造业务试点。允许外商开展机电产品及零部件维修与再制造业务。推动建立检验检疫证书国际联网核查机制，推进标准和结果互认。改革和加强原产地证签证管理，便利证书申领，强化事中事后监管。鼓励设立第三方检验检测鉴定机构，逐步推动实施第三方结果采信。

7. 增强国际航运服务功能。促进航运要素集聚，探索形成具有国际竞争力的航运发展机制和运作模式。积极发挥天津港和滨海国际机场的海空联动作用。允许设立外商独资国际船舶管理企业。放宽在自贸试验区设立的中外合资、中外合作国际船舶企业的外资股比限制。允许外商以合资、合作形式从事公共国际船舶代理业务，外方持股比例放宽至51%，将外资经营国际船舶管理业务的许可权限下放给天津市。大力发展航运金融、航运保险业，建设中国北方国际航运融资中心，鼓励境内外航运保险公司和保险经纪公司等航运服务中介机构设立营业机构并开展业务。在落实国际船舶登记制度相关配套政策基础上，中方投资人持有船公司的股权比例可低于50%。充分利用现有中资“方便旗”船税收优惠政策，促进符合条件的船舶在自贸试验区落户登记。

完善集疏运体系，加密航线航班。推动海运集装箱和航空快件国际中转集拼业务发展。允许中资公司拥有或控股拥有的非五星旗船，试点开展外贸集装箱在国内沿海港口和天津港之间的沿海捎带业务。支持天津滨海国际机场增加国际客货运航班，建设航空物流中心。完善国际邮轮旅游支持政策，提升邮轮旅游供应服务和配套设施水平，建立邮轮旅游岸上配送中心和邮轮旅游营销中心。允许在自贸试验区内注册的符合条件的中外合资旅行社，从事除台湾地区以外的出境旅游业务。符合条件的地区可按政策规定申请实施境外旅客购物离境退税政策。

8. 创新通关监管服务模式。自贸试验区内的海关特殊监管区域比照中国（上海）自由贸易试验区内的海关特殊监管区域有关监管模式，实施“一线放开”、“二线安全高效管住”的通关监管服务模式，积极推动实施海关特殊监管区域整合优化改革措施。可根据自贸试验区发展需求，按现行管理规定向国家申请扩大海关特殊监管区域面积。自贸试验区内的非海关特殊监管区域，仍按照现行模式实施监管。不断探索口岸监管制度创新。

强化监管协作。加强电子口岸建设，推动实现海关、检验检疫等口岸监管部门信息共享。推进企业运营信息与监管系统对接。逐步实现基于企业诚信评价的货物抽验制度。除废物原料、危险化学品及其包装、散装货物外，检验检疫在一线实行“进境检疫，适当放宽进出口检验”模式，创新监管技术和方法；在二线简化检验检疫流程，推行“方便进出，严密防范质量安全风险”的检验检疫监管模式。提高知识产权行政执法与海关保护的协调性和便捷性，建立知识产权执法协作调度中心。

（四）深化金融领域开放创新

深化金融体制改革，实施业务模式创新，培育新型金融市场，加强风险控制，推进投融资便利化、利率市场化和人民币跨境使用，做大做强融资租赁业，服务实体经济发展。

9. 推进金融制度创新。开展利率市场化和人民币资本项目可兑换试点。将自贸试验区内符合条件的金融机构纳入优先发行大额可转让存单的机构范围，在自贸试验区内开展大额可转让存单发行试点。区内试行资本项目限额内可兑换，符合条件的区内机构在限额内自主开展直接投资、并购、债务工具、金融类投资等交易。深化外汇管理改革，将直接投资外汇登记下放银行办理，外商直接投资项下外汇资本金可意愿结汇，进一步提高对外放款比例。提高投融资便利化水平，解决自贸试验区内企业特别是中小企业融资难、融资贵问题，统一内外资企业外债政策，建立健全外债宏观审慎管理制度。放宽区内企业在境外发行本外币债券的审批和规模限制，所筹资金根据需要可调回区内使用。

推动跨境人民币业务创新发展，鼓励在人民币跨境使用方面先行先试，鼓励企业充分利用境内外两种资源、两个市场，实现跨境融资自由化。支持跨国公司本外币资金集中运营管理。支持自贸试验区内符合条件的单位和个人按照规定双向投资于境内外证券期货市场。支持通过自由贸易账户或其他风险可控的方式，促进跨境投融资便利化和资本项目可兑换的先行先试。

探索在自贸试验区内建立金融消费者权益保护协作机制以及和解、专业调解、仲裁等金融纠纷司法替代性解决机制，鼓励金融行业协会、自律组织独立或者联合依法开展专业调解，建立调解与仲裁、诉讼的对接机制，加大金融消费者维权支持力度，依法维护金融消费者合法权益。支持建立健全证券投资消费者教育服务体系，积极创新自贸试验区特色的多元化证券投资消费者教育产品和方式。

10. 增强金融服务功能。推动金融服务业对符合条件的民营资本全面开放，在加强监管前提下，允许具备条件的民间资本依法发起设立中小型银行等金融机构。支持在自贸试验区内设立外资银行和中外合资银行。条件具备时适时在自贸试验区内试点设立有限牌照银行。对中小型金融机构实行差别化管理。在完善相关管理办法，加强有效监管前提下，允许自贸试验区内符合条件的中资银行试点开办外币离岸业务。鼓励金融机构积极开展动产融资业务，利用动产融资统一登记平台，服务中小企业发展。支持商业保理业务发展，探索适合商业保理发展的外汇管理模式。开展人民币跨境再保险业务，培育发展再保险市场。支持在自贸试验区内设立专业机构，开展巨灾保险试点工作。逐步允许境外企业参与商品期货交易。

11. 提升租赁业发展水平。率先推进租赁业政策制度创新，形成与国际接轨的租赁业发展环境。加快建设国家租赁创新示范区。在自贸试验区的海关特殊监管区域内，支持设立中国天津租赁平台，推进租赁资产公示等试点。支持设立中国金融租赁登记流转平台，推进租赁资产登记、公示、流转等试点。统一内外资融资租赁企业准入标准、审批流程和事中事后监管，允许注册在自贸试验区内由天津市商务主管部门准入的内资融资租赁企业享受与现行内资融资租赁试点企业同等待遇。支持符合条件的金融租赁公司和融资租赁公司设立专业子公司。支持金融租赁公司和融资租赁公司在符合相关规定前提下，设立项目公司经营大型设备、成套设备等融资租赁业务，并开展境内外租赁业务。经相关部门认可，允许融资租赁企业开展主营业务相关的保理业务和福费廷业务。支持租赁业境外融资，鼓励各类租赁公司扩大跨境人民币资金使用范围。对注册在自贸试验区海关特殊监管区域内的融资租赁企业进出口飞机、船舶和海洋工程结构物等大型设备涉及跨关区的，在确保有效监管和执行现行相关税收政策前提下，按物流实际需要，实行海关异地委托监管。

12. 建立健全金融风险防控体系。建立金融监管协调机制，完善跨行业、跨市场的金融风险监测评估机制，加强对重大风险的识别和系统性金融风险的防范。完善对持有各类牌照金融机构的分类监管机制，加强金融监管协调与合作。探索建立跨境资金流动风险监管机制，对企业跨境收支进行全面监测评价，实施分类管理。强化外汇风险防控，实施主体监管，建立合规评价体系，以大数据为依托开展事中事后管理。做好反洗钱、反恐怖融资工作，防范非法资金跨境、跨区流动。

（五）推动实施京津冀协同发展战略

发挥自贸试验区对外开放高地的综合优势，推动京津冀地区外向型经济发展，构建全方位、多层次、宽领域的区域开放型经济新格局。

13. 增强口岸服务辐射功能。完善京津冀海关区域通关一体化和检验检疫通关业务一体化改革。优化内陆无水港布局，支持内陆地区在条件具备时申请设立海关特殊监管区域和保税监管场所。完善天津口岸与无水港之间在途运输监管模式，推动与内陆口岸通关协作，实现相关部门信息互换、监管互认、执法互助。结合上海试点实施情况，在统筹评估政策成效基础上，研究实施启运港退税试点政策。进一步推动津冀两地港口一体化，在优化港口产业结构的同时，实现两地港口间错位发展和优势互补。支持京冀两地在自贸试验区建设专属物流园区，开展现代物流业务。完善以天津港为出海口的保税物流网络，将意愿结汇等创新政策辐射延伸至京冀两地及港口腹地。依托亚欧大陆桥连接功能，完善多式联运体系，增强对沿线国家及地区转口贸易服务功能，发挥中蒙俄经济走廊重要节点作用和海上合作战略支点作用，推动“一带一路”建设。

14. 促进区域产业转型升级。抓住全球产业重新布局机遇，充分利用国内国外两种资源、两个市场，提高聚集国际资源要素的能力。通过自贸试验区高端产业集聚，促进京津冀地区优化现代服务业、先进制造业和战略性新兴产业布局，创新区域经济合作模式。以产业链为纽带，在自贸试验区建立市场化运作的产业转移引导基金，促进京津冀地区在研发设计、生产销售和物流配送等环节的协同配合。增强自贸试验区大宗商品交易市场的集散功能。加强交易市场互联互通，推动各类资源合理高效流转。鼓励三地企业通过跨区域兼并重组实现产业转型升级，在基础设施、公共设施建设运营领域，推广运用政府和社会资本合作（PPP）等新型投融资模式。鼓励航运物流、航空航天、装备制造、电子信息、生物医药等产业向自贸试验区集聚，形成有利于推动产业集群发展的体制机制，促使自贸试验区成为京津冀地区产业转型升级的新引擎。

15. 推动区域金融市场一体化。探索京津冀金融改革创新试验，开展金融监管、金融产品和服务方面的创新。加强区域金融监管协作，破除地域限制。在遵守国家规定前提下，京津冀三地产权交易市场、技术交易市场、排污权交易市场和碳排放权交易市场可在自贸试验区内开展合作，促进区域排污权指标有偿分配使用。支持金融服务外包企业发展。鼓励和引导互联网金融业健康发展。鼓励自贸试验区金融机构探索与京津冀协同发展相适应的产品创新和管理模式创新，优化京津冀地区金融资源配置。

16. 构筑服务区域发展的科技创新和人才高地。充分发挥自贸试验区和国家自主创新示范区政策叠加优势，将自贸试验区打造成具有创新示范和带动作用的区域性创新平台，增强科技进步对经济增长的贡献度。坚持需求导向和产业化方向，推动科研机构、高校、企业协同创新。积极发展科技金融。依法合规开展知识产权转让，建立专利导航产业发展协同工作机制。根据区域特点和发展需求，针对区域创新发展中面临的突出问题，在自贸试验区内开展有针对性的政策试点。支持京津冀三地政府按规定共同出资，与国家新兴产业创业投资引导基金、国家科技成果转化引导基金形成合作机制。联合国内外知名股权投资机构共同成立创投基金，在自贸试验区先行先试。建立健全科技成果转化交易市场。推动教育部、天津市共建教育国际化综合改革试验区，支持引进境外优质教育资源，开展合作办学。按照国际通行做法探索人才评价方法，实施更加积极的创新人才引进政策，强化激励，吸引领军科学家、企业家、归国创业人员等高端人才，建设国际化人才特区。为符合条件的外国籍高层次人才提供入境及居留便利，进一步简化签证等相关审批程序。

四、保障机制

（一）健全法制保障体系

全国人民代表大会常务委员会已经授权国务院，暂时调整《中华人民共和国外资企业法》、《中华人民共和国中外合资经营企业法》、《中华人民共和国中外合作经营企业法》和《中华人民共和国台湾同胞投资保护法》规定的有关行政审批，自 2015 年 3 月 1 日至 2018 年 2 月 28 日试行。自贸试验区需要暂时调整实施有关行政法规、国务院文件和经国务院批准的部门规章的部分规定的，按规定程序办理。各有关部门要支持自贸试验区在扩大投资领域开放、实施负面清单管理模式、创新投资管理体制等方面深化改革试点，及时解决试点过程中的制度保障问题。天津市要通过地方立法，建立与试点要求相适应的自贸试验区管理制度。

（二）优化行政管理服务环境

转变政府职能，推进落实各项改革创新措施，加强自贸试验区经济运行管理和风险防控，规范市场经济秩序，提高行政管理水平和综合服务能力。加强海关、质检、工商、税务、金融监管及外汇等部门协作，依托地方政府主导的电子口岸等公共电子信息平台，整合监管信息，实现相关监管部门信息共享，共同提高维护经济社会安全的服务保障能力。

（三）完善配套税收政策

中国（上海）自由贸易试验区已经试点的税收政策原则上可在自贸试验区进行试点，其中促进贸易的选择性征收关税、其他相关进出口税收等政策在自贸试验区内的海关特殊监管区域进行试点。自贸试验区内的海关特殊监管区域实施范围和税收政策适用范围维持不变。此外，在符合税制改革方向和国际惯例，以及不导致利润转移和税基侵蚀前提下，积极研究完善适应境外股权投资和离岸业务发展的税收政策。

（四）抓好组织实施工作

在国务院的领导和统筹协调下，由天津市根据试点内容，按照总体筹划、分步实施、率先突破、逐步完善的原则组织实施。对出现的新情况、新问题，要认真研究，及时调整试点内容和政策措施，重大事项要及时向国务院请示报告。各有关部门要大力支持，加强指导和服务，共同推进相关体制机制创新，把自贸试验区建设好、管理好。

（五）建立评估推广机制

自贸试验区要及时总结改革创新经验和成果。商务部、天津市人民政府要会同相关部门，对自贸试验区试点政策执行情况进行综合和专项评估，必要时委托第三方机构进行独立评估，并将评估结果报告国务院。对试点效果好且可复制可推广的成果，经国务院同意后率先在京津冀地区复制推广，具备条件的，进一步推广到全国其他地区。

国务院关于印发中国（广东）自由贸易试验区总体方案的通知

（国发〔2015〕18号）

各省、自治区、直辖市人民政府，国务院各部委、各直属机构：

国务院批准《中国（广东）自由贸易试验区总体方案》（以下简称《方案》），现予印发。

一、建立中国（广东）自由贸易试验区（以下简称自贸试验区），是党中央、国务院作出的重大决策，是在新形势下推进改革开放和促进内地与港澳深度合作的重要举措，对加快政府职能转变、积极探索管理模式创新、促进贸易和投资便利化，为全面深化改革和扩大开放探索新途径、积累新经验，具有重要意义。

二、自贸试验区要当好改革开放排头兵、创新发展先行者，以制度创新为核心，贯彻“一带一路”建设等国家战略，在构建开放型经济新体制、探索粤港澳经济合作新模式、建设法治化营商环境等方面，率先挖掘改革潜力，破解改革难题。要积极探索外商投资准入前国民待遇加负面清单管理模式，深化行政管理体制改革，提高行政管理效能，提升事中事后监管能力和水平。

三、广东省人民政府和有关部门要解放思想、改革创新，大胆实践、积极探索，统筹谋划、加强协调，支持自贸试验区先行先试。要加强组织领导，明确责任主体，精心组织好《方案》实施工作，有效防控各类风险。要及时总结评估试点实施效果，形成可复制可推广的改革经验，发挥示范带动、服务全国的积极作用。

四、根据《全国人民代表大会常务委员会关于授权国务院在中国（广东）自由贸易试验区、中国（天津）自由贸易试验区、中国（福建）自由贸易试验区以及中国（上海）自由贸易试验区扩展区域暂时调整有关法律规定的行政审批的决定》，相应暂时调整有关行政法规和国务院文件的部分规定。具体由国务院另行印发。

五、《方案》实施中的重大问题，广东省人民政府要及时向国务院请示报告。

国务院

2015 年 4 月 8 日

中国（广东）自由贸易试验区总体方案

建立中国（广东）自由贸易试验区（以下简称自贸试验区）是党中央、国务院作出的重大决策，是新形势下全面深化改革、扩大开放和促进内地与港澳深度合作的重大举措。为全面有效推进自贸试验区建设，制定本方案。

一、总体要求

（一）指导思想

全面贯彻落实党的十八大和十八届二中、三中、四中全会精神，按照党中央、国务院决策部署，紧紧围绕国家战略，进一步解放思想，先行先试，以开放促改革、促发展，以制度创新为核心，促进内地与港澳经济深度合作，为全面深化改革和扩大开放探索新途径、积累新经验，发挥示范带动、服务全国的积极作用。

（二）战略定位

依托港澳、服务内地、面向世界，将自贸试验区建设成为粤港澳深度合作示范区、21 世纪海上丝绸之路重要枢纽和全国新一轮改革开放先行地。

（三）发展目标

经过三至五年改革试验，营造国际化、市场化、法治化营商环境，构建开放型经济新体制，实现粤港澳深度合作，形成国际经济合作竞争新优势，力争建成符合国际高标准的法制环境规范、投资贸易便利、辐射带动功能突出、监管安全高效的自由贸易园区。

二、区位布局

（一）实施范围

自贸试验区的实施范围 116.2 平方公里，涵盖三个片区：广州南沙新区片区 60 平方公里（含广州南沙保税港区 7.06 平方公里），深圳前海蛇口片区 28.2 平方公里（含深圳前海湾保税港区 3.71 平方公里），珠海横琴新区片区 28 平方公里。自贸试验区土地开发利用须遵守土地利用法律法规。

（二）功能划分

按区域布局划分，广州南沙新区片区重点发展航运物流、特色金融、国际商贸、高端制造等产业，建设以生产性服务业为主导的现代产业新高地和具有世界先进水平的综合服务枢纽；深圳前海蛇口片区重点发展金融、现代物流、信息服务、科技服务等战略性新兴服务业，建设我国金融业对外开放试验示范窗口、世界服务贸易重要基地和国际性枢纽港；珠海横琴新区片区重点发展旅游休闲健康、商务金融服务、文化科教和高新技术等产业，建设文化教育开放先导区和国际商务服务休闲旅游基地，打造促进澳门经济适度多元发展新载体。

按海关监管方式划分，广州南沙新区片区和深圳前海蛇口片区内的非海关特殊监管区域，重点探索体制机制创新，积极发展现代服务业和高端制造业；广州南沙保税港区和深圳前海湾保税港区等海关特殊监管区域，试点以货物贸易便利化为主要内容的制度创新，主要开展国际贸易和保税服务等业务；珠海横琴新区片区试点有关货物贸易便利化和现代服务业发展的制度创新。

三、主要任务和措施

（一）建设国际化、市场化、法治化营商环境

1. 优化法治环境。在扩大开放的制度建设上大胆探索、先行先试，加快形成高标准投资贸易规则体系。按照统一、公开、公平原则，试点开展对内

对外开放的执法与司法建设，实现各类市场主体公平竞争。强化自贸试验区制度性和程序性法规规章建设，完善公众参与法规规章起草机制，探索委托第三方起草法规规章草案。对涉及自贸试验区投资贸易等商事案件，建立专业化审理机制。完善知识产权管理和执法体制，完善知识产权纠纷调解和维权援助机制，探索建立自贸试验区重点产业知识产权快速维权机制。发展国际仲裁、商事调解机制。

2. 创新行政管理体制。按照权责一致原则，建立行政权责清单制度，明确政府职能边界。深化行政审批制度改革，最大限度取消行政审批事项。推进行政审批标准化、信息化建设，探索全程电子化登记和电子营业执照管理，建立一口受理、同步审批的“一站式”高效服务模式，建设市场准入统一平台和国际贸易“单一窗口”，实现多部门信息共享和协同管理。深化投资管理体制改革，对实行备案制的企业投资项目，探索备案文件自动获准制。建立集中统一的综合行政执法体系，相对集中执法权，建设网上执法办案系统，建设联勤联动指挥平台。提高知识产权行政执法与海关保护的协调性和便捷性。探索设立法定机构，将专业性、技术性或社会参与性较强的公共管理和服务职能交由法定机构承担。建立行政咨询体系，成立由粤港澳专业人士组成的专业咨询委员会，为自贸试验区发展提供咨询。推进建立一体化的廉政监督新机制。

3. 建立宽进严管的市场准入和监管制度。实施自贸试验区外商投资负面清单制度，减少和取消对外商投资准入限制，重点扩大服务业和制造业对外开放，提高开放度和透明度。对外商投资实行准入前国民待遇加负面清单管理模式，对外商投资准入特别管理措施（负面清单）之外领域的外商投资项目实行备案制（国务院规定对国内投资项目保留核准的除外），由广东省负责办理；根据全国人民代表大会常务委员会授权，将外商投资企业设立、变更及合同章程审批改为备案管理，由广东省负责办理，备案后按国家有关规定办理相关手续。健全社会诚信体系，建立企业诚信制度，开展信用调查和等级评价，完善企业信用约束机制，实施守信激励和失信惩戒制度。完善企业信用信息公示系统，实施企业年报公示、经营异常名录和严重违法企业名单制度。以商务诚信为核心，在追溯、监管、执法、处罚、先行赔付等方面强化全流程监管。配合国家有关部门实施外商投资国家安全审查和经营者集中反垄断审查，实施外商投资全周期监管。探索把服务相关行业的管理职能交由社会组织承担，建立健全行业协会法人治理结构。根据高标准国际投资和贸易规则要求，强化企业责任，完善工资支付保障和集体协商制度，建立工作环境损害监督等制度，严格执行环境保护法规和标准，探索开展出口产品低碳认证。

（二）深入推进粤港澳服务贸易自由化

4. 进一步扩大对港澳服务业开放。在《内地与香港关于建立更紧密经贸关系的安排》、《内地与澳门关于建立更紧密经贸关系的安排》及其补充协议（以下统称《安排》）框架下探索对港澳更深度的开放，进一步取消或放宽对港澳投资者的资质要求、股比限制、经营范围等准入限制，重点在金融服务、交通航运服务、商贸服务、专业服务、科技服务等领域取得突破。允许港澳服务提供者在自贸试验区设立独资国际船舶运输企业，经营国际海上船舶运输服务。允许港澳服务提供者在自贸试验区设立自费出国留学中介服务机构。支持在自贸试验区内设立的港澳资旅行社（各限 5 家）经营内地居民出国（境）（不包括台湾地区）团队旅游业务。在自贸试验区内试行粤港澳认证及相关检测业务互认制度，实行“一次认证、一次检测、三地通行”，适度放开港澳认证机构进入自贸试验区开展认证检测业务，比照内地认证机构、检查机构和实验室，给予港澳服务提供者在内地设立的合资与独资认证机构、检查机构和实验室同等待遇。允许港澳服务提供者发展高端医疗服务，开展粤港澳医疗机构转诊合作试点。建设具有粤港澳特色的中医药产业基地。优化自贸试验区区域布局，规划特定区域，建设港澳现代服务业集聚发展区。

5. 促进服务要素便捷流动。推进粤港澳服务行业管理标准和规则相衔接。结合国家关于外籍高层次人才认定以及入出境和工作生活待遇政策，研究制订自贸试验区港澳及外籍高层次人才认定办法，为高层次人才入出境、在华停居留提供便利，在项目申报、创新创业、评价激励、服务保障等方面给予特殊政策。探索通过特殊机制安排，推进粤港澳服务业人员职业资格互认。探索在自贸试验区工作、居住的港澳人士社会保障与港澳有效衔接。创新粤港澳口岸通关模式，推进建设统一高效、与港澳联动的口岸监管机制，加快推进粤港、粤澳之间信息互换、监管互认、执法互助。加快实施澳门车辆在横琴与澳门间便利进出政策，制定粤港、粤澳游艇出入境便利化措施。支持建设自贸试验区至我国国际通信业务出入口局的直达国际数据专用通道，建设互联互通的信息环境。

（三）强化国际贸易功能集成

6. 推进贸易发展方式转变。粤港澳共同加强与21世纪海上丝绸之路沿线国家和地区的贸易往来，开拓国际市场。鼓励企业在自贸试验区设立总部，建立整合物流、贸易、结算等功能的营运中心。探索自贸试验区与港澳联动发展离岸贸易。加强粤港澳会展业合作，在严格执行货物进出口税收政策前提下，允许在海关特殊监管区域内设立保税展示交易平台。支持开展汽车平行进口试点，平行进口汽车应符合国家质量安全标准，进口商应承担售后服务、召回、“三包”等责任，并向消费者警示消费风险。鼓励融资租赁业创新发展，对注册在自贸试验区海关特殊监管区域内的融资租赁企业进出口飞机、船舶和海洋工程结构物等大型设备涉及跨关区的，在确保有效监管和执行现行相关税收政策前提下，按物流实际需要，实行海关异地委托监管。支持在海关特殊监管区域内开展期货保税交割、仓单质押融资等业务。创新粤港澳电子商务互动发展模式。按照公平竞争原则，积极发展跨境电子商务，完善相应的海关监管、检验检疫、退税、跨境支付、物流等支撑系统，加快推进跨境贸易电子商务配套平台建设。拓展服务贸易新领域，搭建服务贸易公共服务平台。建立华南地区知识产权运营中心，探索开展知识产权处置和收益管理改革试点。积极承接服务外包，推进软件研发、工业设计、信息管理等业务发展。加强粤港澳产品检验检测技术和标准研究合作，逐步推进第三方结果采信，逐步扩大粤港澳三方计量服务互认范畴。改革和加强原产地证签证管理，便利证书申领，强化事中事后监管。

7. 增强国际航运服务功能。建立自贸试验区与粤港澳海空港联动机制，建设21世纪海上丝绸之路物流枢纽，探索具有国际竞争力的航运发展制度和协同运作模式。探索与港澳在货运代理和货物运输等方面的规范和标准对接，推动港澳国际航运高端产业向内地延伸和拓展。积极发展国际船舶运输、国际船舶管理、国际船员服务、国际航运经纪等产业，支持港澳投资国际远洋、国际航空运输服务，允许在自贸试验区试点航空快件国际和台港澳中转集拼业务。允许设立外商独资国际船舶管理企业。放宽在自贸试验区设立的中外合资、中外合作国际船舶企业的外资股比限制。允许外商以合资、合作形式从事公共国际船舶代理业务，外方持股比例放宽至 51%，将外资经营国际船舶管理业务的许可权限下放给广东省。促进航运金融发展，建设航运交易信息平台，发展航运电子商务、支付结算等业务，推进组建专业化地方法人航运保险机构，允许境内外保险公司和保险经纪公司等服务中介设立营业机构并开展航运保险业务，探索航运运价指数场外衍生品开发与交易业务。推动中转集拼业务发展，允许中资公司拥有或控股拥有的非五星旗船，试点开展外贸集装箱在国内沿海港口和自贸试验区内港口之间的沿海捎带业务。在落实国际船舶登记制度相关配套政策基础上，自贸试验区海关特殊监管区域内中方投资人持有船公司的股权比例可低于 50%。充分利用现有中资“方便旗”船税收优惠政策，促进符合条件的船舶在自贸试验区落户登记。允许在自贸试验区内注册的内地资本邮轮企业所属“方便旗”邮轮，经批准从事两岸四地邮轮运输和其他国内运输。简化国际船舶运输经营许可程序，优化船舶营运、检验与登记业务流程，形成高效率的船舶登记制度。

（四）深化金融领域开放创新

8. 推动跨境人民币业务创新发展。推动人民币作为自贸试验区与港澳地区及国外跨境大额贸易和投资计价、结算的主要货币。推动自贸试验区与港澳地区开展双向人民币融资。在总结其他地区相关试点经验、完善宏观审慎管理机制基础上，研究适时允许自贸试验区企业在一定范围内进行跨境人民币融资、允许自贸试验区银行业金融机构与港澳同业机构开展跨境人民币借款等业务。支持粤港澳三地机构在自贸试验区共同设立人民币海外投贷基金。允许自贸试验区金融机构和企业从港澳及国外借用人民币资金。支持自贸试验区内港澳资企业的境外母公司按规定在境内资本市场发行人民币债券。研究探索自贸试验区企业在香港股票市场发行人民币股票，放宽区内企业在境外发行本外币债券的审批和规模限制，所筹资金根据需要可调回区内使用。支持符合条件的港澳金融机构在自贸试验区以人民币进行新设、增资或参股自贸试验区内金融机构等直接投资活动。在《安排》框架下，研究探索自贸试验区金融机构与港澳地区同业开展跨境人民币信贷资产转让业务。允许自贸试验区证券公司、基金管理公司、期货公司、保险公司等非银行金融机构开展与港澳地区跨境人民币业务。支持与港澳地区开展个人跨境人民币业务创新。

9. 推动适应粤港澳服务贸易自由化的金融创新。在《安排》框架下，完善金融业负面清单准入模式，简化金融机构准入方式，推动自贸试验区金融服务业对港澳地区进一步开放。允许符合条件的外国金融机构设立外商独资银行，符合条件的外国金融机构与中国公司、企业出资共同设立中外合资银行。在条件具备时，适时在自贸试验区内试点设立有限牌照银行。降低港澳资保险公司进入自贸试验区的门槛，支持符合条件的港澳保险公司在自贸试验区设立分支机构，对进入自贸试验区的港澳保险公司分支机构视同内地保险机构，适用相同或相近的监管法规。支持符合条件的港澳保险中介机构进入自贸试验区，适用与内地保险中介机构相同或相近的准入标准和监管法规。在自贸试验区建立与粤港澳商贸、旅游、物流、信息等服务贸易自由化相适应的金融服务体系。积极推动个人本外币兑换特许机构、外汇代兑点发展和银行卡使用，便利港元、澳门元在自贸试验区兑换使用。在完善相关管理办法、加强有效监管前提下，支持商业银行在自贸试验区内设立机构开展外币离岸业务，允许自贸试验区内符合条件的中资银行试点开办外币离岸业务。允许外资股权投资管理机构、外资创业投资管理机构在自贸试验区发起管理人民币股权投资和创业投资基金。建立健全全口径外债宏观审慎管理框架，探索外债管理新模式。在《安排》框架下，推动自贸试验区公共服务领域的支付服务向粤港澳三地银行业开放，允许自贸试验区内注册设立的、拟从事支付服务的港澳资非金融机构，在符合支付服务市场发展政策导向以及《非金融机构支付服务管理办法》规定资质条件的前提下，依法从事第三方支付业务。支持符合条件的内地和港澳地区机构在自贸试验区设立金融租赁公司、融资租赁公司，开展飞机、船舶和海洋工程设备等融资租赁业务。统一内外资融资租赁企业准入标准、审批流程和事中事后监管，允许注册在自贸试验区内由广东省商务主管部门准入的内资融资租赁企业享受与现行内资融资租赁试点企业同等待遇。支持商业保理业务发展，探索适合商业保理发展的外汇管理模式。稳妥推进外商投资典当行试点。创新知识产权投融资及保险、风险投资、信托等金融服务，推动建立知识产权质物处置机制。发展与港澳地区保险服务贸易，探索与港澳地区保险产品互认、资金互通、市场互联的机制。支持自贸试验区内符合互认条件的基金产品参与内地与香港基金产品互认。允许自贸试验区在符合国家规定前提下开展贵金属(除黄金外)跨境现货交易。允许境内期货交易所在自贸试验区内的海关特殊监管区域设立大宗商品期货保税交割仓库，支持港澳地区企业参与商品期货交易。

10. 推动投融资便利化。探索实行本外币账户管理新模式，在账户设置、账户业务范围、资金划转和流动监测机制方面进行创新。探索通过自由贸易账户和其他风险可控的方式，开展跨境投融资创新业务。在风险可控前提下，开展以资本项目可兑换为重点的外汇管理改革试点。支持自贸试验区金融机构与港澳地区同业合作开展跨境担保业务。允许在自贸试验区注册的机构在宏观审慎框架下从境外融入本外币资金和境外发行本外币债券。深化外汇管理改革，将直接投资外汇登记下放银行办理，外商直接投资项下外汇资本金可意愿结汇，进一步提高对外放款比例。提高投融资便利化水平，统一内外资企业外债政策，建立健全外债宏观审慎管理制度。区内试行资本项目限额内可兑换，符合条件的区内机构在限额内自主开展直接投资、并购、债务工具、金融类投资等交易。构建个人跨境投资权益保护制度，严格投资者适当性管理。建立健全对区内个人投资的资金流动监测预警和风险防范机制。深化跨国公司本外币资金集中运营管理改革试点。研究探索自贸试验区与港澳地区和21世纪海上丝绸之路沿线国家按照规定开展符合条件的跨境金融资产交易。按照国家规定设立面向港澳和国际的新型要素交易平台，引入港澳投资者参股自贸试验区要素交易平台，逐步提高港澳投资者参与自贸试验区要素平台交易的便利化水平。研究设立以碳排放为首个品种的创新型期货交易所。

11. 建立健全自贸试验区金融风险防控体系。构建自贸试验区金融宏观审慎管理体系，建立金融监管协调机制，完善跨行业、跨市场的金融风险监测评估机制，加强对重大风险的识别和系统性金融风险的防范。探索建立本外币一体化管理机制。综合利用金融机构及企业主体的本外币数据信息，对企业、个人跨境收支进行全面监测、评价并实施分类管理。根据宏观审慎管理需要，加强对跨境资金流动、套利金融交易的监测和管理。做好反洗钱、反恐怖融资工作，防范非法资金跨境、跨区流动，完善粤港澳反洗钱和反恐怖融资监管合作和信息共享机制。探索在自贸试验区建立粤港澳金融消费者权益保护协作机制以及和解、专业调解、仲裁等金融纠纷司法替代性解决机制，鼓励金融行业协会、自律组织独立或者联合依法开展专业调解，建立调解与仲裁、诉讼的对接机制，加大金融消费者维权支持力度，依法维护金融消费者合法权益。支持建立健全金融消费者教育服务体系，积极创新自贸试验区特色的多元化金融消费者教育产品和方式。

（五）增强自贸试验区辐射带动功能

12. 引领珠三角地区加工贸易转型升级。发挥自贸试验区高端要素集聚优势，搭建服务于加工贸易转型升级的技术研发、工业设计、知识产权等公共服务平台。支持在自贸试验区发展加工贸易结算业务、建设结算中心。支持设立符合内销规定的加工贸易产品内销平台，建设加工贸易产品内销后续服务基地。推进企业依托海关特殊监管区域开展面向国内外市场的高技术、高附加值的检测维修等保税服务业务。允许外商开展机电产品及零部件维修与再制造业务。建立专利导航产业发展工作机制。支持企业依托自贸试验区开展自主营销，拓展境内外营销网络。

13. 打造泛珠三角区域发展综合服务区。推动自贸试验区与泛珠三角区域开展广泛的经贸合作，依托自贸试验区深化与港澳合作，更好地发挥辐射和带动作用。鼓励自贸试验区内企业统筹开展国际国内贸易，形成内外贸相互促进机制。扶持和培育外贸综合服务企业，为中小企业提供通关、融资、退税、国际结算等服务。强化对泛珠三角区域的市场集聚和辐射功能，开展大宗商品现货交易和国际贸易，探索构建国际商品交易集散中心、信息中心和价格形成中心。

14. 建设内地企业和个人“走出去”重要窗口。依托港澳在金融服务、信息资讯、国际贸易网络、风险管理等方面的优势，将自贸试验区建设成为内地企业和个人“走出去”的窗口和综合服务平台，支持国内企业和个人参与21世纪海上丝绸之路建设。扩大企业和个人对外投资，完善“走出去”政策促进、服务保障和风险防控体系。鼓励企业和个人创新对外投资合作方式，开展绿地投资、并购投资、证券投资、联合投资等，逐步减少对个人对外投资的外汇管制。允许自贸试验区金融机构按规定为自贸试验区内个人投资者投资香港资本市场的股票、债券及其他有价证券提供服务。加强与港澳在项目对接、投资拓展、信息交流、人才培训等方面交流合作，共同到境外开展基础设施建设和能源资源等合作。探索将境外产业投资与港澳资本市场有机结合，鼓励在自贸试验区设立专业从事境外股权投资的项目公司，支持有条件的投资者设立境外投资股权投资母基金。

四、监管服务和税收政策

（一）监管服务模式

1. 创新通关监管服务模式。广州南沙保税港区、深圳前海湾保税港区等现有海关特殊监管区域，比照中国（上海）自由贸易试验区内海关特殊监管区域的有关监管模式，实行“一线放开”、“二线安全高效管住”的通关监管服务模式，同时实施海关特殊监管区域整合优化措施，并根据自贸试验区发展需要，不断探索口岸监管制度创新。如海关特殊监管区域规划面积不能满足发展需求的，可按现行海关特殊监管区域管理规定申请扩大区域面积。除废物原料、危险化学品及其包装、散装货物外，检验检疫在一线实施“进境检疫，适当放宽进出口检验”模式，创新监管技术和方法；促进二线监管模式与一线监管模式相衔接，简化检验检疫流程，在二线推行“方便进出，严密防范质量安全风险”的检验检疫监管模式。广州南沙新区片区、深圳前海蛇口片区内的非海关特殊监管区域，按照现行通关模式实施监管，不新增一线、二线分线管理方式。珠海横琴新区片区按照《国务院关于横琴开发有关政策的批复》（国函〔2011〕85号）确定的“一线放宽、二线管住、人货分离、分类管理”原则实施分线管理。经一线进入横琴的进口废物原料、危险化学品及其包装、进入横琴后无法分清批次的散装货物，按现行进出口商品检验模式管理。

2. 加强监管协作。以切实维护国家安全和市场公平竞争为原则，加强各部门与广东省人民政府的协同，完善政府经济调节、市场监管、社会管理和公共服务职能，提高维护经济社会安全的服务保障能力。

（二）税收政策

抓紧落实现有相关税收政策，充分发挥现有政策的支持促进作用。中国（上海）自由贸易试验区已经试点的税收政策原则上可在自贸试验区进行试点，其中促进贸易的选择性征收关税、其他相关进出口税收等政策在自贸试验区内的海关特殊监管区域进行试点。自贸试验区内的海关特殊监管区域实施范围和税收政策适用范围维持不变。深圳前海深港现代服务业合作区、珠海横琴税收优惠政策不适用于自贸试验区内其他区域。此外，在符合税制改革方向和国际惯例，以及不导致利润转移和税基侵蚀前提下，积极研究完善适应境外股权投资和离岸业务发展的税收政策。结合上海试点实施情况，在统筹评估政策成效基础上，研究实施启运港退税政策试点问题。符合条件的地区可按照政策规定申请实施境外旅客购物离境退税政策。

五、保障机制

（一）法制保障

全国人民代表大会常务委员会已经授权国务院，暂时调整《中华人民共和国外资企业法》、《中华人民共和国中外合资经营企业法》、《中华人民共和国中外合作经营企业法》和《中华人民共和国台湾同胞投资保护法》规定的有关行政审批，自 2015 年 3 月 1 日至 2018 年 2 月 28 日试行。自贸试验区需要暂时调整实施有关行政法规、国务院文件和经国务院批准的部门规章的部分规定的，按规定程序办理。各有关部门要支持自贸试验区在扩大投资领域开放、实施负面清单管理模式、创新投资管理体制等方面深化改革试点，及时解决试点过程中的制度保障问题。授权广东省制定自贸试验区落实《安排》

的配套细则。广东省要通过地方立法，制定自贸试验区条例和管理办法。

（二）组织实施

在国务院的领导和统筹协调下，由广东省根据试点内容，按照总体筹划、分步实施、率先突破、逐步完善的原则组织实施。按照既有利于合力推进自贸试验区建设，又有利于各片区独立自主运作的原则，建立精简高效、统一管理、分级负责的自贸试验区管理体系。自贸试验区建设相关事宜纳入粤港、粤澳合作联席会议机制。各有关部门要大力支持，加强指导和服务，共同推进相关体制机制创新，并注意研究新情况，解决新问题，总结新经验，重大事项要及时报告国务院，共同把自贸试验区建设好、管理好。

（三）评估推广

自贸试验区要及时总结改革创新经验和成果。商务部、广东省人民政府要会同相关部门，对自贸试验区试点政策执行情况进行综合和专项评估，必要时委托内地和港澳第三方机构进行独立评估，并将评估结果报告国务院。对试点效果好且可复制可推广的成果，经国务院同意后推广到全国其他地区。

财政部、海关总署、国家税务总局关于中国（天津）自由贸易试验区有关进口税收政策的通知

（财关税〔2015〕21号）

天津市财政局、天津海关、天津市国家税务局：

为贯彻落实《中国（天津）自由贸易试验区总体方案》中的相关政策，现就中国（天津）自由贸易试验区（以下简称自贸试验区）有关进口税收政策通知如下：

一、中国（上海）自由贸易试验区已经试点的进口税收政策原则上可在自贸试验区进行试点。

二、选择性征收关税政策在自贸试验区内的海关特殊监管区域进行试点，即对设在自贸试验区海关特殊监管区域内的企业生产、加工并经“二线”销往内地的货物照章征收进口环节增值税、消费税，根据企业申请，试行对该内销货物按其对应进口料件或按实际报验状态征收关税的政策。

三、在严格执行货物进出口税收政策前提下，允许在自贸试验区海关特殊监管区域内设立保税展示交易平台。

四、自贸试验区内的海关特殊监管区域实施范围和税收政策适用范围维持不变。

本通知自自贸试验区挂牌成立之日起执行。

财政部　海关总署　国家税务总局

2015年5月20日

财政部、海关总署、国家税务总局关于中国（广东）自由贸易试验区有关进口税收政策的通知

（财关税〔2015〕19号）

广东省财政厅，海关总署广东分署、广州海关、深圳海关、拱北海关，广东省国家税务局：

为贯彻落实《中国（广东）自由贸易试验区总体方案》中的相关政策，现就中国（广东）自由贸易试验区（以下简称自贸试验区）有关进口税收政策通知如下：

一、中国（上海）自由贸易试验区已经试点的进口税收政策原则上可在自贸试验区进行试点。

二、选择性征收关税政策在自贸试验区内的海关特殊监管区域进行试点，即对设在自贸试验区海关特殊监管区域内的企业生产、加工并经“二线”销往内地的货物照章征收进口环节增值税、消费税，根据企业申请，试行对该内销货物按其对应进口料件或按实际报验状态征收关税的政策。

三、在严格执行货物进出口税收政策前提下，允许在自贸试验区海关特殊监管区域内设立保税展示交易平台。

四、自贸试验区内的海关特殊监管区域实施范围和税收政策适用范围维持不变。深圳前海深港现代服务业合作区、珠海横琴税收优惠政策不适用于自贸试验区内其他区域。

本通知自自贸试验区挂牌成立之日起执行。

财政部　海关总署　国家税务总局

2015年5月20日

国家发展和改革委员会关于建设长江经济带国家级转型升级示范开发区的实施意见

（发改外资〔2015〕1294号）

上海市、江苏省、浙江省、安徽省、江西省、湖北省、湖南省、重庆市、四川省、云南省、贵州省发展改革委：

开发区的建设和发展是我国改革开放的成功实践，对产业集中集聚、发展开放型经济、改善投资环境、促进区域经济发展和体制改革创新发挥了重要作用。为贯彻落实《国务院关于依托黄金水道推动长江经济带发展的指导意见》（国发〔2014〕39号），引导长江经济带产业转型升级和分工协作，促进产业转移和生产要素跨区域合理流动和优化配置，推动经济提质增效升级，对以长江经济带国家级、省级开发区为载体开展国家级转型升级示范开发区（以下简称“示范开发区”）建设工作，提出以下具体实施意见：

一、建设目标

（一）落实党中央和国务院的决策部署，顺应国际国内产业发展新趋势，依托长江经济带现有合规设立的国家级、省级开发区，规划建设示范开发区。充分发挥市场配置资源的决定性作用，更好发挥政府规划和政策的引导作用，经过3—5年努力，示范开发区的发展规模、建设水平、园区特色、主体地位显著提升，示范引领和辐射带动效应日益增强，参与国际分工地位和国际影响力明显提升，转型升级走在全国开发区前列。

（二）以示范开发区为引领和示范，推动长江经济带产业优化升级，实现长江上中下游地区良性互动，逐步形成以示范开发区为主、省级开发区为辅，且分工合理、特色鲜明、优势互补的长江经济带产业协同发展格局。

二、主要任务

（三）承接国际产业转移，促进开放型经济发展。长江下游经济发达省份，对接国际分工要求和可能，利用沿海、沿江岸线资源，重点发展现代服务业、先进制造业和战略性新兴产业。选择建设示范开发区，形成一批特色支撑点，开放型经济迈进新水平。

（四）承接国际、沿海产业转移，带动区域协调发展。长江中、上游省市按“一带一路”、向西开放等战略的要求，与东部开发区建立协同跨区域联动机制和合作联盟。选择建设示范开发区，引导企业向示范区集聚，促进人口归流、本地就业和经济社会协调发展。

（五）产城互动，引导产业和城市同步融合发展。以依托示范开发区为主，在地、县两级按工业集中、产业聚集、用地集约的要求，建立利益共享机制，提高工业集中度、产业集聚度，突出主导产业特色。选择建设示范开发区，通过产城互动、产城融合，建设美丽乡村、旅游古镇等配套，吸引人才回归。

（六）低碳减排，建设绿色发展示范开发区。加强生态建设和环境保护，推进节能减排，发展循环经济。加大沿江化工、造纸、印染、有色金属等排污行业治理力度，经过专业化、园区化处理，切实减少排污大户。选择建设示范开发区，建立低碳循环经济试点和生态园区，推动流域绿色循环低碳发展，保护长江生态。

（七）创新驱动，建设科技引领示范开发区。顺应全球新一轮科技革命和产业变革趋势，大力发展战略性新兴产业，推动沿江产业由要素驱动向创新驱动转变。选择建设示范开发区，发展建设公共企业研发平台，有效保护知识产权，支持建设国际科技合作中心，增强长江经济带产业竞争力。

（八）制度创新，建设投资环境示范开发区。大力推进投资、贸易、金融、综合监管等领域制度创新，试行负面清单管理模式和商事改革。建立与国际投资、贸易通行规则相衔接的基本制度框架，形成可复制、可推广的成功经验。选择建设示范开发区，加快上海自贸区 27 项改革措施的复制、推广和落地，打造国际化、法治化的营商环境，带动长江经济带更高水平开放，增强国际竞争力。

三、组织实施

（九）按上述目标任务，长江经济带各省（直辖市）发展改革委对本省（直辖市）内的国家级、省级开发区进行初审并推荐 2—3 家符合条件的开发区，于今年 6 月 30 日前将创建示范开发区的申报材料一式三份（含上报文件、创建示范开发区的建设方案及相关发展规划）报送国家发展改革委。

（十）国家发展改革委会同推动长江经济带发展领导小组办公室对申报材料进行研究审核和必要的实地调研，择优选取相关开发区，授予示范开发区称号，向社会公告后纳入《中国开发区审核公告目录》。

四、监督管理

（十一）各示范开发区每年 2 月底前将上一年度发展情况及需要协调解决的问题报送国家发展改革委。国家发展改革委将组织考核，对成绩突出的示范开发区，予以通报表彰。

（十二）国家发展改革委对示范开发区实行动态管理，每年进行复核，对合格的示范开发区予以确认，对不合格的撤销称号，发布有关公告并摘牌。同时，根据长江经济带各省（直辖市）的发展情况，适时对示范开发区的规划布局进行调整完善。

五、组织保障

（十三）各地区、各有关部门要进一步深化对推动长江经济带产业转型升级和分工协作重要意义的认识，切实加强组织领导和协调，落实工作责任，全面推进示范开发区建设和规范发展，确保工作取得实效。

国家发展改革委

2015 年 6 月 9 日

财政部关于进一步做好政府和社会资本合作项目示范工作的通知

（财金〔2015〕57 号）

各省、自治区、直辖市、计划单列市财政厅（局），新疆生产建设兵团财务局：

为贯彻落实《国务院办公厅转发财政部　发展改革委　人民银行关于在公共服务领域推广政府和社会资本合作模式指导意见的通知》（国办发〔2015〕42 号）精神，加快推进政府和社会资本合作（PPP）项目示范工作，尽早形成一批可复制、可推广的实施范例，助推更多项目落地实施，现通知如下：

一、加快推进首批示范项目实施

（一）高度重视 PPP 项目示范工作。项目示范是财政部门规范推广 PPP 模式的重要抓手。各级财政部门要切实加强示范项目的组织领导，配备必要的业务骨干人员，保证各项工作有序推进。示范项目所在地财政部门要加强协调，督促项目实施单位加快推进项目实施，跟踪进展情况，对项目实施过程中的难点和问题，要积极协调解决，重大情况及时向上级财政部门报告。

（二）确保示范项目实施质量。要严格执行国务院和财政部等部门出台的一系列制度文件，科学编制实施方案，合理选择运作方式，认真做好评估论证，择优选择社会资本，加强项目实施监管。项目采购要严格执行《政府采购法》、《政府和社会资本合作项目政府采购管理办法》（财库〔2014〕215 号）等规定，充分引入竞争机制，保证项目实施质量。要发挥政府集中采购降低成本的优势，确定合理的收费标准，通过政府采购平台选择一批能力较强的专业中介机构，为示范项目实施提供技术支持。严禁通过保底承诺、回购安排、明股实债等方式进行变相融资，将项目包装成 PPP 项目。

（三）切实履行财政监督管理职责。示范项目所在地财政部门要认真做好示范项目物有所值定性分析和财政承受能力论证，有效控制政府支付责任，合理确定财政补助金额，每一年度全部 PPP 项目需要从预算中安排的支出责任占一般公共预算支出比例应当不超过 10%。省级财政部门要统计监测所有 PPP 项目的政府支付责任并报财政部备案，加强示范项目管理，督促下级财政部门严格履行合同约定，保护社会资本的合法权益，切实维护政府信用。

（四）及时上报示范项目实施信息。对于示范项目的实施方案、合作伙伴选择、物有所值评估、财政承受能力论证等，项目所在地财政部门要将有关情况报送省级财政部门备案，并通过财政部 PPP 综合信息平台及时填报相关信息。在示范项目建设和运营阶段，财政部将不定期组织对示范项目实施情况进行督导，督促项目实施单位依法充分披露相关信息。

二、组织上报第二批备选示范项目

（五）在公共服务领域广泛征集适宜采用 PPP 模式的项目。根据《国务院办公厅转发财政部　发展改革委　人民银行关于在公共服务领域推广政府和社会资本合作模式指导意见的通知》（国办发〔2015〕42 号），地方各级财政部门要在能源、交通运输、水利、环境保护、农业、林业、科技、保障性安居工程、医疗、卫生、养老、教育、文化等公共服务领域，筛选征集适宜采用 PPP 模式的项目，加快建立项目库。

（六）确保上报备选示范项目具备相应基本条件。项目要纳入城市总体规划和各类专项规划，新建项目应已按规定程序做好立项、可行性论证等项目前期工作。项目所在行业已印发开展 PPP 模式相关规定的，要同时满足相关规定。政府和社会资本合作期限原则上不低于 10 年。对采用建设 – 移交（BT）方式的项目，通过保底承诺、回购安排等方式进行变相融资的项目，财政部将不予受理。

（七）优先支持融资平台公司存量项目转型为 PPP 项目。重点推进符合条件的融资平台公司存量项目，通过转让 – 运营 – 移交（TOT）、改建 – 运营 –

移交（ROT）等方式转型为 PPP 项目。存量项目债务应纳入地方政府性债务管理系统，或 2013 年全国政府性债务审计范围。对合同变更成本高，融资结构调整成本高，原债权人不同意转换，不能化解政府性债务风险、降低债务成本和实现“物有所值”的项目，财政部将不予受理。

（八）认真组织备选示范项目筛选上报。请各省、自治区、直辖市、计划单列市财政厅（局）按照上述要求，严格筛选上报适宜采用 PPP 模式的第二批备选示范项目，将项目采用 PPP 模式的初步方案（附件 1）、以及 PPP 示范项目申报表（附件 2）和基本信息表（附件 3），于 2015 年 7 月 15 日前书面（含电子版，下载网址：http：//jrs.mof.gov.cn/ppp/）报送财政部（金融司，联系人张帆，010-68551078；PPP 中心，联系人刘宝军，010-88659335）。申请第二批示范项目时，项目所在地政府或政府授权实施机构应当提交项目规范实施承诺书，承诺在项目实施各操作环节中，将严格执行财政部一系列制度规范，尽快完成项目实施，并保证项目实施质量。

三、构建激励相容的政策保障机制

（九）建立“能进能出”的项目示范机制。对已列入示范项目名单的项目，如项目交易结构发生重大变化不能采用 PPP 模式，或一年后仍未能进入采购阶段的，将被调出示范项目名单。示范项目建设完成后，财政部将组织专家对前期实施情况进行验收，重点审查示范项目是否符合 PPP 模式的必备特征。符合 PPP 模式特征的，将作为实施范例进行推广。不符合 PPP 模式特征的，财政部将督促实施单位进行整改，或不再作为示范项目推广。

（十）加强业务指导和技术支持。财政部将建立 PPP 综合信息平台，加快推进专家库和项目库建设，抓紧出台 PPP 项目财政管理办法、物有所值操作指引等配套实施细则，为 PPP 项目示范工作提供必要的业务指导和技术支持。在示范项目实施全过程中，财政部相关司局及 PPP 中心将进行跟踪指导，推动示范项目顺利实施。

（十一）完善示范项目扶持政策体系。鼓励符合条件的示范项目用好用足现行各项扶持政策，按规定申请城镇保障性安居工程贷款贴息、中央财政支持海绵城市建设试点和地下综合管廊试点政策中对 PPP 倾斜支持奖励政策等政策支持。中央财政加快推动设立 PPP 基金，研究出台“以奖代补”措施，符合条件的示范项目将优先获得支持。

附件：1.______项目采用 PPP 模式的初步方案

2.______省（区、市）PPP 示范项目申报表

3.______省（区、市）PPP 示范项目基本信息表

财政部

2015 年 6 月 25 日

附件 1

______项目采用 PPP 模式的初步方案

一、项目基本情况

包括但不限于项目名称、类型（在建或建成）、地点、联系人；项目建设的必要性、前期工作合规性（可研、环评、土地等）、技术路线、所处阶段（申报、设计、融资、采购、施工、运行）、开工和计划完成时间；总投资及资本构成、资产负债、股权结构、融资结构及主要融资成本、收益情况（总收益、收入来源、收费价格和定价机制）;政府现有支持安排、社会资本介入情况（如有）；纠纷情况（如有）等。

二、可行性分析

包括但不限于对本通知要求满足情况的分析、行业主管部门和融资平台意愿、项目对社会资本的吸引力分析、债权人转换配合意愿及担保解除可能性等。

项目采用 PPP 模式要进行“物有所值”定性分析，重点关注 PPP 与政府传统采购模式相比能否增加供给，优化风险分担，降低项目全生命周期成本，提高运营效率，促进创新和竞争。

三、初步实施安排

包括但不限于政府和社会资本的权利义务、风险分担、PPP 运作方式、投融资结构、政府配套安排、合同期限、收益回报方式、收费定价调整机制、财政可承受能力评估、合作伙伴选择方式、项目公司（SPV）设立情况等。

四、财务测算

包括但不限于投资回报测算、现金流量分析、项目财务状况、项目存续期间政府补贴情况等。

附件 2

______省（区、市）PPP 示范项目申报表

填表单位（章）：　　　　　　　　　　　　　　填表日期：

<table>
<tr><td rowspan="5">项目基本信息</td><td>项目名称</td><td></td><td>项目类型</td><td>□存量
□新建</td><td>行业</td><td></td></tr>
<tr><td>项目所在地</td><td colspan="2"></td><td>项目总投资（万元）</td><td colspan="2"></td></tr>
<tr><td>项目合作内容</td><td colspan="5"></td></tr>
<tr><td>项目实施机构</td><td colspan="2"></td><td>第三方中介机构（如有）</td><td colspan="2"></td></tr>
<tr><td>项目联系人</td><td></td><td>联系电话</td><td></td><td>手机</td><td></td></tr>
<tr><td rowspan="5">项目识别</td><td>项目发起方式</td><td colspan="5"></td></tr>
<tr><td>项目合作期限</td><td colspan="5"></td></tr>
<tr><td>项目运作方式</td><td colspan="5"></td></tr>
<tr><td>是否开展物有所值评价及评价过程和结果</td><td colspan="5"></td></tr>
<tr><td>是否开展财政承受能力论证及论证过程和结果</td><td colspan="5"></td></tr>
<tr><td rowspan="5">项目准备</td><td>风险分配框架</td><td colspan="5"></td></tr>
<tr><td>项目融资结构</td><td colspan="5"></td></tr>
<tr><td>收益回报机制</td><td colspan="5"></td></tr>
<tr><td>政府配套安排</td><td colspan="5"></td></tr>
<tr><td>实施方案批准情况</td><td colspan="5"></td></tr>
<tr><td rowspan="2">项目采购</td><td>是否已选择社会资本合作方及采购方式和结果</td><td colspan="5"></td></tr>
<tr><td>是否已签订项目合同及签订时间</td><td colspan="5"></td></tr>
<tr><td rowspan="4">项目执行</td><td>项目公司组建情况</td><td colspan="5"></td></tr>
<tr><td>项目融资进展情况</td><td colspan="5"></td></tr>
<tr><td>项目建设进度</td><td colspan="5"></td></tr>
<tr><td>运营绩效表现</td><td colspan="5"></td></tr>
</table>

填表人：　　　　　　　　联系电话：　　　　　　　　邮箱：

附件 3

______省（区、市）PPP 示范项目基本信息表

<table>
<tr><td rowspan="12">项目基本情况信息</td><td>项目名称（必填）</td><td></td><td>项目类型（必选）</td><td></td><td>当前项目状态（必选）</td><td colspan="2"></td></tr>
<tr><td>示范或推荐项目的级别</td><td></td><td>评选单位</td><td></td><td>项目总投资（万元）</td><td colspan="2"></td></tr>
<tr><td>项目所属省（区、市）（可选）</td><td></td><td>市（区）</td><td></td><td>县</td><td colspan="2"></td></tr>
<tr><td>实施机构（必填）</td><td></td><td>实施机构联系人</td><td></td><td>实施机构联系人电话</td><td colspan="2"></td></tr>
<tr><td>所属行业 1（必选）</td><td></td><td>所属行业 2（如果前列选择其他，此处可填）</td><td></td><td>行业子领域</td><td colspan="2"></td></tr>
<tr><td colspan="7">第三方专业机构信息（如有）</td></tr>
<tr><td>组织机构代码</td><td>机构名称</td><td>委托方</td><td>项目经理</td><td>联系电话</td><td>手机号码</td><td>主要服务内容</td></tr>
<tr><td></td><td></td><td></td><td></td><td></td><td></td><td></td></tr>
<tr><td></td><td></td><td></td><td></td><td></td><td></td><td></td></tr>
<tr><td></td><td></td><td></td><td></td><td></td><td></td><td></td></tr>
<tr><td>项目运作方式（必选）：</td><td></td><td>回报机制（必选）：</td><td></td><td>项目网址：</td><td colspan="2"></td></tr>
<tr><td>项目概况</td><td colspan="6"></td></tr>
<tr><td rowspan="9">一、项目识别</td><td>项目发起时间（必填）</td><td></td><td>项目发起类型（必选）</td><td></td><td>项目发起人名称</td><td colspan="2"></td></tr>
<tr><td>计划开发年度</td><td colspan="6"></td></tr>
<tr><td>物有所值评价（描述）</td><td colspan="6"></td></tr>
<tr><td>财政承受能力论证（描述）</td><td colspan="6"></td></tr>
<tr><td colspan="7">项目产出物说明</td></tr>
<tr><td>序号</td><td>年度</td><td>产出物</td><td>计量单位</td><td>数量</td><td colspan="2">备注</td></tr>
<tr><td>1</td><td></td><td></td><td></td><td></td><td colspan="2"></td></tr>
<tr><td>2</td><td></td><td></td><td></td><td></td><td colspan="2"></td></tr>
<tr><td>3</td><td></td><td></td><td></td><td></td><td colspan="2"></td></tr>
</table>

（续）

<table>
<tr><td rowspan="21">二、项目准备</td><td>风险分配框架（描述）</td><td colspan="5"></td></tr>
<tr><td>项目融资结构（描述）</td><td colspan="5"></td></tr>
<tr><td>回报机制（描述）</td><td colspan="5"></td></tr>
<tr><td>配套安排（描述）</td><td colspan="5"></td></tr>
<tr><td>项目合同体系（描述）</td><td colspan="5"></td></tr>
<tr><td>PPP 项目合同核心内容（描述）</td><td colspan="5"></td></tr>
<tr><td>监管架构（描述）</td><td colspan="5"></td></tr>
<tr><td>政府采购方式（可选）</td><td></td><td>拟发布资格预审公告时间</td><td></td><td>拟发布采购公告时间</td><td></td></tr>
<tr><td rowspan="2">物有所值验证</td><td>定性分析（描述）</td><td colspan="4"></td></tr>
<tr><td>定量分析（描述）</td><td colspan="4"></td></tr>
<tr><td rowspan="7">财政承受能力验证</td><td>支出年度</td><td>（政府）股权投资支出额（万元）</td><td>运营补贴支出额（万元）</td><td>风险承担支出额（万元）</td><td>配套投入支出额（万元）</td></tr>
<tr><td>2014</td><td></td><td></td><td></td><td></td></tr>
<tr><td>2015</td><td></td><td></td><td></td><td></td></tr>
<tr><td>2016</td><td></td><td></td><td></td><td></td></tr>
<tr><td>2017</td><td></td><td></td><td></td><td></td></tr>
<tr><td>2018</td><td></td><td></td><td></td><td></td></tr>
<tr><td>评估结论（描述）：</td><td colspan="2"></td><td>省级财政意见：</td><td></td></tr>
<tr><td>本级政府审核时间：</td><td></td><td>审核意见：</td><td colspan="3"></td></tr>
</table>

（续）

三、项目采购	资格预审	公告时间		发布媒体		资格预审时间	
		通过资格预审机构联合体（1）					
		序号	是否为联合体	联合体名称	是否为牵头单位	机构代码	名称
		1	是		是		
		2			否		
		3			否		
		4			否		
		5			否		
		通过资格预审机构（非联合体）					
		序号	是否为联合体	机构代码		机构名称	
		1	否				
		2					
		3					
		4					
		5					
		6					
		7					
		8					
	项目采购	公告时间		发布媒体		响应文件提交时间	
		提交响应文件联合体机构（1）					
		序号	是否为联合体	名称/联合体名称	是否为牵头单位	机构代码	名称
		1	是		是		
		2			否		
		3			否		
		4			否		
		5			否		
		提交响应文件机构（非联合体）					
		序号	是否为联合体	机构代码		机构名称	
		1	否				
		2					
		3					
		4					
		5					
		6					
		7					
		8					

（续）

<table>
<tr><td rowspan="10">三、项目采购</td><td rowspan="10">采购结果</td><td>响应文件评审时间</td><td></td><td>结果确认谈判时间</td><td></td><td>政府审核时间</td><td></td></tr>
<tr><td colspan="6">中选社会资本</td></tr>
<tr><td>排名</td><td>是否为联合体</td><td>名称 / 联合体名称</td><td>是否为牵头单位</td><td>机构代码</td><td>名称</td></tr>
<tr><td>1</td><td rowspan="5">是</td><td rowspan="5"></td><td>是</td><td></td><td></td></tr>
<tr><td>2</td><td>否</td><td></td><td></td></tr>
<tr><td>3</td><td>否</td><td></td><td></td></tr>
<tr><td>4</td><td>否</td><td></td><td></td></tr>
<tr><td>5</td><td>否</td><td></td><td></td></tr>
<tr><td>6</td><td>否</td><td></td><td></td><td></td><td></td></tr>
<tr><td>合同签署时间</td><td></td><td>合同公布时间</td><td></td><td>合同公布媒体</td><td></td></tr>
<tr><td rowspan="20">四、项目执行</td><td>项目公司名称</td><td colspan="2"></td><td>项目公司成立时间</td><td colspan="3"></td></tr>
<tr><td rowspan="8">股权结构</td><td colspan="6">股权结构明细</td></tr>
<tr><td>机构类型</td><td>机构代码</td><td>名称</td><td colspan="3">融资额（万元）</td></tr>
<tr><td></td><td></td><td></td><td colspan="3"></td></tr>
<tr><td></td><td></td><td></td><td colspan="3"></td></tr>
<tr><td></td><td></td><td></td><td colspan="3"></td></tr>
<tr><td></td><td></td><td></td><td colspan="3"></td></tr>
<tr><td></td><td></td><td></td><td colspan="3"></td></tr>
<tr><td colspan="4">小计：</td><td colspan="2"></td></tr>
<tr><td rowspan="8">债权结构</td><td colspan="6">债权结构明细</td></tr>
<tr><td>机构类型</td><td>机构代码</td><td>名称</td><td colspan="3">融资额（万元）</td></tr>
<tr><td></td><td></td><td></td><td colspan="3"></td></tr>
<tr><td></td><td></td><td></td><td colspan="3"></td></tr>
<tr><td></td><td></td><td></td><td colspan="3"></td></tr>
<tr><td></td><td></td><td></td><td colspan="3"></td></tr>
<tr><td></td><td></td><td></td><td colspan="3"></td></tr>
<tr><td colspan="4">小计：</td><td colspan="2"></td></tr>
<tr><td colspan="5">融资结构（股权＋债权）的总和（万元）：</td><td colspan="2"></td></tr>
<tr><td>项目融资交割时间</td><td colspan="2"></td><td>资产交割时间</td><td colspan="3"></td></tr>
<tr><td>项目开工时间</td><td colspan="2"></td><td>项目完工时间</td><td colspan="3"></td></tr>
<tr><td>五、项目移交</td><td>项目移交时间</td><td></td><td>项目移交性能测试结果</td><td colspan="2"></td><td>项目绩效评价报告</td><td></td></tr>
<tr><td colspan="2">填表人：</td><td></td><td>联系电话：</td><td></td><td>邮箱：</td><td colspan="2"></td></tr>
</table>

国务院办公厅关于促进进出口稳定增长的若干意见

（国办发〔2015〕55号）

各省、自治区、直辖市人民政府，国务院各部委、各直属机构：

推进新一轮更高水平对外开放，是经济提质增效升级的重要支撑。要进一步推动对外贸易便利化，改善营商环境，为外贸企业减负助力，促进进出口稳定增长，培育国际竞争新优势。为此，经国务院同意，现提出如下意见：

一、坚决清理和规范进出口环节收费。深入开展全国范围内的涉企收费集中整治专项行动。对依法合规设立的进出口环节行政事业性收费、政府性基金以及实施政府定价或指导价的经营服务性收费实行目录清单管理，未列入清单的一律按乱收费查处。加大对取消收费项目落实情况的督查力度，形成外贸企业松绑减负长效机制，防止乱收费问题反弹。增强口岸查验针对性和有效性，对查验没有问题的免除企业吊装、移位、仓储等费用，此类费用由中央财政负担；对有问题的企业依法加大处罚力度。（发展改革委、工业和信息化部、财政部、交通运输部根据各自职责分别牵头）

二、保持人民币汇率在合理均衡水平上基本稳定。完善人民币汇率市场化形成机制，扩大人民币汇率双向浮动区间。进一步提高跨境贸易人民币结算的便利化水平，扩大结算规模。研究推出更多避险产品，帮助企业规避汇率风险，减少汇兑损失。（人民银行、外汇局负责）

三、加大出口信用保险支持力度。进一步扩大短期出口信用保险规模，加大对中小微企业及新兴市场开拓的支持力度。实现大型成套设备出口融资保险应保尽保，进一步简化程序。（财政部、商务部、进出口银行、中国出口信用保险公司负责）

四、加快推进外贸新型商业模式发展。抓紧落实《国务院办公厅关于促进跨境电子商务健康快速发展的指导意见》(国办发〔2015〕46号)。积极推进中国(杭州)跨境电子商务综合试验区建设。抓紧启动扩大市场采购贸易方式试点工作,将江苏海门叠石桥国际家纺城、浙江海宁皮革城列入试点范围。制订支持外贸综合服务企业发展的政策措施。2015年底前提出进一步扩大相关试点范围和推广外贸新型商业模式的方案,于2016年初开始实施。(商务部、发展改革委、财政部、海关总署、税务总局、工商总局、质检总局、外汇局负责)

五、继续加强进口工作。扩大优惠利率进口信贷覆盖面,将《鼓励进口技术和产品目录》纳入支持范围。2015年7月底前调整出台《鼓励进口技术和产品目录》,相应调整进口贴息政策支持范围,促进国内产业升级。完善消费品进口相关政策,对部分国内需求较大的日用消费品开展降低进口关税试点,适度增设口岸进境免税店,合理扩大免税品种,增加一定数量的免税购物额,丰富国内消费者购物选择。(商务部、发展改革委、财政部、工业和信息化部、海关总署、税务总局、质检总局、进出口银行负责)

六、进一步提高贸易便利化水平。进一步简政放权,提高服务效率。进一步落实出口退税企业分类管理办法,加快出口退税进度,确保及时足额退税。提高口岸通关效率,强化跨部门、跨地区通关协作,加快推进形成全国一体化通关管理格局。加快复制推广自由贸易试验区的贸易便利化措施,在沿海各口岸开展国际贸易“单一窗口”试点。(海关总署、税务总局、质检总局、商务部、财政部、交通运输部、外汇局负责)

七、切实改善融资服务。加大对有订单、有效益企业的融资支持。鼓励采取银团贷款、混合贷款、项目融资等方式支持企业开拓国际市场,开展国际产能合作,推动中国装备“走出去”。支持金融机构开展出口退税账户托管贷款等融资业务。鼓励商业银行按照风险可控、商业可持续原则开展出口信用保险保单融资业务。大力拓展外汇储备委托贷款平台业务,继续扩大外汇储备委托贷款规模和覆盖范围,进一步推进外汇储备多元化运用。在宏观和微观审慎管理框架下,稳步放宽境内企业人民币境外债务融资,进一步便利跨国企业开展人民币双向资金池业务。(人民银行、银监会、财政部、商务部、外汇局、进出口银行、中国出口信用保险公司负责)

各地区、各部门要进一步提高认识,更加重视外贸工作,加强组织领导,顾全大局，增强工作主动性、针对性和有效性。要深化与“一带一路”沿线国家的经贸合作，突出创新驱动，切实加大稳增长政策落实力度，共同推动对外贸易平稳健康发展。各地区要结合实际主动作为，多措并举，促进本地区对外贸易稳定增长和转型升级。各部门要根据本意见制订具体工作方案，并进一步在简化手续、减免收费等方面加力增效，用便利和稳定增长的进出口助力经济发展。商务部要加强指导、督促检查，确保各项政策措施落实到位。

国务院办公厅

2015 年 7 月 22 日

国家税务总局关于贯彻落实《国务院办公厅关于促进进出口稳定增长的若干意见》的通知

（税总函〔2015〕440号）

各省、自治区、直辖市和计划单列市国家税务局：

为认真贯彻落实《国务院办公厅关于促进进出口稳定增长的若干意见》（国办发〔2015〕55号），充分发挥出口退税的职能作用，积极支持外贸稳定增长，现将有关事项通知如下：

一、进一步加快出口退税进度，确保及时足额退税

（一）认真落实《国家税务总局关于印发〈全国税务机关出口退（免）税管理工作规范（1.0版）〉的通知》（税总发〔2014〕155号，以下简称《退税规范》）、《国家税务总局关于发布〈出口退（免）税企业分类管理办法〉的公告》（国家税务总局公告2015年第2号，以下简称《分类管理办法》），严格按照《退税规范》和《分类管理办法》规定的要求和时限审核、审批出口退（免）税，进一步提高工作效率，准确、及时办理出口退税。

（二）严格按照《退税规范》规定的要求和时限开展函调工作，所有的发函、复函及结果处理，必须通过出口货物税收函调系统网上处理，不允许"机外运行"。要进一步提高发函的针对性。回函地国税机关收到函调后，要及时核查，对能够在规定时限内完成核查的，不得随意延期复函，复函须明确无歧义。

（三）按照税务总局的统一部署，积极开展财税库银横向联网电子退库、更正、免抵调业务推广上线工作，进一步提高退库的效率，缩短税款退付在途时间。

（四）当出现出口退税计划不足时，要及时向上级税务机关反映，申请追加计划。不得以计划不足等原因拖延办理出口退税。

（五）税务总局将于下半年对各地落实《退税规范》和《分类管理办法》的情况进行专项督查，各地可结合工作实际开展自查。

二、进一步抓好出口退税政策及管理规定的落实

（一）及时、准确地落实服务出口增值税零税率或免税政策，促进服务贸易发展。

（二）积极配合地方政府部门落实境外旅客购物离境退税政策，进一步扩大旅游购物消费，促进旅游业健康发展。

（三）认真落实外贸综合服务企业税收政策，发挥外贸综合服务企业提供出口服务的优势，支持中小企业有效开拓国际市场。及时跟踪外贸综合服务企业出口退（免）税管理中出现的新情况、新问题，采取有效措施予以解决。

（四）积极落实跨境电子商务企业税收政策，密切关注跨境电子商务企业出口退税情况，根据电子商务特点，探索创新出口退税管理机制，为跨境电子商务贸易发展创造良好条件。

（五）落实好企业申报出口退（免）税时免于提供纸质出口货物报关单、逾期未申报的出口退（免）税可延期申报等便民措施，进一步减轻企业的办税负担，提高退税效率。

三、持续优化出口退税服务

（一）结合深入开展“便民办税春风行动”的要求，通过各种行之有效的渠道和方式，及时做好出口退税政策宣传、解释、辅导工作，使企业能够及时了解、掌握政策变动信息，确保把出口退税政策落到实处。积极探索“互联网 + 出口退税”，利用大数据、云计算等新兴技术进一步拓展出口退税服务的深度和广度。

（二）持续做好出口退税业务提醒服务，及时将出口退税审核系统生成的

出口退税业务提醒信息通知出口企业，方便企业及时掌握本企业出口退（免）税申报的剩余期限、审核和退库进度等情况，使企业能够及时根据税务机关管理要求收取有关单证申报退（免）税，并统筹安排生产经营活动和退税业务办理。

四、进一步加强出口退税预警评估工作，严格审核，严密防范和打击骗取出口退税违法行为

（一）在认真落实各项出口退税政策，加快出口退税进度的同时，持续保持对骗取出口退税违法犯罪行为的高压态势，进一步加大打击骗取出口退税工作力度。切实将国家出口退税资金用于鼓励真实出口，支持守法企业健康发展，构建竞争公平、秩序规范的出口退税管理环境。

（二）进一步加强出口退税预警评估核查工作。各省、自治区、直辖市、计划单列市国家税务局要按照税务总局有关要求，制定切实可行的贯彻办法，完善预警指标体系，设置合理预警指标，及时发布预警信息，并组织开展相应的评估核查工作。要加大出口退税预警评估核查力度，将风险排除由“事后核查”逐步向“事前预警”、“事中监管”转变，提高防范骗税工作的质量和效率。

（三）严格按照《退税规范》规定的岗位监督制约机制，科学设置退税管理岗位，合理配备人员。要按照规定流程和要求进行出口退税审核、审批。要按照《分类管理办法》规定的差别化管理措施，对管理类别为三类、四类的出口企业重点审核。

（四）规范和加强出口退税审核系统的应用管理，保证出口退税审核系统的数据完整、准确、规范。

国家税务总局

2015 年 8 月 11 日

商务部关于支持自由贸易试验区创新发展的意见

（商资发〔2015〕313号）

天津市、上海市、福建省、广东省商务主管部门：

为落实党中央、国务院部署，积极推进自由贸易试验区（以下简称自贸试验区）建设，发挥自贸试验区改革开放排头兵、创新发展先行者的作用，现提出以下意见：

一、统筹协调方案实施

（一）积极发挥国务院自由贸易试验区工作部际联席会议统筹协调职能，做好联席会议办公室工作，会同有关部门按照任务分工支持自贸试验区推进方案全面落实；对于自贸试验区在发展过程中遇到的问题，及时协调有关部门研究解决，重大问题提请联席会议协调；组织开展改革开放试点事项的总结评估，会同有关部门提出向全国复制推广的建议。

二、促进对外贸易转型升级

（二）支持在自贸试验区试点设立加工贸易采购、分拨和结算中心，鼓励跨国公司开展离岸结算业务，促进加工贸易转型升级。

（三）依托自贸试验区产业集群优势，支持区内企业开展航空维修等面向国内外市场的高技术含量、高附加值的检测维修业务。

（四）支持自贸试验区发展跨境电子商务，在总结评估中国（杭州）跨境电子商务综合试验区试点情况的基础上，将海关监管、检验检疫、进出口税收和结售汇等方面的政策，优先向自贸试验区复制推广，促进跨境电子商务健康快速发展。

（五）促进自贸试验区内设立的外贸综合服务企业健康规范发展，建立重点企业联系制度，在有效防范各类监管风险的前提下，向符合条件的重点外贸综合服务企业提供快速通关、简易退税和财政金融等支持，提高企业综合竞争力。

（六）在自贸试验区推进自动进口许可证通关作业无纸化试点和电子许可证的推广工作，建立和完善电子许可证应用服务系统，推动国际贸易单一窗口的建设。

（七）充分发挥自贸试验区现代服务业集聚作用，认定一批特色服务出口基地，开展服务贸易统计试点，培育一批创新发展的服务贸易龙头企业和具备较强国际竞争力的服务品牌。积极发展服务外包业务，研究将服务外包示范城市的支持政策扩大至自贸试验区。

（八）支持上海市牵头在上海自贸试验区推进亚太示范电子口岸网络建设，尽快启动亚太示范电子口岸网络运营中心，加强国际贸易互联互通。

（九）支持天津市牵头在天津自贸试验区加快建设亚太经济合作组织绿色供应链合作网络天津示范中心，探索建立绿色供应链管理体系，鼓励开展绿色贸易。

（十）支持福建自贸试验区探索创新管理方式和监管模式，促进对台小额贸易规范发展，会同有关部门建立工作协调机制，及时总结评估、加强风险防范。

三、降低投资准入门槛

（十一）支持自贸试验区所在地省级人民政府进一步简政放权，在法定职权范围内可依照法定程序，将省级商务部门外商投资、对外投资、融资租赁、典当、拍卖等管理权限委托给自贸试验区管理机构。商务部将做好业务指导和有关技术支持服务。

（十二）放宽自贸试验区内外商投资企业申请直销经营许可资质的条件，

取消外国投资者需具备 3 年以上在中国境外从事直销活动经验的要求。

（十三）支持自贸试验区开展商业保理试点，探索适合商业保理发展的外汇管理模式，积极发展国际保理业务，充分发挥商业保理在扩大出口、促进流通、解决中小企业融资难等方面的积极作用。

（十四）允许外国投资者在自贸试验区投资设立典当企业，设立条件、监督管理与内资典当企业保持一致，参照《典当管理办法》进行管理。

（十五）支持自贸试验区内企业加大融资租赁业务创新力度，允许符合条件的融资租赁公司设立专业子公司；支持融资租赁公司在符合相关规定的前提下，设立项目公司经营大型设备、成套设备等融资租赁业务，并开展境内外租赁业务。允许注册在自贸试验区内的内资融资租赁企业享受与现行内资融资租赁试点企业同等待遇。

（十六）允许外国投资者以独资形式在自贸试验区内设立企业，从事加油站的建设、经营，不受门店数量的限制。

（十七）研究支持广东自贸试验区在《内地与香港 / 澳门关于建立更紧密经贸关系的安排》框架下，进一步取消或放宽对港澳服务提供者的资质要求、持股比例、经营范围等准入限制。

四、完善市场竞争环境

（十八）支持自贸试验区开展汽车平行进口，建立多渠道、多元化汽车流通模式。试点企业可以向商务部申领汽车产品自动进口许可证。

（十九）指导自贸试验区开展大宗商品现货交易试点，建立完善制度规则，加强风险防范，推动大宗商品现货交易和资源配置平台建设。

（二十）在自贸试验区内试点开展融资租赁管理改革，统一内外资融资租赁企业的管理模式，建立统一的现场监管、机构约谈、信息报送及核查等监管制度，探索建立登记备案、经营异常名录管理、监管评级等制度。

（二十一）支持自贸试验区开展外商投资统计改革试点，实施外商投资统计直报。

（二十二）指导自贸试验区建立健全外商投资投诉受理机构，创新涉及政府行为的投资纠纷解决机制，不断提高外国投资者在华投资保护水平。

（二十三）支持自贸试验区建设“走出去”综合信息服务平台，利用政府、商协会、企业、金融机构、中介组织等渠道，及时发布相关政策，提供市场需求、项目合作等信息资源，为区内企业“走出去”提供综合信息服务。

（二十四）支持自贸试验区配合商务部开展经营者集中反垄断审查工作。受商务部委托，督促达到国务院规定申报标准的企业向商务部进行经营者集中申报，对发现的应申报而未申报或未获批准而启动实施的经营者集中向商务部报告，在本区域内协助商务部开展案件调查工作，协助商务部对禁止性、附加限制性条件的经营者集中案件进行监督和执行。

（二十五）指导自贸试验区建立产业安全预警体系，以《对外贸易法》为依据，结合自贸试验区的开放特点，以“四体联动”机制为基础，创建与之相适应的预警体系，在扩大开放的同时，保障我国产业安全。

五、做好试点总结评估

（二十六）天津市、上海市、福建省、广东省商务主管部门要坚决贯彻简政放权、放管结合、优化服务的要求，支持自贸试验区以市场为导向，先行先试，大胆创新，扎实推进商务领域各项试点任务的实施，及时总结评估试点成效。

商务部

2015 年 8 月 25 日

海关总署关于实施中国—欧盟“经认证的经营者”互认安排的公告

（海关总署公告〔2015〕52号）

2014年5月，中国与欧盟双方海关正式签署了《中欧联合海关合作委员会关于在〈中华人民共和国政府和欧洲共同体关于海关事务的合作和行政互助协定〉下建立中国海关企业分类管理制度和欧洲联盟海关经认证经营者制度互认安排的决定》（以下简称《互认安排决定》）；我国海关于2014年10月对外公布了新制定的《中华人民共和国海关企业信用管理暂行办法》（海关总署令第225号）及配套文件，并于2014年12月1日起正式施行；中欧海关根据2015年6月达成的联合共识对《互认安排决定》进行了修订，决定自2015年11月1日起正式实施该互认安排。现就有关事项公告如下：

一、欧盟海关接受中国海关认证的高级认证企业为中国的“经认证的经营者”（简称“AEO企业”）。中国海关接受欧盟海关认证的“安全AEO认证企业（AEOS）”和“简化海关手续及安全AEO认证企业（AEOC/AEOS）”为欧盟的AEO企业。

二、中欧双方海关相互给予对方AEO企业的进出口货物如下通关便利措施：减少查验或与监管有关的风险评估等手续；安全贸易伙伴身份的承认；货物优先通关；贸易连续运行保障机制。

三、我国海关认证的AEO企业直接出口到欧盟的货物，或者直接进口自欧盟的货物，可以享受欧盟海关给予的通关便利措施。我国AEO企业向欧盟进出口货物时，应将AEO认证编码（CN+在我国海关注册的10位企业编码）通报给欧盟进口商。欧盟进口商和出口商申报时，欧盟海关将该中国AEO企业信息和中国海关事先提供的AEO企业信息进行核对，在两者一致的情况下，通关环节自动适用便利措施。

四、欧盟海关的 AEO 企业直接出口到我国的货物，或者直接进口自我国的货物，可以享受到我国海关给予的通关便利措施。我国进口商或出口商向我国海关申报欧盟海关 AEO 企业货物时，应在报关单“备注栏”处填入欧盟海关 AEO 编码。填写方式为：“AEO”（英文半角大写）+“<”（英文半角）+“欧盟 EORI 编码”+“>”（英文半角）。例如，欧盟 EORI 编码为 FR123456789012345，则填注：“AEO”。我国海关将该编码与欧盟海关事先提供的 AEO 企业信息进行核对，在两者一致的情况下，通关环节自动适用便利措施。

特此公告。

海关总署

2015 年 10 月 30 日

中国人民银行、国家外汇管理局《内地与香港证券投资基金跨境发行销售资金管理操作指引》

（公告〔2015〕第36号）

为规范内地与香港两地基金互认，根据《中华人民共和国中国人民银行法》、《中华人民共和国外汇管理条例》及相关规定，中国人民银行、国家外汇管理局制定了《内地与香港证券投资基金跨境发行销售资金管理操作指引》。现予公布，自公布之日起施行。

附件：内地与香港证券投资基金跨境发行销售资金管理操作指引

附件

内地与香港证券投资基金跨境发行销售资金管理操作指引

第一章 总 则

第一条 本指引所称内地证券投资基金（以下简称内地基金）是指经中国证券监督管理委员会（以下简称中国证监会）根据《中华人民共和国证券投资基金法》注册的，由内地基金管理人管理的公开募集证券投资基金。

本指引所称香港证券投资基金（以下简称香港基金）是指经香港证券及期货事务监察委员会（以下简称香港证监会）认可，由注册在香港的基金管理人管理的共同基金、单位信托或者其他形式的集体投资计划。

本指引所称证券投资基金跨境发行销售，是指内地基金经香港证监会认可后在香港地区发行及销售（以下简称香港发行），以及香港基金经中国证监会注册后在内地发行及销售（以下简称内地发行）。

第二条 鼓励内地与香港证券投资基金跨境发行销售以人民币计价，使用人民币进行跨境收付。

第三条 中国人民银行及其分支机构对证券投资基金跨境发行销售所涉人民币账户和人民币资金跨境收支实施监督、管理和检查。

国家外汇管理局及其分局、外汇管理部对证券投资基金跨境发行销售实行信息报告管理，并就其所涉的外汇账户开立、资金汇兑、收付和使用等实施监督、管理和检查。

第二章 香港基金内地发行

第四条 经中国证监会注册的香港基金，其管理人应在该基金内地发行前，持以下材料通过该基金内地代理人（以下简称代理人）在国家外汇管理局资本项目信息系统（以下简称系统）报告相关信息：

（一）《香港基金内地发行信息报告表》（见附 1）；

（二）香港基金管理人香港注册证明文件复印件；

（三）香港基金经中国证监会注册的文件复印件。

其中，代理人为香港基金管理人报告首只香港基金的信息时，还需在系统中查询香港基金管理人是否已有主体信息。没有主体信息的，代理人应先为香港基金管理人申请特殊机构赋码，并在系统中为香港基金管理人报告主体信息。

第五条　已报告主体信息的香港基金，其管理人应凭在系统报告后生成的相关业务凭证，委托代理人在指定销售银行以香港基金管理人名义为每只香港基金开立募集资金专用账户（人民币或 / 和外汇账户，以下简称募集资金专户）。外汇募集资金专户与人民币募集资金专户内的资金可结汇、购汇后相互划转。

通过代销方式募集资金的香港基金，代理人应凭在系统报告信息后生成的相关业务凭证在银行开立香港基金代销账户（人民币或 / 和外汇账户）。

香港基金管理人在内地开立人民币募集资金专户，按照《境外机构人民币银行结算账户管理办法》（银发〔2010〕249 号文印发）和《中国人民银行关于境外机构人民币银行结算账户开立和使用有关问题的通知》（银发〔2012〕183 号）等规定办理。

上述相关账户收支范围见附 2，账户信息申报规范见附 3。

第三章　内地基金香港发行

第六条　经香港证监会认可的内地基金，其内地管理人应在该基金香港发行前，持以下材料通过该基金内地托管人（以下简称托管人）在系统报告相关信息：

（一）《内地基金香港发行信息报告表》（见附 4）；

（二）内地基金管理人工商营业执照复印件；

（三）内地基金经香港证监会认可的证明文件复印件。

其中，托管人为内地基金管理人报告首只内地基金的信息时，还需在系

统中查询内地基金管理人是否已有主体信息。没有主体信息的，内地基金管理人应持《内地基金香港发行信息报告表》、内地基金管理人工商营业执照复印件等材料，先到其注册所在地外汇局或银行报告主体信息。

第七条　已报告主体信息的内地基金，其内地管理人应凭在系统报告信息后生成的相关业务凭证，在托管人处或托管人指定的开户银行为每只内地基金开立募集资金专户（人民币或/和外汇账户）。人民币募集资金专户与外汇募集资金专户内的资金可结汇、购汇后相互划转。

上述相关账户收支范围见附2，账户信息申报规范见附3。

第四章　资金及汇兑管理

第八条　所有香港基金内地发行募集资金净汇出规模上限、所有内地基金香港发行募集资金净汇入规模上限，初期均为等值3000亿元人民币。

第九条　当所有香港基金内地发行募集资金净汇出规模达到等值3000亿元人民币，或当所有内地基金香港发行募集资金净汇入规模达到等值3000亿元人民币时，国家外汇管理局将在官方网站（www.safe.gov.cn）发布公告，香港（内地）基金管理人应在公告之日起暂停内地（香港）基金注册（认可）以及跨境发行销售相关工作，直至此后国家外汇管理局官方网站公布汇出（入）月度数据时，净汇出（净汇入）资金规模低于等值3000亿元人民币为止。

国家外汇管理局将每月在官方网站公布基金跨境发行销售募集资金汇出（入）相关信息。香港（内地）基金管理人可根据该信息开展基金跨境发行销售相关工作。

第十条　香港（内地）基金内地（香港）发行募集资金规模原则上不得超过基金总资产的50%。

香港（内地）基金因香港（内地）持有人净赎回，导致该基金内地（香港）持有人资产规模超过该基金总资产50%的，香港（内地）基金管理人应停止该基金内地（香港）销售。

第十一条　香港（内地）基金管理人可通过其募集资金专户开户银行以人民币或外汇形式汇出或汇入申购及赎回资金。相关资金应按币种分别从相

关人民币或外汇专户中汇出或汇入。

第十二条　代理人应根据香港基金管理人的委托，为香港基金办理相关资金结汇、购汇和相关账户之间的资金划转手续。

托管人应根据内地基金管理人的要求或指令，为内地基金办理相关资金结汇、购汇和相关账户之间的资金划转手续。

第五章　统计监测及监督管理

第十三条　证券投资基金跨境发行销售所涉及的主体，应按照国际收支统计申报相关规定，进行涉外收付款以及对外金融资产负债和交易统计申报。

第十四条　香港（内地）基金管理人内地开户银行应当及时、准确、完整地向人民币跨境收付信息管理系统（RCPMIS）报送相关人民币账户信息和跨境人民币资金收支信息。

第十五条　代理人、托管人、内地开户银行、内地基金管理人等应按照国家外汇管理局有关规定，报送相关账户、账户内结售汇、内地资金划转、外债及其他相关数据。

第十六条　香港基金管理人（通过代理人）和内地基金管理人应于每年1月底前，向中国人民银行、国家外汇管理局报送其内地（香港）基金跨境发行销售情况报告，内容包括但不限于：基金数量，每只基金规模、资金汇出入情况（按月度统计）、结售汇情况等。

第十七条　香港（内地）基金管理人、代理人、托管人、内地开户银行等有以下行为的，中国人民银行、国家外汇管理局依据相关规定予以处理：

（一）未按规定报告信息，或报告信息内容不全、不实，或提供虚假材料、虚假报告信息证明等；

（二）违反规定办理资金汇出（入）的；

（三）未按要求暂停基金申购及基金注册（认可）的；

（四）未按规定办理相关账户开立或关闭的；

（五）未按规定办理资金购结汇、收付汇的；

（六）未按规定报送相关数据、报告及报备材料的；

（七）未按规定进行国际收支统计申报的；

（八）违反中国人民银行、国家外汇管理局其他规定的。

第十八条　香港（内地）基金管理人根据本指引向中国人民银行及其分支机构和国家外汇管理局及其分局、外汇管理部报送的材料应为中文文本。同时具有外文和中文文本的，以中文文本为准。

第十九条　本指引由中国人民银行、国家外汇管理局负责解释。

附：1. 香港基金内地发行信息报告表

2. 基金跨境发行销售相关账户收支范围一览表

3. 基金跨境发行销售相关账户信息申报规范

4. 内地基金香港发行信息报告表

附 1

香港基金内地发行信息报告表

<table>
<tr><td colspan="12">一、香港基金管理人基本信息</td></tr>
<tr><td rowspan="2">机构名称</td><td>中文</td><td colspan="10"></td></tr>
<tr><td>ENGLISH</td><td colspan="10"></td></tr>
<tr><td>机构注册地</td><td></td><td colspan="3">机构注册号码</td><td colspan="3"></td><td colspan="2">特殊机构赋码</td><td colspan="2"></td></tr>
<tr><td colspan="12">二、香港基金内地发行信息</td></tr>
<tr><td colspan="2" rowspan="2">基金名称</td><td rowspan="2">成立时间</td><td rowspan="2">基金
ISIN CODE（如有）</td><td rowspan="2">基金主地规模
（折亿元人民币）</td><td rowspan="2">内地注册时间</td><td rowspan="2">注册文号</td><td rowspan="2">注册代码</td><td colspan="4">代理人</td></tr>
<tr><td>名称</td><td>组织机构代码</td><td>联系人</td><td>联系方式</td></tr>
<tr><td colspan="2">（中文）</td><td></td><td></td><td></td><td></td><td></td><td></td><td></td><td></td><td></td><td></td></tr>
<tr><td colspan="2">（ENGLISH）</td><td></td><td></td><td></td><td></td><td></td><td></td><td></td><td></td><td></td><td></td></tr>
<tr><td colspan="12">本机构承诺上述所填写内容及所附材料真实、准确，无虚假信息，并承诺严格按照外汇管理规定开展相关业务，接受外汇局监督、管理和检查。

申请机构（签章）：
年　月　日</td></tr>
</table>

附 2

基金跨境发行销售相关账户收支范围一览表

序号	开户主体	账户	收支范围
一、香港基金内地发行			
1	香港基金管理人	募集资金专户（人民币 / 外汇）	收入：1. 投资者内地划入的资金；2. 从基金代销账户划入的资金；3. 募集资金专户（人民币 / 外汇）结、购汇后相互划转的资金；4. 从基金在香港的相关账户汇入的资金；5. 账户利息收入；6. 中国人民银行、国家外汇管理局规定的其他收入。 支出：1. 划往投资者内地账户的资金；2. 划往基金代销账户的资金；3. 募集资金专户（人民币 / 外汇）结、购汇后相互划转的资金;4. 划往基金在香港的相关账户的资金;5. 支付或结汇支付交易相关税费、手续费;6. 中国人民银行、国家外汇管理局规定的其他支出。
2	内地代理人	香港基金代销账户（人民币 / 外汇）	收入:1. 投资者内地账户划入的资金;2. 从基金募集资金专户（人民币 / 外汇）划入的资金;3. 账户利息收入;4. 中国人民银行、国家外汇管理局规定的其他收入。 支出：1. 划往投资者内地账户的资金；2. 划往基金募集资金专户（人民币 / 外汇）的资金；3. 中国人民银行、国家外汇管理局规定的其他支出。
二、内地基金香港发行			
3	内地基金管理人	募集资金专户（人民币 / 外汇）	收入：1. 从基金在香港的募集资金相关账户划入的资金；2. 募集资金专户（人民币 / 外汇）结、购汇后相互划转的资金；3. 从基金内地托管账户或清算账户划入人民币募集资金专户的资金；4. 账户利息收入；5. 中国人民银行、国家外汇管理局规定的其他收入。 支出：1. 划往基金在香港的募集资金相关账户的资金；2. 募集资金专户（外汇 / 人民币）结、购汇后相互划转的资金；3. 从人民币募集资金专户划往基金内地托管账户或清算账户的资金；4. 支付或结汇支付交易相关税费、手续等；5. 中国人民银行、国家外汇管理局规定的其他支出。

附 3

基金跨境发行销售相关账户信息申报规范

账户信息	应选择的账户性质代码与名称	账户开关户信息中“外汇局批件号 / 备案表号 / 业务编号”栏位填报内容
一、香港基金内地发行		
募集资金专户（人民币 / 外汇）	3400/ 境外机构 / 个人境内外汇账户	业务编号
香港基金代销账户（人民币 / 外汇）	2417/ 资本项目—非银行金融机构客户资金账户	N/A
二、内地基金香港发行		
募集资金专户（人民币 / 外汇）	2417/ 资本项目—非银行金融机构客户资金账户	业务编号

基金跨境发行销售所涉跨境收支 / 内地划转 / 账户内结售汇信息填写规范

交易类型	应选择的申报类型	相关凭证中“外汇局批件号 / 备案表号 / 业务编号”栏位填报内容
一、香港基金内地发行		
从募集资金专户（人民币 / 外汇）汇出香港 / 从香港汇入募集资金专户（人民币 / 外汇）	涉外收付	业务编号
从募集资金专户（人民币）购汇汇入募集资金专户（外汇）	账户内购汇	N/A
从募集资金专户（外汇）结汇汇入募集资金专户（人民币）	账户内结汇	N/A
从其他内地居民账户（人民币 / 外汇）汇入募集资金专户（人民币 / 外汇）/ 从募集资金专户（人民币 / 外汇）汇入其他内地居民账户（人民币 / 外汇）	涉外收付	N/A
从香港基金代销账户（人民币 / 外汇）汇入募集资金专户（人民币 / 外汇）	涉外收付	N/A
从募集资金专户（人民币 / 外汇）汇入（含结汇）香港基金代销账户	涉外收付	N/A
从其他内地居民账户（人民币 / 外汇）汇入香港基金代销账户（人民币 / 外汇）/ 从香港基金代销账户（人民币 / 外汇）汇入其他内地居民账户（人民币 / 外汇）	内地划转	N/A
二、内地基金香港发行		
从募集资金专户（人民币 / 外汇）汇出香港 / 从香港汇入募集资金专户（人民币 / 外汇）	涉外收付	业务编号
从募集资金专户（外汇）结汇汇入募集资金专户（人民币）	账户内结汇	N/A
募集资金专户（人民币）购汇汇入募集资金专户（外汇）	账户内购汇	N/A

附 4

内地基金香港发行信息报告表

<table>
<tr><td colspan="11">一、内地基金管理人基本信息</td></tr>
<tr><td>机构名称</td><td colspan="10"></td></tr>
<tr><td>机构注册地</td><td></td><td colspan="2">机构注册号码</td><td colspan="3"></td><td colspan="2">组织机构代码</td><td colspan="2"></td></tr>
<tr><td colspan="11">二、内地基金香港发行信息</td></tr>
<tr><td rowspan="2">基金名称</td><td rowspan="2">成立时间</td><td rowspan="2">基金
ISIN CODE（如有）</td><td rowspan="2">基金主地规模
（亿元人民币）</td><td rowspan="2">香港认可
时间</td><td rowspan="2">认可文号</td><td rowspan="2">香港认可
代码</td><td colspan="4">托管人</td></tr>
<tr><td>名称</td><td>金融机构
标识码</td><td>联系人</td><td>联系方式</td></tr>
<tr><td></td><td colspan="2"></td><td></td><td></td><td></td><td></td><td></td><td></td><td></td><td></td></tr>
<tr><td colspan="11">本机构承诺上述所填写内容及所附材料真实、准确，无虚假信息，并承诺严格按照外汇管理规定开展相关业务，接受外汇局监督、管理和检查。
申请机构（签章）：
年　月　日</td></tr>
</table>

《内地与香港关于建立更紧密经贸关系的安排》服务贸易协议

序　言

为推动内地[1]与香港特别行政区（以下简称“双方”）基本实现服务贸易自由化，逐步减少或取消双方之间服务贸易实质上所有歧视性措施，进一步提高双方经贸交流与合作的水平，双方决定，就内地与香港特别行政区（以下简称“香港”）基本实现服务贸易自由化签署本协议。

第一章　与《安排》[2]的关系

第一条　与《安排》的关系

一、为逐步减少直至取消双方之间服务贸易实质上所有歧视性措施，双方决定在《安排》及其所有补充协议、《〈安排〉关于内地在广东与香港基本实现服务贸易自由化的协议》（以下简称《广东协议》）已实施开放措施基础上签署本协议。本协议是《安排》的服务贸易协议。

二、《安排》第四章第十一条、第十二条的有关内容按照本协议执行。本协议条款与《安排》及其所有补充协议、《广东协议》条款产生抵触时，以本协议条款为准。

第二章　范围及定义

第二条　范围及定义

一、本协议附件1和附件2的所有措施适用于内地和香港之间的服务贸易。

二、本协议所称服务贸易，是指：

（一）自一方境内向另一方境内提供服务；

（二）在一方境内对另一方的服务消费者提供服务；

（三）一方的服务提供者通过在另一方境内的商业存在提供服务；

（四）一方的服务提供者通过在另一方境内的自然人存在提供服务。

上述（一）、（二）、（四）统称为跨境服务。

三、就本协议而言：

（一）“措施”指一方的任何措施，无论是以法律、法规、规则、程序、决定、行政行为的形式还是以任何其他形式。

在履行本协议项下的义务和承诺时，每一方应采取其所能采取的合理措施，以保证其境内的政府和主管机关以及非政府机构遵守这些义务和承诺。

（二）“服务”包括任何部门的任何服务，但在行使政府职权时提供的服务除外。

（三）“行使政府职权时提供的服务”指既不依据商业基础提供，也不与一个或多个服务提供者竞争的任何服务。

（四）“商业存在”指任何类型的商业或专业机构，包括为提供服务而在一方境内：

1. 设立、收购或经营一法人，或

2. 设立或经营一分支机构或代表处。

（五）“政府采购”指政府以购买、租赁等各种合同形式，取得商品或服务的使用权或获得商品或服务，或两者兼得的行为。其目的并非是商业销售或转售，或为商业销售或转售而在生产中使用、提供商品或服务。

四、本协议中的“服务提供者”定义及相关规定载于附件 3。

第三章　义务及规定

第三条　义务

一、内地对香港服务和服务提供者的具体措施载于本协议附件 1。对于本协议附件 1 表 2、表 3 和表 4 所列明的具体承诺的实施，除执行本协议规定外，还应适用内地有关法律法规和行政规章。

二、对本协议涵盖的服务领域，香港对内地服务和服务提供者不增加任何限制性措施。双方通过磋商，拟订和实施香港对内地服务和服务提供者进一步开放服务贸易的内容。有关具体承诺列入本协议附件 2。

三、应一方要求，双方可通过协商，进一步提高双方服务贸易自由化的水平。

四、任何根据本条第三款实行的提高服务贸易自由化水平的措施应纳入本协议附件 1 及附件 2 予以实施。

第四条　国民待遇

一、一方在影响服务提供的所有措施方面给予另一方的服务和服务提供者的待遇，不得低于其给予本方同类服务和服务提供者的待遇。[3]

二、一方可通过对另一方的服务或服务提供者给予与其本方同类服务或服务提供者的待遇形式上相同或不同的待遇，满足第一款的要求。

三、如形式上相同或不同的待遇改变竞争条件，与另一方的同类服务或服务提供者相比，有利于该方的服务或服务提供者，则此类待遇应被视为较为不利的待遇。

第五条　最惠待遇

一、关于本协议涵盖的任何措施，一方对于另一方的服务和服务提供者，应立即和无条件地给予不低于其给予其他方同类服务和服务提供者的待遇。

二、本协议的规定不得解释为阻止一方对相邻国家或地区授予或给予优惠，以便利仅限于毗连边境地区的当地生产和消费的服务的交换。

第六条　金融审慎原则

一、尽管本协议有其他规定，一方不应被阻止出于审慎原因而采取或维持与金融服务有关的措施。这些审慎原因包括保护投资者、存款人、投保人或金融服务提供者对其负有信托义务的人或确保金融系统的完整与稳定。[4]

二、本协议的任何规定不适用于为执行货币或相关信贷政策或汇率政策而采取的普遍适用的非歧视性措施。[5]

三、“金融服务”应当与世界贸易组织《服务贸易总协定》的《关于金融服务的附件》第五款第（a）项中的金融服务具有相同的含义，并且该条款中“金融服务提供者”也包括《关于金融服务的附件》第五款第（c）项所定义的公共实体。

四、为避免歧义，本协议不应被解释为阻止一方在金融机构中适用或者执行为保证遵守与本协议不冲突的法律或法规而采取的与另一方的服务提供者或者涵盖服务有关的必要措施，包括与防范虚假和欺诈做法或者应对金融服务合同违约影响有关的措施，但这些措施的实施方式不得在情形类似的国家（或地区）间构成任意的或者不合理的歧视，或者构成对金融机构的投资的变相限制。

五、对于现行法规未明确涉及的领域，一方保留采取限制性措施的权利。

第七条　保障措施

一、当因执行本协议对任何一方的贸易和相关产业造成重大影响时，一方保留新设或维持与服务有关的限制性措施的权利。

二、一方根据第一款准备采取的措施，应尽可能充分及时地通知另一方，并磋商解决。

第八条　例外

一、本协议及其附件所载规定并不妨碍一方维持或采取与世界贸易组织《服务贸易总协定》第 14 条及 14 条之二相一致的例外措施。

二、一方针对另一方服务或服务提供者的外来特性采取的水平管理措施不应视为较为不利的待遇。

第四章　商业存在[6]

第九条　保留的限制性措施

一、第四条“国民待遇”和第五条“最惠待遇”不适用于：

（一）一方保留的限制性措施，列明在附件 1 表 1 和附件 2 中。

（二）一般情况下，第（一）项所指保留的限制性措施可作修订，但经修订后的保留措施与修订前相比，不可更不符合第四条“国民待遇”和第五条“最惠待遇”作出的义务。

二、第四条“国民待遇”和第五条“最惠待遇”不适用于：

（一）政府采购；或

（二）一方给予的补贴或赠款，包括政府支持的贷款、担保和保险。

但一方法律法规就第（一）、（二）项另有规定的从其规定。

第五章　跨境服务[7]

第十条　跨境服务

双方同意就逐步减少歧视性措施保持磋商，具体开放措施列明在附件 1 表 2 和附件 2 中，其他不做承诺。

第六章　电信专章

第十一条　电信服务

双方同意就逐步减少歧视性措施保持磋商，具体开放措施列明在附件 1 表 3 和附件 2 中，其他不做承诺。

第七章　文化专章

第十二条　文化服务

双方同意就逐步减少歧视性措施保持磋商，具体开放措施列明在附件 1 表 4 和附件 2 中，其他不做承诺。

第八章　特殊手续和信息要求

第十三条　特殊手续和信息要求

一、如果特殊手续要求不实质性损害一方根据本协议承担的对另一方服务提供者的义务，则第四条“国民待遇”不应被解释为阻止一方采取或维持与服务相关的特殊手续的措施。

二、尽管有第四条“国民待遇”和第五条“最惠待遇”，一方可仅为了信息或统计的目的，要求另一方的服务提供者提供与服务或服务提供者有关的信息。该一方应保护商业机密信息防止因泄露而有损服务提供者的竞争地位。本款不应被解释为阻碍一方获得或披露与公正和诚信适用法律有关的信息。

第九章　投资便利化

第十四条　投资便利化

为提高投资便利化水平，内地同意对香港服务提供者在内地投资本协议对香港开放的服务贸易领域，公司设立及变更的合同、章程审批改为备案管理，备案后按内地有关规定办理相关手续。以下两种情形除外：

（一）第四章第九条涉及保留的限制性措施及电信、文化领域公司、金融机构的设立及变更按现行外商投资法律法规以及相关规定办理；或

（二）公司以外其他形式的商业存在的设立及变更按现行有关规定办理。

第十章　其他条款

第十五条　附件

本协议的附件构成本协议的组成部分。

第十六条　生效和实施

本协议自双方代表正式签署之日起生效，自2016年6月1日起实施。

本协议以中文书就，一式两份。

本协议于二〇一五年十一月二十七日在香港签署。

中华人民共和国 商务部副部长	中华人民共和国 香港特别行政区财政司司长

[1] 内地系指中华人民共和国的全部关税领土。

[2]《安排》系《内地与香港关于建立更紧密经贸关系的安排》的简称。

[3] 根据本条承担的具体承诺不得解释为要求任何一方对由于有关另一方服务或服务提供者的外来特性而产生的任何固有的竞争劣势作出补偿。

［4］“审慎原因”这一用语应理解为包括维持单个金融机构或金融体系的安全、稳固、稳健和财务责任，以及维护支付和清算系统的安全以及财务和运营的稳健性。

［5］为避免歧义，为执行货币或相关信贷政策或汇率政策而采取的普遍适用的措施，不包括明确将规定了计价货币或货币汇率的合同条款宣布为无效或修改该种条款的措施。

［6］在本协议下，本章的商业存在不包括第六章电信专章第十一条电信服务和第七章文化专章第十二条文化服务项下的商业存在。

［7］在本协议下，本章的跨境服务不包括第六章电信专章第十一条电信服务和第七章文化专章第十二条文化服务项下的跨境服务。

附件：1. 内地向香港开放服务贸易的具体承诺

2. 香港向内地开放服务贸易的具体承诺

3. 关于“服务提供者”定义及相关规定

附件 1

内地向香港开放服务贸易的具体承诺[㊀]

表 1 对商业存在保留的限制性措施（负面清单）

1）部门：	1. 商务服务
分部门：	A. 专业服务
	a. 法律服务（CPC861）
所涉及的义务：	国民待遇
保留的限制性措施：	商业存在 1. 独资设立的代表机构不得办理涉及内地法律适用的法律事务，或聘用内地执业律师。 2. 与内地方以合作形式提供法律服务限于： 1）可由内地律师事务所向香港律师事务所驻内地代表机构派驻内地执业律师担任内地法律顾问，或由香港律师事务所向内地律师事务所派驻香港律师担任涉港或跨境法律顾问。 2）内地律师事务所和已在内地设立代表机构的香港律师事务所按照协议约定进行联合经营的，在各自执业范围、权限内以分工协作方式开展业务合作。 3）在广州市、深圳市、珠海市与内地方以合伙方式联营，联营方式按照司法行政主管部门批准的具体规定执行。
2）部门：	1. 商务服务
分部门：	A. 专业服务
	b. 会计、审计和簿记服务（CPC862）
所涉及的义务：	国民待遇
保留的限制性措施：	商业存在 取得中国注册会计师资格的香港永久性居民可在内地担任合伙制会计师事务所合伙人，会计师事务所的控制权须由内地居民持有，具体要求按照内地财政主管部门的规定执行；担任合伙人的香港永久性居民在内地有固定住所，其中每年在内地居留不少于 6 个月。
3）部门：	1. 商务服务
分部门：	A. 专业服务
	c. 税收服务（CPC863）
所涉及的义务：	国民待遇
保留的限制性措施：	商业存在 实行国民待遇。

㊀ 部门分类使用世界贸易组织《服务贸易总协定》服务部门分类（GNS/W/120），部门的内容参考相应的联合国中央产品分类（CPC，United Nations Provisional Central Product Classification）。

（续）

4）部门：	1. 商务服务
分部门：	A. 专业服务
	d. 建筑及设计服务（CPC8671）
所涉及的义务：	国民待遇
保留的限制性措施：	商业存在 香港服务提供者应是在香港从事建设工程设计的企业或者注册建筑师、注册工程师。
5）部门：	1. 商务服务
分部门：	A. 专业服务
	e. 工程服务（CPC8672）
所涉及的义务：	国民待遇
保留的限制性措施：	商业存在 1. 香港服务提供者应是在香港从事建设工程设计的企业或者注册建筑师、注册工程师。 2. 从事综合水利枢纽的建设、经营须由内地方控股。
6）部门：	1. 商务服务
分部门：	A. 专业服务
	f. 集中工程服务（CPC8673）
所涉及的义务：	国民待遇
保留的限制性措施：	商业存在 1. 香港服务提供者应是在香港从事建设工程设计的企业或者注册建筑师、注册工程师。 2. 从事综合水利枢纽的建设、经营须由内地方控股。
7）部门：	1. 商务服务
分部门：	A. 专业服务
	g. 城市规划和园林建筑服务（CPC8674）
所涉及的义务：	国民待遇
保留的限制性措施：	商业存在 不得提供城市总体规划、国家级风景名胜区总体规划服务。
8）部门：	1. 商务服务
分部门：	A. 专业服务
	h. 医疗和牙科服务（CPC9312）
所涉及的义务：	国民待遇
保留的限制性措施：	商业存在 申请设立医疗机构须经省级卫生计生委和省级商务主管部门按国家规定审批和登记。
9）部门：	1. 商务服务
分部门：	A. 专业服务
	i. 兽医服务（CPC932）

（续）

所涉及的义务：	国民待遇
保留的限制性措施：	商业存在 实行国民待遇。
10）部门：	1. 商务服务
分部门：	A. 专业服务
	j. 助产士、护士、理疗医师和护理员提供的服务（CPC93191）
所涉及的义务：	国民待遇
保留的限制性措施：	商业存在 不作承诺。㊀
11）部门：	1. 商务服务
分部门：	A. 专业服务
	k. 其他（专利代理、商标代理等）（CPC8921-8923）
所涉及的义务：	国民待遇
保留的限制性措施：	商业存在 实行国民待遇。
12）部门：	1. 商务服务
分部门：	B. 计算机及相关服务
	a. 与计算机硬件安装有关的咨询服务（CPC841）
所涉及的义务：	国民待遇
保留的限制性措施：	商业存在 实行国民待遇。
13）部门：	1. 商务服务
分部门：	B. 计算机及相关服务
	b. 软件执行服务（CPC842）
所涉及的义务：	国民待遇
保留的限制性措施：	商业存在 实行国民待遇。
14）部门：	1. 商务服务
分部门：	B. 计算机及相关服务
	c. 数据处理服务（CPC843）
所涉及的义务：	国民待遇
保留的限制性措施：	商业存在 实行国民待遇。
15）部门：	1. 商务服务
分部门：	B. 计算机及相关服务
	d. 数据库服务（CPC844，网络运营服务和增值电信业务除外㊁）

㊀ 内地在此服务贸易部门（分部门）尚不存在商业存在模式。

㊁ “网络运营服务和增值电信业务”属于本协议附件 1 表 3（电信领域正面清单）涵盖范畴。

（续）

所涉及的义务：	国民待遇
保留的限制性措施：	商业存在 实行国民待遇。
16）部门：	1. 商务服务
分部门：	B. 计算机及相关服务
	e. 其他（CPC845+849）
所涉及的义务：	国民待遇
保留的限制性措施：	商业存在 实行国民待遇。
17）部门：	1. 商务服务
分部门：	C. 研究和开发服务
	a. 自然科学的研究和开发服务（CPC851）
所涉及的义务：	国民待遇
保留的限制性措施：	商业存在 1. 不得从事人体干细胞、基因诊断与治疗技术的开发和应用。 2. 不得从事稀有和特有的珍贵优良品种研发、养殖、种植和相关繁殖材料的生产，农作物、种畜禽、水产苗种转基因品种选育及其转基因种子（苗）生产，以及原产于内地的国家保护的野生动、植物资源种的开发活动。 3. 与内地方合作研究利用列入保护名录的畜禽遗传资源的，应当向省级人民政府畜牧兽医行政主管部门提出申请，同时提出国家共享惠益的方案；受理申请的省级畜牧兽医行政主管部门经审核，报国务院畜牧兽医行政主管部门批准。新发现的畜禽遗传资源在国家畜禽遗传资源委员会鉴定前，不得合作研究利用。从事农业转基因生物研究与试验的，应当经国务院农业行政主管部门批准。
18）部门：	1. 商务服务
分部门：	C. 研究和开发服务
	c. 边缘学科的研究和开发服务（CPC853）
所涉及的义务：	国民待遇
保留的限制性措施：	商业存在 限于自然科学跨学科的研究与实验开发服务。
19）部门：	1. 商务服务
分部门：	D. 房地产服务
	a. 涉及自有或租赁房地产的服务（CPC821）
所涉及的义务：	国民待遇
保留的限制性措施：	商业存在 实行国民待遇。 为明晰起见，香港服务提供者在香港和内地承接的物业建筑面积，可共同作为评定其在内地申请物业管理企业资质的依据。
20）部门：	1. 商务服务

（续）

分部门：	D. 房地产服务 b. 基于收费或合同的房地产服务（CPC822）
所涉及的义务：	国民待遇
保留的限制性措施：	商业存在 实行国民待遇。 为明晰起见，香港服务提供者在香港和内地承接的物业建筑面积，可共同作为评定其在内地申请物业管理企业资质的依据。
21）部门：	1. 商务服务
分部门：	E. 无操作人员的租赁服务 a. 船舶租赁（CPC83103）
所涉及的义务：	国民待遇
保留的限制性措施：	商业存在 实行国民待遇。
22）部门：	1. 商务服务
分部门：	E. 无操作人员的租赁服务 b. 航空器租赁（CPC83104）
所涉及的义务：	国民待遇
保留的限制性措施：	商业存在 实行国民待遇。
23）部门：	1. 商务服务
分部门：	E. 无操作人员的租赁服务 c. 个人车辆（CPC83101）、货运车辆（CPC83102）及其他陆地运输设备（CPC83105）的租赁服务
所涉及的义务：	国民待遇
保留的限制性措施：	商业存在 实行国民待遇。
24）部门：	1. 商务服务
分部门：	E. 无操作人员的租赁服务 d. 农业机械等设备租赁服务（CPC83106-83109）
所涉及的义务：	国民待遇
保留的限制性措施：	商业存在 实行国民待遇。
25）部门：	1. 商务服务
分部门：	E. 无操作人员的租赁服务 e. 个人和家用物品等其他租赁服务（CPC832）
所涉及的义务：	国民待遇
保留的限制性措施：	商业存在 实行国民待遇。
26）部门：	1. 商务服务

（续）

分部门：	F. 其他商务服务
	a. 广告服务（CPC871）
所涉及的义务：	国民待遇
保留的限制性措施：	商业存在 实行国民待遇。
27）部门：	1. 商务服务
分部门：	F. 其他商务服务
	b. 市场调研和公共民意测验服务（CPC864）
所涉及的义务：	国民待遇
保留的限制性措施：	商业存在 1. 提供市场调查[㊀]服务限于合资、合作（其中广播电视收听、收视调查须由内地方控股）。 2. 不得提供公共民意测验服务和非市场调查的市场调研服务。 3. 内地实行涉外调查机构资格认定制度和涉外社会调查项目审批制度。涉外市场调查需通过取得涉外调查资格的机构进行；涉外社会调查需通过取得涉外调查资格的内资机构报经批准后进行。
28）部门：	1. 商务服务
分部门：	F. 其他商务服务
	c. 管理咨询服务（CPC865）
所涉及的义务：	国民待遇
保留的限制性措施：	商业存在 实行国民待遇。
29）部门：	1. 商务服务
分部门：	F. 其他商务服务
	d. 与管理咨询相关的服务（CPC866）
所涉及的义务：	国民待遇
保留的限制性措施：	商业存在 实行国民待遇。
30）部门：	1. 商务服务
分部门：	F. 其他商务服务
	e. 技术测试和分析服务（CPC8676）
所涉及的义务：	国民待遇
保留的限制性措施：	商业存在 不得为内地籍船舶提供船舶检验服务。
31）部门：	1. 商务服务

㊀ 市场调查是指，旨在获得关于一组织的产品在市场中的前景和表现的信息的调查服务，包括市场分析（市场的规模和其他特点）及对消费者态度和喜好的分析。

（续）

分部门：	F. 其他商务服务
	f. 与农业、狩猎和林业有关的服务（CPC881）
所涉及的义务：	国民待遇
保留的限制性措施：	商业存在 1. 农作物新品种选育和种子生产，须由内地方控股。 2. 不得从事国家保护的原产于内地的野生动、植物种资源开发。 3. 不得从事国家保护野生动物（包括但不限于象牙、虎骨）的雕刻、加工、销售。 4. 不得从事森林火灾损失评估以及其他森林评估。 5. 不得获得林权证。
32）部门：	1. 商务服务
分部门：	F. 其他商务服务
	g. 与渔业有关的服务（CPC882）
所涉及的义务：	国民待遇
保留的限制性措施：	商业存在 不得从事内地远洋渔业和内地捕捞业。
33）部门：	1. 商务服务
分部门：	F. 其他商务服务
	h. 与采矿业有关的服务（CPC883+5115）
所涉及的义务：	国民待遇
保留的限制性措施：	商业存在 实行国民待遇。
34）部门：	1. 商务服务
分部门：	F. 其他商务服务
	i. 与制造业有关的服务（CPC884+885，CPC88442 除外）
所涉及的义务：	国民待遇
保留的限制性措施：	商业存在 不得提供与禁止外商投资的制造业有关的服务。
35）部门：	1. 商务服务
分部门：	F. 其他商务服务
	j. 与能源分配有关的服务（CPC887）
所涉及的义务：	国民待遇
保留的限制性措施：	商业存在 1. 从事输电网、核电站的建设、经营须由内地方控股。 2. 在广东省以外 50 万人口以上的内地城市及广东省 100 万人口以上的城市，从事城市燃气、热力和供排水管网的建设经营须由内地方控股。
36）部门：	1. 商务服务
分部门：	F. 其他商务服务
	k. 人员提供与安排服务（CPC872）
所涉及的义务：	国民待遇

（续）

保留的限制性措施：	商业存在 实行国民待遇。
37）部门：	1. 商务服务
分部门：	F. 其他商务服务 l. 调查与保安服务（CPC873）
所涉及的义务：	国民待遇
保留的限制性措施：	商业存在 1. 不得从事调查服务。 2. 不得提供经设区的市级以上地方人民政府确定的关系国家安全、涉及国家秘密等治安保卫重点单位的保安服务。 3. 不得设立或入股内地提供武装守护押运服务的保安服务公司。
38）部门：	1. 商务服务
分部门：	F. 其他商务服务 m. 与工程相关的科学和技术咨询服务（CPC8675）
所涉及的义务：	国民待遇
保留的限制性措施：	商业存在 1. 不得从事： 1）钨、锡、锑、钼、萤石的勘查。 2）稀土的勘查、选矿。 3）放射性矿产的勘查、选矿。 4）与水利工程相关的科学和技术咨询服务。 5）大地测量；测绘航空摄影；行政区域界线测绘；海洋调查[㊀]；地形图、世界政区地图、全国政区地图、省级及以下政区地图、全国性教学地图、地方性教学地图和真三维地图的编制；导航电子地图编制；区域性的地质填图、矿产地质、地球物理、地球化学、水文地质、环境地质、地质灾害、遥感地质等调查。 2. 不得以独资形式从事： 1）特殊和稀缺煤类的勘查（须由内地方控股）。 2）贵金属（金族）的勘查。 3）石墨的勘查。 4）锂矿的选矿。 5）设立测绘公司（须由内地方控股）。
39）部门：	1. 商务服务
分部门：	F. 其他商务服务 n. 设备的维修和保养服务（个人和家用物品的维修，与金属制品、机械和设备有关的修理服务）（CPC633+8861−8866）
所涉及的义务：	国民待遇
保留的限制性措施：	商业存在 从事海洋工程装备（含模块）的修理须由内地方控股。

㊀ 海洋调查指海洋水体调查及海洋测绘等。

（续）

40）部门：	1. 商务服务
分部门：	F. 其他商务服务
	o. 建筑物清洁服务（CPC874）
所涉及的义务：	国民待遇
保留的限制性措施：	商业存在 实行国民待遇。
41）部门：	1. 商务服务
分部门：	F. 其他商务服务
	p. 摄影服务（CPC875）
所涉及的义务：	国民待遇
保留的限制性措施：	商业存在 实行国民待遇。
42）部门：	1. 商务服务
分部门：	F. 其他商务服务
	q. 包装服务（CPC876）
所涉及的义务：	国民待遇
保留的限制性措施：	商业存在 实行国民待遇。
43）部门：	1. 商务服务
分部门：	F. 其他商务服务
	s. 会议服务（CPC87909）
所涉及的义务：	国民待遇
保留的限制性措施：	商业存在 实行国民待遇。
44）部门：	1. 商务服务
分部门：	F. 其他商务服务
	t. 其他（CPC8790，光盘复制服务除外[一]）
所涉及的义务：	国民待遇
保留的限制性措施：	商业存在 不得从事印章刻制服务。 为明晰起见，香港服务提供者可在广东省深圳市、广州市试点设立商业保理企业。
45）部门：	2. 通信服务
分部门：	A. 邮政服务（CPC7511）
所涉及的义务：	国民待遇
保留的限制性措施：	商业存在 不得提供邮政服务。

[一] “光盘复制服务”属于本协议附件1表4（文化领域正面清单）涵盖范畴。

（续）

46）部门：	2. 通信服务
分部门：	B. 速递服务（CPC7512）
所涉及的义务：	国民待遇
保留的限制性措施：	商业存在 不得提供信件的内地境内快递业务、国家机关公文寄递业务。
47）部门：	3. 建筑和相关的工程服务
分部门：	A. 建筑物的总体建筑工作（CPC512）
所涉及的义务：	国民待遇
保留的限制性措施：	商业存在 实行国民待遇。 为明晰起见，香港服务提供者在内地设立建筑业企业时，其在内地以及内地以外的工程承包业绩可共同作为评定其在内地设立的建筑业企业资质的依据；其经资质管理部门认可的项目经理人数中，香港永久性居民所占比例可不受限制。
48）部门：	3. 建筑和相关的工程服务
分部门：	B. 民用工程的总体建筑工作（CPC513）
所涉及的义务：	国民待遇
保留的限制性措施：	商业存在 1. 从事综合水利枢纽的总体建筑服务须由内地方控股。 2. 不得提供国境、国际河流航道建设工程、设施设备采购、航道及设施设备养护管理服务。 3. 不得提供航道维护性疏浚服务。 为明晰起见，香港服务提供者在内地设立建筑业企业时，其在内地以及内地以外的工程承包业绩可共同作为评定其在内地设立的建筑业企业资质的依据；其经资质管理部门认可的项目经理人数中，香港永久性居民所占比例可不受限制。
49）部门：	3. 建筑和相关的工程服务
分部门：	C. 安装和组装工作（CPC514+516）
所涉及的义务：	国民待遇
保留的限制性措施：	商业存在 实行国民待遇。
50）部门：	3. 建筑和相关的工程服务
分部门：	D. 建筑物的装修工作（CPC517）
所涉及的义务：	国民待遇
保留的限制性措施：	商业存在 实行国民待遇。
51）部门：	3. 建筑和相关的工程服务
分部门：	E. 其他（CPC511+515+518）
所涉及的义务：	国民待遇

（续）

保留的限制性措施：	商业存在 实行国民待遇。
52）部门：	4. 分销服务
分部门：	A. 佣金代理服务（CPC621）
所涉及的义务：	国民待遇
保留的限制性措施：	商业存在 实行国民待遇。
53）部门：	4. 分销服务
分部门：	B. 批发销售服务（CPC622，图书、报纸、杂志、文物的批发销售服务除外㊀）
所涉及的义务：	国民待遇
保留的限制性措施：	商业存在 1. 不得从事粮食收购以及粮食、棉花、植物油、食糖、农作物种子的批发销售服务。 2. 从事大型农产品批发市场的建设、经营须由内地方控股。
54）部门：	4. 分销服务
分部门：	C. 零售服务（CPC631+632+6111+6113+6121，图书、报纸、杂志、文物的零售服务除外㊁）
所涉及的义务：	国民待遇
保留的限制性措施：	商业存在 1. 不得提供烟草的零售服务。 2. 同一香港服务提供者设立超过 30 家分店、销售来自多个供应商的不同种类和品牌成品油的连锁加油站，须内地方控股。
55）部门：	4. 分销服务
分部门：	D. 特许经营服务（CPC8929）
所涉及的义务：	国民待遇
保留的限制性措施：	商业存在 实行国民待遇。
56）部门：	4. 分销服务
分部门：	E. 其他分销服务（文物拍卖除外㊂）
所涉及的义务：	国民待遇
保留的限制性措施：	商业存在 1. 设立、经营免税商店应符合内地有关规定。 2. 申请设立直销企业，应当有 3 年以上在境外从事直销活动的经验，直销企业及其分支机构不得招募境外人员为直销员，境外人员不得从事直销员业务培训。

㊀ “图书、报纸、杂志、文物的批发销售服务”属于本协议附件 1 表 4（文化领域正面清单）涵盖范畴。

㊁ “图书、报纸、杂志、文物的零售服务”属于本协议附件 1 表 4（文化领域正面清单）涵盖范畴。

㊂ “文物拍卖”属于本协议附件 1 表 4（文化领域正面清单）涵盖范畴。

（续）

57）部门：	5. 教育服务
分部门：	A. 初级教育服务（CPC921）
所涉及的义务：	国民待遇
保留的限制性措施：	商业存在 1. 设立以内地中国公民为主要招生对象的学校及其他教育机构限于合作。 2. 不得投资举办义务教育及军事、警察、政治、宗教等特殊领域教育机构。 为明晰起见，在广东设立独资外籍人员子女学校，招生范围除在内地持有居留证件的外籍人员的子女，可扩大至在广东工作的海外华侨和归国留学人才的子女。
58）部门：	5. 教育服务
分部门：	B. 中等教育服务（CPC922）
所涉及的义务：	国民待遇
保留的限制性措施：	商业存在 1. 设立以内地中国公民为主要招生对象的学校及其他教育机构限于合作。㊀ 2. 不得投资举办义务教育及军事、警察、政治、宗教等特殊领域教育机构。 为明晰起见，在广东设立独资外籍人员子女学校，招生范围除在内地持有居留证件的外籍人员的子女，可扩大至在广东工作的海外华侨和归国留学人才的子女。
59）部门：	5. 教育服务
分部门：	C. 高等教育服务（CPC923）
所涉及的义务：	国民待遇
保留的限制性措施：	商业存在 1. 设立以内地中国公民为主要招生对象的学校及其他教育机构限于合作。㊁ 2. 不得投资举办军事、警察、政治、宗教等特殊领域教育机构。
60）部门：	5. 教育服务
分部门：	D. 成人教育服务（CPC924）
所涉及的义务：	国民待遇
保留的限制性措施：	商业存在 不得投资举办军事、警察、政治、宗教等特殊领域教育机构。
61）部门：	5. 教育服务
分部门：	E. 其他教育服务（CPC929）
所涉及的义务：	国民待遇
保留的限制性措施：	商业存在 不得投资举办军事、警察、政治、宗教等特殊领域教育机构。投资举办自费出国留学中介服务机构限于中国（广东）自由贸易试验区、中国（天津）自由贸易试验区。

㊀ 允许在内地独资举办非学历中等职业技能培训机构，招生范围比照内地职业技能培训机构执行。

㊁ 允许在内地独资举办非学历高等职业技能培训机构，招生范围比照内地职业技能培训机构执行。

（续）

62）部门：	6. 环境服务
分部门：	A. 排污服务（CPC9401）
所涉及的义务：	国民待遇
保留的限制性措施：	商业存在 实行国民待遇。
63）部门：	6. 环境服务
分部门：	B. 固体废物处理服务（CPC9402）
所涉及的义务：	国民待遇
保留的限制性措施：	商业存在 实行国民待遇。
64）部门：	6. 环境服务
分部门：	C. 公共卫生及类似服务（CPC9403）
所涉及的义务：	国民待遇
保留的限制性措施：	商业存在 实行国民待遇。
65）部门：	6. 环境服务
分部门：	D. 废气清理服务（CPC9404）
所涉及的义务：	国民待遇
保留的限制性措施：	商业存在 实行国民待遇。
66）部门：	6. 环境服务
分部门：	E. 降低噪音服务（CPC9405）
所涉及的义务：	国民待遇
保留的限制性措施：	商业存在 实行国民待遇。
67）部门：	6. 环境服务
分部门：	F. 自然和风景保护服务（CPC9406）
所涉及的义务：	国民待遇
保留的限制性措施：	商业存在 实行国民待遇。
68）部门：	6. 环境服务
分部门：	G. 其他环境保护服务（CPC9409）
所涉及的义务：	国民待遇
保留的限制性措施：	商业存在 实行国民待遇。
69）部门：	7. 金融服务
分部门：	A. 所有保险和与其相关的服务（CPC812）
	a. 人寿险、意外险和健康保险服务（CPC8121）
	b. 非人寿保险服务（CPC8129）

（续）

分部门：	c. 再保险和转分保服务（CPC81299）
	d. 保险辅助服务（保险经纪、保险代理、咨询、精算等）（CPC8140）
所涉及的义务：	国民待遇
保留的限制性措施：	商业存在 1. 香港保险公司及其经过整合或战略合并组成的集团进入内地保险市场须满足下列条件： 1）集团总资产 50 亿美元以上，其中任何一家香港保险公司的经营历史在 30 年以上，且其中任何一家香港保险公司在内地设立代表处 2 年以上； 2）所在地区有完善的保险监管制度，并且该保险公司已经受到所在地区有关主管当局的有效监管； 3）符合所在地区偿付能力标准； 4）所在地区有关主管当局同意其申请； 5）法人治理结构合理，风险管理体系稳健； 6）内部控制制度健全，管理信息系统有效； 7）经营状况良好，无重大违法违规记录。 支持符合条件的香港保险公司在中国（广东）自由贸易试验区设立分支机构，对进入自由贸易试验区的香港保险公司分支机构视同内地保险机构，适用相同或相近的监管法规。 2. 香港保险公司参股内地保险公司的最高股比不超过 24.9%。境外金融机构向保险公司投资入股，应当符合以下条件： 1）财务状况良好稳定，最近 3 个会计年度连续盈利； 2）最近 1 年年末总资产不少于 20 亿美元； 3）国际评级机构最近 3 年对其长期信用评级为 A 级以上； 4）最近 3 年内无重大违法违规记录； 5）符合所在地金融监管机构的审慎监管指标要求。 3. 境外保险公司与内地境内的公司、企业合资在内地设立经营人身保险业务的合资保险公司（以下简称合资寿险公司），其中外资比例不可超过公司总股本的 50%。境外保险公司直接或者间接持有的合资寿险公司股份，不可超过前款规定的比例限制。 4. 内地境内保险公司合计持有保险资产管理公司的股份不可低于 75%。 5. 香港保险代理公司在内地设立独资保险代理公司，为内地的保险公司提供保险代理服务，申请人须满足下列条件： 1）申请人必须为香港本地的保险专业代理机构； 2）经营保险代理业务 10 年以上，提出申请前 3 年的年均业务收入不低于 50 万港元，提出申请上一年度的年末总资产不低于 50 万港元； 3）申请前 3 年无严重违规、受处罚记录。 香港保险代理公司进入中国（广东）自由贸易试验区提供保险代理服务，可适用与内地保险中介机构相同或相近的准入标准和监管法规。 6. 香港的保险经纪公司在内地设立独资保险代理公司，申请人须满足以下条件： 1）申请人在香港经营保险经纪业务 10 年以上；

（续）

保留的限制性措施：	2）提出申请前3年的年均保险经纪业务收入不低于50万港元，提出申请上一年度的年末总资产不低于50万港元； 3）提出申请前3年无严重违规和受处罚记录。 香港保险经纪公司进入中国（广东）自由贸易试验区提供保险代理服务，可适用与内地保险中介机构相同或相近的准入标准和监管法规。 7. 香港的保险经纪公司在内地设立独资保险经纪公司，须满足下列条件： 1）总资产2亿美元以上； 2）经营历史在30年以上； 3）在内地设立代表处2年以上。 香港保险经纪公司进入中国（广东）自由贸易试验区提供保险经纪服务，可适用与内地保险中介机构相同或相近的准入标准和监管法规。 8. 香港服务提供者在内地不得设立保险公估机构。 香港保险公估机构进入中国（广东）自由贸易试验区提供保险公估服务，可适用与内地保险中介机构相同或相近的准入标准和监管法规。 9. 除经中国保监会批准外，港资保险公司不可与其关联企业从事下列交易活动： 1）再保险的分出或者分入业务； 2）资产买卖或者其他交易。 经批准与其关联企业从事再保险交易的外资保险公司应提交中国保监会所规定的材料。
70）部门：	7. 金融服务
分部门：	B. 银行和其他金融服务（不含保险）
	a. 接受公众存款和其他需偿还的资金（CPC81115-81119）
	b. 所有类型的贷款，包括消费信贷、抵押贷款、保理和商业交易的融资（CPC8113）
	c. 金融租赁（CPC8112）
	d. 所有支付和货币汇兑服务（除清算所服务外）（CPC81339）
	e. 担保与承兑（CPC81199）
	f. 在交易市场、公开市场或其他场所自行或代客交易
	f1. 货币市场票据（CPC81339）
	f2. 外汇（CPC81333）
	f3. 衍生产品，包括，但不限于期货和期权（CPC81339）
	f4. 汇率和利率契约，包括掉期和远期利、汇率协议（CPC81339）
	f5. 可转让证券（CPC81321）
	f6. 其他可转让的票据和金融资产，包括金银条块（CPC81339）
	g. 参与各类证券的发行（CPC8132）
	h. 货币经纪（CPC81339）
	i. 资产管理（CPC8119+81323）
	j. 金融资产的结算和清算，包括证券、衍生产品和其他可转让票据（CPC81339或81319）

（续）

分部门：	k. 咨询和其他辅助金融服务（CPC8131 或 8133） l. 提供和传输其他金融服务提供者提供的金融信息、金融数据处理和相关的软件（CPC8131）
所涉及的义务：	国民待遇
保留的限制性措施：	商业存在 1. 香港服务提供者投资银行业金融机构，应为金融机构或特定类型金融机构，具体要求： 1）设立外商独资银行的股东应当为金融机构，其中唯一或者控股股东应当为商业银行；拟设中外合资银行的香港股东应当为金融机构，且作为外方唯一或者主要股东时应当为商业银行； 2）大型商业银行[1]、股份制商业银行、城市商业银行、中国邮政储蓄银行的境外发起人或战略投资者应为金融机构； 3）农村商业银行、农村合作银行、农村信用（合作）联社、村镇银行的境外发起人或战略投资者应为银行； 4）信托公司的境外出资人应为金融机构； 5）金融租赁公司的境外发起人应为金融机构或融资租赁公司； 6）消费金融公司的境外主要出资人应为金融机构； 7）货币经纪公司的境外投资人应为货币经纪公司； 8）金融资产管理公司的境外战略投资者应为金融机构。 2. 投资下列金融机构须经审批： 1）香港服务提供者投资入股内地大型商业银行、股份制商业银行、中国邮政储蓄银行、城市商业银行须经审批； 2）香港服务提供者投资入股农村商业银行、农村合作银行、农村信用（合作）联社、村镇银行、贷款公司须经审批； 3）香港服务提供者投资设立外商独资银行、中外合资银行、外国银行分行须经审批； 4）外国银行变更内地外国银行分行营运资金须经审批； 5）征信机构经营征信业务，应当经国务院征信业监督管理部门批准； 6）设立金融信息服务企业需经国家互联网信息办公室、商务部、工商总局批准，取得《外国机构在中国境内投资设立企业提供金融信息服务许可证》。 3. 香港服务提供者投资银行业金融机构应符合总资产数量要求，具体包括： 1）拟设立外商独资银行的唯一或者控股股东、中外合资银行的外方唯一或者主要股东、外国银行分行的外国银行，提出设立申请前 1 年年末总资产不少于 60 亿美元； 2）大型商业银行、股份制商业银行、城市商业银行、中国邮政储蓄银行的境外发起人或战略投资者，最近 1 年年末总资产原则上不少于 60 亿美元；

[1] 为本条目之目的，大型商业银行指中国工商银行，中国农业银行，中国银行，中国建设银行，中国交通银行。

（续）

保留的限制性措施：	3）农村商业银行、农村合作银行、村镇银行、贷款公司的境外发起人或战略投资者，最近1年年末总资产原则上不少于60亿美元。农村信用（合作）联社的境外发起人或战略投资者，最近1年年末总资产原则上不少于10亿美元； 4）信托公司的境外出资人，最近1年年末总资产原则上不少于10亿美元； 5）企业集团财务公司成员单位以外的战略投资者为境外金融机构的，其最近1年年末总资产原则上不少于10亿美元； 6）金融租赁公司的境外发起人，最近1年年末总资产原则上不少于10亿美元； 7）金融资产管理公司的境外战略投资者，最近1年年末总资产原则上不少于100亿美元。 4. 香港服务提供者投资下列银行业金融机构，受单一股东持股和合计持股比例限制，具体如下： 1）单个境外金融机构及被其控制或共同控制的关联方作为发起人或战略投资者向单个中资商业银行（包括：大型商业银行、股份制商业银行、城市商业银行、中国邮政储蓄银行）投资入股比例不可超过20%，多个境外金融机构及被其控制或共同控制的关联方作为发起人或战略投资者入股比例合计不可超过25%。前款所称投资入股比例是指境外金融机构所持股份占中资商业银行股份总额的比例。境外金融机构关联方的持股比例应当与境外金融机构的持股比例合并计算。 2）单个境外银行及被其控制或共同控制的关联方作为发起人或战略投资者向单个农村商业银行、农村合作银行、农村信用（合作）联社投资入股比例不可超过20%，多个境外银行及被其控制或共同控制的关联方作为发起人或战略投资者入股比例合计不可超过25%。 3）单个境外机构向金融资产管理公司投资入股比例不可超过20%，多个境外机构投资入股比例合计不可超过25%。 5. 香港服务提供者设立的外国银行分行不得经营下列外汇和人民币业务：代理发行、代理兑付、承销政府债券；代理收付款项；从事银行卡业务。除可以吸收内地中国公民每笔不少于100万元人民币的定期存款外，香港服务提供者设立的外国银行分行不可以经营对内地中国公民的人民币业务。不可以提供仅独资银行或合资银行主体才能提供的业务。不可以提供证券、保险业务。 6. 香港服务提供者设立的外国银行分行营运资金加准备金等项之和中的人民币份额与其人民币风险资产的比例不可低于8%。外国银行分行应当由总行无偿拨付不少于2亿元人民币或等值的自由兑换货币的营运资金，营运资金的30%应以指定的生息资产形式存在；以定期存款形式存在的生息资产应当存放在内地3家或3家以下内地中资商业银行。 7. 香港服务提供者设立的外商独资银行、中外合资银行和外国银行分行经营人民币业务的，应当满足审慎性条件，并经批准。 8. 香港服务提供者设立的外商独资银行、中外合资银行不可投资设立、参股、收购境内法人金融机构。法规、规范性文件另有规定的，依照其规定。

（续）

保留的限制性措施：	9. 外商独资银行、中外合资银行及外国银行分行开展同业拆借业务，须经中国人民银行批准具备人民币同业拆借业务资格。外商独资银行、中外合资银行的最高拆入限额和最高拆出限额均不超过该机构实收资本的 2 倍，外国银行分行的最高拆入限额和最高拆出限额均不超过该机构人民币营运资金的 2 倍。 10. 香港服务提供者设立的外国银行分行不得从事代理国库支库业务。 11. 香港服务提供者投资货币经纪公司，应满足从事货币经纪业务 20 年以上、申请前连续 2 年盈利、具有从事货币经纪服务所必需的全球机构网络和资讯通信网络的要求。 12. 境外机构不可参与发起设立金融资产管理公司。 13. 投资证券公司限于以下 2 种形式： 1）投资证券公司为合资形式时，包括：与境内股东依法共同出资设立合资证券公司；依法受让、认购内资证券公司股权，内资证券公司依法变更为合资证券公司。（同一港资金融机构，或者受同一主体实际控制的多家港资金融机构，入股两地合资证券公司的数量参照国民待遇实行“参一控一”。） 2）境外投资者投资上市内资证券公司时，可以通过证券交易所的证券交易持有上市内资证券公司股份，或者与上市内资证券公司建立战略合作关系并经中国证监会批准持有上市内资证券公司股份，上市内资证券公司经批准的业务范围不变（在控股股东为内资股东的前提下，上市内资证券公司可不受至少 1 名内资股东的持股比例不低于 49% 的限制）。 境外投资者依法通过证券交易所的证券交易持有或者通过协议、其他安排与他人共同持有上市内资证券公司 5% 以上股份的，应当符合对合资证券公司的境外股东资质条件的规定。 单个境外投资者持有（包括直接持有和间接控制）上市内资证券公司股份的比例不可超过 20%；全部境外投资者持有（包括直接持有和间接控制）上市内资证券公司股份的比例不可超过 25%。 14. 投资证券公司为合资形式时，除以下情形外，境外股东持股比例或者在外资参股证券公司中拥有的权益比例，累计（包括直接持有和间接控制）不可超过 49%。境内股东中应当至少有 1 名是内资证券公司，且持股比例或者在外资参股证券公司中拥有的权益比例不低于 49%： 1）符合条件的港资金融机构可在上海市、广东省、深圳市各设立 1 家两地合资全牌照证券公司，港资合并持股比例最高可达 51%，内地股东不限于证券公司； 2）符合条件的港资金融机构可按照内地有关规定在内地批准的“在金融改革方面先行先试”的若干改革试验区内，各新设 1 家两地合资全牌照证券公司，内地股东不限于证券公司，港资合并持股比例不超过 49%，且取消内地单一股东须持股 49% 的限制。 15. 除 14（1）、14（2）情形外，合资证券公司的境外股东应当具备下列条件：至少 1 名是具备合法的金融业务经营资格的机构；持续经营 5 年以上。 在 14（1）、14（2）情形下，合资证券公司的港资股东应当符合内地关于港资金融机构的认定标准。

（续）

保留的限制性措施：	16. 除 14（1）、14（2）情形外，合资证券公司的经营范围限于：股票（包括人民币普通股、外资股）和债券（包括政府债券、公司债券）的承销与保荐；外资股的经纪；债券（包括政府债券、公司债券）的经纪和自营。 17. 港资金融机构投资基金管理公司限于合资形式（允许入股两地合资基金公司的家数参照国民待遇实行"参一控一"）。 18. 投资期货公司限于合资形式，符合条件的香港服务提供者在合资期货公司中拥有的权益比例不可超过49%（含关联方股权）。（同一港资金融机构，或者受同一主体实际控制的多家港资金融机构，入股两地合资期货公司的数量参照国民待遇实行"参一控一"。） 持有期货公司 5% 以上股权的境外股东应具备下列条件：依香港地区法律设立、合法存续的金融机构；近 3 年各项财务指标及监管指标符合香港地区法律的规定和监管机构的要求。 19. 港资金融机构投资证券投资咨询机构限于合资形式。（同一港资金融机构，或者受同一主体实际控制的多家港资金融机构，入股两地合资证券投资咨询机构的数量参照国民待遇实行"参一控一"。） 允许符合外资参股证券公司境外股东资质条件的香港证券公司与内地具备设立子公司条件的证券公司，设立合资证券投资咨询机构。合资证券投资咨询机构作为内地证券公司的子公司，专门从事证券投资咨询业务，香港证券公司持股比例最高可达到 49%。 在内地批准的"在金融改革方面先行先试"的若干改革试验区内，符合内地关于港资金融机构认定标准的港资证券公司持股比例可达 50% 以上。 20. 港资股东入股两地合资证券公司、基金管理公司、期货公司、证券投资咨询机构，须以可自由兑换的货币出资。 为明晰起见，香港银行在广东省设立的外国银行分行可以参照内地相关申请设立支行的法规要求提出在广东省内设立异地（不同于分行所在城市）支行的申请。若香港银行在内地设立的外商独资银行已在广东省设立分行，则该分行可以参照内地相关申请设立支行的法规要求提出在广东省内设立异地（不同于分行所在城市）支行的申请。
71）部门：	7. 金融服务
分部门：	C. 其他
所涉及的义务：	国民待遇
保留的限制性措施：	商业存在 实行国民待遇。
72）部门：	8. 与健康相关的服务和社会服务
分部门：	A. 医院服务（CPC9311）
所涉及的义务：	国民待遇
保留的限制性措施：	商业存在 申请设立医疗机构须经省级卫生计生委和省级商务主管部门按国家规定审批和登记。
73）部门：	8. 与健康相关的服务和社会服务
分部门：	B. 其他人类健康服务（CPC93192+93193+93199）
所涉及的义务：	国民待遇

（续）

保留的限制性措施：	商业存在 不得开展基因信息、血液采集、病理数据及其他可能危害公共卫生安全的服务。
74）部门：	8. 与健康相关的服务和社会服务
分部门：	C. 社会服务（CPC933）
所涉及的义务：	国民待遇
保留的限制性措施：	商业存在 不得提供灾民社会救助服务。
75）部门：	9. 旅游和与旅游相关的服务
分部门：	A. 饭店和餐饮服务（CPC641−643）
所涉及的义务：	国民待遇
保留的限制性措施：	商业存在 实行国民待遇。
76）部门：	9. 旅游和与旅游相关的服务
分部门：	B. 旅行社和旅游经营者服务（CPC7471）
所涉及的义务：	国民待遇
保留的限制性措施：	商业存在 独资设立旅行社试点经营内地居民前往香港及澳门以外目的地（不含台湾）的团队出境游业务限于 5 家。
77）部门：	9. 旅游和与旅游相关的服务
分部门：	C. 导游服务（CPC7472）
所涉及的义务：	国民待遇
保留的限制性措施：	商业存在 实行国民待遇。
78）部门：	9. 旅游和与旅游相关的服务
分部门：	D. 其他
所涉及的义务：	国民待遇
保留的限制性措施：	商业存在 实行国民待遇。
79）部门：	10. 娱乐、文化和体育服务
分部门：	D. 体育和其他娱乐服务（CPC964）
所涉及的义务：	国民待遇
保留的限制性措施：	商业存在 实行国民待遇。
80）部门：	11. 运输服务
分部门：	A. 海洋运输服务
	a. 客运服务（CPC7211）
所涉及的义务：	国民待遇

（续）

保留的限制性措施：	商业存在 1. 从事沿海水路运输服务应符合下列条件： 1）在拟经营的范围内，内地水路运输经营者无法满足需求。 2）应当具有经营水路运输业务的良好业绩和运营记录。 3）限于合资、合作，且香港服务提供者的出资额低于 50%。 2. 经批准取得水路运输经营许可的企业中，香港服务提供者或其投资股比等事项发生变化的，应当报原许可机关批准。
81）部门：	11. 运输服务
分部门：	A. 海洋运输服务 b. 货运服务（CPC7212）
所涉及的义务：	国民待遇
保留的限制性措施：	商业存在 1. 从事沿海水路运输服务应符合下列条件： 1）在拟经营的范围内，内地水路运输经营者无法满足需求。 2）应当具有经营水路运输业务的良好业绩和运营记录。 3）限于合资、合作，且香港服务提供者的出资额低于 50%。 2. 经批准取得水路运输经营许可的企业中，香港服务提供者或其投资股比等事项发生变化的，应当报原许可机关批准。
82）部门：	11. 运输服务
分部门：	A. 海洋运输服务 c. 船舶和船员的租赁（CPC7213）
所涉及的义务：	国民待遇
保留的限制性措施：	商业存在 不得提供沿海水路运输的船舶和船员租赁服务。
83）部门：	11. 运输服务
分部门：	A. 海洋运输服务 d. 船舶维修和保养（CPC8868）
所涉及的义务：	国民待遇
保留的限制性措施：	商业存在 实行国民待遇。
84）部门：	11. 运输服务
分部门：	A. 海洋运输服务 e. 拖驳服务（CPC7214）
所涉及的义务：	国民待遇
保留的限制性措施：	商业存在 1. 从事沿海水路运输服务应符合下列条件： 1）在拟经营的范围内，内地水路运输经营者无法满足需求。 2）应当具有经营水路运输业务的良好业绩和运营记录。 3）限于合资、合作，且香港服务提供者的出资额低于 50%。 2. 经批准取得水路运输经营许可的企业中，香港服务提供者或其投资股比等事项发生变化的，应当报原许可机关批准。

（续）

85）部门：	11. 运输服务
分部门：	A. 海洋运输服务 f. 海运支持服务（CPC745）
所涉及的义务：	国民待遇
保留的限制性措施：	商业存在 可从事的海洋运输支持服务限于： 1）设立独资公司，提供除燃料及水以外的物料供应服务。 2）为进港或抛锚的船舶提供清洁、消毒、熏蒸、灭害虫及船舶封存和储存服务。 3）与内地方打捞人成立合作打捞企业，实施打捞活动。内地方打捞人为具有实施打捞作业资格的专业打捞机构，其资格由交通运输部按照国家规定的专业打捞机构的条件予以审定。
86）部门：	11. 运输服务
分部门：	B. 内水运输服务 a. 客运服务（CPC7221）
所涉及的义务：	国民待遇
保留的限制性措施：	商业存在 1. 从事内水运输服务应符合下列条件： 1）在拟经营的范围内，内地水路运输经营者无法满足需求。 2）应当具有经营水路运输业务的良好业绩和运营记录。 3）限于合资、合作，且香港服务提供者的出资额低于50%。 2. 经批准取得水路运输经营许可的企业中，香港服务提供者或其投资股比等事项发生变化的，应当报原许可机关批准。
87）部门：	11. 运输服务
分部门：	B. 内水运输服务 b. 货运服务（CPC7222）
所涉及的义务：	国民待遇
保留的限制性措施：	商业存在 1. 从事内水运输服务应符合下列条件： 1）在拟经营的范围内，内地水路运输经营者无法满足需求。 2）应当具有经营水路运输业务的良好业绩和运营记录。 3）限于合资、合作，且香港服务提供者的出资额低于50%。 2. 经批准取得水路运输经营许可的企业中，香港服务提供者或其投资股比等事项发生变化的，应当报原许可机关批准。
88）部门：	11. 运输服务
分部门：	B. 内水运输服务 c. 船舶和船员的租赁（CPC7223）
所涉及的义务：	国民待遇
保留的限制性措施：	商业存在 不得提供内水船舶和船员租赁服务。

（续）

89）部门：	11. 运输服务
分部门：	B. 内水运输服务 d. 船舶维修和保养（CPC8868）
所涉及的义务：	国民待遇
保留的限制性措施：	商业存在 实行国民待遇。
90）部门：	11. 运输服务
分部门：	B. 内水运输服务 e. 拖驳服务（CPC7224）
所涉及的义务：	国民待遇
保留的限制性措施：	商业存在 1. 从事内水运输服务应符合下列条件： 1）在拟经营的范围内，内地水路运输经营者无法满足需求。 2）应当具有经营水路运输业务的良好业绩和运营记录。 3）限于合资、合作，且香港服务提供者的出资额低于 50%。 2. 经批准取得水路运输经营许可的企业中，香港服务提供者或其投资股比等事项发生变化的，应当报原许可机关批准。
91）部门：	11. 运输服务
分部门：	B. 内水运输服务 f. 内水运输的支持服务（CPC745）
所涉及的义务：	国民待遇
保留的限制性措施：	商业存在 可从事的内水运输支持服务限于： 1）设立独资公司，提供除燃料及水以外的物料供应服务。 2）为进港或抛锚的船舶提供清洁、消毒、熏蒸、灭害虫及船舶封存和储存服务。 3）与内地方打捞人成立合作打捞企业，实施打捞活动。内地方打捞人为具有实施打捞作业资格的专业打捞机构，其资格由交通运输部按照国家规定的专业打捞机构的条件予以审定。
92）部门：	11. 运输服务
分部门：	C. 航空运输服务 a. 客运服务（CPC731）
所涉及的义务：	国民待遇
保留的限制性措施：	商业存在 1. 设立经营公共航空客运公司，须由内地方控股，一家香港服务提供者（包括其关联企业）投资比例不可超过 25%，公司法定代表人须为中国籍公民。 2. 设立经营从事公务飞行、空中游览、为工业服务的通用航空企业，须由内地方控股；设立经营从事农、林、渔业作业的通用航空企业，限于与内地方合资、合作。通用航空企业的法定代表人必须为中国籍公民。

（续）

93）部门：	11. 运输服务
分部门：	C. 航空运输服务 b. 货运服务（CPC732）
所涉及的义务：	国民待遇
保留的限制性措施：	商业存在 设立经营公共航空货运公司，须由内地方控股，一家香港服务提供者（包括其关联企业）投资比例不可超过 25%，公司法定代表人须为中国籍公民。
94）部门：	11. 运输服务
分部门：	C. 航空运输服务 c. 带乘务员的飞机租赁服务（CPC734）
所涉及的义务：	国民待遇
保留的限制性措施：	商业存在 实行国民待遇。
95）部门：	11. 运输服务
分部门：	C. 航空运输服务 d. 飞机的维修和保养服务（CPC8868）
所涉及的义务：	国民待遇
保留的限制性措施：	商业存在 实行国民待遇。
96）部门：	11. 运输服务
分部门：	C. 航空运输服务 e. 空运支持服务（CPC746）
所涉及的义务：	国民待遇
保留的限制性措施：	商业存在 1. 不得投资和管理内地空中交通管制系统。 2. 投资民用机场，应由内地方相对控股。 3. 提供中小机场委托管理服务的合同有效期不超过 20 年；不允许以独资形式提供大型机场委托管理服务。 4. 可独资提供的航空运输地面服务不包括与安保有关的项目。 5. 投资航空油料项目，须由内地方控股。 6. 投资计算机订座系统项目，应与内地的计算机订座系统服务提供者合资，且内地方在合资企业中控股。 为明晰起见，香港服务提供者申请设立独资、合资或合作航空运输销售代理企业时，可出具由内地的法人银行或中国航空运输协会推荐的担保公司提供的经济担保；也可由香港银行作担保，待申请获内地批准后，在规定时限内再补回内地的法人银行或中国航空运输协会推荐的担保公司提供的经济担保。
97）部门：	11. 运输服务
分部门：	D. 航天运输服务（CPC733）
所涉及的义务：	国民待遇

（续）

保留的限制性措施：	商业存在 不得提供航天运输服务。
98）部门：	11. 运输服务
分部门：	E. 铁路运输服务
	a. 客运服务（CPC7111）
所涉及的义务：	国民待遇
保留的限制性措施：	商业存在 设立经营铁路旅客运输公司，须由内地方控股。
99）部门：	11. 运输服务
分部门：	E. 铁路运输服务
	b. 货运服务（CPC7112）
所涉及的义务：	国民待遇
保留的限制性措施：	商业存在 实行国民待遇。
100）部门：	11. 运输服务
分部门：	E. 铁路运输服务
	c. 推车和拖车服务（CPC7113）
所涉及的义务：	国民待遇
保留的限制性措施：	商业存在 实行国民待遇。
101）部门：	11. 运输服务
分部门：	E. 铁路运输服务
	d. 铁路运输设备的维修和保养服务（CPC8868）
所涉及的义务：	国民待遇
保留的限制性措施：	商业存在 实行国民待遇。
102）部门：	11. 运输服务
分部门：	E. 铁路运输服务
	e. 铁路运输的支持服务（CPC743）
所涉及的义务：	国民待遇
保留的限制性措施：	商业存在 从事铁路干线路网的建设、经营须由内地方控股。
103）部门：	11. 运输服务
分部门：	F. 公路运输服务
	a. 客运服务（CPC7121+7122）
所涉及的义务：	国民待遇
保留的限制性措施：	商业存在 实行国民待遇。

（续）

104）部门：	11. 运输服务
分部门：	F. 公路运输服务
	b. 货运服务（CPC7123）
所涉及的义务：	国民待遇
保留的限制性措施：	商业存在 实行国民待遇。
105）部门：	11. 运输服务
分部门：	F. 公路运输服务
	c. 商用车辆和司机的租赁（CPC7124）
所涉及的义务：	国民待遇
保留的限制性措施：	商业存在 实行国民待遇。
106）部门：	11. 运输服务
分部门：	F. 公路运输服务
	d. 公路运输设备的维修和保养服务（CPC6112+8867）
所涉及的义务：	国民待遇
保留的限制性措施：	商业存在 实行国民待遇。
107）部门：	11. 运输服务
分部门：	F. 公路运输服务
	e. 公路运输的支持服务（CPC744）
所涉及的义务：	国民待遇
保留的限制性措施：	商业存在 实行国民待遇。
108）部门：	11. 运输服务
分部门：	G. 管道运输
	a. 燃料传输（CPC7131）
所涉及的义务：	国民待遇
保留的限制性措施：	商业存在 实行国民待遇。
109）部门：	11. 运输服务
分部门：	G. 管道运输
	b. 其他货物的管道运输（CPC7139）
所涉及的义务：	国民待遇
保留的限制性措施：	商业存在 实行国民待遇。
110）部门：	11. 运输服务
分部门：	H. 所有运输方式的辅助服务
	a. 装卸服务（CPC741）

（续）

所涉及的义务：	国民待遇
保留的限制性措施：	商业存在 实行国民待遇。
111）部门：	11. 运输服务
分部门：	H. 所有运输方式的辅助服务
	b. 仓储服务（CPC742）
所涉及的义务：	国民待遇
保留的限制性措施：	商业存在 实行国民待遇。
112）部门：	11. 运输服务
分部门：	H. 所有运输方式的辅助服务
	c. 货运代理服务（CPC748）
所涉及的义务：	国民待遇
保留的限制性措施：	商业存在 香港服务提供者可提供的海洋货物运输代理服务限于： 1. 设立的独资船务公司可从事的业务限于： 1）设立独资船务公司，仅可为其拥有或经营的船舶提供揽货、签发提单、结算运费及签订服务合同等日常业务服务。 2）设立独资船务公司，仅可为其母公司拥有或经营的船舶提供船舶代理服务，包括报关和报检；使用商业通用的提单或多式联运单证，开展多式联运服务。 3）设立独资船务公司，仅可为其母公司经营香港与内地开放港口之间的驳船、拖船提供揽货、签发提单、结算运费、签订服务合同等日常业务。 4）设立独资船务公司，可为该香港服务提供者租用的内地船舶经营香港至内地开放港口之间的船舶运输，提供包括揽货、签发提单、结算运费、签订服务合同等日常业务服务。 2. 设立独资企业及其分支机构，可为内地开放港口至港澳航线船舶经营人提供船舶代理服务。提供第三方国际船舶代理服务限于合资、合作，所持股权比例不超过51%。 3. 将香港服务提供者设立外商投资企业经营国际海运集装箱站和堆场业务、国际货物仓储业务登记下放至省地级以上市交通运输主管部门（仅限于广东省）。将香港服务提供者设立外商投资企业经营国际船舶管理业务登记下放至省级交通运输主管部门（仅限于广东省）。
113）部门：	11. 运输服务
分部门：	H. 所有运输方式的辅助服务
	d. 其他（CPC749）
所涉及的义务：	国民待遇
保留的限制性措施：	商业存在 提供外轮理货服务限于合资、合作。 为明晰起见，香港服务提供者在香港独立注册从事检验鉴定业务3年以上，可作为其在内地申请设立进出口商品检验鉴定机构的条件。

（续）

114）部门：	11. 运输服务
分部门：	I. 其他运输服务
所涉及的义务：	国民待遇
保留的限制性措施：	商业存在 实行国民待遇。
115）部门：	12. 没有包括的其他服务
分部门：	A. 成员组织服务（CPC95）
	B. 其他服务（CPC97）
	C. 家政服务（CPC98）
	D. 国外组织和机构提供的服务（CPC99）
所涉及的义务：	国民待遇
保留的限制性措施：	商业存在 1. 不得提供工会、少数民族团体、宗教、政治等成员组织的服务。 2. 不得在内地设立境外组织和机构的代表机构。

表2 跨境服务开放措施（正面清单）㈠

1）部门或分部门	1. 商务服务 A. 专业服务 a. 法律服务（CPC861）
具体承诺	1. 允许内地律师事务所聘用香港法律执业者㈡，被内地律师事务所聘用的香港法律执业者不得办理内地法律事务。㈢ 2. 允许香港永久性居民中的中国公民按照《国家司法考试实施办法》参加内地统一司法考试，取得内地法律职业资格。㈣ 3. 允许第2条所列人员取得内地法律职业资格后，按照《中华人民共和国律师法》，在内地律师事务所从事非诉讼法律事务。㈤ 4. 香港律师因个案接受内地律师事务所请求提供业务协助，可不必申请香港法律顾问证。㈥ 5. 获准在内地执业的香港居民，只能在一个内地律师事务所执业，不得同时受聘于外国律师事务所驻华代表机构或香港、澳门律师事务所驻内地代表机构。㈦ 6. 允许取得内地律师资格或法律职业资格并获得内地律师执业证书的香港居民，以内地律师身份从事涉港民事诉讼代理业务，具体可从事业务按司法行政主管部门有关规定执行。㈧ 7. 允许香港大律师以公民身份担任内地民事诉讼的代理人。㈨ 8. 允许取得内地律师资格或法律职业资格的香港居民，在内地律师事务所设在香港的分所，按照内地规定的实习培训大纲和实务训练指南进行实习。㈩ 9. 允许具有5年（含5年）以上执业经验并通过内地司法考试的香港法律执业者，按照《中华人民共和国律师法》和中华全国律师协会《申请律师执业人员实习管理规则（试行）》的规定参加内地律师协会组织的不少于1个月的集中培训，经培训考核合格后，可申请内地律师执业。⑪

㈠ 在跨境服务模式下，内地对香港服务提供者的开放承诺沿用正面清单形式列举开放措施。本协议附件1表2涵盖《安排》及其所有补充协议、《广东协议》在跨境服务模式下的全部开放措施（电信服务、文化服务除外）。部门分类使用世界贸易组织《服务贸易总协定》服务部门分类（GNS/W/120），部门的内容参考相应的联合国中央产品分类（CPC，United Nations Provisional Central Product Classification）。

㈡ 香港法律执业者是指香港大律师和律师，其执业年限须按照香港律师会或大律师公会出具的相关证明中显示的该律师或大律师在香港的实际执业年限计算。

㈢ 涵盖《安排》中已有开放措施。

㈣ 涵盖《安排》中已有开放措施。

㈤ 涵盖《安排》中已有开放措施。

㈥ 涵盖《安排》补充协议中已有开放措施。

㈦ 涵盖《安排》补充协议二中已有开放措施。

㈧ 涵盖《安排》补充协议三、补充协议八、《广东协议》中已有开放措施及本协议新增开放措施。

㈨ 涵盖《安排》补充协议三中已有开放措施。

㈩ 涵盖《安排》补充协议三中已有开放措施。

⑪ 涵盖《安排》补充协议六中已有开放措施。

（续）

具体承诺	10. 对香港律师事务所驻内地代表机构的代表在内地的居留时间不作要求。㊀
2）部门或分部门	1. 商务服务 A. 专业服务 b. 会计、审计和簿记服务（CPC862）
具体承诺	1. 对已持有内地注册会计师执业资格并在内地执业的香港会计师（包括合伙人）每年在内地的工作时间要求比照内地注册会计师实行。㊁ 2. 允许香港会计师在内地设立的符合内地《代理记账管理办法》规定的中介机构从事代理记账业务。从事代理记账业务的香港会计师应取得内地会计从业资格证书，主管代理记账业务的负责人应当具有内地会计师以上（含会计师）专业技术职务资格。㊂ 3. 香港会计师在申请内地执业资格时，已在香港取得的审计工作经验等同于相等时间的内地审计工作经验。㊃ 4. 香港会计师事务所在内地临时开展审计业务时申请的《临时执行审计业务许可证》有效期延长至5年。㊄ 5. 同意在香港设立内地会计专业技术资格考试考点。㊅ 6. 在广东省深圳市、东莞市办理香港居民报考内地会计从业资格考试各项事宜并设置专门考场，考试合格者由广东省颁发会计从业资格证书。㊆ 7. 适当简化对香港会计师事务所来内地临时执业的申报材料要求。㊇ 8. 取得内地注册会计师资格的香港永久居民申请成为内地会计师事务所合伙人时，已在香港取得的审计工作经验等同于相等时间的内地审计工作经验。㊈
3）部门或分部门	1. 商务服务 A. 专业服务 d. 建筑设计服务（CPC8671） e. 工程服务（CPC8672） f. 集中工程服务（CPC8673） g. 城市规划和风景园林设计服务（城市总体规划服务和国家级风景名胜区总体规划除外）（CPC8674） 包括工程造价咨询服务

㊀ 涵盖《安排》补充协议三中已有开放措施。

㊁ 涵盖《安排》中已有开放措施。

㊂ 涵盖《安排》补充协议中已有开放措施。

㊃ 涵盖《安排》补充协议中已有开放措施。

㊄ 涵盖《安排》补充协议五中已有开放措施。

㊅ 涵盖《安排》补充协议五中已有开放措施。

㊆ 涵盖《安排》补充协议五中已有开放措施。

㊇ 涵盖《安排》补充协议九中已有开放措施。

㊈ 涵盖《广东协议》中已有开放措施。

（续）

具体承诺	1. 放宽香港专业及技术人员在内地居留期限的规定，将其居港时间，亦计算为内地居留。㊀ 2. 允许通过互认取得内地建筑领域各专业资格的香港专业人士在广东、广西、福建注册执业，享有与内地拥有相同专业资格专业人士同等待遇。㊁ 3. 允许取得内地注册城市规划师资格的香港专业人士在广东、广西、福建注册，不受在香港注册与否的限制。㊂ 4. 允许取得内地监理工程师资格的香港专业人士在广东、广西、福建注册执业，不受在香港注册执业与否的限制。㊃ 5. 对取得内地监理工程师资格的香港专业人士，按照内地有关规定作为广东、广西、福建省内监理企业申报企业资质时所要求的注册执业人员予以认定。㊄ 6. 允许通过互认取得内地一级注册建筑师资格的香港专业人士在广东、广西、福建注册执业，不受在香港注册执业与否的限制。㊅ 7. 允许取得内地一级注册建筑师资格的香港专业人士作为合伙人，按相应资质标准要求在内地设立建筑工程设计事务所。对合伙企业中香港与内地合伙人数量比例、出资比例、香港合伙人在内地居留时间没有限制。㊆ 8. 对取得内地一级注册建筑师互认资格的香港专业人士，按照内地有关规定作为广东、广西、福建省内工程设计企业申报企业资质时所要求的注册执业人员予以认定。㊇ 9. 允许通过考试取得内地注册建筑师资格的香港专业人士在广东、广西、福建注册执业，不受在香港注册执业与否的限制，按照内地有关规定作为广东、广西、福建省内工程设计企业申报企业资质时所要求的注册执业人员予以认定。㊈ 10. 允许通过互认取得内地一级注册结构工程师资格的香港专业人士在广东、广西、福建注册执业，不受在香港注册执业与否的限制。㊉ 11. 允许取得内地一级注册结构工程师资格的香港专业人士作为合伙人，按相应资质标准要求在内地设立建筑工程设计事务所。对合伙企业中香港与内地合伙人数量比例、出资比例、香港合伙人在内地居留时间没有限制。⑪

㊀ 涵盖《安排》补充协议二、补充协议十中已有开放措施。

㊁ 涵盖《安排》补充协议八中已有开放措施及本协议新增开放措施。

㊂ 涵盖《安排》补充协议五中已有开放措施及本协议新增开放措施。

㊃ 涵盖《安排》补充协议五中已有开放措施及本协议新增开放措施。

㊄ 涵盖《安排》补充协议九中已有开放措施及本协议新增开放措施。

㊅ 涵盖《安排》补充协议七中已有开放措施及本协议新增开放措施。

㊆ 涵盖《安排》补充协议七中已有开放措施。

㊇ 涵盖《安排》补充协议八中已有开放措施及本协议新增开放措施。

㊈ 涵盖《安排》补充协议九中已有开放措施及本协议新增开放措施。

㊉ 涵盖《安排》补充协议七中已有开放措施及本协议新增开放措施。

⑪ 涵盖《安排》补充协议七中已有开放措施。

（续）

具体承诺	12. 对取得内地一级注册结构工程师互认资格的香港专业人士，按照内地有关规定作为广东、广西、福建省内工程设计企业申报企业资质时所要求的注册执业人员予以认定。[一] 13. 允许通过考试取得内地注册结构工程师、注册土木工程师（港口与航道）、注册公用设备工程师、注册化工工程师、注册电气工程师资格的香港专业人士在广东、广西、福建注册执业，不受在香港注册执业与否的限制，按照内地有关规定作为广东、广西、福建省内工程设计企业申报企业资质时所要求的注册执业人员予以认定。[二] 14. 允许香港服务提供者在广东省设立的建设工程设计企业聘用香港注册建筑师、注册结构工程师（在尚未取得内地专业资格的情况下），可以作为资质标准要求的主要专业技术人员进行考核，不能作为资质标准要求的注册人员进行考核。[三] 15. 对于注册建筑师继续教育中选修课部分，香港服务提供者可以在香港完成或由内地派师资授课，选修课继续教育方案须经内地认可。[四] 16. 对于在广东省内，外商独资、合资城乡规划企业申报资质时，通过互认取得内地注册规划师资格，在上述企业工作的香港人士，在审查时可以作为必需的注册人员予以认定。[五] 17. 对于一级注册结构工程师继续教育中选修课部分，香港服务提供者可以在香港完成或由内地派师资授课，选修课继续教育方案须经内地认可。[六] 18. 对于监理工程师继续教育中选修课部分，香港服务提供者可以在深圳市统一完成。[七] 19. 允许香港服务提供者雇用的合同服务提供者[八]以自然人流动的方式在内地提供本部门或分部门分类项下的服务[九]。[十]
4）部门或分部门	1. 商务服务
	A. 专业服务
	h. 医疗及牙医服务（CPC9312）

㊀ 涵盖《安排》补充协议八中已有开放措施及本协议新增开放措施。

㊁ 涵盖《安排》补充协议九中已有开放措施及本协议新增开放措施。

㊂ 涵盖《广东协议》中已有开放措施。

㊃ 涵盖《安排》补充协议十中已有开放措施。

㊄ 涵盖《广东协议》中已有开放措施。

㊅ 涵盖《广东协议》中已有开放措施。

㊆ 涵盖《广东协议》中已有开放措施。

㊇ 本协议附件中的“合同服务提供者”，是为履行雇主从内地获取的服务合同，进入内地提供临时性服务的持有香港特别行政区身份证明文件的自然人。其雇主为在内地无商业存在的香港服务提供者。合同服务提供者在内地期间报酬由雇主支付。合同服务提供者应具备与所提供服务相关的学历和技术（职业）资格。在内地停留期间不得从事与合同无关的服务活动。

㊈ 建筑设计服务、工程服务及集中工程服务。

㊉ 涵盖《安排》补充协议十中已有开放措施。

（续）

4）部门或分部门	j. 分娩及其有关服务、护理服务、理疗及辅助候疗服务（CPC93191） 包括药剂服务
	8. 与健康相关的服务和社会服务（除专业服务中所列以外）
	A. 医院服务 B. 其他人类卫生服务 医院服务（CPC9311） 疗养院服务
具体承诺	1. 允许香港具有合法执业资格的注册医疗专业技术人员㊀来内地短期执业。㊁ 2. 短期执业的最长时间为3年，期满需要延期的，应重新办理短期执业手续。㊂ 3. 具有香港特别行政区合法行医权的香港永久性居民在内地短期执业不需参加国家医师资格考试。㊃ 4. 允许取得香港大学和香港中文大学的医学（西医）专业本科以上学历的香港永久性居民，在香港完成了1年的实习期并已取得香港合法行医权后，参加内地的医师资格考试。成绩合格者，发给内地的《医师资格证书》。㊄ 5. 允许取得香港大学的口腔（牙医）专业本科以上学历的香港永久性居民，已取得香港合法行医权并在香港执照行医1年以上的，参加内地的医师资格考试。成绩合格者，发给内地的《医师资格证书》。㊅ 6. 允许取得内地医学（西医）专业本科以上学历的香港永久性居民，在内地三级医院执业医师指导下不间断实习满1年并考核合格的，或者在香港通过执业资格试后，完成了1年的实习期并已取得香港合法行医权的，参加内地的医师资格考试，成绩合格者，发给内地的《医师资格证书》。㊆ 7. 允许内地口腔（牙医）专业本科以上学历的香港永久性居民，在内地三级医院执业医师指导下不间断实习满1年并考核合格的，或者通过许可试取得香港合法行医权并在香港执照行医1年以上后，参加内地的医师资格考试。成绩合格者，发给内地的《医师资格证书》。㊇ 8. 允许香港中文大学、香港浸会大学和香港大学的中医专业毕业并取得香港合法行医权的香港永久性居民，根据有关规定，在内地实习期满1年并考核合格后，或在香港已经执照行医1年以上后，参加内地的医师资格考试。成绩合格者，发给内地的《医师资格证书》。㊈

㊀ 根据香港法例的规定，12类香港具有合法执业资格的注册医疗专业技术人员在香港执业前，必须向有关管理局或委员会注册。当中包括医生、中医、牙医、药剂师、护士、助产士、医务化验师、职业治疗师、视光师、放射技师、物理治疗师、脊医。

㊁ 涵盖《安排》补充协议七中已有开放措施。

㊂ 涵盖《安排》补充协议中已有开放措施。

㊃ 涵盖《安排》补充协议中已有开放措施。

㊄ 涵盖《安排》中已有开放措施。

㊅ 涵盖《安排》中已有开放措施。

㊆ 涵盖《安排》中已有开放措施。

㊇ 涵盖《安排》中已有开放措施。

㊈ 涵盖《安排》补充协议中已有开放措施及本协议新增开放措施。

（续）

具体承诺	9. 允许具有内地国务院教育行政主管部门认可的全日制高等学校中医专业本科以上学历的香港永久性居民，通过中医执业资格试取得香港合法行医权并执照行医 1 年以上后，参加内地的医师资格考试；也可以根据有关规定，在内地实习期满 1 年并考核合格后，参加内地的医师资格考试。成绩合格者，发给内地的《医师资格证书》。[㈠] 10. 香港永久性居民可申请参加内地医师资格考试的类别为临床、中医、口腔。[㈡] 11. 允许取得香港合法行医权的香港永久性居民报名参加国家医师资格考试（不含中医）。成绩合格者，发给内地的《医师资格证书》。[㈢] 12. 允许符合条件的香港永久性居民中的中国公民通过认定方式申请获得内地《医师资格证书》[㈣]。[㈤] 13. 允许具备香港药剂师执照并符合内地《执业药师资格制度暂行规定》（人发〔1999〕34 号）报考条件的香港永久性居民，报名参加内地执业药师资格考试。成绩合格者，发给内地的《执业药师资格证书》。[㈥] 14. 允许具备香港药剂师执照的香港永久性居民在取得内地《执业药师资格证书》后，按照内地《执业药师注册管理暂行办法》（国药管人〔2000〕156 号）等相关文件规定办理注册。[㈦] 15. 对香港永久性居民申请注册内地执业药师按内地有关法律法规办理。[㈧] 16. 允许香港服务提供者以跨境交付的方式在内地提供本部门或分部门分类项下的服务[㈨]。[㈩] 17. 允许香港服务提供者雇用的合同服务提供者以自然人流动的方式在内地提供本部门或分部门分类项下的服务[⑪]。
5）部门或分部门	1. 商务服务
	A. 专业服务
	i. 兽医服务（CPC932）
具体承诺	允许取得国家执业兽医资格的香港居民在内地执业。[⑫]

㈠ 涵盖《安排》中已有开放措施。
㈡ 涵盖《安排》中已有开放措施。
㈢ 涵盖《安排》补充协议中已有开放措施。
㈣ 具体实施办法由卫生主管部门（卫生计生委）颁布。
㈤ 涵盖《安排》补充协议五中已有开放措施。
㈥ 涵盖《安排》补充协议六中已有开放措施。
㈦ 涵盖《安排》补充协议六中已有开放措施。
㈧ 涵盖《广东协议》中已有开放措施。
㈨ 医院服务。
㈩ 涵盖《安排》补充协议十中已有开放措施。
⑪ 医院服务；涵盖《安排》补充协议十中已有开放措施。
⑫ 涵盖本协议新增开放措施。

（续）

6）部门或分部门	1. 商务服务 A. 专业服务 k. 其他（专利代理、商标代理等）（CPC8921－8923）
具体承诺	1. 允许香港服务提供者雇用的合同服务提供者在内地相关法律法规允许的范围内提供本部门或分部门分类项下的服务㈠。㈡ 2. 允许符合条件的香港永久性居民中的中国公民参加内地的全国专利代理人资格考试，成绩合格者，发给《专利代理人资格证书》。㈢ 3. 取得《专利代理人资格证书》的香港永久性居民中的中国公民可以在内地已经批准设立的专利代理机构中执业，符合规定条件的可以加入成为在内地已经批准设立的专利代理机构的合伙人或者股东。㈣
7）部门或分部门	1. 商务服务 B. 计算机及其相关服务 a. 与计算机硬件安装有关的咨询服务（CPC841） b. 软件执行服务（CPC842） c. 数据处理服务（CPC843） d. 数据库服务（CPC844，网络运营服务和增值电信业务除外㈤） e. 其他（CPC845+849）
具体承诺	1. 允许香港服务提供者在前海、横琴试点提供跨境数据库服务。㈥ 2. 允许香港服务提供者雇用的合同服务提供者以自然人流动的方式在内地提供本部门或分部门分类项下的服务㈦。㈧
8）部门或分部门	1. 商务服务 D. 房地产服务 b. 以收费或合同为基础的房地产服务（CPC822）
具体承诺	允许香港服务提供者雇用的合同服务提供者以自然人流动的方式在内地提供本部门或分部门分类项下的服务。㈨
9）部门或分部门	1. 商务服务 F. 其他商务服务 d. 与管理咨询相关的服务（CPC8660） 除建筑外的项目管理服务（CPC86601）

㈠ 商标代理。

㈡ 涵盖《安排》补充协议十中已有开放措施。

㈢ 涵盖《安排》补充协议中已有开放措施。

㈣ 涵盖《安排》补充协议中已有开放措施。

㈤ “网络运营服务和增值电信业务”属于本协议附件1表3（电信领域正面清单）涵盖范畴。

㈥ 涵盖《安排》补充协议九中已有开放措施。

㈦ 软件执行服务。

㈧ 涵盖《安排》补充协议十中已有开放措施。

㈨ 涵盖《安排》补充协议十中已有开放措施。

（续）

具体承诺	允许香港服务提供者以跨境交付方式，提供与管理咨询相关的服务中除建筑外的项目管理服务。㊀
10）部门或分部门	1. 商务服务
	F. 其他商务服务
	e. 技术测试和分析服务（CPC8676）及（CPC749）涵盖的货物检验服务
具体承诺	1. 在内地强制性产品认证（CCC）领域，允许经香港特区政府认可机构（香港认可处）认可的具备内地强制性产品认证制度相关产品检测能力的香港检测机构，与内地指定机构开展合作，承担现行所有需CCC认证的香港本地加工的（即产品加工场所在香港境内）产品的CCC检测任务。具体合作安排按照《中华人民共和国认证认可条例》有关规定执行。㊁ 2. 在强制性产品认证（CCC）领域，允许经香港特区政府认可机构（香港认可处）认可的具备内地强制性产品认证制度相关产品检测能力的香港检测机构，与内地指定机构开展合作，承担在港设计定型且在广东省加工或生产的音视频设备类产品的CCC检测任务。㊂ 3. 在自愿性认证领域，允许经香港特区政府认可机构（香港认可处）认可的具备相关产品检测能力的香港检测机构与内地认证机构合作，对香港本地或内地生产或加工的产品进行检测。㊃ 4. 在中国（广东）自由贸易试验区内试行粤港澳认证及相关检测业务互认制度，实行“一次认证、一次检测、三地通行”。㊄ 5. 在互信互利的基础上，允许在香港的认证检测机构与内地认证检测机构开展检测数据（结果）的接受合作。具体合作安排另行商定。㊅ 6. 允许香港服务提供者雇用的合同服务提供者以自然人流动的方式在内地提供本部门或分部门分类项下的服务㊆。㊇
11）部门或分部门	1. 商务服务
	F. 其他商务服务
	k. 人员提供与安排服务（CPC872）
具体承诺	1. 允许香港服务提供者在内地设立的独资、合资或合作国际船舶管理公司在申请外派海员类对外劳务合作经营资格时，无须申请外商投资职业介绍机构或人才中介机构资格。㊈

㊀ 涵盖《安排》补充协议四中已有开放措施。

㊁ 涵盖《安排》补充协议七、补充协议八中已有开放措施。

㊂ 涵盖《广东协议》中已有开放措施。

㊃ 涵盖《广东协议》中已有开放措施。

㊄ 涵盖本协议新增开放措施。

㊅ 涵盖《安排》补充协议十中已有开放措施。

㊆ 技术测试和分析服务（CPC8676）及（CPC749）涵盖的货物检验服务，不包括货物检验服务中的法定检验服务。

㊇ 涵盖《安排》补充协议十中已有开放措施。

㊈ 涵盖《安排》补充协议六中已有开放措施。

（续）

具体承诺	2. 允许香港服务提供者在广东省直接申请设立独资海员外派机构并仅向中国香港籍船舶提供船员派遣服务，无须事先成立船舶管理公司。㈠
12）部门或分部门	1. 商务服务
	F. 其他商务服务
	o. 建筑物清洁服务（CPC874）
具体承诺	允许香港服务提供者雇用的合同服务提供者以自然人流动的方式在内地提供本部门或分部门分类项下的服务。㈡
13）部门或分部门	1. 商务服务
	F. 其他商务服务
	p. 摄影服务（CPC875）
具体承诺	允许香港服务提供者雇用的合同服务提供者以自然人流动的方式在内地提供本部门或分部门分类项下的服务。㈢
14）部门或分部门	1. 商务服务
	F. 其他商务服务
	s. 会议和展览服务（CPC87909）
具体承诺	1. 允许香港服务提供者以跨境交付方式，在广东省、上海市、北京市、天津市、重庆市、浙江省、江苏省、福建省、江西省、湖南省、广西壮族自治区、海南省、四川省、贵州省及云南省试点举办展览㈣。㈤ 2. 委托广东省审批香港服务提供者在广东省主办展览面积1000平方米以上的对外经济技术展览会㈥。㈦ 3. 允许香港服务提供者雇用的合同服务提供者以自然人流动的方式在内地提供本部门或分部门分类项下的服务㈧。㈨
15）部门或分部门	1. 商务服务
	F. 其他商务服务
	t. 其他（CPC8790） 复制服务（CPC87904） 笔译和口译服务（CPC87905）

㈠ 涵盖《广东协议》中已有开放措施。

㈡ 涵盖《安排》补充协议十中已有开放措施。

㈢ 涵盖《安排》补充协议十中已有开放措施。

㈣ 须按照内地现行相关法律法规报商务部审批。

㈤ 涵盖《安排》补充协议四、补充协议六中已有开放措施及本协议新增开放措施。

㈥ 含“中国”字头的展览会由广东省商务主管部门报商务部核准后审批。

㈦ 涵盖《安排》补充协议六中已有开放措施。

㈧ 会议服务和展览服务（CPC87909）。

㈨ 涵盖《安排》补充协议十中已有开放措施。

（续）

具体承诺	允许香港服务提供者雇用的合同服务提供者以自然人流动的方式在内地提供本部门或分部门分类项下的服务[㈠]。[㈡]
16）部门或分部门	3. 建筑及相关工程服务（CPC511+512+513[㈢]+514+515+516+517+518[㈣]）
具体承诺	1. 香港服务提供者在内地设立的建筑业企业，其经资质管理部门认可的项目经理人数中，香港永久性居民所占比例可不受限制。[㈤] 2. 自《安排》补充协议六签署之日起，对于已取得内地资质的港资建筑业企业，在新的《建筑业企业资质标准》颁布前，原建设部关于港资建筑业企业资质审查中对港籍项目经理的认定政策不变，港籍项目经理在原受聘港资建筑业企业资质管理中仍然有效。[㈥] 3. 在新的《建筑业企业资质标准》颁布后，允许原认定的港籍项目经理在该标准颁布前已承接或开工的工程项目中，继续作为项目经理直至项目竣工。[㈦] 4. 香港服务提供者在内地设立的建筑业企业中，出任工程技术人员和经济管理人员的香港永久性居民，在内地的居留时间不受限制。[㈧] 5. 允许香港服务提供者雇用的合同服务提供者以自然人流动的方式在内地提供本部门或分部门分类项下的服务。[㈨]
17）部门或分部门	4. 分销服务 B. 批发销售服务（CPC622） C. 零售服务（CPC631+632+6111+6113+6121）
具体承诺	允许香港服务提供者雇用的合同服务提供者以自然人流动的方式在内地提供本部门或分部门分类项下的服务。[㈩]
18）部门或分部门	5. 教育服务 C. 高等教育服务（CPC923）
具体承诺	允许广东省对本省普通高校招收香港学生实施备案。[十一]
19）部门或分部门	6. 环境服务（不包括环境质量监测和污染源检查） A. 排污服务（CPC9401） B. 固体废物处理服务（CPC9402）

㈠ 复制服务、笔译和口译服务。

㈡ 涵盖《安排》补充协议十中已有开放措施。

㈢ 包括与基础设施建设有关的疏浚服务。

㈣ 涵盖范围仅限于为外国建筑企业在其提供服务过程中所拥有和所使用的配有操作人员的建筑和拆除机器的租赁服务。

㈤ 涵盖《安排》补充协议中已有开放措施。

㈥ 涵盖《安排》补充协议六中已有开放措施。

㈦ 涵盖《安排》补充协议六中已有开放措施。

㈧ 涵盖《安排》补充协议中已有开放措施。

㈨ 涵盖《安排》补充协议十中已有开放措施。

㈩ 涵盖《安排》补充协议十中已有开放措施。

(十一) 涵盖《广东协议》中已有开放措施。

（续）

19）部门或分部门	C. 公共卫生及类似服务（CPC9403） D. 废气清理服务（CPC9404） E. 降低噪音服务（CPC9405） F. 自然和风景保护服务（CPC9406） G. 其他环境保护服务（CPC9409）
具体承诺	允许香港服务提供者雇用的合同服务提供者以自然人流动的方式在内地提供本部门或分部门分类项下的服务。[㊀]
20）部门或分部门	7. 金融服务
	A. 所有保险和与其相关服务（CPC812）
	a. 人寿险、意外险和健康保险服务（CPC8121） b. 非人寿保险服务（CPC8129） c. 再保险和转分保服务（CPC81299） d. 保险辅助服务（保险经纪、保险代理、咨询、精算等）（CPC8140）
具体承诺	1. 允许香港居民中的中国公民在取得内地精算师资格后，无需获得预先批准，可在内地执业。[㊁] 2. 允许香港居民在获得内地保险从业资格并受聘于内地的保险营业机构后，从事相关的保险业务。[㊂] 3. 同意在香港设立内地保险中介资格考试考点。[㊃] 4. 鼓励内地的保险公司以人民币结算分保到香港的保险或再保险公司。[㊄] 5. 鼓励香港的保险公司继续扩大有关分出再保险业务到内地再保险公司的规模。[㊅] 6. 允许符合监管要求的广东保险公司委托香港保险公司在香港开展人民币保单销售业务，严格按照相关保险法律、法规和规章制度的规定，规范经营，促进双方保险市场发展。[㊆]
21）部门或分部门	7. 金融服务
	B. 银行和其他金融服务（不含保险）
	a. 接受公众存款和其他需偿还的资金（CPC81115-81119） b. 所有类型的贷款，包括消费信贷、抵押贷款、保理和商业交易的融资（CPC8113） c. 金融租赁（CPC8112） d. 所有支付和货币汇兑服务（除清算所服务外）（CPC81339） e. 担保与承兑（CPC81199）

㊀ 涵盖《安排》补充协议十中已有开放措施。
㊁ 涵盖《安排》中已有开放措施。
㊂ 涵盖《安排》中已有开放措施。
㊃ 涵盖《安排》补充协议四中已有开放措施。
㊄ 涵盖《广东协议》中已有开放措施。
㊅ 涵盖《广东协议》中已有开放措施。
㊆ 涵盖《广东协议》中已有开放措施。

（续）

21）部门或分部门	f. 在交易市场、公开市场或其他场所自行或代客交易 f1. 货币市场票据（CPC81339） f2. 外汇（CPC81333） f3. 衍生产品，包括，但不限于期货和期权（CPC81339） f4. 汇率和利率契约，包括掉期和远期利、汇率协议（CPC81339） f5. 可转让证券（CPC81321） f6. 其他可转让的票据和金融资产，包括金银条块（CPC81339） g. 参与各类证券的发行（CPC8132） h. 货币经纪（CPC81339） i. 资产管理（CPC8119+81323） j. 金融资产的结算和清算，包括证券、衍生产品和其他可转让票据（CPC81339 或 81319） k. 咨询和其他辅助金融服务（CPC8131 或 8133） l. 提供和传输其他金融服务提供者提供的金融信息、金融数据处理和相关的软件（CPC8131）
具体承诺	1. 允许符合下列条件的香港银行在内地注册的法人银行将数据中心设在香港：㊀ （1）2008 年 6 月 30 日前在内地注册成立； （2）注册成立时，其母行已在香港设有数据中心； （3）数据中心应独立运行并应包括客户信息、账户信息以及产品信息等核 心系统； （4）其董事会和高级管理层具有数据中心最高管理权； （5）设立的数据中心，须符合内地有关监管要求并经内地相关部门认可。 2. 建立更多元化的离岸人民币产品市场，增加资金双向流动渠道。㊁ 3. 双方主管部门确认已签订的银行业专业人员职业资格互认合作协议，并进一步推进和扩展两地资格互认工作。㊂ 4. 简化香港专业人员㊃在内地申请证券期货从业资格的相关程序。香港专业人员申请获得内地证券期货从业资格只需通过内地法律法规的培训与考试，无需通过专业知识考试。㊄ 5. 支持符合条件的经中国证监会批准的内地证券公司或其他证券类金融机构根据相关要求在香港设立分支机构及依法开展业务，内地证券公司完成香港注册程序的时限，由 6 个月延长至 1 年。㊅ 6. 允许香港交易及结算所有限公司在北京设立办事处。㊆

㊀ 涵盖《安排》补充协议五中已有开放措施。
㊁ 涵盖《广东协议》中已有开放措施。
㊂ 涵盖《广东协议》中已有开放措施。
㊃ 在本部门中，专业人员是指持有香港证监会牌照的香港永久性居民。
㊄ 涵盖《安排》中已有开放措施。
㊅ 涵盖《安排》补充协议四中已有开放措施。
㊆ 涵盖《安排》中已有开放措施。

（续）

具体承诺	7. 允许经中国证监会批准的内地基金管理公司在香港设立分支机构，经营相关业务。㈠ 8. 允许符合条件的内地期货公司到香港设立分支机构，在香港依法开展业务。㈡ 9. 研究进一步降低 QDII、QFII 和 RQFII 资格门槛，扩大投资额度。㈢ 10. 深化内地与香港金融服务及产品开发的合作，在内地推出港股组合 ETF（交易型开放式指数基金）。㈣ 11. 深化内地与香港金融服务及产品开发的合作，允许以人民币境外合格机构投资者（RQFII）方式投资境内证券市场；允许港资证券公司申请 QFII 资格时，按照集团管理的证券资产规模计算。㈤ 12. 研究推动符合条件的香港公司在内地交易所市场发行人民币债券。㈥ 13. 支持符合条件的香港金融机构在中国（广东）自由贸易试验区以人民币进行新设、增资或参股自由贸易试验区内金融机构等直接投资活动。㈦ 14. 在总结其他地区相关试点经验、完善宏观审慎管理机制基础上，研究适时允许中国（广东）自由贸易试验区企业在一定范围内进行跨境人民币融资、允许自由贸易试验区银行业金融机构与香港同业机构开展跨境人民币借款等业务。㈧ 15. 允许中国（广东）自由贸易试验区内金融机构按规定为自由贸易试验区内个人投资者投资香港资本市场的股票、债券及其他有价证券提供服务。㈨
22）部门或分部门	8. 与健康相关的服务和社会服务
	C. 社会服务
	通过住宅机构向老年人和残疾人提供的社会福利（CPC93311） 非通过住宅机构提供的社会福利（CPC93323）
具体承诺	允许香港服务提供者雇用的合同服务提供者以自然人流动的方式在内地通过住宅机构向老年人和残疾人提供社会福利服务（CPC93311）和非通过住宅机构提供社会福利服务（CPC93323）。㈩
23）部门或分部门	9. 旅游和与旅游相关的服务
	A. 饭店（包括公寓楼）和餐馆（CPC641-643） B. 旅行社和旅游经营者（CPC7471） C. 导游（CPC7472） 其他

㈠ 涵盖《安排》补充协议四中已有开放措施。

㈡ 涵盖《安排》补充协议二、补充协议七中已有开放措施。

㈢ 涵盖《广东协议》中已有开放措施。

㈣ 涵盖《安排》补充协议七中已有开放措施。

㈤ 涵盖《安排》补充协议八、补充协议九、补充协议十、《广东协议》中已有开放措施。

㈥ 涵盖本协议新增开放措施。

㈦ 涵盖本协议新增开放措施。

㈧ 涵盖本协议新增开放措施。

㈨ 涵盖本协议新增开放措施。

㈩ 涵盖《安排》补充协议十中已有开放措施。

（续）

具体承诺	1. 允许北京市等内地 49 个城市的居民个人赴港旅游，并不迟于 2004 年 7 月 1 日在广东省全省范围实施㊀。㊁ 2. 优化现有的广东省“144 小时便利签证”政策，放宽预报出境口岸的规定，适时研究调整成团人数规定要求。㊂ 3. 允许香港永久性居民中的中国公民参加内地导游人员资格考试，考试合格者依照相关规定领取导游人员资格证书及注册取得导游证；取得内地导游证的，依照有关规定可取得内地出境游领队证（不含赴台领队证）。㊃ 4. 经营赴台旅游的内地组团社可组织持有效《大陆居民往来台湾通行证》及旅游签注（签注字头为 L）的游客以过境方式在香港停留，以便利内地及香港旅游业界推出“一程多站”式旅游产品。㊄ 5. 允许香港服务提供者雇用的合同服务提供者以自然人流动的方式在内地提供本部门或分部门分类项下的服务㊅。㊆
24）部门或分部门	10. 娱乐、文化和体育服务 D. 体育和其他娱乐服务（CPC964） 体育服务（CPC96411+96412+96413）
具体承诺	1. 允许香港服务提供者以跨境交付的方式在内地提供本部门或分部门分类项下的服务㊇。㊈ 2. 允许香港服务提供者雇用的合同服务提供者以自然人流动的方式在内地提供本部门或分部门分类项下的服务㊉。⊕
25）部门或分部门	11. 运输服务 A. 海运服务 国际运输（货运和客运）（CPC7211+7212，不包括沿海和内水运输服务） 集装箱堆场服务 其他 H. 辅助服务

㊀ 内地 49 个城市包括：全广东省 21 个城市、北京、上海、天津、重庆、南京、苏州、无锡（江苏省）、杭州、宁波、台州（浙江省）、福州（市直辖区）、厦门、泉州（福建省）、成都（四川省）、济南（山东省）、大连、沈阳（辽宁省）、南昌（江西省）、长沙（湖南省）、南宁（广西壮族自治区）、海口（海南省）、贵阳（贵州省）、昆明（云南省）、石家庄（河北省）、郑州（河南省）、长春（吉林省）、合肥（安徽省）及武汉（湖北省）。

㊁ 涵盖《安排》中已有开放措施。

㊂ 涵盖《安排》补充协议八中已有开放措施。

㊃ 涵盖《安排》补充协议五、补充协议六中已有开放措施。

㊄ 涵盖《安排》补充协议六中已有开放措施。

㊅ 旅行社和旅游经营者。

㊆ 涵盖《安排》补充协议十中已有开放措施。

㊇ 体育服务（CPC96411+96412+96413）。

㊈ 涵盖《安排》补充协议十中已有开放措施。

㊉ 体育服务（CPC96411+96412+96413）。

⊕ 涵盖《安排》补充协议十中已有开放措施。

（续）

25）部门或分部门	b. 仓储服务（CPC742） c. 货物运输代理服务（CPC748+749，不包括货检服务）
具体承诺	1. 将广东、广西、福建、海南至香港普通货物运输，以及在航香港航线船舶变更船舶数据后继续从事香港航线运输的审批权下放至所在地省级交通运输主管部门。㈠ 2. 允许香港服务提供者㈡雇用的合同服务提供者以自然人流动的方式在内地提供本部门或分部门分类项下的服务㈢。㈣ 3. 允许香港服务提供者利用干线班轮船舶在内地港口自由调配自有和租用的空集装箱，但应办理有关海关手续。㈤
26）部门或分部门	11. 运输服务
	C. 航空运输服务
	机场管理服务（不包括货物装卸）（CPC74610） 其他空运支持性服务（CPC74690） 计算机订座系统（CRS）服务 空运服务的销售和营销服务
具体承诺	1. 允许香港服务提供者以跨境交付形式提供中小机场委托管理服务，合同有效期不超过20年。㈥ 2. 允许香港服务提供者以跨境交付或境外消费形式提供机场管理培训、咨询服务。㈦ 3. 允许香港服务提供者以跨境交付的方式为内地提供国际航线或香港、澳门、台湾地区航线机票销售代理服务。㈧ 4. 允许香港的航空公司在内地的办公地点或通过官方网站自行销售机票及酒店套票，无需通过内地销售代理。㈨ 5. 允许香港服务提供者雇用的合同服务提供者在内地提供空运服务的销售和营销服务（仅限于航空运输销售代理），但不符合经营主体资格的不得从事此类服务活动㈩。⑪

㈠ 涵盖《安排》补充协议十中已有开放措施及本协议新增开放措施。

㈡ 在本部门中，香港服务提供者应为企业法人。

㈢ 货物装卸服务、集装箱堆场服务、货物运输代理服务（CPC748+749，不包括货检服务）。

㈣ 涵盖《安排》补充协议十中已有开放措施。

㈤ 涵盖《安排》中已有开放措施。

㈥ 涵盖《安排》补充协议中已有开放措施。

㈦ 涵盖《安排》补充协议中已有开放措施。

㈧ 涵盖《安排》补充协议十中已有开放措施。

㈨ 涵盖《广东协议》中已有开放措施。

㈩ 适用世界贸易组织《服务贸易总协定〈关于空运服务的附件〉》的定义。

⑪ 涵盖《安排》补充协议十中已有开放措施。

（续）

27）部门或分部门	11. 运输服务
	F. 公路运输服务
	a. 客运服务（CPC7121+7122） b. 货运服务（CPC7123） c. 商用车辆和司机的租赁（CPC7124） d. 公路运输设备的维修和保养服务（CPC6112+8867） e. 公路运输的支持服务（CPC744）
具体承诺	1. 允许香港服务提供者经营香港至内地各省、市及自治区之间的货运“直通车”业务㊀。㊁ 2. 为香港司机参加内地机动车驾驶证考试设立计算机考试繁体字试题，并为香港司机在深圳设立一个指定考试场地方便应试。㊂ 3. 允许香港服务提供者雇用的合同服务提供者以自然人流动的方式在内地提供本部门或分部门分类项下的服务㊃。㊄
28）部门或分部门	12. 没有包括的其他服务
	B. 其他服务（CPC97）
	殡葬设施（CPC9703）
具体承诺	允许香港服务提供者雇用的合同服务提供者以自然人流动的方式在内地提供本部门或分部门分类项下的服务。㊅
其他	专业技术人员资格考试㊆
具体承诺	1. 允许符合相关规定的香港居民参加内地以下专业技术人员资格考试：注册建筑师、注册结构工程师、注册土木工程师（岩土）、监理工程师、造价工程师、注册城市规划师、房地产经纪人、注册消防工程师、注册安全工程师、注册核安全工程师、建造师、注册公用设备工程师、注册化工工程师、注册土木工程师（港口与航道）、注册设备监理师、勘察设计注册工程师、价格鉴证师、企业法律顾问、棉花质量检验师、拍卖师、公共卫生类别医师、执业药师、环境影响评价工程师、房地产估价师、注册电气工程师、注册税务师、注册资产评估师、假肢与矫形器制作师、矿业权评估师、注册咨询工程师（投资）、国际商务、土地登记代理人、珠宝玉石质量检验师；质量、翻译、计算机技术与软件、审计、卫生、经济、统计、会计专业技术资格。考试成绩合格者，发给相应的资格证书。㊇

㊀ “直通车”业务是指内地与香港间的直达道路运输。在本部门中，提供“直通车”服务的香港服务提供者应为企业法人。

㊁ 涵盖《安排》中已有开放措施。

㊂ 涵盖《安排》补充协议八中已有开放措施。

㊃ 公路卡车和汽车货运、城市间定期旅客服务、道路客货运站（场）。

㊄ 涵盖《安排》补充协议十中已有开放措施。

㊅ 涵盖《安排》补充协议十中已有开放措施。

㊆ 清单中所列考试项目可能根据国家减少职业资格许可和认定工作有关要求发生变化，具体项目以国务院公告为准。

㊇ 涵盖《安排》补充协议、《广东协议》中已有开放措施及本协议新增开放措施。

（续）

具体承诺	2. 允许香港永久性居民参加内地土地估价师资格考试。成绩合格者，发给内地的《土地估价师资格证书》。㊀ 3. 允许符合相关规定的香港永久性居民参加内地测绘师资格考试，成绩合格者，发给资格证书。㊁ 4. 允许符合相关规定的香港居民在广东省报名参加全国执业兽医资格考试。考试成绩合格者，发给相应的资格证书。㊂
其他	个体工商户㊃
具体承诺	1. 允许香港永久性居民中的中国公民依照内地有关法律、法规和行政规章，在内地各省、自治区、直辖市设立个体工商户，无需经过外资审批，不包括特许经营。营业范围为：谷物种植；蔬菜、食用菌等园艺作物种植；水果种植；坚果种植；香料作物种植；中药材种植；林业㊄；牲畜饲养；家禽饲养；水产养殖；灌溉服务；农产品初加工服务（不含籽棉加工）；其他农业服务；林业服务业；畜牧服务业；渔业服务业（需要水产苗种生产许可）；谷物磨制（不含大米、面粉加工）；肉制品及副产品加工（3000 吨 / 年及以下的西式肉制品加工项目除外）；水产品冷冻加工；鱼糜制品及水产品干腌制加工（冷冻海水鱼糜生产线除外）；蔬菜、水果和坚果加工；淀粉及淀粉制品制造（年加工玉米 30 万吨以下、绝干收率在 98% 以下玉米淀粉湿法生产线除外）；豆制品制造；蛋品加工；焙烤食品制造；糖果、巧克力及蜜饯制造；方便食品制造；乳制品制造［日处理原料乳能力（两班）20 吨以下浓缩、喷雾干燥等设施及 200 千克 / 小时以下的手动及半自动液体乳罐装设备除外］；罐头食品制造；味精制造；酱油、食醋及类似制品制造；其他调味品、发酵制品制造（食盐除外）；营养食品制造；冷冻饮品及食用冰制造；啤酒制造（生产能力小于 1.8 万瓶 / 时的啤酒灌装生产线除外）；葡萄酒制造；碳酸饮料制造［生产能力 150 瓶 / 分钟以下（瓶容在 250 毫升及以下）的碳酸饮料生产线除外］；瓶（罐）装饮用水制造；果菜汁及果菜饮料制造；含乳饮料和植物蛋白饮料制造；固体饮料制造；茶饮料及其他饮料制造；纺织业；窗帘布艺制品制造；纺织服装、服饰业；皮革、毛皮、羽毛及其制品和制鞋业；木材加工和木、竹、藤、棕、草制品业；家具制造业；造纸和纸制品业（宣纸生产除外）；文教办公用品制造；乐器制造；工艺美术制造（国家重点保护野生动物的雕刻、加工、脱胎漆器生产、珐琅制品生产、墨锭生产除外）；体育用品制造；玩具制造；游艺器材及娱乐用品制造；日用化学产品制造；塑料制品业；日用玻璃制品制造；日用陶瓷制品制造；金属工具制造；搪瓷日用品及其他搪瓷制品制造；金属制日用

㊀ 涵盖《安排》补充协议七中已有开放措施。

㊁ 涵盖《安排》补充协议八中已有开放措施。

㊂ 涵盖《广东协议》中已有开放措施。

㊃ 对于个体工商户组织形式，内地对香港服务提供者的全部开放承诺按新的国民经济行业分类标准（GB/T4754-2011）以正面清单形式列举。

㊄ 开展油茶、核桃、油橄榄、杜仲、油用牡丹、长柄扁桃等木本油料经济林种植业需经当地省级林业主管部门审批。

（续）

具体承诺	品制造；自行车制造；非公路休闲车及零配件制造；电池制造；家用电力器具制造；非电力家用器具制造；照明器具制造；钟表与计时仪器制造；眼镜制造；日用杂品制造；林业产品批发；纺织、服装及家庭用品批发；文具用品批发；体育用品批发；其他文化用品批发；贸易代理；其他贸易经纪与代理；货物、技术进出口；零售业（烟草制品零售除外，并且不包括特许经营）；图书报刊零售；音像制品及电子出版物零售；工艺美术品及收藏品零售（文物收藏品零售除外）；道路货物运输；其他水上运输辅助活动，具体指港口货物装卸、仓储，港口供应（船舶物料或生活品），港口设施、设备和港口机械的租赁、维修；装卸搬运和运输代理业（不包括航空客货运代理服务和国内水路运输代理业）；仓储业；餐饮业；软件开发；信息系统集成服务；信息技术咨询服务；数据处理和存储服务（仅限于线下的数据处理服务业务）；租赁业；社会经济咨询中的经济贸易咨询和企业管理咨询；广告业；知识产权服务（商标代理服务、专利代理服务除外）；包装服务；办公服务中的以下项目：标志牌、铜牌的设计、制作服务，奖杯、奖牌、奖章、锦旗的设计、制作服务；办公服务中的翻译服务；其他未列明商务服务业中的 2 个项目：公司礼仪服务：开业典礼、庆典及其他重大活动的礼仪服务，个人商务服务：个人形象设计服务、个人活动安排服务、其他个人商务服务；研究和试验发展（社会人文科学研究除外）；专业技术服务业；质检技术服务（动物检疫服务、植物检疫服务、检验检测和认证相关服务、特种设备检验检测服务除外）；工程技术（规划管理、勘察、设计、监理除外）；摄影扩印服务；科技推广和应用服务业；技术推广服务；科技中介服务；水污染治理（除环境质量监测、污染源检查服务）；大气污染治理（除环境质量监测、污染源检查服务）；固体废物治理（除环境质量监测、污染源检查服务）；其他污染治理中的降低噪音服务和其他环境保护服务（除环境质量监测、污染源检查服务）；市政设施管理（除环境质量监测、污染源检查服务）；环境卫生管理（除环境质量监测、污染源检查服务）；洗染服务；理发及美容服务；洗浴服务；居民服务中的婚姻服务（不含婚介服务）；其他居民服务业；机动车维修㊀；计算机和辅助设备修理；家用电器修理；其他日用产品修理业；建筑物清洁服务；其他未列明服务业：宠物服务（仅限在城市开办）；门诊部（所）；体育；其他室内娱乐活动中的以休闲、娱乐为主的动手制作活动（陶艺、缝纫、绘画等）；文化娱乐经纪人；体育经纪人；食品、饮料批发；一般旅馆；其他住宿业；房地产中介服务；自有房地产经营活动。㊁ 2. 允许香港永久性居民中的中国公民依照内地有关法律、法规和行政规章，设立个体工商户，取消从业人员人数、经营面积限制。㊂ 3. 香港永久性居民中的中国公民依照内地有关法律、法规和行政规章，设立个体工商户时，取消其身份核证要求。㊃

㊀ 汽车、摩托车修理与维护。

㊁ 涵盖《安排》、补充协议、补充协议二、补充协议三、补充协议四、补充协议五、补充协议六、补充协议七、补充协议八、补充协议九、补充协议十、《广东协议》中已有开放措施及本协议新增开放措施。

㊂ 涵盖《安排》、补充协议、补充协议二、补充协议三、补充协议四、补充协议五、补充协议六、补充协议七、补充协议八、补充协议九中已有开放措施。

㊃ 涵盖《安排》补充协议九中已有开放措施。

表 3 电信领域开放措施（正面清单）㈠

1）部门或分部门	2. 通信服务 C. 电信服务 a. 语音电话服务 b. 集束切换（分组交换）数据传输服务 c. 线路切换（电路交换）数据传输服务 d. 电传服务 e. 电报服务 f. 传真服务 g. 专线电路租赁服务 h. 电子邮件服务 i. 语音邮件服务 j. 在线信息和数据调用服务 k. 电子数据交换服务 l. 增值传真服务，包括储存和发送、储存和调用 m. 编码和规程转换服务 n. 在线信息和 / 或数据处理（包括传输处理） o. 其他（寻呼、远程电信会议、移动远洋通信及空对地通信等）
具体承诺	1. 允许香港服务提供者在内地设立合资或独资企业，提供下列电信服务，对港资股权比例不设限制㈡： 1）在线数据处理与交易处理业务（仅限于经营性电子商务网站）； 2）内地境内多方通信服务业务； 3）存储转发类业务； 4）呼叫中心业务； 5）因特网接入服务业务（仅限于为上网用户提供因特网接入服务）； 6）信息服务业务（仅限于应用商店）。 2. 允许香港服务提供者在内地设立合资企业，提供下列电信服务，港资股权比例不得超过 50%㈢： 1）在线数据处理与交易处理业务（经营性电子商务网站除外）； 2）内地境内因特网虚拟专用网业务； 3）因特网数据中心业务； 4）因特网接入服务业务（为上网用户提供因特网接入服务除外）； 5）信息服务业务（应用商店除外）。 3. 允许香港服务提供者在广东省销售只在香港使用的固定 / 移动电话卡（不包括卫星移动电话卡）㈣。 4. 允许香港服务提供者雇用的合同服务提供者以自然人流动的方式在内地提供下列电信服务㈤： 1）在线数据处理与交易处理业务（仅限于经营性电子商务网站）； 2）呼叫中心业务； 3）因特网接入服务业务。

㈠ 对电信服务部门（分部门）的商业存在和跨境服务模式，内地对香港服务提供者的开放承诺沿用正面清单形式列举开放措施。本协议附件 1 表 3 涵盖《安排》及其所有补充协议、《广东协议》在电信服务部门（分部门）下的全部开放措施。

㈡ 涵盖《安排》、补充协议十、《广东协议》中已有开放措施及本协议新增开放措施。

㈢ 涵盖《安排》、补充协议四中已有开放措施。

㈣ 涵盖《安排》补充协议六中已有开放措施；须符合内地与香港电信监管部门签订的关于在广东省销售香港电话卡备忘录的规定。

㈤ 涵盖《安排》补充协议十中已有开放措施。

表 4　文化领域开放措施（正面清单）㊀

1）部门或分部门	1. 商务服务 F. 其他商务服务 r. 印刷和出版服务（CPC88442）
具体承诺	1. 允许香港服务提供者在内地设立合资、合作企业，从事出版物和其他印刷品的印刷业务，合资企业中香港服务提供者拥有的股权比例不超过 49%，合作企业中内地方投资者应当占主导地位。其中，在前海、横琴试点设立合资企业，香港服务提供者拥有的股权比例不超过 70%。㊁ 2. 允许香港服务提供者在内地设立独资企业，提供包装装潢印刷品的印刷和装订服务。对香港服务提供者在内地设立从事包装装潢印刷品的印刷企业的最低注册资本要求，比照内地企业实行。㊂ 3. 允许香港服务提供者在内地设立独资、合资或合作排校制作服务公司，从事图书的校对、设计、排版等印前工作。㊃ 4. 简化香港图书进口审批程序，建立香港图书进口绿色通道。㊄ 5. 允许香港服务提供者雇用的合同服务提供者以自然人流动的方式在内地提供本部门或分部门分类项下的服务㊅。
2）部门或分部门	4. 分销服务 B. 批发销售服务（图书、报纸、杂志、文物的批发销售服务）
具体承诺	1. 允许香港服务提供者以独资形式在内地设立的批发商业企业经营图书、报纸、杂志。㊆ 2. 对香港服务提供者在内地设立从事出版物分销的企业的最低注册资本要求，比照内地企业实行。㊇

㊀ 对文化服务部门（分部门）的商业存在和跨境服务模式，内地对香港服务提供者的开放承诺沿用正面清单形式列举开放措施。本协议附件 1 表 4 涵盖《安排》及其所有补充协议、《广东协议》在文化服务部门（分部门）下的全部开放措施。

在本协议及其附件中，文化领域包括社会科学和人文科学的研究和开发服务（CPC852）、印刷和出版服务（CPC88442）、其他商务服务（CPC8790）中的光盘复制服务、电影和录像的制作和发行服务（CPC9611）、电影放映服务（CPC9612）、广播和电视服务（CPC9613）、广播和电视传输服务（CPC7524）、录音服务、其他视听服务、图书、报纸、杂志、文物的批发销售服务（CPC622）、图书、报纸、杂志、文物的零售服务（CPC631+632+6111+6113+6121）、其他分销服务中的文物拍卖服务、文娱服务（CPC9619）、新闻社服务（CPC962）、图书馆、档案馆、博物馆和其他文化服务（CPC963）等服务贸易部门、分部门（包括通过互联网提供的新闻、出版、视听节目、音像、游戏等文化信息服务、文物服务）。

㊁ 涵盖《安排》补充协议四、补充协议九、补充协议十中已有开放措施。

㊂ 涵盖《安排》补充协议四、补充协议五中已有开放措施。

㊃ 涵盖《安排》补充协议六中已有开放措施。

㊄ 涵盖《安排》补充协议十中已有开放措施。

㊅ 指印刷及其辅助服务；涵盖《安排》补充协议十中已有开放措施。

㊆ 涵盖《安排》补充协议中已有开放措施。

㊇ 涵盖《安排》补充协议六中已有开放措施。

（续）

3）部门或分部门	4. 分销服务 C. 零售服务（图书、报纸、杂志、文物的零售服务）
具体承诺	1. 允许香港服务提供者以独资形式在内地设立的零售商业企业经营图书、报纸、杂志。㊀ 2. 对于同一香港服务提供者在内地累计开设店铺超过30家的，如经营商品包括图书、报纸、杂志等商品，且上述商品属于不同品牌，来自不同供应商的，允许香港服务提供者以独资、合资形式从事图书、报纸、杂志的零售服务。㊁ 3. 对香港服务提供者在内地设立从事出版物分销的企业的最低注册资本要求，比照内地企业实行。㊂ 4. 允许香港服务提供者雇用的合同服务提供者以自然人流动的方式在内地提供本部门或分部门分类项下的服务。㊃
4）部门或分部门	2. 通讯服务 D. 视听服务 录像分销服务（CPC83202），录音制品的分销服务 电影院服务 华语影片和合拍影片 有线电视技术服务 合拍电视剧 电影或录像带制作服务（CPC96112） 其他
具体承诺	录像、录音制品 1. 允许香港服务提供者在内地以独资、合资形式提供音像制品（含后电影产品）的分销服务。㊄ 2. 允许香港服务提供者在内地设立独资、合资或合作企业，从事音像制品制作业务。㊅ 3. 允许香港影片因剧情需要，在影片中如有方言，可以原音呈现，但须加注标准汉语字幕。㊆ 4. 允许香港服务提供者雇用的合同服务提供者以自然人流动的方式在内地提供本部门或分部门分类项下具体开放承诺的服务㊇。 电影院服务

㊀ 涵盖《安排》补充协议中已有开放措施。

㊁ 涵盖《安排》补充协议二、补充协议三中已有开放措施及本协议新增开放措施。

㊂ 涵盖《安排》补充协议六中已有开放措施。

㊃ 涵盖《安排》补充协议十中已有开放措施。

㊄ 涵盖《安排》、补充协议六中已有开放措施。

㊅ 涵盖《安排》补充协议七中已有开放措施。

㊆ 涵盖《安排》补充协议十中已有开放措施。

㊇ 电影或录像带制作服务、电影或录像的分销服务，包括娱乐软件及录音制品分销服务；涵盖《安排》补充协议十中已有开放措施。

（续）

具体承诺	5. 允许香港服务提供者在内地设立的独资公司，在多个地点新建或改建多间电影院，经营电影放映业务。[㈠] 华语影片和合拍影片 6. 香港拍摄的华语影片经内地主管部门审查通过后，由中国电影集团公司统一进口，由拥有《电影发行经营许可证》的发行公司在内地发行，不受进口配额限制。[㈡] 7. 香港拍摄的华语影片是指根据香港特别行政区有关条例设立或建立的制片单位所拍摄的，拥有 50% 以上的影片著作权的华语影片。该影片主要工作人员组别[㈢]中香港居民应占该组别整体员工数目的 50% 以上。[㈣] 8. 香港与内地合拍的影片视为国产影片在内地发行。该影片以普通话为标准译制的其他中国民族语言及方言的版本可在内地发行。[㈤] 9. 香港与内地合拍的影片，港方主创人员[㈥]所占比例不受限制，但内地主要演员的比例不得少于影片主要演员总数的三分之一；对故事发生地无限制，但故事情节或主要人物应与内地有关。[㈦] 10. 允许内地与香港合拍的影片经内地主管部门批准后在内地以外的地方冲印。[㈧] 11. 允许国产影片及合拍片在香港进行冲印作业。[㈨] 12. 允许香港服务提供者经内地主管部门批准，在内地试点设立独资公司，发行国产影片。[㈩] 13. 允许香港与内地合拍影片的方言话版本，经内地主管部门批准，在内地发行放映，但须加注标准汉语字幕。[⑪] 14. 允许香港影片的方言话版本，经内地主管部门审查通过后，由中国电影集团公司统一进口，由拥有《电影发行经营许可证》的发行公司在内地发行，但均须加注标准汉语字幕。[⑫] 15. 允许国产影片（含合拍片）由内地第一出品单位提出申请并经国家广电总局批准后，在香港进行后期制作。[⑬]

㈠ 涵盖《安排》补充协议二中已有开放措施。

㈡ 涵盖《安排》中已有开放措施及本协议新增开放措施。

㈢ 主要工作人员组别包括导演、编剧、男主角、女主角、男配角、女配角、监制、摄影师、剪接师、美术指导、服装设计、动作 / 武术指导以及原创音乐。

㈣ 涵盖《安排》、补充协议二中已有开放措施。

㈤ 涵盖《安排》中已有开放措施。

㈥ 主创人员是指导演、编剧、摄影和主要演员，主要演员是指主角和主要配角。

㈦ 涵盖《安排》中已有开放措施。

㈧ 涵盖《安排》补充协议中已有开放措施。

㈨ 涵盖《安排》补充协议十中已有开放措施。

㈩ 涵盖《安排》补充协议中已有开放措施。

⑪ 涵盖《安排》补充协议十中已有开放措施。

⑫ 涵盖《安排》补充协议十中已有开放措施及本协议新增开放措施。

⑬ 涵盖《安排》补充协议六中已有开放措施。

（续）

具体承诺	16. 允许香港服务提供者雇用的合同服务提供者以自然人流动的方式在内地提供本部门或分部门分类项下具体开放承诺的服务㈠。 有线电视技术服务 17. 允许香港经营有线电视网络的公司经内地主管部门批准后，在内地提供有线电视网络的专业技术服务。㈡ 合拍电视剧 18. 内地与香港合拍的电视剧经内地主管部门审查通过后，可视为国产电视剧播出和发行。㈢ 19. 允许内地与香港合拍电视剧集数与国产剧标准相同。㈣ 20. 国家广电总局将各省、自治区或直辖市所属制作机构生产的有香港演职人员参与拍摄的国产电视剧完成片的审查工作，交由省级广播电视行政部门负责。㈤ 21. 内地与香港节目制作机构合拍电视剧立项的分集梗概，调整为每集不少于1500字。㈥
5）部门或分部门	10. 娱乐、文化和体育服务
	A. 文娱服务（除视听服务以外）（CPC9619）
具体承诺	1. 允许香港服务提供者在内地设立独资、合资、合作经营的演出场所。㈦ 2. 允许香港演艺经纪公司在内地设立分支机构。㈧ 3. 允许香港服务提供者在内地设立独资、合资、合作经营的演出经纪机构。㈨ 4. 允许香港服务提供者在内地以合资、合作方式，设立内地方控股的互联网文化经营单位或内地方占主导权益的合作互联网文化经营单位。㈩ 5. 允许香港服务提供者在内地以独资、合资、合作方式，设立互联网上网服务营业场所或设立内地方占主导权益的合作互联网上网服务营业场所。⑪ 6. 允许香港服务提供者在内地设立独资、合资、合作经营的画廊、画店、艺术品展览单位机构。⑫

㈠ 电影或录像带制作服务、电影或录像的分销服务，包括娱乐软件及录音制品分销服务；涵盖补充协议十中已有开放措施。

㈡ 涵盖《安排》补充协议九中已有开放措施。

㈢ 涵盖《安排》补充协议中已有开放措施。

㈣ 涵盖《安排》补充协议二中已有开放措施。

㈤ 涵盖《安排》补充协议三中已有开放措施。

㈥ 涵盖《安排》补充协议四中已有开放措施。

㈦ 涵盖《安排》补充协议中已有开放措施。

㈧ 涵盖《安排》补充协议中已有开放措施。

㈨ 涵盖《安排》补充协议、补充协议四中已有开放措施。

㈩ 涵盖《安排》补充协议、补充协议七中已有开放措施。

⑪ 涵盖《安排》补充协议、补充协议七、补充协议九中已有开放措施。

⑫ 涵盖《安排》补充协议中已有开放措施。

（续）

具体承诺	7. 允许香港服务提供者在内地设立内地方控股的合资演出团体。[㊀] 8. 允许香港的演出经纪机构或文艺表演团体经广东省、上海市主管部门批准，以跨境交付方式试点在该省、市举办营业性演出活动。来内地举办演出的演出经纪机构或文艺表演团体应事先报文化部核准。[㊁] 9. 允许香港服务提供者在广东设立独资娱乐场所。[㊂] 10. 在申请材料齐全的情况下，对进口香港研发的网络游戏产品进行内容审查（包括专家审查）的工作时限为 2 个月。[㊃] 11. 允许香港服务提供者在内地从事游戏游艺设备的销售服务。[㊄] 12. 允许香港服务提供者雇用的合同服务提供者以自然人流动的方式在内地提供本部门或分部门分类项下的服务。[㊅]
6）部门或分部门	10. 娱乐、文化和体育服务
	C. 图书馆、档案馆、博物馆和其他文化服务（CPC963）
具体承诺	1. 进一步密切内地与香港图书馆业的合作，探索合作开展图书馆服务。[㊆] 2. 允许香港服务提供者以独资形式在内地为图书馆提供专业服务。[㊇] 3. 允许香港服务提供者以独资形式在内地提供博物馆专业服务。[㊈]

㊀ 涵盖《安排》补充协议九中已有开放措施。

㊁ 涵盖《安排》补充协议四中已有开放措施。

㊂ 涵盖《安排》补充协议九、《广东协议》中已有开放措施及本协议新增开放措施。

㊃ 涵盖《安排》补充协议六中已有开放措施。

㊄ 涵盖《广东协议》中已有开放措施及本协议新增开放措施。

㊅ 涵盖《安排》补充协议十中已有开放措施。

㊆ 涵盖《安排》补充协议八中已有开放措施。

㊇ 涵盖《安排》补充协议八中已有开放措施。

㊈ 涵盖《安排》补充协议八中已有开放措施。

附件 2

香港向内地开放服务贸易的具体承诺[一]

[一] 根据本协议的有关规定实施，有关香港保留的限制性措施和进一步开放措施经双方磋商后会列入本附件。

附件 3

关于“服务提供者”定义及相关规定

一、根据《内地与香港关于建立更紧密经贸关系的安排》(以下简称《安排》)及本协议，内地与香港特别行政区就“服务提供者”定义及相关规定制定本附件。

二、除非本协议及其附件另有规定，本协议及其附件中的“服务提供者”指提供服务的任何人，其中：

(一)“人”指自然人或法人；

(二)“自然人”：

1. 对内地而言，指中华人民共和国公民；

2. 对香港而言，指中华人民共和国香港特别行政区永久性居民；

(三)“法人”指根据内地或香港特别行政区适用法律适当组建或设立的任何法律实体，无论是否以盈利为目的，无论属私有还是政府所有，包括任何公司、基金、合伙企业、合资企业、独资企业或协会(商会)。

三、以法人形式提供服务的香港服务提供者的具体标准：

(一)除法律服务部门外，香港服务提供者申请在内地提供附件 1 中的有关服务时应：

1. 根据香港特别行政区《公司条例》或其他有关条例注册或登记设立[㊀]，并取得有效商业登记证。法例如有规定，应取得提供该服务的牌照或许可。

2. 在香港从事实质性商业经营。其判断标准为：

(1)业务性质和范围

拟在内地提供服务的香港服务提供者在香港提供服务的性质和范围，应符合本协议的规定，内地法律法规和行政规章对外商投资主体的业务性质和范围有限制性规定的从其规定。

㊀ 在香港登记的海外公司、办事处、联络处、“信箱公司”和特别成立用于为母公司提供某些服务的公司不属于本附件所指的香港服务提供者。

（2）年限

香港服务提供者应已在香港注册或登记设立并从事实质性商业经营 3 年以上（含 3 年），[㊀] 其中：

提供建筑及相关工程服务的香港服务提供者，应已在香港注册或登记设立并从事实质性商业经营 5 年以上（含 5 年）；提供房地产服务的香港服务提供者在香港从事实质性商业经营的年限不作限制；

提供银行及其他金融服务（不包括保险和证券）的香港服务提供者，即香港银行或财务公司，应在获得香港金融管理专员根据《银行业条例》批给有关牌照后，从事实质性商业经营 5 年以上（含 5 年）；或以分行形式经营 2 年并且以本地注册形式从事实质性商业经营 3 年以上（含 3 年）；

提供保险及其相关服务的香港服务提供者，即香港保险公司，应在香港注册或登记设立并从事实质性商业经营 5 年以上（含 5 年）；

提供航空运输地面服务的香港服务提供者应已获得香港从事航空运输地面服务业务的专门牌照，从事实质性商业经营 5 年以上（含 5 年）；

提供第三方国际船舶代理服务的香港服务提供者，应已在香港注册或登记设立并从事实质性商业经营 5 年以上（含 5 年）。

（3）利得税

香港服务提供者在香港从事实质性商业经营期间依法缴纳利得税。

（4）业务场所

香港服务提供者应在香港拥有或租用业务场所从事实质性商业经营，其业务场所应与其业务范围和规模相符合。

提供海运服务的香港服务提供者，所拥有的船舶总吨位应有 50% 以上（含 50%）在香港注册。

（5）雇用员工

香港服务提供者在香港雇用的员工中在香港居留不受限制的居民和持单程证来香港定居的内地人士应占其员工总数的 50% 以上。

（二）法律服务部门的香港律师事务所（行），申请在内地提供附件 1 中

㊀ 自《安排》生效之日起，双方以外的服务提供者通过收购或兼并的方式取得香港服务提供者 50% 以上股权满 1 年的，该被收购或兼并的服务提供者属于香港服务提供者。

的有关服务时应：

1. 根据香港特别行政区有关法例登记设立为香港律师事务所（行）并取得有效商业登记证。

2. 有关律师事务所（行）的独资经营者及所有合伙人应为香港注册执业律师。

3. 有关律师事务所（行）的主要业务范围应为在香港提供本地法律服务。

4. 有关律师事务所（行）或其独资经营者或合伙人均依法缴纳利得税。

5. 有关律师事务所（行）应在香港从事实质性商业经营 3 年以上（含 3 年）。

6. 有关律师事务所（行）应在香港拥有或租用业务场所从事实质性商业经营。

四、除非本协议及其附件另有规定，以自然人形式提供服务的香港服务提供者，应为中华人民共和国香港特别行政区永久性居民。

五、内地服务提供者应符合本附件第二条的定义，其具体标准由双方磋商制定。

六、香港服务提供者为取得本协议中的待遇，应提供：

（一）在香港服务提供者为法人的情况下，香港服务提供者应提交经香港有关机构（人士）核证的文件资料、法定声明，以及香港特别行政区政府发出的证明书：

1. 文件资料（如适用）

（1）香港特别行政区公司注册处签发的公司注册证明书副本；

（2）香港特别行政区商业登记证及登记册内资料摘录的副本；

（3）香港服务提供者过去 3 年（或 5 年）在香港的公司年报或经审计的财务报表；

（4）香港服务提供者在香港拥有或租用业务场所的证明文件正本或副本；㊀

（5）香港服务提供者过去 3 年（或 5 年）利得税报税表和评税及缴纳税款通知书的副本；在亏损的情况下，香港服务提供者须提供香港特别行政区政府有关部门关于其亏损情况的证明文件；

㊀ 申请在内地提供海运服务的香港服务提供者，应另外提交文件或其副本（已核证）以证明其所拥有的船舶总吨位有 50% 以上（含 50%）在香港注册。

（6）香港服务提供者在香港的雇员薪酬及退休金报税表副本，以及有关文件或其副本以证明该服务提供者符合本附件第三条第（一）2款第（5）项规定的百分比；

（7）其他证明香港服务提供者在香港从事实质性商业经营的有关文件或其副本，如香港法例、附件1或本附件有关香港业务性质和范围规定所需的牌照、许可或香港有关部门、机构发出的确认信。

2. 法定声明

对于任何申请取得本协议中待遇的香港服务提供者，其负责人应根据香港特别行政区《宣誓及声明条例》的程序及要求作出法定声明。[㊀]声明格式由内地与香港特别行政区有关部门磋商确定。

3. 证明书

香港服务提供者将本附件第六条第（一）款第1项和第2项规定的文件资料、法定声明提交香港特别行政区工业贸易署（简称工业贸易署）审核。工业贸易署在认为必要的情况下，委托香港特别行政区有关政府部门、法定机构或独立专业机构（人士）作出核实证明。[㊁]工业贸易署认为符合本附件规定的香港服务提供者标准的，向其出具证明书。证明书内容及格式由内地与香港特别行政区有关部门磋商确定。

（二）在香港服务提供者为自然人的情况下，香港服务提供者应提供香港永久性居民的身份证明，其中属于中国公民的还应提供港澳居民来往内地通行证（回乡证）或香港特别行政区护照。

（三）本附件第六条第（一）款第1项和第2项、第（二）款规定的法定声明、自然人身份证明的复印件，以及工业贸易署认为需要由律师作出核实证明的文件资料，应经内地认可的公证人核证。

七、香港服务提供者向内地审核机关申请取得本协议中的待遇，按以下程序进行：

（一）香港服务提供者申请在内地提供附件1中的服务时，向内地审核机

㊀ 任何人如按《宣誓及声明条例》故意作出虚假或不真实声明，将根据香港法律负刑事法律责任。

㊁ 在电信部门中，有关提供因特网数据中心业务、呼叫中心业务和信息服务业务的香港服务提供者的业务性质和范围，工业贸易署应委托香港特别行政区政府电信主管部门作出核实证明。

关提交本附件第六条规定的文件资料、法定声明和证明书。

（二）根据法律法规规定的审核权限，内地审核机关在审核香港服务提供申请时，一并对香港服务提供者的资格进行核证。

（三）内地审核机关对香港服务提供者的资格有异议时，应在规定时间内通知香港服务提供者，并向商务部通报，由商务部通知工业贸易署，并说明原因。香港服务提供者可通过工业贸易署向商务部提出书面理由，要求给予再次考虑。商务部应在规定时间内书面回复工业贸易署。

八、已在内地提供服务的香港服务提供者申请取得本协议中的待遇，应按照本附件第六条、第七条的规定申请。

工商总局、福建省人民政府关于发布中国（福建）自由贸易试验区台湾居民个体工商户营业范围的公告

（工商个字〔2015〕208号）

为贯彻落实《国务院关于印发中国（福建）自由贸易试验区总体方案的通知》（国发〔2015〕20号），现将中国（福建）自由贸易试验区台湾居民个体工商户营业范围予以发布。

允许台湾居民依照国家有关法律、法规和规章，在中国（福建）自由贸易试验区注册登记为个体工商户，无需经过外资备案（不包括特许经营），在下列范围内从事经营活动：

1. 谷物种植；

2. 蔬菜、食用菌及园艺作物种植；

3. 水果种植；

4. 坚果种植；

5. 香料作物种植；

6. 中药材种植；

7. 林业；

8. 牲畜饲养；

9. 家禽饲养；

10. 水产养殖；

11. 灌溉服务；

12. 农产品初加工服务（不含植物油脂、大米、面粉加工、粮食收购、籽棉加工）；

13. 其他农业服务；

14. 林业服务业；

15. 畜牧服务业；

16. 渔业服务业（需要水产苗种生产许可）；

17. 谷物磨制；

18. 肉制品及副产品加工(3000 吨 / 年及以下的西式肉制品加工项目除外)；

19. 水产品冷冻加工；

20. 鱼糜制品及水产品干腌制加工（冷冻海水鱼糜生产线除外）；

21. 蔬菜、水果和坚果加工；

22. 淀粉及淀粉制品制造（年加工玉米 30 万吨以下、绝干收率在 98% 以下玉米淀粉湿法生产线除外）；

23. 豆制品制造；

24. 蛋品加工；

25. 焙烤食品制造；

26. 糖果、巧克力及蜜饯制造；

27. 方便食品制造；

28. 乳制品制造［日处理原料乳能力（两班）20 吨以下浓缩、喷雾干燥等设施及 200 千克 / 小时以下的手动及半自动液体乳罐装设备除外］；

29. 罐头食品制造；

30. 味精制造（5 万吨 / 年以下且采用等电离交工艺的味精生产线除外）；

31. 酱油、食醋及类似制品制造；

32. 其他调味品、发酵制品制造（食盐除外）；

33. 营养食品制造；

34. 冷冻饮品及食用冰制造；

35. 啤酒制造（生产能力小于 1.8 万瓶 / 时的啤酒灌装生产线除外）；

36. 葡萄酒制造；

37. 碳酸饮料制造［生产能力 150 瓶 / 分钟以下（瓶容在 250 毫升及以下）的碳酸饮料生产线除外］；

38. 瓶（罐）装饮用水制造；

39. 果菜汁及果菜饮料制造（浓缩苹果汁生产线除外）；

40. 含乳饮料和植物蛋白饮料制造；

41. 固体饮料制造；

42. 茶饮料及其他饮料制造；

43. 纺织业；

44. 窗帘布艺制品制造；

45. 纺织服饰、服饰业；

46. 皮革、毛皮、羽毛及其制品和制鞋业；

47. 鞋帽制造、制鞋业；

48. 木材加工和木、竹、藤、棕、草制品业；

49. 家具制造业；

50. 造纸和纸制品业；

51. 文教办公用品制造；

52. 乐器制造；

53. 工艺美术制造（象牙雕刻、虎骨加工、脱胎漆器生产、珐琅制品生产、宣纸及墨锭生产除外）；

54. 体育用品制造；

55. 玩具制造；

56. 游艺器材及娱乐用品制造（不包括游戏游艺设备）；

57. 日用化学产品制造；

58. 塑料制品业；

59. 日用玻璃制品制造；

60. 日用陶瓷制品制造；

61. 金属工具制造；

62. 搪瓷日用品及其他搪瓷制品制造；

63. 金属制日用品制造；

64. 自行车制造；

65. 非公路休闲车及零配件制造；

66. 电池制造（锂离子电池制造除外）；

67. 家用电力器具制造；

68. 非电力家用器具制造；

69. 照明器具制造；

70. 钟表与计时仪器制造；

71. 眼镜制造；

72. 日用杂品制造；

73. 林业产品批发；

74. 纺织、服装及家庭用品批发；

75. 文具用品批发；

76. 体育用品批发；

77. 其他文化用品批发；

78. 贸易经纪与代理（不含拍卖）；

79. 货物、技术进出口；

80. 零售业（烟草制品零售除外，并且不包括特许经营）；

81. 图书报刊零售；

82. 音像制品及电子出版物零售；

83. 工艺美术品及收藏品零售（文物收藏品零售除外）；

84. 道路货物运输；

85. 其他水上运输辅助活动，具体指港口货物装卸、仓储，港口供应（船舶物料或生活品），港口设施、设备和港口机械的租赁、维修；

86. 装卸搬运和运输代理业（不包括航空客货运代理服务）；

87. 仓储业；

88. 餐饮业；

89. 软件开发；

90. 信息系统集成服务；

91. 信息技术咨询服务；

92. 数据处理和存储服务（仅限于线下的数据处理服务业务）；

93. 租赁业；

94. 社会经济咨询中的经济贸易咨询和企业管理咨询；

95. 广告业（广告发布服务除外）；

96. 知识产权服务（商标代理服务、专利代理服务除外）；

97. 包装服务；

98. 办公服务中的以下项目：标志牌、铜牌的设计、制作服务，奖杯、奖牌、奖章、锦旗的设计、制作服务；

99. 办公服务中的翻译服务；

100. 其他未列明商务服务业中的 2 个项目：公司礼仪服务：开业典礼、庆典及其他重大活动的礼仪服务，个人商务服务：个人形象设计服务、个人活动安排服务、其他个人商务服务；

101. 研究和试验发展（社会人文科学研究除外）；

102. 专业技术服务业；

103. 质检技术服务；

104. 工程技术（规划管理、勘察、设计、监理除外）；

105. 摄影扩印服务；

106. 科技推广和应用服务业；

107. 技术推广服务；

108. 科技中介服务；

109. 污水处理及其再生利用（除环境质量监测、污染源检查服务）；

110. 大气污染治理（除环境质量监测、污染源检查服务）；

111. 固体废物治理（不包括放射性固体废物收集、贮存、处置及环境质量监测、污染源检查服务）；

112. 其他污染治理中的降低噪音服务和其他环境保护服务（除环境质量监测、污染源检查服务）；

113. 市政设施管理（除环境质量监测、污染源检查服务）；

114. 环境卫生管理（除环境质量监测、污染源检查服务）；

115. 洗染服务；

116. 理发及美容服务；

117. 洗浴服务；

118. 居民服务中的婚姻服务（不含婚介服务）；

119. 其他居民服务业；

120. 机动车维修；

121. 计算机和辅助设备修理；

122. 家用电器修理；

123. 其他日用产品修理业；

124. 建筑物清洁服务；

125. 其他未列明服务业：宠物服务（仅限在城市开办）；

126. 体育；

127. 其他室内娱乐活动中的以休闲、娱乐为主的动手制作活动（陶艺、缝纫、绘画等）；

128. 文化娱乐经纪人；

129. 体育经纪人。

特此公告，自发布之日起施行。

工商总局　福建省人民政府

2015 年 12 月 1 日

海关总署关于进出口货物报关单修改和撤销业务无纸化相关事宜的公告

（海关总署公告〔2015〕55号）

为深化海关区域通关一体化改革和通关作业无纸化改革，自即日起，海关总署决定在全国开展进出口货物报关单修改和撤销业务无纸化，现就相关事宜公告如下：

一、进出口货物收发货人或者其代理人（以下统称当事人）符合《中华人民共和国海关进出口货物报关单修改和撤销管理办法》（海关总署令第220号，以下简称《管理办法》）规定情形的，可通过中国电子口岸预录入系统“修撤单办理/确认”功能（以下简称预录入系统）向海关办理进出口货物报关单（以下简称报关单）修改或者撤销手续。

二、对于当事人申请办理报关单修改或者撤销手续的，当事人应在预录入系统录入报关单修改或者撤销相关事项并提交相关材料的电子数据。海关办理后通过预录入系统将办理情况反馈当事人，当事人可通过预录入系统查询已提交的修改或者撤销手续的办理进度。

三、对于海关发现报关单需要修改或者撤销的，海关通过预录入系统向当事人发起报关单修改或者撤销确认。当事人应通过预录入系统及时查询并在5日内向海关确认“同意办理”或者“不同意办理”的意见。

四、按照《管理办法》规定，当事人应当向海关提交相关材料的，原则上通过预录入系统以电子方式上传，文件格式标准参照《通关作业无纸化报关单证电子扫描或转换文件格式标准》（海关总署公告2014年第69号）。

五、当事人通过预录入系统办理报关单修改或者撤销手续的，视同当事人已向海关提交《进出口货物报关单修改/撤销表》或《进出口货物报关单修改/撤销确认书》。

六、海关需要验核纸质材料的，当事人应当提交相关纸质材料。

七、当事人如果遇到预录入系统具体操作问题，可以联系中国电子口岸解决，服务热线：010-95198。

八、自2016年3月1日起，除因计算机、网络系统等技术原因无法通过预录入系统办理报关单修改或者撤销的，海关不再以纸质方式办理报关单修改和撤销业务。

九、自本公告施行之日起，《海关总署关于在部分海关开展进出口货物报关单修改和撤销无纸化试点相关事宜的公告》（海关总署公告〔2015〕48号）同时废止。

特此公告。

海关总署

2015年12月2日

国务院关于加快实施自由贸易区战略的若干意见

（国发〔2015〕69号）

各省、自治区、直辖市人民政府，国务院各部委、各直属机构：

加快实施自由贸易区战略是我国新一轮对外开放的重要内容。党的十八大提出加快实施自由贸易区战略，十八届三中、五中全会进一步要求以周边为基础加快实施自由贸易区战略，形成面向全球的高标准自由贸易区网络。当前，全球范围内自由贸易区的数量不断增加，自由贸易区谈判涵盖议题快速拓展，自由化水平显著提高。我国经济发展进入新常态，外贸发展机遇和挑战并存，“引进来”、“走出去”正面临新的发展形势。加快实施自由贸易区战略是我国适应经济全球化新趋势的客观要求，是全面深化改革、构建开放型经济新体制的必然选择。为加快实施自由贸易区战略，现提出如下意见：

一、总体要求

（一）指导思想。全面贯彻党的十八大和十八届三中、四中、五中全会精神，认真落实党中央、国务院决策部署，按照“四个全面”战略布局要求，坚持使市场在资源配置中起决定性作用和更好发挥政府作用，坚持统筹考虑和综合运用国际国内两个市场、两种资源，坚持与推进共建“一带一路”和国家对外战略紧密衔接，坚持把握开放主动和维护国家安全，逐步构筑起立足周边、辐射“一带一路”、面向全球的高标准自由贸易区网络。

（二）基本原则。

一是扩大开放，深化改革。加快实施更加主动的自由贸易区战略，通过自由贸易区扩大开放，提高开放水平和质量，深度参与国际规则制定，拓展开放型经济新空间，形成全方位开放新格局，开创高水平开放新局面，促进全面深化改革，更好地服务国内发展。

二是全面参与，重点突破。全方位参与自由贸易区等各种区域贸易安排合作，重点加快与周边、“一带一路”沿线以及产能合作重点国家、地区和区域经济集团商建自由贸易区。

三是互利共赢，共同发展。树立正确义利观，兼顾各方利益和关切，考虑发展中经济体和最不发达经济体的实际情况，寻求利益契合点和合作公约数，努力构建互利共赢的自由贸易区网络，推动我国与世界各国、各地区共同发展。

四是科学评估，防控风险。加强科学论证，做好风险评估，努力排除自由贸易区建设中的风险因素。同时，提高开放环境下的政府监管能力，建立健全并严格实施安全审查、反垄断和事中事后监管等方面的法律法规，确保国家安全。

（三）目标任务。近期，加快正在进行的自由贸易区谈判进程，在条件具备的情况下逐步提升已有自由贸易区的自由化水平，积极推动与我国周边大部分国家和地区建立自由贸易区，使我国与自由贸易伙伴的贸易额占我国对外贸易总额的比重达到或超过多数发达国家和新兴经济体水平；中长期，形成包括邻近国家和地区、涵盖“一带一路”沿线国家以及辐射五大洲重要国家的全球自由贸易区网络，使我国大部分对外贸易、双向投资实现自由化和便利化。

二、进一步优化自由贸易区建设布局

（四）加快构建周边自由贸易区。力争与所有毗邻国家和地区建立自由贸易区，不断深化经贸关系，构建合作共赢的周边大市场。

（五）积极推进“一带一路”沿线自由贸易区。结合周边自由贸易区建设和推进国际产能合作，积极同“一带一路”沿线国家商建自由贸易区，形成“一带一路”大市场，将“一带一路”打造成畅通之路、商贸之路、开放之路。

（六）逐步形成全球自由贸易区网络。争取同大部分新兴经济体、发展中大国、主要区域经济集团和部分发达国家建立自由贸易区，构建金砖国家大市场、新兴经济体大市场和发展中国家大市场等。

三、加快建设高水平自由贸易区

（七）提高货物贸易开放水平。坚持进出口并重，通过自由贸易区改善与自由贸易伙伴双向市场准入，合理设计原产地规则，促进对自由贸易伙伴贸易的发展，推动构建更高效的全球和区域价值链。在确保经济安全、产业安全和考虑产业动态发展需要的前提下，稳步扩大货物贸易市场准入。同时，坚持与自由贸易伙伴共同削减关税和非关税壁垒，相互开放货物贸易市场，实现互利共赢。

（八）扩大服务业对外开放。通过自由贸易区等途径实施开放带动战略，充分发挥服务业和服务贸易对我国调整经济结构、转变经济发展方式和带动就业的促进作用。推进金融、教育、文化、医疗等服务业领域有序开放，放开育幼养老、建筑设计、会计审计、商贸物流、电子商务等服务业领域外资准入限制。

加快发展对外文化贸易，创新对外文化贸易方式，推出更多体现中华优秀文化、展示当代中国形象、面向国际市场的文化产品和服务。讲好中国故事、传播好中国声音、阐释好中国特色，更好地推动中华文化“走出去”。吸引外商投资于法律法规许可的文化产业领域，积极吸收借鉴国外优秀文化成果，切实维护国家文化安全。

在与自由贸易伙伴协商一致的基础上，逐步推进以负面清单模式开展谈判，先行先试、大胆探索、与时俱进，积极扩大服务业开放，推进服务贸易便利化和自由化。

（九）放宽投资准入。大力推进投资市场开放和外资管理体制改革，进一步优化外商投资环境。加快自由贸易区投资领域谈判，有序推进以准入前国民待遇加负面清单模式开展谈判。在维护好我国作为投资东道国利益和监管权的前提下，为我国投资者“走出去”营造更好的市场准入和投资保护条件，实质性改善我国与自由贸易伙伴双向投资准入。在自由贸易区内积极稳妥推进人民币资本项目可兑换的各项试点，便利境内外主体跨境投融资。加强与自由贸易伙伴货币合作，促进贸易投资便利化。

（十）推进规则谈判。结合全面深化改革和全面依法治国的要求，对符合我国社会主义市场经济体制建设和经济社会稳定发展需要的规则议题，在自由贸易区谈判中积极参与。参照国际通行规则及其发展趋势，结合我国发展水平和治理能力，加快推进知识产权保护、环境保护、电子商务、竞争政策、政府采购等新议题谈判。知识产权保护方面，通过自由贸易区建设，为我国企业“走出去”营造更加公平的知识产权保护环境，推动各方完善知识产权保护制度，加大知识产权保护和执法力度，增强企业和公众的知识产权保护意识，提升我国企业在知识产权保护领域的适应和应对能力。环境保护方面，通过自由贸易区建设进一步加强环境保护立法和执法工作，借鉴国际经验探讨建立有关环境影响评价机制的可行性，促进贸易、投资与环境和谐发展。电子商务方面，通过自由贸易区建设推动我国与自由贸易伙伴电子商务企业的合作，营造对彼此有利的电子商务规则环境。竞争政策方面，发挥市场在资源配置中的决定性作用，通过自由贸易区建设进一步促进完善我国竞争政策法律环境，构建法治化、国际化的营商环境。政府采购方面，条件成熟时与自由贸易伙伴在自由贸易区框架下开展政府采购市场开放谈判，推动政府采购市场互惠对等开放。

（十一）提升贸易便利化水平。加强原产地管理，推进电子联网建设，加强与自由贸易伙伴原产地电子数据交换，积极探索在更大范围实施经核准出口商原产地自主声明制度。改革海关监管、检验检疫等管理体制，加强关检等领域合作，逐步实现国际贸易“单一窗口”受理。简化海关通关手续和环节，加速放行低风险货物，加强与自由贸易伙伴海关的协调与合作，推进实现“经认证经营者”互认，提升通关便利化水平。提高检验检疫效率，实行法检目录动态调整。加快推行检验检疫申报无纸化，完善检验检疫电子证书联网核查，加强与自由贸易伙伴电子证书数据交换。增强检验检疫标准和程序的透明度。

（十二）推进规制合作。加强与自由贸易伙伴就各自监管体系的信息交换，加快推进在技术性贸易壁垒、卫生与植物卫生措施、具体行业部门监管标准和资格等方面的互认，促进在监管体系、程序、方法和标准方面适度融合，降低贸易成本，提高贸易效率。

（十三）推动自然人移动便利化。配合我国“走出去”战略的实施，通过自由贸易区建设推动自然人移动便利化，为我国境外投资企业的人员出入境提供更多便利条件。

（十四）加强经济技术合作。不断丰富自由贸易区建设内涵，适当纳入产业合作、发展合作、全球价值链等经济技术合作议题，推动我国与自由贸易伙伴的实合作。

四、健全保障体系

（十五）继续深化自由贸易试验区试点。上海等自由贸易试验区是我国主动适应经济发展新趋势和国际经贸规则新变化、以开放促改革促发展的试验田。可把对外自由贸易区谈判中具有共性的难点、焦点问题，在上海等自由贸易试验区内先行先试，通过在局部地区进行压力测试，积累防控和化解风险的经验，探索最佳开放模式，为对外谈判提供实践依据。

（十六）完善外商投资法律法规。推动修订中外合资经营企业法、中外合作经营企业法和外资企业法，研究制订新的外资基础性法律，改革外商投资管理体制，实行准入前国民待遇加负面清单的管理模式，完善外商投资国家安全审查制度，保持外资政策稳定、透明、可预期。

（十七）完善事中事后监管的基础性制度。按照全面依法治国的要求，以转变政府职能为核心，在简政放权的同时，加强事中事后监管，通过推进建立社会信用体系、信息共享和综合执法制度、企业年度报告公示和经营异常名录制度、社会力量参与市场监督制度、外商投资信息报告制度、外商投资信息公示平台、境外追偿保障机制等，加强对市场主体“宽进”以后的过程监督和后续管理。

（十八）继续做好贸易救济工作。在扩大产业开放的同时，有效运用世贸组织和自由贸易协定的合法权利，依法开展贸易救济调查，加大对外交涉力度，维护国内产业企业合法权益。强化中央、地方、行业协会商会、企业四体联动的贸易摩擦综合应对机制，指导企业做好贸易摩擦预警、咨询、对话、磋商、诉讼等工作。

（十九）研究建立贸易调整援助机制。在减少政策扭曲、规范产业支持政策的基础上，借鉴有关国家实践经验，研究建立符合世贸组织规则和我国国情的贸易调整援助机制，对因关税减让而受到冲击的产业、企业和个人提供援助，提升其竞争力，促进产业调整。

五、完善支持机制

（二十）完善自由贸易区谈判第三方评估制度。参照我国此前自由贸易区谈判经验，借鉴其他国家开展自由贸易区谈判评估的有益做法，进一步完善第三方评估制度，通过第三方机构对自由贸易区谈判进行利弊分析和风险评估。

（二十一）加强已生效自由贸易协定实施工作。商务部要会同国内各有关部门、地方政府，综合协调推进协定实施工作。优化政府公共服务，全面、及时提供有关自由贸易伙伴的贸易、投资及其他相关领域法律法规和政策信息等咨询服务。加强地方和产业对自由贸易协定实施工作的参与，打造协定实施的示范地区和行业。特别要加强西部地区和有关产业的参与，使自由贸易区建设更好地服务西部地区经济社会建设，促进我国区域协调发展。做好宣传推介，定期开展评估和分析，查找和解决实施中存在的问题，不断挖掘协定潜力，研究改进实施方法，提升企业利用自由贸易协定的便利性，提高协定利用率，用足用好优惠措施。

（二十二）加强对自由贸易区建设的人才支持。增强自由贸易区谈判人员配备，加大对外谈判人员教育培训投入，加强经济外交人才培养工作，逐步建立一支政治素质好、全局意识强、熟悉国内产业、精通国际经贸规则、外语水平高、谈判能力出色的自由贸易区建设领导、管理和谈判人才队伍。积极发挥相关领域专家的作用，吸收各类专业人士参与相关谈判的预案研究和政策咨询。

六、加强组织实施

加快实施自由贸易区战略是一项长期、涉及面广的系统工作，各有关方面要加强协调，形成合力。商务部要会同相关部门研究制订加快实施自由贸易区战略的行动计划，建立协调工作机制。地方各级人民政府要结合本地实际，围绕实施自由贸易区战略推进地方相关工作，调动有关企业充分利用自由贸易协定的积极性，提高协定利用率。

国务院

2015 年 12 月 6 日

国务院关税税则委员会关于实施中国—韩国、中国—澳大利亚自由贸易协定协定税率的通知

（税委会〔2015〕25 号）

海关总署：

中国—韩国、中国—澳大利亚自由贸易协定关税减让方案已经国务院关税税则委员会第六次全体会议审议通过，并报国务院批准，决定自 2015 年 12 月 20 日起实施中国—韩国、中国—澳大利亚自由贸易协定第一年税率，自 2016 年 1 月 1 日起实施第二年税率。

特此通知。

附件：1. 中国—韩国、中国—澳大利亚自由贸易协定 2015 年协定税率表

2. 中国—韩国、中国—澳大利亚自由贸易协定 2016 年协定税率表

国务院关税税则委员会

2015 年 12 月 10 日

注：附件内容详见中华人民共和国财政部网站（点击“政务信息”—“政策发布”）。

海关总署关于市场采购贸易方式扩大试点的公告

（海关总署公告〔2015〕67号）

根据《国务院办公厅关于促进进出口稳定增长的若干意见》（国办发〔2015〕55号），市场采购贸易试点范围已扩大到江苏省海门叠石桥国际家纺城和浙江省海宁皮革城。为进一步促进市场采购贸易的健康稳定发展，规范对市场采购贸易的管理，根据《海关总署关于市场采购贸易监管办法及其监管方式有关事宜的公告》（海关总署公告〔2014〕54号，以下简称“54号公告”），现将海关监管方式“市场采购”（代码：1039）适用范围扩大到江苏省海门叠石桥国际家纺城和浙江省海宁皮革城内采购的出口商品，海关监管相关事宜按照54号公告第一项到第十项规定办理。

上述公告内容在江苏省海门叠石桥国际家纺城、浙江省海宁皮革城市场采购商品认定体系、涵盖市场采购贸易各方经营主体和贸易全流程的市场综合管理系统验收合格后正式实施，具体实施日期由南京海关、杭州海关另行发布。市场采购贸易海关监管办法具体实施细则由南京海关、杭州海关负责制定实施。

自“市场采购”（1039）监管方式正式实施之日起6个月后，实施地区不再使用“旅游购物”（0139）监管方式。

特此公告。

海关总署

2015年12月21日

海关总署关于2016年关税实施方案的公告

（海关总署公告〔2015〕69号）

经国务院批准，《2016年关税实施方案》自2016年1月1日起实施。现将有关情况公告如下：

一、进口关税调整

（一）最惠国税率。

1. 对冻格陵兰庸鲽鱼等部分进口商品实施暂定税率（见附件1）；

2. 对冻的整只鸡等46种商品继续实施从量税或复合税（见附件2）；

3. 对小麦等8类47个税目的商品实施关税配额管理，税率不变（见附件3）；

4. 对10个非全税目信息技术产品继续实行海关核查管理（见附件4）；

5. 其他最惠国税率维持不变。

（二）协定税率。

根据我国与有关国家或地区签署的贸易或关税优惠协定，对有关国家或地区实施协定税率（见附件5、附件6、附件7）。

（三）特惠税率。

根据我国与有关国家或地区签署的贸易或关税优惠协定、双边换文情况以及国务院有关决定，对有关国家继续实施特惠税率，特惠税率的商品范围和税率水平维持不变。（见附件7）。

（四）普通税率维持不变。

二、出口关税调整

降低高纯生铁等商品出口关税，对磷酸等商品不再征收出口关税。调整后征收出口关税的商品见附件 8。

三、税则税目调整

根据国内需要对部分税则税目进行调整。调整后，2016 年《中华人民共和国进出口税则》税目数共计 8294 个（见附件 9）。

四、其他事项

《中华人民共和国进出口税则》(2016 年版)、《中华人民共和国海关统计商品目录》(2016 年版)、《中华人民共和国海关进出口商品规范申报目录》(2016 年版)将由中国海关出版社对外发行。海关总署已公布的《中华人民共和国海关总署商品归类决定》、《中华人民共和国海关进出口税则本国子目注释》按照本公告附件 9 的内容对照执行。

特此公告。

附件：1. 进口商品暂定税率表

2. 进口商品从量税及复合税税率表

3. 关税配额商品进口税率表

4. 非全税目信息技术产品税率表

5. 中国—韩国、中国—澳大利亚自由贸易协定 2016 年协定税率表

6. 2016 年实施进一步降税的自由贸易协定协定税率表

7. 2016 年不实施进一步降税的自由贸易协定协定税率及特惠税率表

8. 出口商品税率表

9. 进出口税则税目调整表

海关总署

2015 年 12 月 28 日

注：附件内容详见中华人民共和国海关总署网站（海关规范性文件—关税征收管理类）。

对外投资篇

商务部、国家统计局、国家外汇管理局关于印发《对外直接投资统计制度》的通知

（商合函〔2015〕6号）

各省、自治区、直辖市、计划单列市及新疆生产建设兵团商务主管部门，统计局、外汇局，有关企业、单位：

根据《部门统计调查管理暂行办法》（国家统计局令1999年第4号）的规定，商务部、国家统计局、国家外汇管理局结合近两年我国对外投资的实际及特点，并按照经济合作与发展组织（OECD）《关于外国直接投资基准定义》（第四版，以下简称定义）的相关要求，对2012年12月印发的《对外直接投资统计制度》进行了修订和补充，主要调整内容如下：

一、对统计指标名称进行了规范。按照定义要求，将对外直接投资构成中的“股本”调整为“股权”，“利润再投资”调整为“收益再投资”，“其他投资”调整为“债务工具”。

二、将“境内投资者与境外企业间投资、收益分配情况”表拆分为“对外直接投资流量、存量情况”表（FDIN3表）和“对外直接投资收入情况”表（FDIN5表），并将“对外直接投资收入情况”中相关指标及内容根据定义进行了调整。

三、增加反映境内投资者与境外成员企业间债务工具情况的“成员企业间债务工具情况”年报表（FDIN4表）。

四、增加反映境内投资者通过境外企业最终返程投资到中国内地企业的“境外企业返程投资情况”年报表（FDIN7表）。

五、增加反映我国文化及相关产业对外投资情况的年报表（FDIN10表）和月报表（FDIY6表）。

六、增加按投资方式分组的对外直接投资月报表（FDIY2 表）。

七、将“境外企业基本情况”表（FDIN2 表）的统计对象由全部境外企业调整为中方控股 50% 以上的境外企业。

八、将“金融业对外直接投资情况”表（FDI 金融 Y1 表、FDI 金融 Y2 表）的报告期由季度调整为月度。

九、根据基准定义，将“对外直接投资月度情况”表（FDIY1 表）中实现直接投资的方式由“新设、收购、股权置换”调整为“新设、并购、增资、财务重组”，同时加入“境内投资者对境外成员企业的直接投资”；在“对外投资并购基本事项”表（FDIY3 表）中增加“并购后中方所占股权金额”指标。

十、对国家（地区）的统计界定作如下修改：对外直接投资的国家（地区）按首个投资目的国家（地区）进行统计。如果直接投资的首个流入国家（地区）是英属维尔京、开曼群岛、百慕大群岛，需将下一个有实体境外企业（有雇员、办公室）存在的国家（地区）作为直接投资的国家（地区）进行统计，但当下属实体企业是中国大陆企业时，应将英属维尔京、开曼群岛、百慕大群岛作为首个投资目的国家（地区）进行统计。

十一、在统计原则的界定中增加了分支机构的界定。

十二、取消了附录中“关于统计机构和统计人员及统计奖惩办法的说明”，增加国家统计局 2012 年发布的“文化及相关产业分类”（附录五）。

现将修订后的《对外直接投资统计制度》印发给你们，自 2015 年 1 月 1 日起施行。《商务部国家统计局　国家外汇管理局关于印发〈对外直接投资统计制度〉的通知》（商合函〔2012〕1129 号）同时废止。

附件：对外直接投资统计制度

商务部

国家统计局

国家外汇管理局

2015 年 1 月 8 日

附件

对外直接投资统计制度

商　　务　　部

国　家　统　计　局

国　家　外　汇　管　理　局

本报表制度根据《中华人民共和国统计法》有关规定制定

《中华人民共和国统计法》第七条规定：国家机关、企业事业单位和其他组织以及个体工商户和个人等统计调查对象，必须依照本法和国家有关规定，真实、准确、完整、及时地提供统计调查所需的资料，不得提供不真实或者不完整的统计资料，不得迟报、拒报统计资料。

《中华人民共和国统计法》第九条规定：统计机构和统计人员对在统计工作中知悉的国家秘密、商业秘密和个人信息，应当予以保密。

目　录

一、总说明

（一）为准确、及时、全面地反映我国对外直接投资的实际情况，科学、有效地组织全国对外直接投资统计工作，充分发挥统计咨询、监督作用，依照《中华人民共和国统计法》，特制定本制度。

（二）对外直接投资统计的基本任务是通过统计调查、统计分析和提供统计资料，全面、准确、及时地反映我国对外直接投资的全貌，为国家分析境外投资发展趋势，监测宏观运行，制定促进导向政策和实施监督管理，以及建立我国资本项目预警机制提供依据。

（三）本制度适用于所有发生对外直接投资活动的境内机构和个人（以下简称境内投资者）。

（四）本制度所称对外直接投资是指我国境内投资者以现金、实物、无形资产等方式在国外及港澳台地区设立、参股、兼并、收购国（境）外企业，拥有该企业 10% 或以上的股权，并以拥有或控制企业的经营管理权为核心的经济活动。

（五）对外直接投资统计实行统一领导，分级管理，逐级报送。

1. 商务部根据国家统计局的统一要求，负责全国对外直接投资的统计工作，管理各省、自治区、直辖市及计划单列市商务主管部门和中央企业的对外直接投资统计工作，综合编制、汇总全国对外直接投资统计资料。

2. 国家外汇管理局（以下简称外汇局）负责全国金融业的对外直接投资统计工作，管理金融业境内投资者的对外直接投资统计工作，综合编制、汇总并向商务部提供金融领域的对外直接投资统计资料。

3. 各省级商务主管部门负责本行政区域内对外直接投资统计工作，管理本行政区域内非金融业境内投资者（不包括该行政区域内中央管理的企业，下同）的对外直接投资统计工作，综合编制、汇总并向商务部报送本行政区域内的对外直接投资统计资料。

4. 境内投资者负责管理本单位的对外直接投资统计工作，按照本制度规定的表式搜集其境外直接投资企业的统计资料，综合编制、汇总并向省级商务主管部门、商务部或外汇局报送本单位的统计资料。

（六）对外直接投资统计的范围主要包括境内投资者通过直接投资方式在境外拥有或控制 10% 或以上投票权或其他等价利益的各类公司型和非公司型的境外直接投资企业（以下简称境外企业）。

境外企业按设立的方式主要分为境外子公司、联营公司和分支机构。

对外直接投资统计的内容主要包括：境内投资者的基本情况；境外企业的基本情况；对外直接投资流量、存量情况；成员企业间债务工具情况；对外直接投资收入情况；通过境外企业实现的货物进出口情况；通过境外企业再投资情况；境外企业返程投资情况；境外主要作物种植情况；文化及相关产业对外投资情况；对外直接投资月度投资情况；对外投资并购情况；农业对外投资合作情况；境外经济贸易合作区情况等。

（七）对外直接投资统计的指标主要包括：对外直接投资额；对外直接投资流量；年末对外直接投资存量；反向投资额；股权；收益再投资；债务工具；资产总额；负债总额；所有者权益；实收资本；销售（营业）收入；利润总额；年末从业人数；境内投资者通过境外企业实现的出口额；境内投资者通过境外企业实现的进口额；对所在国缴纳的税金总额等。

（八）本制度采用定期填报统计报表方式，收集、整理统计资料。调查表分为年度报表和月度报表。

商务部、国家统计局和外汇局根据需要对重点统计调查项目采取典型调查方式，收集、整理统计资料，具体办法另文制定。

对外直接投资统计报表报送渠道：

1. 境内投资者为中央企业、单位的，直接向商务部报送统计报表。

2. 境内投资者为金融企业（包括银行、保险公司、证券公司、基金公司、信托公司、财务公司等）的，直接向外汇局报送统计报表。

3. 其他境内投资者向所在地省级商务主管部门报送统计报表。

4. 各省级商务主管部门汇总本行政区域内（不包括中央企业）的统计资料并上报商务部，同时抄送同级统计部门。

5. 外汇局负责收集、审核、汇总金融业境内投资者的统计资料，向商务部提供金融部分对外直接投资统计资料。

6. 商务部负责汇总全行业对外直接投资统计资料并报国家统计局，同时共享外汇局使用。

境内投资者对外直接投资涉及的所有境外企业均按 1、2、3 渠道报送。

（九）对外直接投资统计数据采取定期公布制度。对外投资合作业务管理中使用的以及对外提供的统计资料，以商务部、国家统计局和外汇局公布的统计资料为准。

年度统计数据由商务部、国家统计局和外汇局于次年 9 月 30 日前以统计公报形式对外公布，月度统计数据由商务部于月后 30 日内通过政府网站或新闻发布会形式对外公布，并自公布之日起 10 日内报国家统计局备案。每年 1 季度，商务部根据月度统计数据生成年度对外直接投资统计初步数据，同比计算基期为上年度统计初步数据。

对外公布的对外直接投资月度统计数据包括商务部根据上年度收益再投资测算的月度收益再投资，商务部根据测算比例将月度收益再投资分摊到有关行业、地区、省份等。

商务部、国家统计局和外汇局可根据对外直接投资实际情况对本年月度数据及上年度年报数据予以调整，年度最终数据以统计公报公布的数据为准。

（十）逢国家法定的节假日，统计报表的报送时间顺延。

（十一）本制度使用的国别（地区）统计代码，按海关总署制定的《国别（地区）统计代码》执行。

法人单位代码按各级技术监督部门颁发的《中华人民共和国组织机构代码证书》代码填报。

境内投资者所属行业类别按国家统计局发布的中华人民共和国《国民经济行业分类》（GB/T 4754—2011）执行，境外企业所属行业类别参照执行。

文化及相关产业分类按照国家统计局 2012 年发布的《文化及相关产业分类》执行。

二、统计报表目录

表号	表名	报告期别	统计范围	报送、提供单位	报送、提供日期及方式	页码
（一）综合报表						
FDI 金融 N1 表	金融业境内投资者对外直接投资流量和存量（按国别地区分组）	年报	全部金融业境内投资者	国家外汇管理局	年后 7 月 20 日前向商务部提供，纸介质	11
FDI 金融 N2 表	金融业境内投资者对外直接投资流量和存量（按国民经济行业分组）	年报	同上	同上	同上	12
FDI 金融 N3 表	金融业境内投资者拥有的境外企业基本情况	年报	同上	同上	同上	13
FDI 金融 Y1 表	金融业对外直接投资情况（按国别地区分组）	月报	同上	同上	月后 15 日前向商务部提供，纸介质	14
FDI 金融 Y2 表	金融业对外直接投资情况（按国民经济行业分组）	月报	同上	同上	同上	15
（二）基层报表						
FDIN1 表	境内投资者基本情况	年报	全部非金融业境内投资者	非金融业境内投资者	年后 6 月 20 日前报省级商务主管部门或商务部，网络传输	16
FDIN2 表	境外企业基本情况	年报	同上	同上	同上	17
FDIN3 表	对外直接投资流量、存量情况	年报	同上	同上	同上	18
FDIN4 表	成员企业间债务工具情况	年报	同上	同上	同上	19
FDIN5 表	对外直接投资收入情况	年报	同上	同上	同上	20
FDIN6 表	境内投资者通过境外企业再投资情况	年报	同上	同上	同上	21
FDIN7 表	境外企业返程投资情况	年报	同上	同上	同上	22
FDIN8 表	通过境外企业实现的货物进出口情况	年报	同上	同上	同上	23

（续）

表号	表名	报告期别	统计范围	报送、提供单位	报送、提供日期及方式	页码
FDIN9 表	境外主要作物种植情况	年报	同上	同上	同上	24
FDIN10 表	文化及相关产业对外投资基本情况	年报	同上	同上	同上	25
FDIY1 表	对外直接投资月度情况（按出资方式分组）	月报	同上	同上	月后 10 日内报省级商务主管部门或商务部，网络传输	27
FDIY2 表	对外直接投资月度情况（按投资构成分组）	月报	同上	同上	同上	28
FDIY3 表	对外投资并购基本事项	月报	同上	同上	同上	29
FDIY4 表	农业对外投资合作情况	月报	同上	同上	同上	30
FDIY5 表	境外经济贸易合作区情况	月报	同上	同上	同上	31
FDIY6 表	文化及相关产业对外直接投资月度情况	月报	同上	同上	同上	32

三、调查表式

（一）综合报表

金融业境内投资者对外直接投资流量和存量（按国别地区分组）

表　　号：FDI 金融 N1 表
制定机关：商务部
　　　　　国家统计局
　　　　　国家外汇管理局
文　　号：商合函〔2015〕6 号
有效期限：两年
计量单位：万美元、家

综合机关：国家外汇管理局　　　　20　　年

	境外企业家数	当年流量			年末存量		
		总额	新增股权	当期收益再投资	总额	股权	收益再投资
甲	1	2	3	4	5	6	7
合计							
一、金融业							
亚洲							
** 国家（地区）							
……							
……							
二、非金融业							
亚洲							
** 国家（地区）							
……							
……							

填报人：　　　　单位负责人：　　　　联系电话：　　　　报出日期：20　年　月　日

说明：1. 本表综合反映报告年度我国金融业（包括银行业、证券业、保险业等）对外直接投资的国家地区分布情况。
2. 本表由国家外汇管理局于年后 7 月 20 日前向商务部提供。
3. 国家（地区）代码见附录三。

金融业境内投资者对外直接投资流量和存量（按国民经济行业分组）

表　　号：FDI 金融 N2 表
制定机关：商务部
　　　　　国家统计局
　　　　　国家外汇管理局
文　　号：商合函〔2015〕6 号
有效期限：两年
计量单位：万美元

综合机关：国家外汇管理局　　　　20　　年

指标 行业	当年流量			年末存量		
	总额	新增股权	当期收益再投资	总额	股权	收益再投资
甲	1	2	3	4	5	6
合计						
一、金融业						
银行业						
证券业						
保险业						
其他金融活动						
二、非金融业						
按国民经济行业分组						

填报人：　　　　单位负责人：　　　　联系电话：　　　　报出日期：20　年　月　日

说明：1. 本表综合反映报告年度我国金融业（包括银行业、证券业、保险业等）对外直接投资行业分布情况。
2. 本表由国家外汇管理局于年后 7 月 20 日前向商务部提供。
3. 行业分组见附录一。

金融业境内投资者拥有的境外企业基本情况

表　　号：FDI 金融 N3 表
制定机关：商务部
　　　　　国家统计局
　　　　　国家外汇管理局
文　　号：商合函〔2015〕6 号
有效期限：两年

综合机关：国家外汇管理局　　　　20　　年　　　　计量单位：万美元、家、人

指标 行业 / 国家（地区）	境外企业家数	资产总额	负债总额	所有者权益	实收资本	利润总额	对所在国缴纳的税金总额	年末从业人员数	其中：中方
甲	1	2	3	4	5	6	7	8	9
合计									
一、金融业									
亚洲									
** 国家（地区）									
……									
……									
二、非金融业									
亚洲									
** 国家（地区）									
……									
……									

填报人：　　　　单位负责人：　　　　联系电话：　　　　报出日期：20　年　月　日

说明：1. 本表综合反映报告年度我国金融业（包括银行业、证券业、保险业等）对外直接投资者的基本情况和经营活动情况。

2. 本表由国家外汇管理局于年后 7 月 20 日前向商务部提供。

金融业对外直接投资情况
（按国别地区分组）

表　　号：FDI 金融 Y1 表
制定机关：商务部
　　　　　国家统计局
　　　　　国家外汇管理局
文　　号：商合函〔2015〕6 号
有效期限：两年

综合机关：国家外汇管理局　　20　年　1–　月　　计量单位：万美元

指标 行业 / 国家（地区）	直接投资额	其中：新增股权
甲	1	2
合计		
一、金融业		
亚洲		
** 国家（地区）		
非洲		
** 国家（地区）		
欧洲		
** 国家（地区）		
……		
……		
二、非金融业		
亚洲		
** 国家（地区）		
非洲		
** 国家（地区）		
欧洲		
** 国家（地区）		
……		

填报人：　　单位负责人：　　联系电话：　　报出日期：20　年　月　日

说明：1. 本表综合反映报告期我国金融业（包括银行业、证券业、保险业等）境内投资者对外直接投资的国家地区分布情况。
2. 本表由国家外汇管理局于月后 15 日内向商务部提供。

金融业对外直接投资情况
（按国民经济行业分组）

表　　号：FDI 金融 Y2 表
制定机关：商务部
国家统计局
国家外汇管理局
文　　号：商合函〔2015〕6 号
有效期限：两年
综合机关：国家外汇管理局　　20　年　1-　月　　计量单位：万美元

指标 行业	直接投资额	其中：新增股权
甲	1	2
合计		
一、金融业		
银行业		
证券业		
保险业		
其他金融活动		
二、非金融业		
按国民经济经济行业分组		

填报人：　　单位负责人：　　联系电话：　　报出日期：20　年　月　日

说明：1. 本表综合反映报告期我国金融业（包括银行业、证券业、保险业等）境内投资者对外直接投资的行业分布情况。

2. 本表由国家外汇管理局于月后 15 日内向商务部提供。

3. 行业类别见附录一。

（二）基层报表

境内投资者基本情况

表　　号：FDIN1 表
制定机关：商务部
　　　　　国家统计局
　　　　　国家外汇管理局
文　　号：商合函〔2015〕6 号
有效期限：两年
计量单位：人民币千元、千人、个

企业（单位）名称：
组织机构代码：□□□□□□□□—□
单位所属行业代码：

企业登记注册类型：

20　　年

指标	代码	数值
甲	乙	1
资产总额	1	
负债总额	2	
所有者权益总额	3	
营业收入总额	4	
利润总额	5	
年末从业人员数	6	
年末境外企业个数	7	
其中：子公司	8	
联营公司	9	
分支机构	10	

填报人：　　单位负责人：　　联系电话：　　报出日期：20　年　月　日

说明：1. 本表反映报告年度拥有境外企业的境内投资者基本情况，由该境内投资者填报。
2. 本表由非金融业境内投资者于年后 6 月 20 日前报当地省级商务主管部门或商务部。
3. 组织机构代码：组织机构代码是对中华人民共和国内依法注册、依法登记的机关、企、事业单位、社会团体和民办非企业单位颁发一个在全国范围内唯一的、始终不变的代码标识。该代码由八位无属性的数字和一位校验码组成，标识在各级技术监督部门颁发的《中华人民共和国组织机构代码证书》上，填报时按其规定的法人单位代码填写。
4. 单位所属行业代码（见附录一）。
5. 企业登记注册类型：根据单位生产资料所有制性质和国家有关法规性文件对企业进行的分类。其中企业按在工商行政管理部门登记注册的经济性质填写，行政事业单位参照该标准填写（见附录二）。
6. 资产总额、负债总额、所有者权益总额：分别根据填报单位企业年终会计报表“资产负债表”中“资产总额”、“负债总额”、“所有者权益总额”项目的年末数填列。
7. 营业收入总额、当年利润总额：分别根据填报单位企业年终会计报表“损益表”中“营业收入总额”、“当年利润总额”项目的数值填列。

8. 年末从业人员数：是指年末境内投资者所有登记在册的从业人员，但不包括境外企业的从业人员。

9. 年末境外直接投资企业个数：指填报单位在报告年度年末直接拥有或控制 10% 或以上的投票权（对公司型企业）或其他等价利益（对非公司型企业）的境外企业数目。

10. 境内投资者可将境外企业基本信息采集表（见附录四）发放至下属境外企业填报涉及对外直接投资统计内容。

境外企业基本情况

企业（单位）名称：	表　　号：FDIN2 表
组织机构代码：□□□□□□□□—□	制定机关：商务部 国家统计局 国家外汇管理局
单位所属行业代码：	文　　号：商合函〔2015〕6 号
企业登记注册类型：	有效期限：两年
20　年	计量单位：万美元、人

指标 境外企业名称	所在国家（地区）及城市	设立日期	设立方式	行业类别	当前状态	中方持股比例（%）	年末从业人员数	其中：中方
甲	乙	丙	丁	戊	己	1	2	3
合计 ** 境外企业 ** 境外企业								

续表

资产总额	负债总额	对境内投资者的负债	所有者权益	实收资本（中方）	未分配利润	销售（营业）收入总额	利润总额	对所在国缴纳税金总额
4	5	6	7	8	9	10	11	12

填报人：　　　　单位负责人：　　　　联系电话：　　　　报出日期：20　年　月　日

说明：1. 本表综合反映报告年度非金融业境内投资者所拥有的中方控股在 50% 以上境外企业（包括金融业）的基本情况和经营活动情况，由境内投资者负责收集、汇总数据并予以填报。若中方控股在 50% 以上的境外企业由多家境内投资者构成，则由中方持股比例最大的境内投资者填报。

2. 本表由非金融业境内投资者于年后 6 月 20 日前报当地省级商务主管部门或商务部。

3. 所在国家（地区）及城市：指境外企业注册登记所在的国家和城市（国别地区代码见附录三）。

4. 设立日期和行业代码：设立日期指境外企业的实际设立日期；行业类别（见附录一）。

5. 设立方式：指境内投资者设立的子公司、联营公司和分支机构（含办事处、代表处等）。

6. 当前状态：指境外企业年末时点的存在状态，包括：筹备设立、正在经营、暂停经营和撤（注）销。

7. 中方持股比例：指境外企业章程中所注明的中方持有的股份（百分数）。

8. 资产总额、负债总额、所有者权益总额：分别根据境外企业年度合并会计报表“资产负债表”中“资产总额”、“负债总额”、“所有者权益总额”、“未分配利润”填报；实收资本是指中方所拥有的部分。

9. 营业收入、利润总额：分别根据境外企业年度会计报表“损益表”中“营业收入总额”、“利润总额”项目的数值填列。

对外直接投资流量、存量情况

表　　号：FDIN3 表
制定机关：商务部
国家统计局
国家外汇管理局
文　　号：商合函〔2015〕6 号
有效期限：两年
计量单位：万美元、人

企业（单位）名称：
组织机构代码：□□□□□□□□—□
单位所属行业代码：

企业登记注册类型：

20　　年

指标 境外企业名称	所在国家（地区）及城市	设立日期	设立方式	行业类别	当前状态	中方持股比例（%）	年末从业人员数	其中：中方
甲	乙	丙	丁	戊	己	1	2	3
合计 ** 境外企业 ** 境外企业								

续表

当期对外直接投资						年末对外直接投资					
流量	总额				反向投资额	存量	总额				累计反向投资额
		新增股权	当期收益再投资	新增债务工具				股权	收益再投资	债务工具	
4	5	6	7	8	9	10	11	12	13	14	15

说明：1. 本表综合反映报告年度境内投资者与其拥有的各境外企业（中方持股≥ 10%）之间的投资往来情况。
2. 本表由非金融业境内投资者于年后 6 月 20 日前报省级商务主管部门或商务部。
3. 债务工具：指境内投资者和境外子公司、分支机构以及联营公司之间的债务交易等，包括境内投资者与境外子公司、联营公司和分支机构的借贷款、应收和应付款项、债务证券等。
4. 对外直接投资流量 4 栏 =5 栏 −9 栏
5. 累计对外直接投资存量：10 栏 =11 栏 −15 栏

成员企业间的债务工具情况

表　　号：FDIN4 表

企业（单位）名称：　　　　　　　　　　　　　　制定机关：商务部

组织机构代码：□□□□□□□□—□　　　　　　　　国家统计局

单位所属行业代码：　　　　　　　　　　　　　　　　国家外汇管理局

文　　号：商合函〔2015〕6 号

企业登记注册类型：　　　　　　　　　　　　　　有效期限：两年

20　　年　　　　　　　　计量单位：万美元

指标 境外企业名称	所在国家（地区）及城市	行业类别	中方持股比例（%）	境外成员企业的母公司名称	本企业对境外成员企业的债务工具投资		境外企业对本企业的债务工具	
					当期新增债务工具	年末债务工具	当期新增债务工具	年末债务工具
甲	乙	丙	1	丁	2	3	4	5
合计 ** 境外成员企业 ** 境外成员企业								

说明： 1. 本表综合反映报告期境内投资者与境外成员企业间提供各种债务工具的投资情况，是境内投资者对外直接投资的一部分。

2. 本表由非金融业境内投资者于年后 6 月 20 日前报省级商务主管部门或商务部。
3. 成员企业：指企业间互相不持有股份，但为同一企业所影响，则这些企业称为成员企业。只要企业间存在直接或间接地有一个共同的母公司，这些企业即成为成员企业。
4. 境外成员企业：与境内投资者互为成员企业的境外企业。
5. 本企业对境外成员企业的债务工具投资：指境内投资者向境外成员企业提供的各种债务工具的总和。包括境内投资者提供给境外成员企业的贷款、应向境外成员企业收取的贸易信贷款项等。
6. 境外成员企业对本企业的债务工具投资：指境外成员企业为境内投资者提供的各种贷款、贸易信贷、债券等。
7. 当期新增债务工具：指本年度境内投资者与境外成员企业间的新增的债务金额。
8. 年末债务工具：指报告年度末境内投资者与境外成员企业间的累计债务金额。

对外直接投资收入情况

表　　号：FDIN5 表
制定机关：商务部
国家统计局
国家外汇管理局
文　　号：商合函〔2015〕6 号
有效期限：两年
计量单位：万美元

企业（单位）名称：
组织机构代码：□□□□□□□□—□
单位所属行业代码：

企业登记注册类型：

20　　年

指标 / 境外企名称	对外直接投资收入总额	权益收入				债务收入		
		总额	已分配收益	再投资收益	对境外企业分配的反向投资收益（减项）	总额	应收利息	应付境外企业或境外成员企业利息（减项）
甲	1	2	3	4	5	6	7	8
合计								
一、来自境外企业的收入								
** 境外企业								
** 境外企业								
二、来自成员企业间的收入								
** 境外成员企业								
** 境外成员企业								

填报人：　　　　单位负责人：　　　　联系电话：　　　　报出日期：20　年　月　日

说明：1. 本表综合反映报告年度境内投资者对外直接投资收入总体构成情况。

2. 本表由非金融业境内投资者于年后 6 月 20 日前报省级商务主管部门或商务部。

3. 对外直接投资收入：是境内投资者对外直接投资回报的一部分，包括权益投资所得净值加上境内投资者与对外直接投资企业、境外成员企业间的债务收入净值。1 栏 =2 栏 +6 栏

4. 权益收入：是境内投资者投资境外企业股权部分的回报，是境内投资者在境外企业当期所得的占比（基于股权比例）扣除境外企业对境内投资者反向投资收益的净值，包括已分配投资收益和再投资收益。已分配投资收益包括红利和已分配分支机构利润；再投资收益 =（利润 － 已付红利）× 股权比重。2 栏 =3 栏 +4 栏 −5 栏

5. 债务收入即来源于境内投资者与境外企业及境外成员企业间贷款、贸易信贷和其他债务形式的利息收入的净值。应收利息包括报告期境内投资者向境外企业及境外成员企业提供的债务工具的应计利息收入，无论是否支付。应付境外企业利息指境外企业对境内投资者持股比例低于 10% 的投资中涉及债务工具的应付利息，应付境外企业成员利息指境外成员企业给境内投资者提供的债务工具应计利息，无论是否支付。6 栏 =7 栏 −8 栏

6. 如果境外企业不存在对境内投资者的反向投资(即对境内投资者持股比例低于 10% 的投资）则本表中的所有减项（5 栏和 8 栏）为“0”。

境内投资者通过境外企业再投资情况

表　　号：FDIN6 表
制定机关：商务部
国家统计局
国家外汇管理局
文　　号：商合函〔2015〕6 号
有效期限：两年
计量单位：万美元、人

境内投资者名称：
境内投资者组织机构代码：□□□□□□□□—□

直接投资企业名称：
直接投资企业行业代码：

20　　年

指标 再投资最终投向的国家（城区）/境外企业或项目名称	再投资最终投向的企业或项目的行业类别	当期流量	年末存量	年末从业人员数量	其中：外方
甲	乙	1	2	3	4
合计 ** 国家（地区） ** 境外企业或项目 ** 国家（地区） ** 境外企业或项目					

填报人：　　单位负责人：　　联系电话：　　报出日期：20　年　月　日

说明： 1. 本表综合反映报告期境内投资者通过境外企业再投资的最终目的国家（地区）企业和项目等基本情况。境外企业在本企业注册国家（地区）内进行的再投资活动不属于再投资统计范畴。境外企业再投资回中国内地的投资属返程投资，不在本表中反映。首个投资国家（地区）是境外离岸中心的境外企业，必须填报此表。

2. 本表由非金融业境内投资者于年后 6 月 20 日前报省级商务主管部门或商务部。
3. 本表要求按境外企业再投资的最终国家（地区）分别填报。
4. 当期流量：指境内投资者报告年度通过境外企业再投资到最终目的国家（地区）企业或项目的金额总和。包括报告年度境内投资者和境外企业以各种方式（自有资金、境内银行贷款、境外融资等）形成的股本、收益再投资、债务工具的增加或减少金额。
5. 年末存量；指境内投资者报告年末通过境外企业累计再投资到最终目的国家（地区）企业或项目的金额总和。包括截至报告年末境内投资者和境外企业以各种方式（自有资金、境内银行贷款、境外融资等）累计形成的股本、收益再投资、债务工具合计金额。
6. 再投资最终投资的境外企业或项目行业代码参照附录一。

境外企业返程投资情况

表　　号：FDIN7 表
制定机关：商务部
国家统计局
国家外汇管理局
文　　号：商合函〔2015〕6 号
有效期限：两年
计量单位：万美元

境内投资者名称：
境内投资者组织机构代码：□□□□□□□□—□

直接投资企业名称：
直接投资企业行业代码：
20　　年

指标 国内企业名称	返程投资国内企业的行业类别	当期流量	年末存量	
				其中：股权
甲	乙	1	2	3
合计 ** 国内企业 ** 国内企业				

填报人：　　　　单位负责人：　　　　联系电话：　　　　报出日期：20　年　月　日

说明：1. 本表综合反映报告期境内投资者通过境外企业最终返程投资到中国内地企业（持股≥ 10%）的基本情况。

2. 本表由非金融业境内投资者于年后 6 月 20 日前报省级商务主管部门或商务部。首个投资国家（地区）是境外离岸中心的境外企业，如涉及投回中国内地企业，则必须填报此表。

3. 国内企业指返程投资设立的一级企业（持股≥ 10%）。

4. 当期流量指境内投资者报告年度通过境外企业最终投资返回国内企业的金额总和。包括报告年度境内投资者和境外企业以各种方式（自有资金、境内银行贷款、境外融资等）形成的股本、收益再投资、债务工具的增加或减少金额。

5. 年末存量指境内投资者报告年末通过境外企业累计最终投资返回国内企业的金额总和。包括报告年末境内投资者和境外企业以各种方式（自有资金、境内银行贷款、境外融资等）形成的股本、收益再投资、债务工具总和。

6. 国内企业行业代码参照附录一。

通过境外企业实现的货物进出口情况

表　　号：FDIN8 表
制定机关：商务部
国家统计局
国家外汇管理局
文　　号：商合函〔2015〕6 号
有效期限：两年
计量单位：万美元、万吨

企业（单位）名称：
组织机构代码：□□□□□□□□—□
单位所属行业代码：

企业登记注册类型：

20　　年

指标 / 企业名称	境内投资者通过境外企业实现的出口总值	境内投资者通过境外企业实现的进口总值	进口主要权益油气产品		
			原油	成品油	天然气
甲	1	2	3	4	5
合计 * 境外企业 * 境外企业					

填报人：　　　单位负责人：　　　联系电话：　　　报出日期：20　年　月　日

说明：1. 本表综合反映报告年度境内投资者所拥有的各境外企业实现的货物进出口情况。

2. 本表由非金融业境内投资者于年后 6 月 20 日前报省级商务主管部门或商务部。

3. 本表所称进口权益油气产品是指我国企业经过核准（或备案）在境外开展资源合作投资活动，并通过产品分成或资源抵付等方式获得用于支付境外投资收益的油气产品的数量。

境外主要作物种植情况

表　　号：FDIN9 表
企业（单位）名称：　　制定机关：商务部
国家统计局
国家外汇管理局
组织机构代码：□□□□□□□□□—□
单位所属行业代码：
文　　号：商合函〔2015〕6号
企业登记注册类型：　　有效期限：两年
20　　年　　计量单位：公顷、万吨

指标 国家地区、作物名称	播种（种植）面积	产品总产量					当地加工产品构成
		合计	销往国内	当地销售	当地加工	其他	
甲	1	2	3	4	5	6	乙
** 国家（地区）							
水稻							米制品□ 其他□
小麦							面粉□ 面制品□ 其他□
大麦							面粉□ 面制品□ 其他□
玉米							玉米粉□ 饲料□ 酒精制造□ 食用油□ 其他□
大豆							食用油□ 饲料□ 其他□
木薯							淀粉□ 酒精制造□ 工业燃料□ 饲料□ 其他□
棉花							棉纺织品□ 其他□
甘蔗							成品糖□ 酒精□ 其他□
烟草							烤烟□ 其他□
蔬菜							蔬菜汁及饮料□ 罐头□ 其他□
天然橡胶							橡胶制品□ 其他□
棕榈							其他□
咖啡							咖啡饮料□ 咖啡粉□ 其他□
其他							
** 国家（地区）							
……							

填报人：　　单位负责人：　　联系电话：　　报出日期：20　年　月　日

说明： 1. 本表综合反映报告期境内投资者在国（境）外开展农业类作物种植的基本情况。凡境内投资者通过直接投资方式（含再投资）拥有或控股的国（境）外农业类境外企业或项目，并开展农业类作物种植的企业均需填报（我国对外援助农业示范中心不纳入统计范围）。本表由境内投资者于年后6月20日前报省级商务主管部门或商务部。

2. 播种（种植）面积：农作物按播种面积统计，是指报告年度实际播种或移植农作物的面积，等于实际种植（或移植）农业作物的土地面积乘以复种指数。天然橡胶、棕榈、咖啡按种植面积统计。

3. 产品总产量：等于报告年度按播种面积计算的各种作物的总产量。棉花的产品总产量按皮棉产量计算；木薯按鲜木薯产量计算；烟草按生烟叶产量计算；蔬菜按各种蔬菜的产量计算；甘蔗按蔗杆产量计算；天然橡胶按按浓缩乳胶（脱水后60%浓度）产量计算；棕榈按油棕油产量计算；咖啡按咖啡豆产量计算。销往国内是指报告年度作物产品总产量中销售到中国内地的产品数量；当地销售指产品总产量中在投资所在国销售（不含经过加工后再销售的产品产量）的产品产数；当地加工指产品总产量中需将初级产品在当地经过本企业加工最终形成的可供市场销售的产品产量。
4. 当地加工产品构成：主要指初级产品经过本投资企业多种加工途径最终形成的可供市场销售的产品，此项可多选。

文化及相关产业对外投资基本情况

表　　号：FDIN10 表
制定机关：商务部
国家统计局
国家外汇管理局
文　　号：商合函〔2015〕6 号
有效期限：两年
计量单位：万美元、人

企业（单位）名称：
组织机构代码：□□□□□□□□—□
单位所属行业代码：

企业登记注册类型：

20　　年

指标 / 境外企业名称	所在国家（地区）及城市	设立日期	设立方式	行业类别	所属文化行业类别	当前状态	是否为直接投资企业	中方持股比例（%）	年末从业人员数	其中：中方
甲	乙	丙	丁	戊	己	庚	辛	1	2	3
合计 ** 境外企业 ** 境外企业										

续表

资产总额	负债总额	对境内投资者的负债	所有者权益	实收资本（中方）	未分配利润	销售（营业）收入总额	利润总额	对所在国缴纳税金总额
4	5	6	7	8	9	10	11	12

续表

当期对外直接投资						年末对外直接投资					
流量	总额	新增股权	当期收益再投资	新增债务工具	反向投资额	存量	总额	股权	收益再投资	债务工具	累计反向投资额
13	14	15	16	17	18	19	20	21	22	23	24

说明：1. 本表综合反映报告期境内投资者在国（境）外开展文化及相关产业对外投资的基本情况和经营活动情况。统计范围包括（1）境内投资者以直接投资方式设立的文化及相关产业性质的境外企业（2）境内投资者通过对外直接投资企业再投资设立的文化及相关产业性质的境外企业。

2. 文化及相关产业：依据国家统计局《文化及相关产业分类（2012）》，指为社会公众提供文化产品和文化相关产品的生产活动的集合。具体范围包括：（1）以文化为核心内容，为直接满足人们的精神需要而进行的创作、制造、传播、展示等文化产品（包括货物和服务）的生产活动；（2）为实现文化产品生产所必需的辅助生产活动；（3）作为文化产品实物载体或制作（使用、传播、展示）工具的文化用品的生产活动（包括制造和销售）;（4）为实现文化产品生产所需专用设备的生产活动（包括制造和销售）。

3. 文化及相关产业对外投资：指境内投资者通过直接（或间接）方式所拥有、控制国（境）外文化及相关产业的活动，对外文化交流或援助项目不纳入统计范围。
4. 本表由境内投资者于年后6月20日前报当地省级商务主管部门或商务部。如果境外企业中方持股比例在50%及以下，则不需填报本表2-12项。
5. 所在国家（地区）及城市：指境外企业注册登记所在的国家和城市（国别地区代码见附录三）。
6. 设立日期和行业类别：设立日期指境外企业的实际设立日期；行业类别指境内投资者所属的行业类别（国民经济行业分类（GB/T4754-2011）见附录一）。
7. 所属文化行业类别：指境外企业所属的文化及相关产业类别（见附录五《文化及相关产业分类（2012）》）。
8. 设立方式：指境外企业与境内投资者的关系，即子公司、联营公司和分支机构（含办事处、代表处等）。如境外企业为通过直接投资企业再投资的文化类境外企业，则视为间接子公司、联营公司和分支机构。
9. 当前状态：指境外企业年末时点的存在状态，包括：筹备设立、正在经营、暂停经营和撤（注）销。
10. 是否为对外直接投资企业：指所填境外企业是否为境内投资者按首个目的国原则（见第五部分统计原则的界定）统计的对外直接投资企业。
11. 中方持股比例：指境外企业章程中所注明的中方持有的股份（百分数）。
12. 资产总额、负债总额、所有者权益总额：分别根据境外企业年度合并会计报表"资产负债表"中"资产总额"、"负债总额"、"所有者权益总额"、"未分配利润"填报；实收资本是指中方所拥有的部分。
13. 营业收入、利润总额：分别根据境外企业年度会计报表"损益表"中"营业收入总额"、"利润总额"的数值填列。
14. 对外直接投资流量：13栏=14栏-18栏，如果境外企业不存在对境内投资者的反向投资（即对境内投资者持股比例低于10%的投资）则13栏=14栏。
15. 累计对外直接投资存量：19栏=20栏-24栏，如果境外企业不存在对境内投资者的反向投资（即对境内投资者持股比例低于10%的投资）则19栏=20栏。

对外直接投资月度情况
（按出资方式分组）

表　　号：FDIY1 表
制定机关：商务部
国家统计局
国家外汇管理局
文　　号：商合函〔2015〕6 号
有效期限：两年
计量单位：万美元

企业（单位）名称：
组织机构代码：□□□□□□□□—□
单位所属行业代码：

企业登记注册类型：

20　年　月

指标 / 企业名称	境外企业所在国家（地区）及城市	境外企业行业类别	实现直接投资的方式	直接投资额						
				合计	货币投资				实物投资	无形资产投资
					金额	自有资金	银行贷款	其他		
甲	乙	丙	丁	1	2	3	4	5	6	7
合计 A1. 境内投资者对境外企业直接投资 ** 境外企业 A2. 境内投资者对境外成员企业的直接投资 ** 境外成员企业										

填报人：　　　单位负责人：　　　联系电话：　　　报出日期：20　年　月　日

说明：1. 本表综合反映报告期境内投资者实际对外直接投资（包括金融类）的基本构成情况。

2. 本表由非金融业境内投资者于月后 10 日内报省级商务主管部门或商务部。

3. 境外企业所在国家（地区）及城市：指境外企业注册登记所在的国家和城市。

4. 境外企业行业代码（见附录一）。

5. 实现直接投资的方式：指境内投资者设立境外企业的方式，包括新设、并购、增资、财务重组。新设指通过新设境外企业而实现的投资；并购指对已存在企业的购买或销售；增资指对一个已建立企业扩张的新增投资；财务重组指对陷入财务危机、但仍有转机和重建价值的企业，根据一定程序进行重新整顿，使公司得以复苏和维持，包括境内投资者对境外企业债务的偿还以及为减少企业损失而发生的投资。境内投资者间境外企业股权等价交换（股权置换）视同财务重组。

6. 1 栏 =2 栏 +6 栏 +7 栏　　2 栏 =3 栏 +4 栏 +5 栏

7. 货币投资：是指以货币资本形式表现的投资。自有资金是指境内投资者为进行生产经营活动所经常持有，可以自行支配使用并毋须偿还的那部分资金。银行贷款指境内投资者为对外直接投资而从境内银行性金融机构取得贷款。其他指在货币投资中扣除自有资金和银行贷款以外的资金。

8. 实物投资：是指设备、建筑物、原材料等有形资产形式的投资。

9. 无形资产投资：是依据法律取得的专利权、非专利技术、商标权、著作权、特许权、土地使用权等。

对外直接投资月度情况
（按投资构成分组）

表　　号：FDIY2 表
企业（单位）名称：　　　　　　　　　　　　　　　　　　　　　　制定机关：商务部
组织机构代码：□□□□□□□□—□　　　　　　　　　　　　　　　　国家统计局
单位所属行业代码：　　　　　　　　　　　　　　　　　　　　　　国家外汇管理局
文　　号：商合函〔2015〕6 号
企业登记注册类型：　　　　　　　　　　　　　　　　　　　　　　有效期限：两年
20　年　月　　　　　　　　　　　　　　　　　　　　　　　　　　计量单位：万美元

指标 / 企业名称	境外企业所在国家（地区）及城市	境外企业行业类别	实现直接投资的方式	直接投资额		
				合计	新增股权	新增债务工具
甲	乙	丙	丁	1	2	3
合计 A1. 境内投资者对境外企业直接投资 ** 境外企业 A2. 境内投资者对境外成员企业的直接投资 ** 境外成员企业						

填报人：　　　　单位负责人：　　　　联系电话：　　　　报出日期：20　年　月　日

说明：1. 本表综合反映报告期境内投资者对外直接投资（包括金融类）的新增股权和债权情况。
2. 本表由非金融业境内投资者于月后 10 日内报省级商务主管部门或商务部。
3. 境外企业所在国家（地区）及城市：指境外企业注册登记所在的国家和城市。
4. 境外企业行业代码（见附录一）。
5. 新增股权：等于报告年度境外企业股本增加额乘以中方股权份额。
6. 新增债务工具：指报告期境内投资者和境外子公司、分支机构以及联营公司之间的发生债务交易等，包括境内投资者与境外子公司、联营公司和分支机构的借贷款、应收和应付款项、债务证券等。

对外投资并购基本事项

企业（单位）名称：
组织机构代码：□□□□□□□□—□
单位所属行业代码：

企业登记注册类型：

20　年　月

表　　号：FDIY3 表
制定机关：商务部
　　　　　国家统计局
　　　　　国家外汇管理局
文　　号：商合函〔2015〕6 号
有效期限：两年
计量单位：万美元

指标 企业名称	被并购企业（项目）所在国家（地区）	被并购企业（项目）所属的行业	实施并购的路径	实施并购的企业名称	并购后中方所占股权	
					比重(%)	金额
甲	乙	丙	丁	戊	1	2
境内投资者 被并购企业（项目）名称						

续表

实际交易金额				
总计	其中			
	自有资金	境内银行贷款	境外融资	其他
3	4	5	6	7

说明：1. 本表综合反映报告期内境内投资者或其境外企业实施对外投资并购事项的实际情况。涉及境内投资者之间的境外股权转让不属本表统计范畴。

2. 本表由非金融业境内投资者于月后 10 日内报省级商务主管部门或商务部。

3. 被并购企业（项目）所在国家（地区）：指被并购企业的注册国家（地区）或被并购资产或其他权益所在的国家（地区）名称。

4. 被并购企业（项目）所属的行业：按被并购企业主营业务或被并购资产或权益的性质分类（见附录一）。

5. 实现并购的路径：指境内投资者直接与卖方签署并购协议或通过其境外企业签署协议实施并购。

6. 实施并购的企业名称：指实际签订并购协议的境内投资者或其境外企业名称。

7. 并购后所占股权比重及金额：根据并购协议，交易完成后境内投资者在被并购企业（项目）中的股权占比及金额填报。

8. 实际交易金额：指截至报告期根据收购协议境内投资者（或其境外企业）实际支付给卖方的资金总和，包括境内投资者的自有资金、境内投资者在境内取得的银行贷款以及通过境外融资方式取得的款项等。

9. 自有资金：是指境内投资者（或境外企业）为进行生产经营活动所经常持有，可以自行支配使用并毋须偿还的那部分资金。

10. 境内银行贷款：是境内投资者（或境外企业）为实施境外并购项目按一定利率从的我国

境内银行性金融机构（包括政策性银行、商业银行、城市商业银行、城市信用合作社、外资银行等）取得的贷款。

11. 境外融资：主要包括两部分内容：(1) 境内投资者（或境外企业）为实施境外并购项目依照贷款所在国家（地区）相关法律按一定利率从境外银行（包括我国金融机构在境外设立的附属机构等）取得的贷款。(2) 境内投资者（或境外企业）依照融资所在国家（地区）法律规定，从资本市场（如股票）和货币市场（如债权）取得的融资款项。

农业对外投资合作情况

表　　号：FDIY4 表
制定机关：商务部
国家统计局
国家外汇管理局
文　　号：商合函〔2015〕6 号
有效期限：两年
计量单位：公顷、万美元、人

企业（单位）名称：
组织机构代码：□□□□□□□□—□
单位所属行业代码：

企业登记注册类型：

20　年　月

指标 / 境外企业或项目名称	租用土地（或签订承包合同）情况			购买土地（使用权）情况			累计投资额	带动国内农业机具出口	月末从业人员数量	
	租用年限	面积		面积		使用年限				其中：外方
		当月	累计	当月	累计					
甲	乙	1	2	3	4	5	6	7	8	9
合计 ** 境内投资者 ** 国家（地区） ** 国家（地区）										

填报人：　　单位负责人：　　联系电话：　　报出日期：

填表说明：

1. 本表综合反映报告期境内投资者在国（境）外开展农业类对外投资合作的基本情况。
2. 农业对外投资合作：指境内投资者通过直接投资或再投资方式拥有、控制国（境）外农业类境外企业或项目的活动，我国对外援助农业示范中心不纳入统计范围。
3. 境内投资者于月后 10 日前报省级商务主管部门或商务部。
4. 国家（地区）：指农业类境外企业注册登记的国家（地区）以及农业投资类项目实际所在的国家（地区）。
5. 租用土地、购买土地情况：指境内投资者（或其境外企业）与投资所在国土地拥有者签订的土地租用（或签订土地承包合同）、购买土地使用权情况，面积按租用或购买合同文本中规定的数量填报。"当月"指报告期新租用和购买的土地面积；"累计"指截至报告期末在某个国家或地区拥有的租用和购买的土地面积数量的总额。租用年限按 10 年以上（含 10 年）和 10 年以下进行统计，若境内投资者（或境外企业）在同一国家（地区）租用或购买年限不同的地块，相关年限按租用或购买土地面积最大的地块年限统计。
6. 累计投资额：指截至报告期末境内投资者（或其境外企业）对该境外企业或项目实现的投资总额，包括境内投资者（或境外企业）通过各种渠道（包括自有资金、境内外银行贷款等）投入的资金总和。
7. 带动国内农业机具出口：指报告期境内投资者通过农业对外投资项目而带出的农业机具（包括耕作机械、排灌机械、收获机械、农业运输机械等）出口总值。不包括暂出复进的农业机具。
8. 月末从业人员数：指报告期末在农业类境外企业或项目中从事一定的劳动并取得劳动报酬的全部人员数量。

境外经济贸易合作区情况

表　　号：FDIY5 表
制定机关：商务部
国家统计局
国家外汇管理局
文　　号：商合函〔2015〕6 号
有效期限：两年
计量单位：万美元、万平方米、个、人

企业（单位）名称：
组织机构代码：□□□□□□□□—□
单位所属行业代码：

企业登记注册类型：

20　年　月

指标 企业、合作区名称	所在国家（地区）	设立时间	建区企业投资额			建区企业基础设施建设投资额			建区企业实际平整土地面积		
			累计	其中		累计	其中		累计	其中	
				1— 月累计	当月		1— 月累计	当月		1— 月累计	当月
甲	乙	丙	1	2	3	4	5	6	7	8	9
合计 ** 实施企业 ** 合作区											

续表

入区企业投资额			月末入区企业个数		合作区总产值		上缴东道国各种税费总额		月末从业人员数量	
累计	其中		合计	其中：中资控股企业	1— 月累计	当月	1— 月累计	当月	合计	其中：外籍人员
	1— 月累计	当月								
10	11	12	13	14	15	16	17	18	19	20

填报人：　　　　单位负责人：　　　　联系电话：　　　　报出日期：

说明：1. 本表综合反映报告期我国境外经济贸易合作区（以下简称合作区）建设的基本情况，由商务部、财政部通过招标方式确定建设的合作区及通过确认考核的合作区的实施企业组织填报。本表要求实施企业于月后 10 日前报省级商务主管部门或商务部。

2. 所在国家（地区）：指合作区所在的国家（地区）。

3. 设立时间：指合作区的实施企业在境外设立建区企业的注册时间。

4. 建区企业：指合作区实施企业在合作区所在国独资或与外方合资设立的从事合作区开发、建设和运营的企业。

5. 建区企业投资额：指建区企业报告期（累计、当年、当月）为完成合作区建设所投入的所有资金总额，包括通过各种融资渠道（含自有资金、境内外银行贷款等）投入的资金总额。

6. 建区企业基础设施建设投资额：指建区企业报告期（累计、当年、当月）用于合作区基础设施建设的费用，包括：区内建设用地的购置费或租赁费、办公场所的购建费；区内土地平整、水、电、气、道路、通讯、热力和污水处理等基础设施建设费；为入区企业提供公共服务的配套用房建设费。该项投资额属于建区企业投资额的一部分。

7. 建区企业实际平整土地面积：指建区企业在合作区内通过折迁、土方工程对土地表层状况进行改造，拆除建筑物、构筑物以及存在较明显的土地不同位置的高差，以达到后续施工要求而实际处理的土地的面积。

8. 入区企业：指在合作区当地完成各种登记注册手续、已与合作区建区企业签署入区协议并在合作区内已开展建设或运营的法人单位。

9. 入区企业投资额：指入区企业报告期（累计、当年、当月）在合作区内所投入的所有资金总额，包括通过各种融资渠道（含自有资金、境内外银行贷款等）投入的资金总额。

10. 中资控股企业：指中国内地投资者股份占 51% 及以上的合资企业。

11. 合作区总产值:指合作区建区企业和入区企业以货币表现的全部产品（货物和服务）总量，是反映合作区总体发展规模指标，包括生产的已出售或可供出售的工业产品产值、提供的服务业产值等所有涉及合作区行业的产值。

12. 上缴东道国各种税费总额：指在合作区内有生产经营活动的企业（包括建区企业和入区企业）根据东道国各级政府规定所上缴的各项税金和费用总和。

13. 月末从业人员数量：指报告期末在合作区内从事一定的劳动并取得劳动报酬的全部人员数量。

14. 外籍人员：指非中国国籍人员。

文化及相关产业对外直接投资月度情况

表　　号：FDIY6 表
企业（单位）名称：　　　　　　　　　　　　　　制定机关：商务部
组织机构代码：□□□□□□□□—□　　　　　　　　　国家统计局
单位所属行业代码：　　　　　　　　　　　　　　　　　　国家外汇管理局
　　　　　　　　　　　　　　　　　　　　　　　文　　号：商合函〔2015〕6 号
企业登记注册类型：　　　　　　　　　　　　　　有效期限：两年
20　年　月　　　　　　　　　　　　　　　　　　计量单位：万美元

指标 企业名称	境外企业所在国家（地区）及城市	境外企业行业类别	所属文化行业类别	实现直接投资的方式	直接投资额						
					合计	货币投资				实物投资	无形资产投资
						金额	自有资金	银行贷款	其他		
甲	乙	丙	丁	戊	1	2	3	4	5	6	7
合计 ** 境外企业 ** 境外企业											

填报人：　　　　　单位负责人：　　　　　联系电话：　　　　　报出日期：20　年　月　日

说明：1. 本表综合反映报告期境内投资者对外文化直接投资的基本构成情况。统计范围包括境内投资者以直接投资方式设立文化及相关产业性质的境外企业。

2. 文化及相关产业对外直接投资：指境内投资者通过直接投资的方式所拥有、控制国（境）外文化及相关产业企业的活动，对外文化交流或援助项目不纳入统计范围。

3. 文化及相关产业：同 FDIN10 表。

4. 本表由境内投资者于月后 10 日内报省级商务主管部门或商务部。

5. 境外企业所在国家（地区）及城市：指境外企业注册登记所在的国家和城市。

6. 境外企业行业类别：指境内投资者所属的国民经济的行业类别（国民经济行业分类（GB/T4754-2011）见附录一）。

7. 所属文化行业类别：境外企业所属的文化及相关产业的类别（见附录五《文化及相关产业分类（2012）》）。

8. 实现直接投资的方式：指境内投资者设立境外企业的方式，包括新设、并购、增资、财务重组。新设指通过新设境外企业而实现的投资；并购指对已存在企业的购买或销售；增资指对一个已建立企业扩张的新增投资；财务重组指对陷入财务危机、但仍有转机和重建价值的企业，根据一定程序进行重新整顿，使公司得以复苏和维持，包括境内投资者对境外企业债务的偿还以及为减少企业损失而发生的投资。境内投资者间境外企业股权等价交换（股权置换）视同财务重组。

9. 1 栏 =2 栏 +6 栏 +7 栏　　2 栏 =3 栏 +4 栏 +5 栏

10. 货币投资：是指以货币资本形式表现的投资。自有资金是指境内投资者为进行生产经营活动所经常持有，可以自行支配使用并毋须偿还的那部分资金。银行贷款指境内投资者为对外直接投资而从境内银行性金融机构取得贷款。其他指在货币投资中扣除自有资金和银行贷款以外的资金。

11. 实物投资：是指设备、建筑物、原材料等有形资产形式的投资。

12. 无形资产投资：是依据法律取得的专利权、非专利技术、商标权、著作权、特许权、土地使用权等。

四、附录

（一）国民经济行业分类目录（GB/T 4754—2011）

行业大类代码	类别名称	行业大类代码	类别名称
A	农、林、牧、渔业	33	金属制品业
01	农业	34	通用设备制造业
02	林业	35	专用设备制造业
03	畜牧业	36	汽车制造业
04	渔业	37	铁路、船舶、航空航天和其他运输设备制造业
05	农、林、牧、渔服务业		
B	采矿业	38	电气机械和器材制造业
06	煤炭开采和洗选业	39	计算机、通信和其他电子设备制造业
07	石油和天然气开采业	40	仪器仪表制造业
08	黑色金属矿采选业	41	其他制造业
09	有色金属矿采选业	42	废弃资源综合利用业
10	非金属矿采选业	43	金属制品、机械和设备修理业
11	开采辅助活动	D	电力、热力、燃气及水的生产和供应业
12	其他采矿业	44	电力、热力生产和供应业
C	制造业	45	燃气生产和供应业
13	农副食品加工业	46	水的生产和供应业
14	食品制造业	E	建筑业
15	酒、饮料和精制茶制造业	47	房屋建筑业
16	烟草制品业	48	土木工程建筑业
17	纺织业	49	建筑安装业
18	纺织服装、服饰业	50	建筑装饰和其他建筑业
19	皮革、毛皮、羽毛及其制品和制鞋业	F	批发和零售业
20	木材加工和木、竹、藤、棕、草制品业	51	批发业
21	家具制造业	52	零售业
22	造纸和纸制品业	G	交通运输、仓储和邮政业
23	印刷和记录媒介复制业	53	铁路运输业
24	文教、工美、体育和娱乐用品制造业	54	道路运输业
25	石油加工、炼焦和核燃料加工业	55	水上运输业
26	化学原料和化学制品制造业	56	航空运输业
27	医药制造业	57	管道运输业
28	化学纤维制造业	58	装卸搬运和运输代理业
29	橡胶和塑料制品业	59	仓储业
30	非金属矿物制品业	60	邮政业
31	黑色金属冶炼和压延加工业	H	住宿和餐饮业
32	有色金属冶炼和压延加工业	61	住宿业

（续）

行业大类代码	类别名称	行业大类代码	类别名称
62	餐饮业	79	居民服务业
I	信息传输、软件和信息技术服务业	80	机动车、电子产品和日用产品修理业
63	电信、广播电视和卫星传输服务	81	其他服务业
64	互联网和相关服务	P	教育
65	软件和信息技术服务业	82	教育
J	金融业	Q	卫生和社会工作
66	货币金融服务	83	卫生
67	资本市场服务	84	社会工作
68	保险业	R	文化、体育和娱乐业
69	其他金融业	85	新闻和出版业
K	房地产业	86	广播、电视、电影和影视录音制作业
70	房地产业	87	文化艺术业
L	租赁和商务服务业	88	体育
71	租赁业	89	娱乐业
72	商务服务业	S	公共管理、社会保障和社会组织
M	科学研究和技术服务业	90	中国共产党机关
73	研究和试验发展	91	国家机构
74	专业技术服务业	92	人民政协、民主党派
75	科技推广和应用服务业	93	社会保障
N	水利、环境和公共设施管理业	94	群众团体、社会团体和其他成员组织
76	水利管理业	95	基层群众自治组织
77	生态保护和环境治理业	T	国际组织
78	公共设施管理业	96	国际组织
O	居民服务、修理和其他服务业		

（二）关于划分企业登记注册类型的规定

第一条　本规定以在工商行政管理机关登记注册的各类企业为划分对象。其他经济组织参照本规定执行。

第二条　本规定以工商行政管理部门对企业登记注册的类型为依据，将企业登记注册类型分为以下几种：内资企业：包括国有企业，集体企业，股份合作企业，联营企业，有限责任公司，股份有限公司，私营企业，其他企业；港、澳、台商投资企业：包括合资经营企业（港或澳、台资），合作经营企业（港或澳、台资），港、澳、台商独资经营企业，港、澳、台商投资股份有限公司；外商投资企业：包括中外合资经营企业，中外合作经营企业，外资企业，外商投资股份有限公司。

第三条　国有企业是指企业全部资产归国家所有，并按《中华人民共和国企业法人登记管理条例》规定登记注册的非公司制的经济组织。不包括有限责任公司中的国有独资公司。

第四条　集体企业是指企业资产归集体所有，并按《中华人民共和国企业法人登记管理条例》规定登记注册的经济组织。

第五条　股份合作企业是指以合作制为基础，由企业职工共同出资入股，吸收一定比例的社会资产投资组建，实行自主经营，自负盈亏，共同劳动，民主管理，按劳分配与按股分红相结合的一种集体经济组织。

第六条　联营企业是指两个及两个以上相同或不同所有制性质的企业法人或事业单位法人，按自愿、平等、互利的原则，共同投资组成的经济组织。

第七条　有限责任公司是指根据《中华人民共和国公司登记管理条例》规定登记注册，由两个以上，五十个以下的股东共同出资，每个股东以其所认缴的出资额对公司承担有限责任，公司以其全部资产对其债务承担责任的经济组织。

有限责任公司包括国有独资公司以及其他有限责任公司。

国有独资公司是指国家授权的投资机构或者国家授权的部门单独投资设立的有限责任公司。

其他有限责任公司是指国有独资公司以外的其他有限责任公司。

第八条　股份有限公司是指根据《中华人民共和国公司登记管理条例》规定登记注册，其全部注册资本由等额股份构成并通过发行股票筹集资本，股东以其认购的股份对公司承担有限责任，公司以其全部资产对其债务承担责任的经济组织。

第九条　私营企业是指由自然人投资设立或由自然人控股，以雇佣劳动为基础的营利性经济组织。包括按照《公司法》、《合伙企业法》、《私营企业暂行条例》规定登记注册的私营有限责任公司、私营股份有限公司、私营合伙企业和私营独资企业。

私营独资企业是指按《私营企业暂行条例》的规定，由一名自然人投资经营，以雇佣劳动为基础，投资者对企业债务承担无限责任的企业。

私营合伙企业是指按《合伙企业法》或《私营企业暂行条例》的规定，由两个以上自然人按照协议共同投资、共同经营、共负盈亏，以雇佣劳动为基础，对债务承担无限责任的企业。

私营有限责任公司是指按《公司法》、《私营企业暂行条例》的规定，由两个以上自然人投资或由单个自然人控股的有限责任公司。

私营股份有限公司是指按《公司法》的规定，由五个以上自然人投资，或由单个自然人控股的股份有限公司。

第十条　其他企业是指上述第三条至第九条之外的其他内资经济组织。

第十一条　合资经营企业（港或澳、台资）是指港澳台地区投资者与内地企业依照《中华人民共和国中外合资经营企业法》及有关法律的规定，按合同规定的比例投资设立、分享利润和分担风险的企业。

第十二条　合作经营企业（港或澳、台资）是指港澳台地区投资者与内地企业依照《中华人民共和国中外合作经营企业法》及有关法律的规定，依照合作合同的约定进行投资或提供条件设立、分配利润和分担风险的企业。

第十三条　港、澳、台商独资经营企业是指依照《中华人民共和国外资企业法》及有关法律的规定，在内地由港澳台地区投资者全额投资设立的企业。

第十四条　港、澳、台商投资股份有限公司是指根据国家有关规定，经外经贸部依法批准设立，其中港、澳、台商的股本占公司注册资本的比例达25%以上的股份有限公司。凡其中港、澳、台商的股本占公司注册资本的比例小于25%的，属于内资企业中的股份有限公司。

第十五条　中外合资经营企业是指外国企业或外国人与中国内地企业依照《中华人民共和国中外合资经营企业法》及有关法律的规定，按合同规定的比例投资设立、分享利润和分担风险的企业。

第十六条　中外合作经营企业是指外国企业或外国人与中国内地企业依照《中华人民共和国中外合作经营企业法》及有关法律的规定，依照合作合同的约定进行投资或提供条件设立、分配利润和分担风险的企业。

第十七条　外资企业是指依照《中华人民共和国外资企业法》及有关法律的规定，在中国内地由外国投资者全额投资设立的企业。

第十八条　外商投资股份有限公司是指根据国家有关规定，经外经贸部依法批准设立，其中外资的股本占公司注册资本的比例达 25% 以上的股份有限公司。凡其中外资股本占公司注册资本的比例小于 25% 的，属于内资企业中的股份有限公司。

第十九条　本规定由国家统计局会同国家工商行政管理局负责解释。

第二十条　本规定自颁布之日起施行，国家统计局和国家工商行政管理局一九九二年制定的《关于经济类型划分的暂行规定》同时废止。

企业登记注册类型与代码

代码	企业登记注册类型
100	内资企业
110	国有企业
120	集体企业
130	股份合作企业
140	联营企业
141	国有联营企业
142	集体联营企业
143	国有与集体联营企业
149	其他联营企业
150	有限责任公司
151	国有独资公司
159	其他有限责任公司
160	股份有限公司
170	私营企业
171	私营独资企业
172	私营合伙企业
173	私营有限责任公司
174	私营股份有限公司
190	其他企业
200	港、澳、台商投资企业
210	合资经营企业（港或澳、台资）
220	合作经营企业（港或澳、台资）
230	港、澳、台商独资经营企业
240	港、澳、台商投资股份有限公司
290	其他港、澳、台商投资商投资企业
300	外商投资企业
310	中外合资经营企业
320	中外合作经营企业
330	外资企业
340	外商投资股份有限公司
390	其他外商投资企业
400	个体经营
410	个体户
420	个人合伙

（三）国别（地区）统计代码表

COUNTRY（REGION）CODE

国别地区代码	中文名（简称）	英文名（简称）
100	亚洲	Asia
101	阿富汗	Afghanistan
102	巴林	Bahrain
103	孟加拉国	Bangladesh
104	不丹	Bhutan
105	文莱	Brunei
106	缅甸	Myanmar
107	柬埔寨	Cambodia
108	塞浦路斯	Cyprus
109	朝鲜	Korea，DPR
110	香港	Hong Kong
111	印度	India
112	印度尼西亚	Indonesia
113	伊朗	Iran
114	伊拉克	Iraq
115	以色列	Israel
116	日本	Japan
117	约旦	Jordan
118	科威特	Kuwait
119	老挝	Lao PDR
120	黎巴嫩	Lebanon
121	澳门	Macau
122	马来西亚	Malaysia

123	马尔代夫	Maldives
124	蒙古	Mongolia
125	尼泊尔联邦民主共和国	Nepal，FDR
126	阿曼	Oman
127	巴基斯坦	Pakistan
128	巴勒斯坦	Palestine
129	菲律宾	Philippines
130	卡塔尔	Qatar
131	沙特阿拉伯	Saudi Arabia
132	新加坡	Singapore
133	韩国	Korea，Rep.
134	斯里兰卡	Sri Lanka
135	叙利亚	Syrian Arab Republic
136	泰国	Thailand
137	土耳其	Turkey
138	阿联酋	United Arab Emirates
139	也门	Yemen
141	越南	Viet Nam
142	中国	China
143	中国台湾省	Taiwan，Prov.of China
144	东帝汶	Timor-Leste
145	哈萨克斯坦	Kazakhstan
146	吉尔吉斯斯坦	Kyrgyzstan
147	塔吉克斯坦	Tajikistan
148	土库曼斯坦	Turkmenistan
149	乌兹别克斯坦	Uzbekistan
199	亚洲其他国家（地区）	Oth. Asia nes
200	**非洲**	**Africa**
201	阿尔及利亚	Algeria
202	安哥拉	Angola

203	贝宁	Benin
204	博茨瓦那	Botswana
205	布隆迪	Burundi
206	喀麦隆	Cameroon
207	加那利群岛	Canary Islands
208	佛得角	Cape Verde
209	中非	Central African Republic.
210	塞卜泰（休达）	Ceuta
211	乍得	Chad
212	科摩罗	Comoros
213	刚果（布）	Congo
214	吉布提	Djibouti
215	埃及	Egypt
216	赤道几内亚	Equatorial Guinea
217	埃塞俄比亚	Ethiopia
218	加蓬	Gabon
219	冈比亚	Gambia
220	加纳	Ghana
221	几内亚	Guinea
222	几内亚比绍	Guinea-Bissau
223	科特迪瓦	Cote d'lvoire
224	肯尼亚	Kenya
225	利比里亚	Liberia
226	利比亚	Libyan Arab Jamahiriya
227	马达加斯加	Madagascar
228	马拉维	Malawi
229	马里	Mali
230	毛里塔尼亚	Mauritania
231	毛里求斯	Mauritius
232	摩洛哥	Morocco

233	莫桑比克	Mozambique
234	纳米比亚	Namibia
235	尼日尔	Niger
236	尼日利亚	Nigeria
237	留尼汪	Reunion
238	卢旺达	Rwanda
239	圣多美和普林西比	Sao Tome and Principe
240	塞内加尔	Senegal
241	塞舌尔	Seychelles
242	塞拉利昂	Sierra Leone
243	索马里	Somalia
244	南非	South Africa
245	西撒哈拉	Western Sahara
246	苏丹	Sudan
247	坦桑尼亚	Tanzania
248	多哥	Togo
249	突尼斯	Tunisia
250	乌干达	Uganda
251	布基纳法索	Burkina Faso
252	刚果（金）	Congo，DR
253	赞比亚	Zambia
254	津巴布韦	Zimbabwe
255	莱索托	Lesotho
256	梅利利亚	Melilla
257	斯威士兰	Swaziland
258	厄立特里亚	Eritrea
259	马约特	Mayotte
260	南苏丹共和国	Republic of South Sudan
299	非洲其他国家（地区）	Oth. Afr. nes

300	**欧洲**	Europe
301	比利时	Belgium
302	丹麦	Denmark
303	英国	United Kingdom
304	德国	Germany
305	法国	France
306	爱尔兰	Ireland
307	意大利	Italy
308	卢森堡	Luxembourg
309	荷兰	Netherlands
310	希腊	Greece
311	葡萄牙	Portugal
312	西班牙	Spain
313	阿尔巴尼亚	Albania
314	安道尔	Andorra
315	奥地利	Austria
316	保加利亚	Bulgaria
318	芬兰	Finland
320	直布罗陀	Gibraltar
321	匈牙利	Hungary
322	冰岛	Iceland
323	列支敦士登	Liechtenstein
324	马耳他	Malta
325	摩纳哥	Monaco
326	挪威	Norway
327	波兰	Poland
328	罗马尼亚	Romania
329	圣马力诺	San Marino
330	瑞典	Sweden
331	瑞士	Switzerland

334	爱沙尼亚	Estonia
335	拉脱维亚	Latvia
336	立陶宛	Lithuania
337	格鲁吉亚	Georgia
338	亚美尼亚	Armenia
339	阿塞拜疆	Azerbaijan
340	白俄罗斯	Belarus
343	摩尔多瓦	Moldova
344	俄罗斯联邦	Russian Federation
347	乌克兰	Ukraine
350	斯洛文尼亚	Slovenia
351	克罗地亚	Croatia
352	捷克	Czech Republic
353	斯洛伐克	Slovakia
354	前南马其顿	Macedonia，FYR
355	波黑	Bosnia and Hercegovina
356	梵蒂冈城国	Vatican City State
357	法罗群岛	Faroe Islands
358	塞尔维亚	Serbia
359	黑山	Montenegro
399	欧洲其他国家（地区）	Oth. Eur. nes
400	**拉丁美洲**	**Latin America**
401	安提瓜和巴布达	Antigua & Barbuda
402	阿根廷	Argentina
403	阿鲁巴	Aruba
404	巴哈马	Bahamas
405	巴巴多斯	Barbados
406	伯利兹	Belize
408	多民族玻利维亚国	Estado Plurinacional de Bolivia
409	博内尔	Bonaire

410	巴西	Brazil
411	开曼群岛	Cayman Islands
412	智利	Chile
413	哥伦比亚	Colombia
414	多米尼克	Dominica
415	哥斯达黎加	Costa Rica
416	古巴	Cuba
417	库腊索岛	Curacao
418	多米尼加共和国	Dominican Republic
419	厄瓜多尔	Ecuador
420	法属圭亚那	French Guiana
421	格林纳达	Grenada
422	瓜德罗普	Guadeloupe
423	危地马拉	Guatemala
424	圭亚那	Guyana
425	海地	Haiti
426	洪都拉斯	Honduras
427	牙买加	Jamaica
428	马提尼克	Martinique
429	墨西哥	Mexico
430	蒙特塞拉特	Montserrat
431	尼加拉瓜	Nicaragua
432	巴拿马	Panama
433	巴拉圭	Paraguay
434	秘鲁	Peru
435	波多黎各	Puerto Rico
436	萨巴	Saba
437	圣卢西亚	Saint Lucia
438	圣马丁岛	Saint Martin Islands
439	圣文森特和格林纳丁斯	Saint Vincent and Grenadines

440	萨尔瓦多	El Salvador
441	苏里南	Suriname
442	特立尼达和多巴哥	Trinidad and Tobago
443	特克斯和凯科斯群岛	Turks and Caicos Islands
444	乌拉圭	Uruguay
445	委内瑞拉	Venezuela
446	英属维尔京群岛	Virgin Islands，British
447	圣其茨和尼维斯	Saint Kitts and Nevis
448	圣皮埃尔和密克隆	Saint.Pierre and Miquelon
449	荷属安地列斯	Netherlands Antilles
499	拉丁美洲其他国家（地区）	Oth. L.Amer. nes
500	**北美洲**	**North America**
501	加拿大	Canada
502	美国	United States
503	格陵兰	Greenland
504	百慕大	Bermuda
599	北美洲其他国家（地区）	Oth. N.Amer. nes
600	**大洋洲**	**Oceania**
601	澳大利亚	Australia
602	库克群岛	Cook Islands
603	斐济	Fiji
604	盖比群岛	Gambier Islands
605	马克萨斯群岛	Marquesas Islands
606	瑙鲁	Nauru
607	新喀里多尼亚	New Caledonia
608	瓦努阿图	Vanuatu
609	新西兰	New Zealand
610	诺福克岛	Norfolk Island
611	巴布亚新几内亚	Papua New Guinea
612	社会群岛	Society Islands

613	所罗门群岛	Solomon Islands
614	汤加	Tonga
615	土阿莫土群岛	Tuamotu Islands
616	土布艾群岛	Tubai Islands
617	萨摩亚	Samoa
618	基里巴斯	Kiribati
619	图瓦卢	Tuvalu
620	密克罗尼西亚联邦	Micronesia，Fs
621	马绍尔群岛	Marshall Islands
622	帕劳	Palau
623	法属波利尼西亚	French Polynesia
625	瓦利斯和浮图纳	Wallis and Futuna
699	大洋洲其他国家（地区）	Oth. Ocean. nes
701	国（地）别不详	Countries (reg.) unknown

（四）数据来源参考表式：境外企业基本信息采集表

20　　年

境外企业名称（中文）：

（英文）：

所在国家（地区）：________所在城市：________

设立日期：

企业类别：

设立方式：子公司□　联营公司□　分支机构□

中方持股比例：　　%

当前状态：筹备设立□　正在经营□　暂停经营□　撤（注）销□　　　　计量单位：万美元

指标	序号	内容与数值
甲	乙	1
一、基本情况	—	
1．资产总额	1	
2．负债总额	2	
2-1．其中：对境内投资者的负债	3	
3．所有者权益	4	
3-1．其中：实收资本（中方）	5	
未分配利润	6	
4．销售（营业）收入总额	7	
5．利润总额	8	
6．对所在国缴纳税金总额	9	
7．年末从业人员数（人）	10	
7-1．其中：中方人员数（人）	11	
二、直接投资情况	—	
1．当期来自境内投资者的直接投资流量	12	
1-1．当期来自境内投资者的直接投资额	13	
1-1-1．其中：新增股权	14	
1-1-2．当期收益再投资	15	
1-1-3．债务工具	16	
1-2．减：当期对境内投资者的反向投资额	17	
2．年末来自境内投资者的累计直接投资存量	18	
2-1．年末累计直接投资额	19	
2-1-1．其中：股权	20	
2-1-2．收益再投资	21	
2-1-3．债务工具	22	
2-2．减：年末对境内投资者的累计反向投资额	23	

（续）

指标	序号	内容与数值
甲	乙	1
三、直接投资收入情况	—	
1. 境内投资者对本企业直接投资收入总额	24	
1-1. 权益收入总额	25	
1-1-1. 其中：已分配收益（红利或分支机构利润）	26	
1-1-2. 再投资收益	27	
1-1-3. 减：境内投资者对本企业分配	28	
的反向投资收益	29	
1-2. 债务收入总额	30	
1-2-1. 其中：应收利息	31	
1-2-2. 减：应付境外企业反向投资利息	32	
四、货物进出口情况		
1. 境内投资者通过本企业实现的出口额	33	
2. 境内投资者通过本企业实现的进口额	34	
2-1. 进口主要权益油气（万吨）	35	
原油	36	
成品油	37	
天然气	38	

填报人：　　负责人：　　联系电话：　　报出日期：20　年　月　日

填表说明：

1. 本表综合反映报告年度境外企业的基本情况和经营活动情况，境内投资者对其拥有的各境外直接投资企业投资情况、收入情况、货物进出口情况。由境内投资者负责发放给境外企业填报。其中境外企业基本情况反映报告年度非金融业境内投资者所拥有的控股在50%以上境外企业（包括金融业）的基本情况，中方控股50%以下的境外企业不需填报此项内容。
2. 所在国家（地区）及城市：指境外企业注册登记所在的国家和城市。
3. 设立日期：境内投资者实际设立境外企业的日期。
4. 中方持股比例：指境外企业章程中所注明的中方所持有的股份（百分数）。
5. 年末从业人员数：指报告年度末，在本单位从事一定的劳动并取得劳动报酬或其他形式劳动报酬的全部人员数。
6. 资产总额、负债总额、所有者权益：分别根据境外企业年度合并会计报表“资产负债表”中“资产总额”、“负债总额”、“所有者权益总额”、“未分配利润”填报；实收资本是指中方所拥有的部分。
7. 销售（营业）收入总额、当年利润总额：分别根据填报单位企业年终会计报表“损益表”中“销售（营业）收入总额”、“利润总额”项目的数值填列。
8. 债务工具：指境内投资者和境外子公司、分支机构以及联营公司之间的债务交易等，包括境内投资者与境外子公司、联营公司和分支机构的借贷、应收和应付款项、债务证券等。境内投资者当期提供给境外子公司、联营公司、分支机构的债务交易记作当期对外直接投资流量和存量的增加；境外子公司、联营公司归还当期或以前年度境内投资者债务记作当期对外直接投资的负流量，同时应调减当期存量。

9. 反向投资额：指境外企业对境内投资者持股比例低于10%的投资。如果境外企业不存在对境内投资者的反向投资则本表中的所有减项为“0”。

10. 收益再投资：指境外子公司或联营公司未作为红利分配但应归属于境内投资者的利润部分，以及境外分支机构的利润部分。当期收益再投资：等于报告年度境外企业资产负债表中按中方股权比例计算的未分配利润期末数与期初数的差额，当期利润再投资为负数记入当期负流量。收益再投资：等于报告年度境外企业资产负债表中按中方股权比例计算的未分配利润期末数，未分配利润期末数为负数不计入对外直接投资存量。

11. 对外直接投资收入：是境内投资者对外直接投资回报的一部分，包括权益投资所得净值加上境内投资者与对外直接投资企业间的债务收入净值。权益收入：是境内投资者投资境外企业股权部分的回报，是境内投资者在境外企业当期所得的占比（基于股权比例）扣除境外企业对境内投资者反向投资收益的净值。债务收入即来源于境内投资者与境外企业间贷款、贸易信贷和其他债务形式的利息收入的净值。应收利息指报告境内投资者向境外企业提供的债务工具的应计利息收入，无论是否支付。应付境外企业反向投资利息指境外企业对境内投资者持股比例低于10%的投资中涉及债务工具的应付利息，无论是否支付。

基本计算关系：

1. 当期来自境内投资者的直接投资流量 = 当期来自境内投资者的直接投资额 − 当期对境内投资者的反向投资额
2. 当期来自境内投资者的直接投资额 = 新增股权 + 当期收益再投资 + 对境内投资者的新增债务工具（负债）
3. 新增股权 = 股本期末数 − 股本期初数
4. 当期收益再投资 = 按持股比例计算属于境内投资者的未分配利润期末数 − 期初数
5. 年末来自境内投资者的直接投资存量 = 年末来自境内投资者的直接投资额 − 年末对境内投资者的反向投资额
6. 年末来自境内投资者的直接投资额 = 股本 + 收益再投资 + 对境内投资者的债务工具
7. 当期对外直接投资收入 = 权益收入 + 债务收入；权益收入 = 已分配收入（红利或分支机构利润）+ 再投资收益【（利润 − 已付红利）× 股权比重】− 对境外企业分配的反向投资收益

（五）文化及相关产业分类

（2012 年国家统计局发布）

类别名称	国民经济行业代码
一、新闻出版发行服务	
（一）新闻服务	
新闻业	8510
（二）出版服务	
图书出版	8521
报纸出版	8522
期刊出版	8523
音像制品出版	8524
电子出版物出版	8525
其他出版业	8529
（三）发行服务	
图书批发	5143
报刊批发	5144
音像制品及电子出版物批发	5145
图书、报刊零售	5243
音像制品及电子出版物零售	5244
二、广播电视电影服务	
（一）广播电视服务	
广播	8610
电视	8620
（二）电影和影视录音服务	
电影和影视节目制作	8630
电影和影视节目发行	8640
电影放映	8650
录音制作	8660
三、文化艺术服务	
（一）文艺创作与表演服务	
文艺创作与表演	8710
艺术表演场馆	8720
（二）图书馆与档案馆服务	
图书馆	8731
档案馆	8732
（三）文化遗产保护服务	
文物及非物质文化遗产保护	8740
博物馆	8750
烈士陵园、纪念馆	8760
（四）群众文化服务	
群众文化活动	8770

（续）

类别名称	国民经济行业代码
（五）文化研究和社团服务	
社会人文科学研究	7350
专业性团体（的服务）*	9421
（六）文化艺术培训服务	
文化艺术培训	8293
其他未列明教育 *	8299
（七）其他文化艺术服务	
其他文化艺术业	8790
四、文化信息传输服务	
（一）互联网信息服务	
互联网信息服务	6420
（二）增值电信服务（文化部分）	
其他电信服务 *	6319
（三）广播电视传输服务	
有线广播电视传输服务	6321
无线广播电视传输服务	6322
卫星传输服务 *	6330
五、文化创意和设计服务	
（一）广告服务	
广告业	7240
（二）文化软件服务	
软件开发 *	6510
数字内容服务 *	6591
（三）建筑设计服务	
工程勘察设计 *	7482
（四）专业设计服务	
专业化设计服务	7491
六、文化休闲娱乐服务	
（一）景区游览服务	
公园管理	7851
游览景区管理	7852
野生动物保护 *	7712
野生植物保护 *	7713
（二）娱乐休闲服务	
歌舞厅娱乐活动	8911
电子游艺厅娱乐活动	8912
网吧活动	8913
其他室内娱乐活动	8919
游乐园	8920
其他娱乐业	8990
（三）摄影扩印服务	
摄影扩印服务	7492

（续）

类别名称	国民经济行业代码
七、工艺美术品的生产	
（一）工艺美术品的制造	
雕塑工艺品制造	2431
金属工艺品制造	2432
漆器工艺品制造	2433
花画工艺品制造	2434
天然植物纤维编织工艺品制造	2435
抽纱刺绣工艺品制造	2436
地毯、挂毯制造	2437
珠宝首饰及有关物品制造	2438
其他工艺美术品制造	2439
（二）园林、陈设艺术及其他陶瓷制品的制造	
园林、陈设艺术及其他陶瓷制品制造 *	3079
（三）工艺美术品的销售	
首饰、工艺品及收藏品批发	5146
珠宝首饰零售	5245
工艺美术品及收藏品零售	5246

五、主要概念及指标解释

1. 对外直接投资

对外直接投资是指我国企业、团体等（以下简称境内投资者）在国外及港澳台地区以现金、实物、无形资产等方式投资，并以控制国（境）外企业的经营管理权为核心的经济活动。对外直接投资的内涵主要体现在一经济体通过投资于另一经济体而实现其持久利益的目标。

2. 直接投资企业

指境内投资者直接拥有或控制 10% 或以上投票权（对公司型企业）或其他等价利益的境外企业。境外企业按设立方式主要分为子公司、联营公司和分支机构。

（1）子公司

境内投资者拥有该境外企业 50% 以上的股东或成员表决权，并具有该境外企业行政、管理或监督机构主要成员的任命权或罢免权。

（2）联营公司：境内投资者拥有该境外企业 10—50% 的股东或成员表

决权。

（3）分支机构：即境内投资者在国（境）外的非公司型企业。

3. 成员企业：指企业间互相不持有股份，但为同一企业所影响，则这些企业称为成员企业。只要企业间存在直接或间接地有一个共同的母公司，这些企业即成为成员企业。

例如：中国 A 企业在中国香港设立直接投资企业 B，在美国设立了境外企业 C，企业 C 和 B 互为成员企业。

4. 境外成员企业：指与境内投资者互为成员企业的境外企业。

例如：中国 A 企业在中国内地设立了 B 企业，又在英国投资了企业 C，企业 C 是中国企业 B 的境外成员企业。

5. 对外直接投资额

指境内投资者在报告期内直接向其境外企业实现的投资，包括股权投资、收益再投资以及债务工具三部分。

金融业的对外直接投资仅包括股权投资和收益再投资。

（1）股权投资：指境内投资者在其境外分支机构投入的股本金，或在其境外子公司和联营公司的股份。

股权：等于报告年度末境外企业资产负债表中“股本”项乘以中方所占投资份额（或股权比重），当期股权的减少记作当期负流量。

新增股权：等于报告年度境外企业股本增加额乘以中方股权份额，其中包括境内投资者当年实际缴付的股本和由投资收益转增的股本。股权增加额为该企业年末、年初资产负债表“股本”项目相减之差。

（2）收益再投资：指境外子公司或联营公司未作为红利分配但应归属于境内投资者的利润部分，以及境外分支机构未汇给境内投资者的利润部分。

当期收益再投资：等于报告年度境外企业资产负债表中按中方股权比例计算的未分配利润期末数与期初数的差额，当期利润再投资为负数记入当期负流量。

收益再投资：等于报告年度境外企业资产负债表中按中方股权比例计算的未分配利润期末数，未分配利润期末数为负数不计入对外直接投资存量。

（3）债务工具：指境内投资者和境外子公司、分支机构以及联营公司之间的债务交易等，包括境内投资者与境外子公司、联营公司和分支机构的借贷款、应收和应付款项、债务证券等。境内投资者与境外成员企业间的贷款往来亦纳入此范畴。

境内投资者当期提供给境外子公司、联营公司、分支机构、境外成员企业贷款记作当期对外直接投资流量和存量的增加；境外子公司、联营公司、境外成员企业归还当期或以前年度境内投资者记作当期对外直接投资的负流量，同时应调减当期存量。

境内投资者与境外子公司、联营公司、分支机构间当期新增应收和应付款项的净值记作当期对外直接投资的流量的增加或减少；期末应收和应付款项的净值记作对外直接投资的存量的增加或减少。

6. **反向投资额**：指境外企业对境内投资者持股比例低于10%的投资。

7. **返程投资**：指境内投资者将本地资金通过各种渠道流到国（境）外，再以直接投资（控股≥10%）的形式将这些资金返回到本地经济体。

8. **当期对外直接投总额**：等于报告期境外企业新增股权加上当期收益再投资，加上对境内投资者的新增债务工具（包括贷款、应收款等）。

9. **当期对外直接投资流量**：等于当期对外直接投资总额，减去当期境外企业对境内投资者的反向投资。

10. **年末对外直接投资总额**：等于报告期境外企业资产负债表中按中方投资比例计算的股本期末数加上按中方投资比例计算的未分配利润期末数，加上期末对境内投资者的债务工具（指境内投资者对境外企业提供贷款、应收款等）。

11. **年末对外直接投资存量**：等于年末对外直接投资总额减去境外企业累计对境内投资者的反向投资。

12. **资产总额**：指企业拥有的流动资产、固定资产、无形资产、长期投资、在建工程、其他资产等用货币计量的价值总和。

13. **负债总额**：反映报告期末企业承担的能够以货币计量、需要以资产或者劳务偿付的债务，包括流动负债、长期负债和其他负债。

14. **所有者权益**：指所有者在企业资产中享有的经济利益（按股比计算），其金额为资产减去负债后的余额，包括实收资本（或者股本）、资本公积、盈余公积和未分配利润等。

15. 实收资本：指投资者按照企业章程，或合同、协议的约定，实际投入企业的资本。

16. 销售（营业）收入：指企业在销售商品或提供劳务等经营业务中实现的营业收入，包括主营业务收入和其他业务收入。

17. 利润总额：是企业在报告期的经营成果，包括营业利润、投资净收益和营业外收支净额。

18. 年末从业人员数：指报告年度末在境（内）外企业从事一定的劳动并取得劳动报酬或其他形式劳动报酬的全部人员数。

境外企业与中国境内有对外劳务合作经营资质的企业签订用工合同的相关从业人员不纳入境外企业年末从业人员统计。

19. 通过境外企业实现的货物出口总值：指通过境外企业在报告年度内出口的各种货物价值的总和。

20. 通过境外企业实现的货物进口总值：指通过境外企业在报告年度内进口的各种货物价值的总和。

21. 对所在国上缴税金总额：指境外企业按照投资所在国家或者地区的法律规定实际缴纳的各项税金之和。

22. 对外直接投资收入：是境内投资者对外直接投资回报的一部分，包括权益投资所得加上境内投资者与对外直接投资企业间的债务收入。

23. 权益收入：即境内投资者投资境外企业股权部分的回报，是境内投资者在境外企业当期所得的占比（基于股权比例），包括红利和再投资收益。

24. 债务收入：即来源于境内投资者与境外企业及境外成员企业间贷款、贸易信贷和其他债务形式的利息收入。

25. 并购：是兼并和收购的总称。兼并指境内投资者（或通过其直接投资设立的境外企业）在国（境）外合并其他境外独立企业的行为。收购指境内投资者（或通过其直接投资设立的境外企业）在国（境）外用现金或者有价证券等方式购买境外实体企业（包括项目）的股票或者资产，以获得对该企业（或项目）的全部资产或者某项资产的所有权，或对该企业的控制权。

并购事项的统计界定：

（1）境内投资者直接与卖方签订并购境外实体企业（或项目）协议以及实施并购的行为活动纳入并购事项统计。

（2）境内投资者通过其境外企业与卖方签订并购企业（或项目）协议以及实施并购的行为活动纳入并购事项统计。

（3）境内投资者之间的境外企业股权转让不纳入并购事项统计。

上述（1）中所涉及并购企业（或项目）的最终控股比例不得小于10%；（2）中所涉及并购事项不受最终控股比例限制。

26. 实际交易额：指根据收购协议境内投资者（或其境外企业）实际支付给卖方的各种资金总和。

27. 月末从业人员数：指报告期末从事一定的劳动并取得劳动报酬的全部人员数量。

28. 农业对外投资合作：指境内投资者通过直接投资或再投资方式拥有、控制国（境）外农业类境外企业或项目的活动。

29. 自有资金：是指境内投资者（或境外企业）为进行生产经营活动所经常持有，可以自行支配使用并毋须偿还的那部分资金。

30. 文化及相关产业：依据国家统计局《文化及相关产业分类（2012）》，指为社会公众提供文化产品和文化相关产品的生产活动的集合。具体范围包括：（1）以文化为核心内容，为直接满足人们的精神需要而进行的创作、制造、传播、展示等文化产品（包括货物和服务）的生产活动；（2）为实现文化产品生产所必需的辅助生产活动；（3）作为文化产品实物载体或制作（使用、传播、展示）工具的文化用品的生产活动（包括制造和销售）；（4）为实现文化产品生产所需专用设备的生产活动（包括制造和销售）。

31. 统计原则的界定

（1）国家（地区）的统计界定

对外直接投资的国家（地区）按首个投资目的国家（地区）进行统计。如果直接投资的首个流入国家（地区）是英属维尔京、开曼群岛、百慕大群岛，需将下一个实体境外企业（有雇员、办公室）存在的国家（地区）作为直接投资的国家（地区）进行统计，但当下属实体企业是中国大陆企业时，应将英属维尔京、开曼群岛、百慕大群岛作为首个投资目的国家（地区）进行统计。

（2）境内投资者与境外企业的行业分类的界定

境内投资者根据中华人民共和国《国民经济行业分类》（GB/T 4754—2011，见附录一），按销售收入份额最大的产品的所属行业确定其行业类别。

境外企业分类参照中华人民共和国《国民经济行业分类》（GB/T 4754—2011）执行。

（3）货币转换和计价原则

境内投资者调查表（FDIN1 表），填报的内容以人民币为货币单位；其余报表的金额单位均以美元作为统一货币单位。以非美元计价的，须按照国家外汇管理局制定的《各种货币对美元内部统一折算率表》规定的折算率折合为美元。

经营活动有关指标（如：营业收入、出口总值、进口总值等）按实际交易价即以市场价值作为计价基础；资产、负债、权益等存量指标按账面价值计算。

（4）报告年份的界定

本制度各项统计报表数据均按日历年度上报；以财政年度反映的境外企业的数据须调整为日历年度或按最近一期财政年度报表的数据填报，并在报表中加以说明。

（5）分支机构的统计界定

境内投资者在国（境）外设立的机构有下列情形之一的，纳入对外直接投资分支机构统计范畴：

A：有独立财务账户并在当地有登记。

B：在当地拥有土地、建筑物等不可移动资产所有权（不包括本国政府在当地拥有的土地和建筑如大使馆、领事馆、军事基地、科研设施、信息或移民部门、援助机构等）。

C：境内投资者直接承担国（境）外工程项目建设，在项目所在国设立一年以上的办公室（注册或非注册）并存在完整、独立的活动账户。

如境内投资者在国（境）外承担的水坝、电站、桥梁等大型工程建设项目，大多数情况下，由未在当地登记的办公室（经理办、代表处、项目部）实施和管理项目，已构成生产经营属性，属于国际标准意义的直接投资活动。

D：拥有移动设备（如船舶、航空器、天然气和石油钻探设备、铁路车辆等）并经营至少一年。

（6）其他统计界定

A. 凡境内投资者在境外企业中拥有或控制 10% 或以上的投票权（对公司型企业）或其他等价利益（对非公司型企业）的投资，均计入对外直接投资统计。

B. 子公司获得由境内直接投资者担保的借款，不计入对外直接投资统计。

C. 参加国际组织的投资不计入对外直接投资统计。

D. 以提供技术并收取管理费的跨境服务不计入对外直接投资统计。

E. 境外企业若被其他国家企业收（并）购，记作境内投资者对外直接投资的减少。

F. 若境外企业中有多家境内投资者，且均拥有 10% 以上的股份，可作为上报单位分别报送按股权比例计算的相应指标。

G. 境外企业对境内投资者投资控股比例大于或等于 10% 不计入反向投资。

H. 报告年度通过追加投资等方式达到控制企业 10% 或以上的投票权的境外企业纳入报告年度的对外直接投资统计，追加投资金额记作当期的对外直接投资的增加，期末对外直接投资存量按其持股比例计算的所有者权益部分计算。

I. 境内投资者之间以股权置换的方式获得境外企业 10% 以上股权记入当期对外直接投资的增加，由于股权置换而丧失或减少境外企业股权，记入当期对外直接投资的减少。

J. 境内银行（或存款公司）放在其境外支行或子公司内的存款不属于直接投资。

K. 境内银行（或存款公司）通过境外支行或子公司吸收的存款不属于直接投资。

L. 境内保险公司在境外设立的保险公司的技术储备（即：为防范现有风险的实际储备，提前支付的保费，赢利保险业务储备，以及未决索赔的准备金）不属于直接投资。

国家外汇管理局关于境外中央银行类机构投资银行间市场外汇账户管理有关问题的通知

（汇发〔2015〕43 号）

国家外汇管理局各省、自治区、直辖市分局、外汇管理部，深圳、大连、青岛、厦门、宁波市分局，各中资外汇指定银行：

为满足境外中央银行、货币当局、其他官方储备管理机构、国际金融组织以及主权财富基金（以下统称为境外中央银行类机构）投资境内银行间市场的实际需求，现就其在境内商业银行开立外汇账户有关事项通知如下：

一、境外中央银行类机构参与境内银行间债券市场和外汇市场交易，可凭投资境内银行间外汇市场的备案表或有关部门关于开展相关业务资金往来的复函，在境内银行开立境内外汇专用账户。账户性质代码为 3400- 境外机构 / 个人境内外汇账户。境外中央银行类机构参与境内银行间债券市场和外汇市场所涉及的相关外汇收支，均可凭支付指令通过其外汇专用账户直接办理。

二、境内银行应按照《国家外汇管理局关于印发〈对外金融资产负债及交易统计制度〉的通知》（汇发〔2013〕43 号）、《国家外汇管理局关于发布〈金融机构外汇业务数据采集规范（1.0 版）〉的通知》（汇发〔2014〕18 号）、《国家外汇管理局关于印发〈通过银行进行国际收支统计申报业务实施细则〉的通知》（汇发〔2015〕27 号），完整、准确、及时地报送境外中央银行类机构的相关数据。

三、其他未尽事宜参照《国家外汇管理局关于境外机构境内外汇账户管理有关问题的通知》（汇发〔2009〕29 号）执行。

四、各分局、外汇管理部应及时将本通知转发至辖内中心支局、支局、外资银行。各中资外汇指定银行应尽快将本通知转发各分支机构。

执行中如遇问题，请及时向国家外汇管理局反馈。

联系人及电话：周海文 010-68402366。

国家外汇管理局

2015 年 10 月 28 日

商务部关于对外援助项目实施企业资格认定有关事宜的公告

（商务部公告2015年第62号）

《对外援助项目实施企业资格认定办法（试行）》（商务部令2015年第1号，以下简称《办法》）已于2015年10月29日颁布施行。为做好援外项目实施企业资格认定工作，商务部就有关事宜公告如下：

一、有关条款解释

（一）成套项目总承包企业。

1.《办法》第六条第二款第三项规定“通过质量管理体系、环境管理体系、职业健康安全管理体系认证且认证资格有效”，具体认证标准是指：

（1）质量管理体系应符合《质量管理体系要求》（GB/T 19001—2008）和《工程建设施工企业质量管理规范》（GB/T 50430—2007）；

（2）环境管理体系应符合《环境管理体系要求》（GB/T 24001—2004）；

（3）职业健康安全管理体系应符合《职业健康安全管理体系要求》（GB/T 28001—2011）。

2.《办法》第六条第二款第四项规定“具有良好的金融资信条件”是指：

（1）所有者权益合计不低于1亿元人民币；

（2）年末现金及现金等价物余额不低于3亿元人民币。

3.《办法》第六条第二款第五项规定“具有良好的经营诚信表现”是指未列入有关国际组织和国务院主管部门制定的禁止性名单。

（二）物资项目总承包企业。

1.《办法》第八条第二款第二项规定的“具有良好的金融资信条件”是指：

（1）所有者权益合计不低于1亿元人民币；

（2）年末现金及现金等价物余额不低于5000万元人民币；

（3）资产负债率不高于60%。

2.《办法》第八条第二款第四项规定的“具有良好的经营诚信表现”是指：

（1）通过海关企业信用认证；

（2）未列入有关国际组织和国务院主管部门制定的禁止性名单。

3.《办法》第八条第二款第三项规定的“受援国”名单详见附件。

二、资格审查

商务部自2015年11月15日起接收企业的资格申请材料，申请援外成套项目总承包企业和物资项目总承包企业资格的，企业可根据《办法》规定和以上要求准备资格申请文件后随时向地方商务主管部门或商务部提交（具体申请程序和文件要求详见商务部网站在线办事栏目行政审批项目“援外项目实施企业资格认定”事项，网址为：ywzggl.mofcom.gov.cn）。

三、资格招标

申请援外成套项目管理企业、技术援助实施单位、人力资源开发合作实施单位、咨询服务单位资格的，企业可参与商务部将于近期组织的资格招标，具体招标公告另行发布。

四、过渡安排

按照原《对外援助成套项目施工任务实施企业资格认定办法（试行）》（商务部2004年第9号令）和《对外援助物资项目实施企业资格认定办法》（商

务部 2011 年第 2 号令）获得援外项目实施企业资格的企业，2015 年 12 月 31 日前可继续参与援外项目采购，并尽快依据《办法》重新申请资格。自 2016 年 1 月 1 日起，参与援外项目采购的企业一律依据《办法》获得相应类别的实施企业资格。

具体事宜请与商务部联系。

对外援助司：

电话：010-85093522，85093558

传真：010-85093564

地址：北京市东长安街 2 号 6732 房间

行政事务服务中心：

电话：010-65197859

传真：010-65197829

地址：北京市东长安街 2 号商务部行政事务服务中心

附件：受援国名单

商务部

2015 年 11 月 10 日

附件

受援国名单

序号	国家	地区
1	越南	亚洲
2	老挝	亚洲
3	柬埔寨	亚洲
4	缅甸	亚洲
5	印度尼西亚	亚洲
6	东帝汶	亚洲
7	菲律宾	亚洲
8	尼泊尔	亚洲
9	孟加拉国	亚洲
10	巴基斯坦	亚洲
11	斯里兰卡	亚洲
12	马尔代夫	亚洲
13	摩尔多瓦	欧洲
14	乌克兰	欧洲
15	白俄罗斯	欧洲
16	蒙古	亚洲
17	朝鲜	亚洲
18	阿富汗	亚洲
19	亚美尼亚	亚洲
20	格鲁吉亚	亚洲
21	阿塞拜疆	亚洲
22	吉尔吉斯斯坦	亚洲
23	塔吉克斯坦	亚洲
24	土库曼斯坦	亚洲
25	乌兹别克斯坦	亚洲
26	哈萨克斯坦	亚洲
27	吉布提	非洲
28	厄立特里亚	非洲
29	埃塞俄比亚	非洲
30	索马里	非洲
31	坦桑尼亚	非洲
32	肯尼亚	非洲
33	桑给巴尔	非洲
34	毛里求斯	非洲

（续）

序号	国家	地区
35	塞舌尔	非洲
36	南非	非洲
37	赞比亚	非洲
38	津巴布韦	非洲
39	博茨瓦纳	非洲
40	莱索托	非洲
41	马达加斯加	非洲
42	马拉维	非洲
43	莫桑比克	非洲
44	科摩罗	非洲
45	安哥拉	非洲
46	纳米比亚	非洲
47	中非	非洲
48	乍得	非洲
49	刚果（金）	非洲
50	赤道几内亚	非洲
51	喀麦隆	非洲
52	刚果（布）	非洲
53	加蓬	非洲
54	布隆迪	非洲
55	卢旺达	非洲
56	乌干达	非洲
57	贝宁	非洲
58	几内亚	非洲
59	几内亚比绍	非洲
60	利比里亚	非洲
61	马里	非洲
62	尼日尔	非洲
63	塞内加尔	非洲
64	塞拉利昂	非洲
65	多哥	非洲
66	佛得角	非洲
67	科特迪瓦	非洲
68	加纳	非洲
69	尼日利亚	非洲
70	毛里塔尼亚	非洲
71	苏丹	非洲
72	南苏丹	非洲
73	埃及	非洲
74	摩洛哥	非洲

（续）

序号	国家	地区
75	阿尔及利亚	非洲
76	利比亚	非洲
77	突尼斯	非洲
78	波黑	欧洲
79	马其顿	欧洲
80	黑山	欧洲
81	塞尔维亚	欧洲
82	马耳他	欧洲
83	阿尔巴尼亚	欧洲
84	伊拉克	亚洲
85	约旦	亚洲
86	黎巴嫩	亚洲
87	巴勒斯坦	亚洲
88	叙利亚	亚洲
89	也门	亚洲
90	古巴	拉丁美洲
91	多米尼克	拉丁美洲
92	格林纳达	拉丁美洲
93	牙买加	拉丁美洲
94	特立尼达和多巴哥	拉丁美洲
95	巴巴多斯	拉丁美洲
96	巴哈马	拉丁美洲
97	玻利维亚	拉丁美洲
98	圭亚那	拉丁美洲
99	哥伦比亚	拉丁美洲
100	厄瓜多尔	拉丁美洲
101	秘鲁	拉丁美洲
102	苏里南	拉丁美洲
103	乌拉圭	拉丁美洲
104	哥斯达黎加	拉丁美洲
105	萨摩亚	大洋洲
106	瓦努阿图	大洋洲
107	斐济	大洋洲
108	密克罗尼西亚	大洋洲
109	巴布亚新几内亚	大洋洲
110	汤加	大洋洲
111	纽埃	大洋洲
112	库克群岛	大洋洲

外商及港澳台商投资篇

中国人民银行关于外资银行结售汇专用人民币账户管理有关问题的通知

（银发〔2015〕12号）

中国人民银行上海总部，各分行、营业管理部，各省会（首府）城市中心支行，各副省级城市中心支行，国家外汇管理局，国家外汇管理局各省、自治区、直辖市分局、外汇管理部，副省级城市分局：

根据《银行办理结售汇业务管理办法》（中国人民银行令〔2014〕第2号发布），为方便未开办人民币业务的外资银行办理结售汇业务，现就有关问题通知如下：

一、尚未获准开办人民币业务的外资银行（以下简称外资银行），经国家外汇管理局分支局批准取得即期结售汇业务经营资格后，可以持批复文件向所在地中国人民银行分支机构申请开立结售汇人民币专用账户，并可根据业务需要持批复文件选择所在地商业银行开立一个结售汇人民币专用账户。

二、外资银行在中国人民银行和商业银行均开立结售汇人民币专用账户的，两个账户之间人民币资金可自由划转。在商业银行开立的结售汇人民币专用账户可以进行人民币现金存取。

三、结售汇人民币专用账户收支范围如下：

收：出售本行外汇资本金或者营运资金的人民币款项；客户购汇所划入的人民币款项或存入的人民币现金；在银行间外汇市场卖出外汇所得人民币款项。

支：客户结汇划出的人民币款项或支取的人民币现金；在银行间外汇市场买入外汇所需人民币款项；出售本行外汇资本金或者营运资金所得的人民币划出至该行一般人民币账户的款项。

四、结售汇人民币专用账户实行余额管理。账户余额不得超过该银行注册外汇资本金或者营运资金的 20%，余额内银行可自行进行人民币与外币的转换。

五、外资银行应严格按照相关规定使用结售汇人民币专用账户，并与银行日常开支账户等其他人民币账户分开管理。

六、外资银行应在获准开办人民币业务并获批银行结售汇综合头寸限额后，持国家外汇管理局分支局的批准文件，及时向所在地人民银行分支机构申请关闭在该机构开立的结售汇人民币专用账户，账户内资金转入该外资银行在人民银行开立的人民币准备金账户。

七、本通知自发布之日起实施。《中国人民银行关于印发〈外资银行结汇、售汇及付汇业务实施细则〉的通知》（银发〔1996〕202 号）、《中国人民银行关于外资银行开立结售汇人民币现金专用账户有关问题的通知》（银发〔2003〕180 号）、《中国人民银行关于结售汇人民币专用账户有关问题的通知》（银发〔2005〕292 号）同时废止。

各外汇分局接到本通知后，应即转发辖区内外资银行。

中国人民银行

2015 年 1 月 13 日

商务部《港澳服务提供者在广东省投资备案管理办法（试行）》

（商务部公告 2015 年第 7 号）

第一条　为推动内地与港澳基本实现服务贸易自由化，进一步提高内地与港澳的经贸交流与合作水平，根据《〈内地与香港关于建立更紧密经贸关系的安排〉关于内地在广东与香港基本实现服务贸易自由化的协议》（以下称《内地与香港协议》）、《〈内地与澳门关于建立更紧密经贸关系的安排〉关于内地在广东与澳门基本实现服务贸易自由化的协议》（以下称《内地与澳门协议》）、相关法律、行政法规以及国务院决定，制定本办法。

第二条　本办法所称港澳服务提供者，是指符合《内地与香港关于建立更紧密经贸关系的安排》及其补充协议有关规定的香港服务提供者，以及符合《内地与澳门关于建立更紧密经贸关系的安排》及其补充协议有关规定的澳门服务提供者。

第三条　香港服务提供者在广东省投资《内地与香港协议》对香港开放的服务贸易领域，澳门服务提供者在广东省投资《内地与澳门协议》对澳门开放的服务贸易领域，其公司（以下称港澳投资企业）设立及变更的合同、章程备案依照本办法办理。但下列情形除外：

（一）《内地与香港协议》第四章第八条涉及保留的限制性措施及电信、文化领域的公司，金融机构的设立及变更；

（二）《内地与澳门协议》第四章第八条涉及保留的限制性措施及电信、文化领域的公司，金融机构的设立及变更；

（三）公司以外其他形式的商业存在的设立及变更。

第四条　港澳投资企业设立及变更的合同、章程备案由广东省相关商务主管部门（以下称备案机构）负责。

第五条　港澳服务提供者或港澳投资企业通过商务部外商（港澳台侨）投资备案信息系统（以下称备案系统）在线办理备案。

第六条　属于本办法规定的备案范围的港澳服务提供者投资，在取得拟投资企业名称预核准后，在线填报《港澳服务提供者投资企业设立备案申报表》（以下称《设立备案申报表》）。

第七条　属于本办法规定的备案范围的港澳投资企业发生以下变更，应在线填报《港澳服务提供者投资企业变更备案申报表》（以下称《变更备案申报表》），办理变更备案手续：

（一）投资总额变更；

（二）注册资本变更；

（三）股权、合作权益变更或转让；

（四）股权质押；

（五）合并、分立；

（六）经营范围变更；

（七）经营期限变更；

（八）提前终止；

（九）出资方式、出资期限变更；

（十）合作企业港澳服务提供者先行回收投资；

（十一）企业名称变更；

（十二）注册地址变更。

其中，变更事项依照相关法律法规规定应当公告的，应当在办理变更备案手续时说明依法办理公告情况。

第八条　港澳服务提供者于本办法实施前在广东省内设立的企业发生变更，或港澳服务提供者所投资企业自广东省外迁入，且属于本办法规定的备案适用范围的，应办理变更备案手续，并缴销《港澳台侨投资企业批准证书》。

第九条　港澳服务提供者或港澳投资企业需在提交《设立备案申报表》或《变更备案申报表》时承诺，申报内容真实、完整、有效，申报的投资事项符合相关法律法规的规定，属于本办法规定的备案范围。

第十条　港澳服务提供者或港澳投资企业在线提交《设立备案申报表》

或《变更备案申报表》后，备案机构对申报事项是否属于备案范围进行甄别。属于本办法规定的备案范围的，备案机构应在 3 个工作日内完成备案，并通知港澳服务提供者或港澳投资企业及企业所在地商务主管部门。不属于备案范围的，通知港澳服务提供者或港澳投资企业按有关规定办理审批手续。

备案结果由备案机构即时在备案系统发布，并共享至广东省网上办事大厅。

第十一条　港澳服务提供者或港澳投资企业收到备案完成通知后，向企业所在地商务主管部门领取《港澳服务提供者投资企业备案证明》（以下称《备案证明》）。

领取《备案证明》时，需提交以下文件：

（一）企业名称预先核准通知书（复印件）；

（二）香港服务提供者或澳门服务提供者证明文件（复印件）；

（三）港澳服务提供者或其授权代表签章的《设立备案申报表》，或港澳投资企业或其授权代表签章的《变更备案申报表》。

第十二条　港澳服务提供者或港澳投资企业备案后，凭《备案证明》按内地有关规定办理相关手续。

第十三条　备案管理的港澳投资企业发生需审批的变更事项，应按有关规定办理审批手续。

第十四条　港澳服务提供者与其他境外投资者共同投资，或港澳服务提供者将其在港澳投资企业中的全部股权、合作权益转让给其他境外投资者，应按有关规定办理审批手续。

第十五条　备案机构对港澳服务提供者及港澳投资企业遵守相关规定及备案事项承诺情况实施监督检查。

备案机构可采取定期抽查、根据举报进行检查、根据有关部门或司法机关的建议和反映进行检查，以及依法定职权启动检查。

第十六条　备案机构的监督检查内容包括：港澳服务提供者及港澳投资企业是否按本办法规定履行备案程序；投资经营活动是否与填报的备案信息一致；是否存在违反外商投资法律法规规定的其他情形。

第十七条　经监督检查发现港澳服务提供者或港澳投资企业存在违反外

商投资法律法规规定的情形的，备案机构应以书面通知责成其说明情况、并依法开展调查。经调查确认存在违法行为的，责令其限期整改；情节严重的，备案机构应取消备案，并提请相关部门依法予以处罚。

第十八条　港澳服务提供者及港澳投资企业在备案、登记及投资经营等活动中所形成的信息，以及备案机构和其他主管部门在监督检查中掌握的反映投资者及投资企业诚信状况的信息，将纳入商务部外商（港澳台侨）投资诚信档案系统。

对于备案信息不实，或存在违反外商投资法律法规规定情形的，备案机构将把相关信息记入诚信档案，并可采取适当方式予以公示。

诚信信息共享与公示不得含有港澳服务提供者、港澳投资企业的商业秘密、个人隐私。

第十九条　港澳投资企业应按照所在地商务主管部门要求，在每年6月30日前登录备案系统，填报上一年度投资经营信息。

第二十条　港澳服务提供者投资涉及国家安全审查的，参照《国务院办公厅关于建立外国投资者并购境内企业安全审查制度的通知》及相关规定办理。

第二十一条　港澳服务提供者投资涉及经营者集中审查的，适用《反垄断法》及相关法律法规。

第二十二条　港澳服务提供者并购内地企业、对上市公司战略投资、以其持有的内地企业股权出资，应符合相关规定要求。

第二十三条　港澳服务提供者在自由贸易试验区投资，参照适用自由贸易试验区有关规定。

第二十四条　本办法自2015年3月1日起施行。

附件：1. 港澳服务提供者投资企业设立备案申报表

2. 港澳服务提供者投资企业变更备案申报表

3. 港澳服务提供者投资企业备案证明

附件 1

港澳服务提供者投资企业设立备案申报表

港澳投资企业基本信息			
企业名称			
注册地址			
企业类型	□合资 □合作 □独资 □股份制		
经营期限	××× 年或长期		
投资行业	（从行业代码中勾选）		
经营范围			
投资总额		折 万元人民币	
注册资本		折 万元人民币	
在内地投资计划描述			
是否将开展实质经营活动			
是否将通过本企业协议控制其他内地企业	（如选择是，请说明以何种方式控制何企业）		
未来 3 年计划雇佣人数			
企业联系方式	电话：	传真：	电子邮件：
企业权力机构			
权力机构名称			
人员构成	董事：	国籍：	委派方：
	监事：	国籍：	委派方：
	法定代表人：	国籍：	
港澳服务提供者基本信息（可按投资者数量下拉填报）			
姓名 / 名称			
地区	□香港 □澳门		
居民证号码 / 商业登记证号码			
港澳服务提供者证明编号			
认缴出资额		折 万元人民币	
出资方式			
资金来源地			
实际控制人信息（可按实际控制人数量下拉填报）			
姓名 / 名称			

（续）

国籍 / 注册地		
护照号码或身份证号 / 商业登记证号码或工商登记证明号码		
实际控制人取得实际控制权方式 / 途径	从以下方式勾选： □单独或与关联投资者共同持有企业 50% 以上股份 □单独或与关联投资者共同持有企业股份不足 50%，但所享有的表决权足以对权力机构决议产生重大影响 □对企业的经营决策、人事、财务、技术等有重大影响的其他情形（请详细说明）	
境内投资者基本信息（可按投资者数量下拉填报）		
姓名 / 名称		
住址 / 注册地址		
身份证号 / 工商登记证明号码		
认缴出资额		折　　万元人民币
出资方式		
联系人信息		
姓名	固定电话	手机
联系地址		电子邮件
证件名及号码		

备案申报承诺书

______________：

根据内地有关法律法规规定，现提交 ××× 公司设立 / 变更备案信息，本人 /××× 有限公司承诺：

1. 所填报的备案信息及提供的证明材料真实有效。

2. 本次备案的投资事项属于《〈内地与香港关于建立更紧密经贸关系的安排〉关于内地在广东与香港基本实现服务贸易自由化的协议》、《〈内地与澳门关于建立更紧密经贸关系的安排〉关于内地在广东与澳门基本实现服务贸易自由化的协议》规定的备案范围。

3. 遵守内地法律规定。

4. 所从事的投资经营活动不损害国家主权或社会公共利益，不危害国家安全，不损害环境。

上述承诺如有不实，本承诺人承担相应的法律责任和后果。

承诺人名称：______________________________

承诺人 / 授权代表签字、盖章：______________________________

年　月　日

附件 2

港澳服务提供者投资企业变更备案申报表

<table>
<tr><td>港澳投资企业名称</td><td colspan="2"></td></tr>
<tr><td>组织机构代码</td><td colspan="2"></td></tr>
<tr><td>变更事项（勾选）</td><td colspan="2">投资总额变更、注册资本变更、股权（权益）变更（转让）、股权质押、合并、分立、经营范围变更、经营期限变更、提前终止、出资方式变更、出资期限变更、合作企业港澳服务提供者先行回收投资、企业名称变更、注册地址变更</td></tr>
<tr><td>变更内容(文字描述)</td><td colspan="2"></td></tr>
<tr><td colspan="3">联系人信息</td></tr>
<tr><td>姓名</td><td>电话</td><td>手机</td></tr>
<tr><td colspan="2">联系地址</td><td>电子邮件</td></tr>
<tr><td colspan="3">证件名及号码</td></tr>
</table>

备案申报承诺书

________________：

根据内地有关法律法规规定，现提交 ××× 公司设立 / 变更备案信息，本人 /××× 有限公司承诺：

1. 所填报的备案信息及提供的证明材料真实有效。

2. 本次备案的投资事项属于《〈内地与香港关于建立更紧密经贸关系的安排〉关于内地在广东与香港基本实现服务贸易自由化的协议》、《〈内地与澳门关于建立更紧密经贸关系的安排〉关于内地在广东与澳门基本实现服务贸易自由化的协议》规定的备案范围。

3. 遵守内地法律规定。

4. 所从事的投资经营活动不损害国家主权或社会公共利益，不危害国家安全，不损害环境。

上述承诺如有不实，本承诺人承担相应的法律责任和后果。

承诺人名称：______________________________

承诺人 / 授权代表签字、盖章：______________________________

年　月　日

附件 3

港澳服务提供者投资企业备案证明

备案机构名称：　　　　　　　　　　　　　　　　　　　编号：

<table>
<tr><td>企业名称</td><td colspan="4"></td></tr>
<tr><td>注册地址</td><td colspan="4"></td></tr>
<tr><td>投资总额</td><td colspan="2"></td><td colspan="2">折合　　　万元人民币</td></tr>
<tr><td>注册资本</td><td colspan="2"></td><td colspan="2">折合　　　万元人民币</td></tr>
<tr><td>投资行业</td><td colspan="2"></td><td>经营期限</td><td></td></tr>
<tr><td>经营范围</td><td colspan="4"></td></tr>
<tr><td colspan="2">投资者名称</td><td colspan="2">注册地</td><td>出资额</td></tr>
<tr><td colspan="2"></td><td colspan="2"></td><td></td></tr>
<tr><td colspan="2"></td><td colspan="2"></td><td></td></tr>
<tr><td colspan="2"></td><td colspan="2"></td><td></td></tr>
<tr><td colspan="2"></td><td colspan="2"></td><td></td></tr>
<tr><td colspan="2"></td><td colspan="2"></td><td></td></tr>
<tr><td>备注</td><td colspan="4"></td></tr>
<tr><td colspan="5">（备案机构盖章）
备案日期：</td></tr>
</table>

国家发展和改革委员会、商务部《外商投资产业指导目录（2015 年修订）》

（国家发展和改革委员会、商务部令第 22 号）

《外商投资产业指导目录（2015 年修订）》已经国务院批准，现予以发布，自 2015 年 4 月 10 日起施行。2011 年 12 月 24 日国家发展和改革委员会、商务部发布的《外商投资产业指导目录（2011 年修订）》同时废止。

附件：外商投资产业指导目录（2015 年修订）

国家发展和改革委员会主任：徐绍史

商务部部长：高虎城

2015 年 3 月 10 日

附件

外商投资产业指导目录

（2015 年修订）

鼓励外商投资产业目录

一、农、林、牧、渔业

1. 木本食用油料、调料和工业原料的种植及开发、生产

2. 绿色、有机蔬菜（含食用菌、西甜瓜）、干鲜果品、茶叶栽培技术开发及产品生产

3. 糖料、果树、牧草等农作物栽培新技术开发及产品生产

4. 花卉生产与苗圃基地的建设、经营

5. 橡胶、油棕、剑麻、咖啡种植

6. 中药材种植、养殖

7. 农作物秸秆还田及综合利用、有机肥料资源的开发生产

8. 水产苗种繁育（不含我国特有的珍贵优良品种）

9. 防治荒漠化及水土流失的植树种草等生态环境保护工程建设、经营

10. 水产品养殖、深水网箱养殖、工厂化水产养殖、生态型海洋增养殖

二、采矿业

11. 石油、天然气（含油页岩、油砂、页岩气、煤层气等非常规油气）的勘探、

开发和矿井瓦斯利用（限于合资、合作）

12. 提高原油采收率（以工程服务形式）及相关新技术的开发应用

13. 物探、钻井、测井、录井、井下作业等石油勘探开发新技术的开发与应用

14. 提高矿山尾矿利用率的新技术开发和应用及矿山生态恢复技术的综合应用

15. 我国紧缺矿种（如钾盐、铬铁矿等）的勘探、开采和选矿

三、制造业

（一）农副食品加工业

16. 绿色无公害饲料及添加剂开发

17. 水产品加工、贝类净化及加工、海藻保健食品开发

18. 蔬菜、干鲜果品、禽畜产品加工

（二）食品制造业

19. 婴儿、老年食品及保健食品的开发、生产

20. 森林食品的开发、生产

21. 天然食品添加剂、天然香料新技术开发与生产

（三）酒、饮料和精制茶制造业

22. 果蔬饮料、蛋白饮料、茶饮料、咖啡饮料、植物饮料的开发、生产

（四）纺织业

23. 采用非织造、机织、针织及其复合工艺技术的轻质、高强、耐高/低温、耐化学物质、耐光等多功能化的产业用纺织品生产

24. 采用先进节能减排技术和装备的高档织物印染及后整理加工

25. 符合生态、资源综合利用与环保要求的特种天然纤维（包括山羊绒等特种动物纤维、竹纤维、麻纤维、蚕丝、彩色棉花等）产品加工

（五）纺织服装、服饰业

26. 采用计算机集成制造系统的服装生产

27. 功能性特种服装生产

（六）皮革、毛皮、羽毛及其制品和制鞋业

28. 皮革和毛皮清洁化技术加工

29. 皮革后整饰新技术加工

30. 皮革废弃物综合利用

（七）木材加工和木、竹、藤、棕、草制品业

31. 林业三剩物，“次、小、薪”材和竹材的综合利用新技术、新产品开发与生产

（八）文教、工美、体育和娱乐用品制造业

32. 高档地毯、刺绣、抽纱产品生产

（九）石油加工、炼焦和核燃料加工业

33. 酚油加工、洗油加工、煤沥青高端化利用（不含改质沥青）

（十）化学原料和化学制品制造业

34. 聚氯乙烯和有机硅新型下游产品开发与生产

35. 合成材料的配套原料：过氧化氢氧化丙烯法环氧丙烷、萘二甲酸二甲酯（NDC）、1，4- 环己烷二甲醇（CHDM）、5 万吨 / 年及以上丁二烯法己二腈、己二胺生产

36. 合成纤维原料：尼龙 66 盐、1，3- 丙二醇生产

37. 合成橡胶：异戊橡胶、聚氨酯橡胶、丙烯酸酯橡胶、氯醇橡胶，以及氟橡胶、硅橡胶等特种橡胶生产

38. 工程塑料及塑料合金：6 万吨 / 年及以上非光气法聚碳酸酯（PC）、均

聚法聚甲醛、聚苯硫醚、聚醚醚酮、聚酰亚胺、聚砜、聚醚砜、聚芳酯（PAR）、聚苯醚及其改性材料、液晶聚合物等产品生产

39. 精细化工：催化剂新产品、新技术，染（颜）料商品化加工技术，电子化学品和造纸化学品，皮革化学品（N-N 二甲基甲酰胺除外），油田助剂，表面活性剂，水处理剂，胶粘剂，无机纤维、无机纳米材料生产，颜料包膜处理深加工

40. 环保型印刷油墨、环保型芳烃油生产

41. 天然香料、合成香料、单离香料生产

42. 高性能涂料，高固体份、无溶剂涂料，水性工业涂料及配套水性树脂生产

43. 高性能氟树脂、氟膜材料，医用含氟中间体，环境友好型含氟制冷剂、和清洁剂、发泡剂生产

44. 从磷化工、铝冶炼中回收氟资源生产

45. 林业化学产品新技术、新产品开发与生产

46. 环保用无机、有机和生物膜开发与生产

47. 新型肥料开发与生产：高浓度钾肥、复合型微生物接种剂、复合微生物肥料、秸杆及垃圾腐熟剂、特殊功能微生物制剂

48. 高效、安全、环境友好的农药新品种、新剂型、专用中间体、助剂的开发与生产，以及相关清洁生产工艺的开发和应用（甲叉法乙草胺、水相法毒死蜱工艺、草甘膦回收氯甲烷工艺、定向合成法手性和立体结构农药生产、乙基氯化物合成技术）

49. 生物农药及生物防治产品开发与生产：微生物杀虫剂、微生物杀菌剂、农用抗生素、昆虫信息素、天敌昆虫、微生物除草剂

50. 废气、废液、废渣综合利用和处理、处置

51. 有机高分子材料生产：飞机蒙皮涂料、稀土硫化铈红色染料、无铅化电子封装材料、彩色等离子体显示屏专用系列光刻浆料、小直径大比表面积超细纤维、高精度燃油滤纸、锂离子电池隔膜、表面处理自我修复材料、超疏水纳米涂层材料

（十一）医药制造业

52. 新型化合物药物或活性成份药物的生产（包括原料药和制剂）

53. 氨基酸类：发酵法生产色氨酸、组氨酸、蛋氨酸等生产

54. 新型抗癌药物、新型心脑血管药及新型神经系统用药的开发及生产

55. 采用生物工程技术的新型药物生产

56. 艾滋病疫苗、丙肝疫苗、避孕疫苗及宫颈癌、疟疾、手足口病等新型疫苗生产

57. 海洋药物的开发及生产

58. 药品制剂：采用缓释、控释、靶向、透皮吸收等新技术的新剂型、新产品生产

59. 新型药用辅料的开发及生产

60. 动物专用抗菌原料药生产（包括抗生素、化学合成类）

61. 兽用抗菌药、驱虫药、杀虫药、抗球虫药新产品及新剂型生产

62. 新型诊断试剂的开发及生产

（十二）化学纤维制造业

63. 差别化化学纤维及芳纶、碳纤维、高强高模聚乙烯、聚苯硫醚（PPS）等高新技术化纤（粘胶纤维除外）生产

64. 纤维及非纤维用新型聚酯生产：聚对苯二甲酸丙二醇酯（PTT）、聚葵二甲酸乙二醇酯（PEN）、聚对苯二甲酸环己烷二甲醇酯（PCT）、二元醇改性聚对苯二甲酸乙二醇酯（PETG）

65. 利用新型可再生资源和绿色环保工艺生产生物质纤维，包括新溶剂法纤维素纤维（Lyocell）、以竹、麻等为原料的再生纤维素纤维、聚乳酸纤维（PLA）、甲壳素纤维、聚羟基脂肪酸酯纤维（PHA）、动植物蛋白纤维等

66. 尼龙 11、尼龙 1414、尼龙 46、长碳链尼龙、耐高温尼龙等新型聚酰胺开发与生产

67. 子午胎用芳纶纤维及帘线生产

（十三）橡胶和塑料制品业

68. 新型光生态多功能宽幅农用薄膜开发与生产

69. 废旧塑料的回收和再利用

70. 塑料软包装新技术、新产品（高阻隔、多功能膜及原料）开发与生产

（十四）非金属矿物制品业

71. 节能、环保、利废、轻质高强、高性能、多功能建筑材料开发生产

72. 以塑代钢、以塑代木、节能高效的化学建材品生产

73. 年产 1000 万平方米及以上弹性体、塑性体改性沥青防水卷材，宽幅（2 米以上）三元乙丙橡胶防水卷材及配套材料，宽幅（2 米以上）聚氯乙烯防水卷材，热塑性聚烯烃（TPO）防水卷材生产

74. 新技术功能玻璃开发生产：屏蔽电磁波玻璃、微电子用玻璃基板、透红外线无铅玻璃、电子级大规格石英玻璃制品（管、板、坩埚、仪器器皿等）、光学性能优异多功能风挡玻璃、信息技术用极端材料及制品（包括波导级高精密光纤预制棒石英玻璃套管和陶瓷基板）、高纯（≥ 99.998%）超纯（≥ 99.999%）水晶原料提纯加工

75. 薄膜电池导电玻璃、太阳能集光镜玻璃、建筑用导电玻璃生产

76. 玻璃纤维制品及特种玻璃纤维生产：低介电玻璃纤维、石英玻璃纤维、高硅氧玻璃纤维、高强高弹玻璃纤维、陶瓷纤维等及其制品

77. 光学纤维及制品生产：传像束及激光医疗光纤、超二代和三代微通道板、光学纤维面板、倒像器及玻璃光锥

78. 陶瓷原料的标准化精制、陶瓷用高档装饰材料生产

79. 水泥、电子玻璃、陶瓷、微孔炭砖等窑炉用环保（无铬化）耐火材料生产

80. 氮化铝（AlN）陶瓷基片、多孔陶瓷生产

81. 无机非金属新材料及制品生产：复合材料、特种陶瓷、特种密封材料（含高速油封材料）、特种摩擦材料（含高速摩擦制动制品）、特种胶凝材料、特种乳胶材料、水声橡胶制品、纳米材料

82. 有机－无机复合泡沫保温材料生产

83. 高技术复合材料生产：连续纤维增强热塑性复合材料和预浸料、耐温＞300℃树脂基复合材料成型用工艺辅助材料、树脂基复合材料（包括体育用品、轻质高强交通工具部件）、特种功能复合材料及制品（包括深水及潜水复合材料制品、医用及康复用复合材料制品）、碳/碳复合材料、高性能陶瓷基复合材料及制品、金属基和玻璃基复合材料及制品、金属层状复合材料及制品、压力≥320MPa超高压复合胶管、大型客机航空轮胎

84. 精密高性能陶瓷原料生产：碳化硅（SiC）超细粉体（纯度＞99%，平均粒径＜1μm）、氮化硅（Si_3N_4）超细粉体（纯度＞99%，平均粒径＜1μm）、高纯超细氧化铝微粉（纯度＞99.9%，平均粒径＜0.5μm）、低温烧结氧化锆（ZrO_2）粉体（烧结温度＜1350℃）、高纯氮化铝（AlN）粉体（纯度＞99%，平均粒径＜1μm）、金红石型TiO_2粉体（纯度＞98.5%）、白炭黑（粒径＜100nm）、钛酸钡（纯度＞99%，粒径＜1μm）

85. 高品质人工晶体及晶体薄膜制品开发生产：高品质人工合成水晶（压电晶体及透紫外光晶体）、超硬晶体（立方氮化硼晶体）、耐高温高绝缘人工合成绝缘晶体（人工合成云母）、新型电光晶体、大功率激光晶体及大规格闪烁晶体、金刚石膜工具、厚度0.3mm及以下超薄人造金刚石锯片

86. 非金属矿精细加工（超细粉碎、高纯、精制、改性）

87. 超高功率石墨电极生产

88. 珠光云母生产（粒径3—150μm）

89. 多维多向整体编制织物及仿形织物生产

90. 利用新型干法水泥窑无害化处置固体废弃物

91. 建筑垃圾再生利用

92. 工业副产石膏综合利用

93. 非金属矿山尾矿综合利用的新技术开发和应用及矿山生态恢复

（十五）有色金属冶炼和压延加工业

94. 直径200mm以上硅单晶及抛光片生产

95. 高新技术有色金属材料生产：化合物半导体材料（砷化镓、磷化镓、

磷化铟、氮化镓），高温超导材料，记忆合金材料（钛镍、铜基及铁基记忆合金材料），超细（纳米）碳化钙及超细（纳米）晶硬质合金，超硬复合材料，贵金属复合材料，轻金属复合材料及异种材结合，散热器用铝箔，中高压阴极电容铝箔，特种大型铝合金型材，铝合金精密模锻件，电气化铁路架空导线，超薄铜带，耐蚀热交换器铜合金材，高性能铜镍、铜铁合金带，铍铜带、线、管及棒加工材，耐高温抗衰钨丝，镁合金铸件，无铅焊料，镁合金及其应用产品，泡沫铝，钛合金冶炼及加工，原子能级海绵锆，钨及钼深加工产品

（十六）金属制品业

96. 航空、航天、汽车、摩托车轻量化及环保型新材料研发与制造（专用铝板、铝镁合金材料、摩托车铝合金车架等）

97. 轻金属半固态快速成形材料研发与制造

98. 用于包装各类粮油食品、果蔬、饮料、日化产品等内容物的金属包装制品（厚度 0.3 毫米以下）的制造及加工（包括制品的内外壁印涂加工）

99. 节镍不锈钢制品的制造

（十七）通用设备制造业

100. 高档数控机床及关键零部件制造：五轴联动数控机床、数控坐标镗铣加工中心、数控坐标磨床、五轴联动数控系统及伺服装置、精密数控加工用高速超硬刀具

101. 1000 吨及以上多工位镦锻成型机制造

102. 报废汽车拆解、破碎及后处理分选设备制造

103. FTL 柔性生产线制造

104. 垂直多关节工业机器人、焊接机器人及其焊接装置设备制造

105. 特种加工机械制造：激光切割和拼焊成套设备、激光精密加工设备、数控低速走丝电火花线切割机、亚微米级超细粉碎机

106. 400 吨及以上轮式、履带式起重机械制造

107. 工作压力≥ 35MPa 高压柱塞泵及马达、工作压力≥ 35MPa 低速大

扭矩马达的设计与制造

108. 工作压力≥ 25MPa 的整体式液压多路阀，电液比例伺服元件制造

109. 阀岛、功率 0.35W 以下气动电磁阀、200Hz 以上高频电控气阀设计与制造

110. 静液压驱动装置设计与制造

111. 压力 10MPa 以上非接触式气膜密封、压力 10MPa 以上干气密封（包括实验装置）的开发与制造

112. 汽车用高分子材料（摩擦片、改型酚醛活塞、非金属液压总分泵等）设备开发与制造

113. 第三代及以上轿车轮毂轴承、高中档数控机床和加工中心轴承、高速线材和板材轧机轴承、高速铁路轴承、振动值 Z4 以下低噪音轴承、各类轴承的 P4 和 P2 级轴承、风力发电机组轴承、航空轴承制造

114. 高密度、高精度、形状复杂的粉末冶金零件及汽车、工程机械等用链条的制造

115. 风电、高速列车用齿轮变速器，船用可变桨齿轮传动系统，大型、重载齿轮箱的制造

116. 耐高温绝缘材料（绝缘等级为 F、H 级）及绝缘成型件制造

117. 蓄能器胶囊、液压气动用橡塑密封件开发与制造

118. 高精度、高强度（12.9 级以上）、异形、组合类紧固件制造

119. 微型精密传动联结件（离合器）制造

120. 大型轧机连接轴制造

121. 机床、工程机械、铁路机车装备等机械设备再制造及汽车零部件再制造

122. 1000 万像素以上数字照相机制造

123. 办公机械制造：多功能一体化办公设备（复印、打印、传真、扫描），彩色打印设备，精度 2400dpi 及以上高分辨率彩色打印机头，感光鼓

124. 电影机械制造：2K、4K 数字电影放映机，数字电影摄像机，数字影像制作、编辑设备

（十八）专用设备制造业

125. 矿山无轨采、装、运设备制造：200 吨及以上机械传动矿用自卸车，移动式破碎机，5000 立方米 / 小时及以上斗轮挖掘机，8 立方米及以上矿用装载机，2500 千瓦以上电牵引采煤机设备等

126. 物探（不含重力、磁力测量）、测井设备制造：MEME 地震检波器，数字遥测地震仪，数字成像、数控测井系统，水平井、定向井、钻机装置及器具，MWD 随钻测井仪

127. 石油勘探、钻井、集输设备制造：工作水深大于 1500 米的浮式钻井系统和浮式生产系统及配套海底采油、集输设备

128. 口径 2 米以上深度 30 米以上大口径旋挖钻机、直径 1.2 米以上顶管机、回拖力 300 吨以上大型非开挖铺设地下管线成套设备、地下连续墙施工钻机制造

129. 520 马力及以上大型推土机设计与制造

130. 100 立方米 / 小时及以上规格的清淤机、1000 吨及以上挖泥船的挖泥装置设计与制造

131. 防汛堤坝用混凝土防渗墙施工装备设计与制造

132. 水下土石方施工机械制造：水深 9 米以下推土机、装载机、挖掘机等

133. 公路桥梁养护、自动检测设备制造

134. 公路隧道营运监控、通风、防灾和救助系统设备制造

135. 铁路大型施工、铁路线路、桥梁、隧道维修养护机械和检查、监测设备及其关键零部件的设计与制造

136.（沥青）油毡瓦设备、镀锌钢板等金属屋顶生产设备制造

137. 环保节能型现场喷涂聚氨酯防水保温系统设备、聚氨酯密封膏配制技术与设备、改性硅酮密封膏配制技术和生产设备制造

138. 高精度带材轧机（厚度精度 10 微米）设计与制造

139. 多元素、细颗粒、难选冶金属矿产的选矿装置制造

140. 100 万吨 / 年及以上乙烯成套设备中的关键设备制造：年处理能力

40 万吨以上混合造粒机，直径 1000 毫米及以上螺旋卸料离心机，小流量高扬程离心泵

141. 金属制品模具（铜、铝、钛、锆的管、棒、型材挤压模具）设计、制造

142. 汽车车身外覆盖件冲压模具，汽车仪表板、保险杠等大型注塑模具，汽车及摩托车夹具、检具设计与制造

143. 汽车动力电池专用生产设备的设计与制造

144. 精密模具（冲压模具精度高于 0.02 毫米、型腔模具精度高于 0.05 毫米）设计与制造

145. 非金属制品模具设计与制造

146. 6 万瓶 / 小时及以上啤酒灌装设备、5 万瓶 / 小时及以上饮料中温及热灌装设备、3.6 万瓶 / 小时及以上无菌灌装设备制造

147. 氨基酸、酶制剂、食品添加剂等生产技术及关键设备制造

148. 10 吨 / 小时及以上的饲料加工成套设备及关键部件制造

149. 楞高 0.75 毫米及以下的轻型瓦楞纸板及纸箱设备制造

150. 单张纸多色胶印机（幅宽≥ 750 毫米，印刷速度：单面多色≥ 16000 张 / 小时，双面多色≥ 13000 张 / 小时）制造

151. 单幅单纸路卷筒纸平版印刷机印刷速度大于 75000 对开张 / 小时（787 × 880 毫米）、双幅单纸路卷筒纸平版印刷机印刷速度大于 170000 对开张 / 小时（787 × 880 毫米）、商业卷筒纸平版印刷机印刷速度大于 50000 对开张 / 小时（787 × 880 毫米）制造

152. 多色宽幅柔性版印刷机（印刷宽度≥ 1300 毫米，印刷速度≥ 350 米 / 秒），喷墨数字印刷机（出版用：印刷速度≥ 150 米 / 分，分辨率≥ 600dpi；包装用：印刷速度≥ 30 米 / 分，分辨率≥ 1000dpi；可变数据用：印刷速度≥ 100 米 / 分，分辨率≥ 300dpi）制造

153. 计算机墨色预调、墨色遥控、水墨速度跟踪、印品质量自动检测和跟踪系统、无轴传动技术、速度在 75000 张 / 小时的高速自动接纸机、给纸机和可以自动遥控调节的高速折页机、自动套印系统、冷却装置、加硅系统、调偏装置等制造

154. 电子枪自动镀膜机制造

155. 平板玻璃深加工技术及设备制造

156. 新型造纸机械（含纸浆）等成套设备制造

157. 皮革后整饰新技术设备制造

158. 农产品加工及储藏新设备开发与制造：粮食、油料、蔬菜、干鲜果品、肉食品、水产品等产品的加工储藏、保鲜、分级、包装、干燥等新设备，农产品品质检测仪器设备，农产品品质无损伤检测仪器设备，流变仪，粉质仪，超微粉碎设备，高效脱水设备，五效以上高效果汁浓缩设备，粉体食品物料杀菌设备，固态及半固态食品无菌包装设备，碟片式分离离心机

159. 农业机械制造：农业设施设备（温室自动灌溉设备、营养液自动配置与施肥设备、高效蔬菜育苗设备、土壤养分分析仪器），配套发动机功率120千瓦以上拖拉机及配套农具，低油耗低噪音低排放柴油机，大型拖拉机配套的带有残余雾粒回收装置的喷雾机，高性能水稻插秧机，棉花采摘机及棉花采摘台，适应多种行距的自走式玉米联合收割机（液压驱动或机械驱动），花生收获机，油菜籽收获机，甘蔗收割机，甜菜收割机

160. 林业机具新技术设备制造

161. 农作物秸秆收集、打捆及综合利用设备制造

162. 农用废物的资源化利用及规模化畜禽养殖废物的资源化利用设备制造

163. 节肥、节（农）药、节水型农业技术设备制造

164. 机电井清洗设备及清洗药物生产设备制造

165. 电子内窥镜制造

166. 眼底摄影机制造

167. 医用成像设备（高场强超导型磁共振成像设备、X线计算机断层成像设备、数字化彩色超声诊断设备等）关键部件的制造

168. 医用超声换能器（3D）制造

169. 硼中子俘获治疗设备制造

170. 图像引导适型调强放射治疗系统制造

171. 血液透析机、血液过滤机制造

172. 全自动生化监测设备、五分类血液细胞分析仪、全自动化学发光免疫分析仪、高通量基因测序系统制造

173. 药品质量控制新技术、新设备制造

174. 天然药物有效物质分析的新技术、提取的新工艺、新设备开发与制造

175. 非 PVC 医用输液袋多层共挤水冷式薄膜吹塑装备制造

176. 新型纺织机械、关键零部件及纺织检测、实验仪器开发与制造

177. 电脑提花人造毛皮机制造

178. 太阳能电池生产专用设备制造

179. 大气污染防治设备制造：耐高温及耐腐蚀滤料、低 NO_x 燃烧装置、烟气脱氮催化剂及脱氮成套装置、工业有机废气净化设备、柴油车排气净化装置、含重金属废气处理装置

180. 水污染防治设备制造：卧式螺旋离心脱水机、膜及膜材料、50kg/h 以上的臭氧发生器、10kg/h 以上的二氧化氯发生器、紫外消毒装置、农村小型生活污水处理设备、含重金属废水处理装置

181. 固体废物处理处置设备制造：污水处理厂污泥处置及资源利用设备、日处理量 500 吨以上垃圾焚烧成套设备、垃圾填埋渗滤液处理技术装备、垃圾填埋场防渗土工膜、建筑垃圾处理和资源化利用装备、危险废物处理装置、垃圾填埋场沼气发电装置、废钢铁处理设备、污染土壤修复设备

182. 铝工业赤泥综合利用设备开发与制造

183. 尾矿综合利用设备制造

184. 废旧塑料、电器、橡胶、电池回收处理再生利用设备制造

185. 废旧纺织品回收处理设备制造

186. 废旧机电产品再制造设备制造

187. 废旧轮胎综合利用装置制造

188. 水生生态系统的环境保护技术、设备制造

189. 移动式组合净水设备制造

190. 非常规水处理、重复利用设备与水质监测仪器

191. 工业水管网和设备（器具）的检漏设备和仪器

192. 日产 10 万立方米及以上海水淡化及循环冷却技术和成套设备开发与制造

193. 特种气象观测及分析设备制造

194. 地震台站、台网和流动地震观测技术系统开发及仪器设备制造

195. 四鼓及以上子午线轮胎成型机制造

196. 滚动阻力试验机、轮胎噪音试验室制造

197. 供热计量、温控装置新技术设备制造

198. 氢能制备与储运设备及检查系统制造

199. 新型重渣油气化雾化喷嘴、漏汽率 0.5% 及以下高效蒸汽疏水阀、1000℃及以上高温陶瓷换热器制造

200. 海上溢油回收装置制造

201. 低浓度煤矿瓦斯和乏风利用设备制造

202. 洁净煤技术产品的开发利用及设备制造（煤炭气化、液化、水煤浆、工业型煤）

203. 大型公共建筑、高层建筑、石油化工设施、森林、山岳、水域和地下设施消防灭火救援技术开发与设备制造

（十九）汽车制造业

204. 汽车发动机制造及发动机研发机构建设：升功率不低于 70 千瓦的汽油发动机、升功率不低于 50 千瓦的排量 3 升以下柴油发动机、升功率不低于 40 千瓦的排量 3 升以上柴油发动机、燃料电池和混合燃料等新能源发动机

205. 汽车关键零部件制造及关键技术研发：双离合器变速器（DCT）、无级自动变速器（CVT）、电控机械变速器（AMT）、汽油发动机涡轮增压器、粘性连轴器（四轮驱动用）、自动变速器执行器（电磁阀）、液力缓速器、电涡流缓速器、汽车安全气囊用气体发生器、燃油共轨喷射技术（最大喷射压力大于 2000 帕）、可变截面涡轮增压技术（VGT）、可变喷嘴涡轮增压技术（VNT）、达到中国 V 阶段污染物排放标准的发动机排放控制装置、智能扭矩管理系统（ITM）及耦合器总成、线控转向系统、柴油机颗粒捕捉器、低地板大型客车专用车桥、吸能式转向系统、大中型客车变频空调系统、汽车用

特种橡胶配件，以及上述零部件的关键零件、部件

206. 汽车电子装置制造与研发：发动机和底盘电子控制系统及关键零部件，车载电子技术（汽车信息系统和导航系统），汽车电子总线网络技术（限于合资），电子控制系统的输入（传感器和采样系统）输出（执行器）部件，电动助力转向系统电子控制器（限于合资），嵌入式电子集成系统、电控式空气弹簧，电子控制式悬挂系统，电子气门系统装置，电子组合仪表，ABS/TCS/ESP 系统，电路制动系统（BBW），变速器电控单元（TCU），轮胎气压监测系统（TPMS），车载故障诊断仪（OBD），发动机防盗系统，自动避撞系统，汽车、摩托车型试验及维修用检测系统

207. 新能源汽车关键零部件制造：能量型动力电池（能量密度≥ 110Wh/kg，循环寿命≥ 2000 次，外资比例不超过 50%），电池正极材料（比容量≥ 150mAh/g，循环寿命 2000 次不低于初始放电容量的 80%），电池隔膜（厚度 15—40μm，孔隙率 40%—60%）；电池管理系统，电机管理系统，电动汽车电控集成；电动汽车驱动电机（峰值功率密度≥ 2.5kW/kg，高效区：65% 工作区效率≥ 80%），车用 DC/DC（输入电压 100V—400V），大功率电子器件（IGBT，电压等级≥ 600V，电流≥ 300A）；插电式混合动力机电耦合驱动系统

（二十）铁路、船舶、航空航天和其他运输设备制造业

208. 达到中国摩托车Ⅲ阶段污染物排放标准的大排量（排量＞ 250mL）摩托车发动机排放控制装置制造

209. 轨道交通运输设备（限于合资、合作）

210. 民用飞机设计、制造与维修：干线、支线飞机（中方控股），通用飞机（限于合资、合作）

211. 民用飞机零部件制造与维修

212. 民用直升机设计与制造（3 吨级及以上需中方控股）

213. 民用直升机零部件制造

214. 地面、水面效应飞机制造及无人机、浮空器设计与制造（中方控股）

215. 航空发动机及零部件、航空辅助动力系统设计、制造与维修

216. 民用航空机载设备设计与制造

217. 航空地面设备制造：民用机场设施、民用机场运行保障设备、飞行试验地面设备、飞行模拟与训练设备、航空测试与计量设备、航空地面试验设备、机载设备综合测试设备、航空制造专用设备、航空材料试制专用设备、民用航空器地面接收及应用设备、运载火箭地面测试设备、运载火箭力学及环境实验设备

218. 航天器光机电产品、航天器温控产品、星上产品检测设备、航天器结构与机构产品制造

219. 轻型燃气轮机制造

220. 豪华邮轮及深水（3000 米以上）海洋工程装备的设计

221. 海洋工程装备（含模块）的制造与修理（中方控股）

222. 船舶低、中速柴油机及其零部件的设计

223. 船舶低、中速柴油机及曲轴的制造（中方控股）

224. 船舶舱室机械的设计与制造

225. 船舶通讯导航设备的设计与制造：船舶通信系统设备、船舶电子导航设备、船用雷达、电罗经自动舵、船舶内部公共广播系统等

226. 游艇的设计与制造

（二十一）电气机械和器材制造业

227. 100 万千瓦超超临界火电机组用关键辅机设备制造：安全阀、调节阀

228. 燃煤电站、钢铁行业烧结机脱硝技术装备制造

229. 火电设备的密封件设计、制造

230. 燃煤电站、水电站设备用大型铸锻件制造

231. 水电机组用关键辅机设备制造

232. 输变电设备制造

233. 新能源发电成套设备或关键设备制造：光伏发电、地热发电、潮汐发电、波浪发电、垃圾发电、沼气发电、2.5 兆瓦及以上风力发电设备

234. 额定功率 350MW 及以上大型抽水蓄能机组制造：水泵水轮机及调

速器、大型变速可逆式水泵水轮机组、发电电动机及励磁、启动装置等附属设备

235. 斯特林发电机组制造

236. 直线和平面电机及其驱动系统开发与制造

237. 高技术绿色电池制造：动力镍氢电池、锌镍蓄电池、锌银蓄电池、锂离子电池、太阳能电池、燃料电池等（新能源汽车能量型动力电池除外）

238. 电动机采用直流调速技术的制冷空调用压缩机、采用 CO_2 自然工质制冷空调压缩机、应用可再生能源（空气源、水源、地源）制冷空调设备制造

239. 太阳能空调、采暖系统、太阳能干燥装置制造

240. 生物质干燥热解系统、生物质气化装置制造

241. 交流调频调压牵引装置制造

（二十二）计算机、通信和其他电子设备制造业

242. 高清数字摄录机、数字放声设备制造

243. TFT-LCD、PDP、OLED 等平板显示屏、显示屏材料制造（6 代及 6 代以下 TFT-LCD 玻璃基板除外）

244. 大屏幕彩色投影显示器用光学引擎、光源、投影屏、高清晰度投影管和微显投影设备模块等关键件制造

245. 数字音、视频编解码设备，数字广播电视演播室设备，数字有线电视系统设备，数字音频广播发射设备，数字电视上下变换器，数字电视地面广播单频网（SFN）设备，卫星数字电视上行站设备制造

246. 集成电路设计，线宽 28 纳米及以下大规模数字集成电路制造，0.11 微米及以下模拟、数模集成电路制造，MEMS 和化合物半导体集成电路制造及 BGA、PGA、CSP、MCM 等先进封装与测试

247. 大中型电子计算机、万万亿次高性能计算机、便携式微型计算机、大型模拟仿真系统、大型工业控制机及控制器制造

248. 计算机数字信号处理系统及板卡制造

249. 图形图像识别和处理系统制造

250. 大容量光、磁盘驱动器及其部件开发与制造

251. 高速、容量 100TB 及以上存储系统及智能化存储设备制造

252. 计算机辅助设计（三维 CAD）、电子设计自动化（EDA）、辅助测试（CAT）、辅助制造（CAM）、辅助工程（CAE）系统及其他计算机应用系统制造

253. 软件产品开发、生产

254. 电子专用材料开发与制造（光纤预制棒开发与制造除外）

255. 电子专用设备、测试仪器、工模具制造

256. 新型电子元器件制造：片式元器件、敏感元器件及传感器、频率控制与选择元件、混合集成电路、电力电子器件、光电子器件、新型机电元件、高分子固体电容器、超级电容器、无源集成元件、高密度互连积层板、多层挠性板、刚挠印刷电路板及封装载板

257. 触控系统（触控屏幕、触控组件等）制造

258. 发光效率 140lm/W 以上高亮度发光二极管、发光效率 140lm/W 以上发光二极管外延片（蓝光）、发光效率 140lm/W 以上且功率 200mW 以上白色发光管制造

259. 高密度数字光盘机用关键件开发与生产

260. 可录类光盘生产

261. 民用卫星设计与制造、民用卫星有效载荷制造（中方控股）

262. 民用卫星零部件制造

263. 卫星通信系统设备制造

264. 光通信测量仪表、速率 40Gb/s 及以上光收发器制造

265. 超宽带（UWB）通信设备制造

266. 无线局域网（含支持 WAPI）、广域网设备制造

267. 100Gbps 及以上速率时分复用设备（TDM）、密集波分复用设备（DWDM）、宽带无源网络设备（包括 EPON、GPON、WDM-PON 等）、下一代 DSL 芯片及设备、光交叉连接设备（OXC）、自动光交换网络设备（ASON）、40G/s SDH 以上光纤通信传输设备制造

268. 基于 IPv6 的下一代互联网系统设备、终端设备、检测设备、软件、

芯片开发与制造

269. 第三代及后续移动通信系统手机、基站、核心网设备以及网络检测设备开发与制造

270. 高端路由器、千兆比以上网络交换机开发与制造

271. 空中交通管制系统设备制造

272. 基于声、光、电、触控等计算机信息技术的中医药电子辅助教学设备，虚拟病理、生理模型人设备的开发与制造

（二十三）仪器仪表制造业

273. 工业过程自动控制系统与装置制造：现场总线控制系统，大型可编程控制器（PLC），两相流量计，固体流量计，新型传感器及现场测量仪表

274. 大型精密仪器开发与制造

275. 高精度数字电压表、电流表制造（显示量程七位半以上）

276. 无功功率自动补偿装置制造

277. 安全生产新仪器设备制造

278. VXI 总线式自动测试系统（符合 IEEE1155 国际规范）制造

279. 煤矿井下监测及灾害预报系统、煤炭安全检测综合管理系统开发与制造

280. 工程测量和地球物理观测设备制造

281. 环境监测仪器制造

282. 水文数据采集、处理与传输和防洪预警仪器及设备制造

283. 海洋勘探监测仪器和设备制造

（二十四）废弃资源综合利用业

284. 煤炭洗选及粉煤灰（包括脱硫石膏）、煤矸石等综合利用

285. 全生物降解材料的生产

286. 废旧电器电子产品、汽车、机电设备、橡胶、金属、电池回收处理

四、电力、热力、燃气及水生产和供应业

287. 单机60万千瓦及以上超超临界机组电站的建设、经营

288. 采用背压（抽背）型热电联产、热电冷多联产、30万千瓦及以上热电联产机组电站的建设、经营

289. 缺水地区单机60万千瓦及以上大型空冷机组电站的建设、经营

290. 整体煤气化联合循环发电等洁净煤发电项目的建设、经营

291. 单机30万千瓦及以上采用流化床锅炉并利用煤矸石、中煤、煤泥等发电项目的建设、经营

292. 发电为主水电站的建设、经营

293. 核电站的建设、经营（中方控股）

294. 新能源电站（包括太阳能、风能、地热能、潮汐能、潮流能、波浪能、生物质能等）建设、经营

295. 电网的建设、经营（中方控股）

296. 海水利用（海水直接利用、海水淡化）

297. 供水厂建设、经营

298. 再生水厂建设、经营

299. 污水处理厂建设、经营

300. 机动车充电站、电池更换站建设、经营

五、交通运输、仓储和邮政业

301. 铁路干线路网的建设、经营（中方控股）

302. 城际铁路、市域（郊）铁路、资源型开发铁路和支线铁路及其桥梁、隧道、轮渡和站场设施的建设、经营

303. 高速铁路、铁路客运专线、城际铁路基础设施综合维修

304. 公路、独立桥梁和隧道的建设、经营

305. 公路货物运输公司

306. 港口公用码头设施的建设、经营

307. 民用机场的建设、经营（中方相对控股）

308. 航空运输公司（中方控股，且一家外商及其关联企业投资比例不得超过 25%）

309. 农、林、渔业通用航空公司（限于合资、合作）

310. 定期、不定期国际海上运输业务（限于合资、合作）

311. 国际集装箱多式联运业务

312. 输油（气）管道、油（气）库的建设、经营

313. 煤炭管道运输设施的建设、经营

314. 自动化高架立体仓储设施，包装、加工、配送业务相关的仓储一体化设施建设、经营

六、批发和零售业

315. 一般商品的共同配送、鲜活农产品和特殊药品低温配送等物流及相关技术服务

316. 农村连锁配送

317. 托盘及集装单元共用系统建设、经营

七、租赁和商务服务业

318. 会计、审计（首席合伙人需具有中国国籍）

319. 国际经济、科技、环保、物流信息咨询服务

320. 以承接服务外包方式从事系统应用管理和维护、信息技术支持管理、银行后台服务、财务结算、软件开发、离岸呼叫中心、数据处理等信息技术和业务流程外包服务

321. 创业投资企业

322. 知识产权服务

323. 家庭服务业

八、科学研究和技术服务业

324. 生物工程与生物医学工程技术、生物质能源开发技术

325. 同位素、辐射及激光技术

326. 海洋开发及海洋能开发技术、海洋化学资源综合利用技术、相关产品开发和精深加工技术、海洋医药与生化制品开发技术

327. 海洋监测技术（海洋浪潮、气象、环境监测）、海底探测与大洋资源勘查评价技术

328. 综合利用海水淡化后的浓海水制盐、提取钾、溴、镁、锂及其深加工等海水化学资源高附加值利用技术

329. 海上石油污染清理与生态修复技术及相关产品开发，海水富营养化防治技术，海洋生物爆发性生长灾害防治技术，海岸带生态环境修复技术

330. 节能环保技术开发与服务

331. 资源再生及综合利用技术、企业生产排放物的再利用技术开发及其应用

332. 环境污染治理及监测技术

333. 化纤生产及印染加工的节能降耗、三废治理新技术

334. 防沙漠化及沙漠治理技术

335. 草畜平衡综合管理技术

336. 民用卫星应用技术

337. 研究开发中心

338. 高新技术、新产品开发与企业孵化中心

339. 物联网技术开发与应用

340. 工业设计、建筑设计、服装设计等创意产业

九、水利、环境和公共设施管理业

341. 综合水利枢纽的建设、经营（中方控股）

342. 城市封闭型道路建设、经营

343. 城市地铁、轻轨等轨道交通的建设、经营

344. 垃圾处理厂，危险废物处理处置厂（焚烧厂、填埋场）及环境污染治理设施的建设、经营

十、教育

345. 非学制类职业培训机构

十一、卫生和社会工作

346. 老年人、残疾人和儿童服务机构

347. 养老机构

十二、文化、体育和娱乐业

348. 演出场所经营

349. 体育场馆经营、健身、竞赛表演及体育培训和中介服务

限制外商投资产业目录

一、农、林、牧、渔业

1. 农作物新品种选育和种子生产（中方控股）

二、采矿业

2. 特殊和稀缺煤类勘查、开采（中方控股）

3. 贵金属（金、银、铂族）勘查、开采

4. 石墨勘查、开采

5. 锂矿开采、选矿

三、制造业

6. 豆油、菜籽油、花生油、棉籽油、茶籽油、葵花籽油、棕榈油等食用油脂加工（中方控股），大米、面粉、原糖加工，玉米深加工

7. 生物液体燃料（燃料乙醇、生物柴油）生产（中方控股）

8. 出版物印刷（中方控股）

9. 钨、钼、锡（锡化合物除外）、锑（含氧化锑和硫化锑）等稀有金属冶炼

10. 稀土冶炼、分离（限于合资、合作）

11. 汽车整车、专用汽车和摩托车制造：中方股比不低于50%，同一家外商可在国内建立两家（含两家）以下生产同类（乘用车类、商用车类、摩托车类）整车产品的合资企业，如与中方合资伙伴联合兼并国内其他汽车生产企业可不受两家的限制

12. 船舶（含分段）的修理、设计与制造（中方控股）

13. 卫星电视广播地面接收设施及关键件生产

四、电力、热力、燃气及水生产和供应业

14. 小电网范围内，单机容量30万千瓦及以下燃煤凝汽火电站、单机容量10万千瓦及以下燃煤凝汽抽汽两用机组热电联产电站的建设、经营

15. 城市人口50万以上的城市燃气、热力和供排水管网的建设、经营（中方控股）

五、交通运输、仓储和邮政业

16. 铁路旅客运输公司（中方控股）

17. 公路旅客运输公司

18. 水上运输公司（中方控股）

19. 公务飞行、空中游览、摄影、探矿、工业等通用航空公司（中方控股）

六、信息传输、软件和信息技术服务业

20. 电信公司：增值电信业务（外资比例不超过 50%，电子商务除外），基础电信业务（外资比例不超过 49%）

七、批发和零售业

21. 粮食收购，粮食、棉花批发，大型农产品批发市场建设、经营

22. 船舶代理（中方控股）、外轮理货（限于合资、合作）

23. 加油站（同一外国投资者设立超过 30 家分店、销售来自多个供应商的不同种类和品牌成品油的连锁加油站，由中方控股）建设、经营

八、金融业

24. 银行（单个境外金融机构及被其控制或共同控制的关联方作为发起人或战略投资者向单个中资商业银行投资入股比例不得超过 20%，多个境外金融机构及被其控制或共同控制的关联方作为发起人或战略投资者投资入股比例合计不得超过 25%，投资农村中小金融机构的境外金融机构必须是银行类金融机构）

25. 保险公司（寿险公司外资比例不超过 50%）

26. 证券公司（设立时限于从事人民币普通股、外资股和政府债券、公司债券的承销与保荐，外资股的经纪，政府债券、公司债券的经纪和自营；设立满 2 年后符合条件的公司可申请扩大业务范围；外资比例不超过 49%）、证券投资基金管理公司（外资比例不超过 49%）

27. 期货公司（中方控股）

九、租赁和商务服务业

28. 市场调查（限于合资、合作，其中广播电视收听、收视调查要求中方控股）

29. 资信调查与评级服务公司

十、科学研究和技术服务业

30. 测绘公司（中方控股）

十一、教育

31. 高等教育机构（限于合作、中方主导[㊀]）

32. 普通高中教育机构（限于合作、中方主导）

33. 学前教育机构（限于合作、中方主导）

十二、卫生和社会工作

34. 医疗机构（限于合资、合作）

十三、文化、体育和娱乐业

35. 广播电视节目、电影的制作业务（限于合作）

36. 电影院的建设、经营（中方控股）

37. 大型主题公园的建设、经营

38. 演出经纪机构（中方控股）

㊀ 中方主导是指校长或者主要行政负责人应当具有中国国籍，中外合作办学机构的理事会、董事会或者联合管理委员会的中方组成人员不得少于1/2（下同）。

十四、国家法律法规和我国缔结或者参加的国际条约规定限制的其他产业

禁止外商投资产业目录

一、农、林、牧、渔业

1. 我国稀有和特有的珍贵优良品种的研发、养殖、种植以及相关繁殖材料的生产（包括种植业、畜牧业、水产业的优良基因）

2. 农作物、种畜禽、水产苗种转基因品种选育及其转基因种子（苗）生产

3. 我国管辖海域及内陆水域水产品捕捞

二、采矿业

4. 钨、钼、锡、锑、萤石勘查、开采

5. 稀土勘查、开采、选矿

6. 放射性矿产的勘查、开采、选矿

三、制造业

（一）医药制造业

7. 列入《野生药材资源保护管理条例》和《中国稀有濒危保护植物名录》的中药材加工

8. 中药饮片的蒸、炒、炙、煅等炮制技术的应用及中成药保密处方产品的生产

（二）石油加工、炼焦和核燃料加工业

9. 放射性矿产冶炼、加工，核燃料生产

（三）专用设备制造业

10. 武器弹药制造

（四）其他制造业

11. 象牙雕刻

12. 虎骨加工

13. 宣纸、墨锭生产

四、电力、热力、燃气及水生产和供应业

14. 大电网范围内，单机容量 30 万千瓦及以下燃煤凝汽火电站、单机容量 20 万千瓦及以下燃煤凝汽抽汽两用热电联产电站的建设、经营

五、交通运输、仓储和邮政业

15. 空中交通管制

16. 邮政公司、信件的国内快递业务

六、批发和零售业

17. 烟叶、卷烟、复烤烟叶及其他烟草制品的批发、零售

七、租赁和商务服务业

18. 社会调查

19. 中国法律事务咨询（提供有关中国法律环境影响的信息除外）

八、科学研究和技术服务业

20. 人体干细胞、基因诊断与治疗技术开发和应用

21. 大地测量、海洋测绘、测绘航空摄影、行政区域界线测绘、地形图、世界政区地图、全国政区地图、省级及以下政区地图、全国性教学地图、地方性教学地图和真三维地图编制、导航电子地图编制，区域性的地质填图、矿产地质、地球物理、地球化学、水文地质、环境地质、地质灾害、遥感地质等调查

九、水利、环境和公共设施管理业

22. 自然保护区和国际重要湿地的建设、经营

23. 国家保护的原产于我国的野生动、植物资源开发

十、教育

24. 义务教育机构，军事、警察、政治和党校等特殊领域教育机构

十一、文化、体育和娱乐业

25. 新闻机构

26. 图书、报纸、期刊的出版业务

27. 音像制品和电子出版物的出版、制作业务

28. 各级广播电台（站）、电视台（站）、广播电视频道（率）、广播电视传输覆盖网（发射台、转播台、广播电视卫星、卫星上行站、卫星收转站、微波站、监测台、有线广播电视传输覆盖网）

29. 广播电视节目制作经营公司

30. 电影制作公司、发行公司、院线公司

31. 新闻网站、网络出版服务、网络视听节目服务、互联网上网服务营业场所、互联网文化经营（音乐除外）

32. 经营文物拍卖的拍卖企业、文物商店

33. 高尔夫球场、别墅的建设

十二、其他行业

34. 危害军事设施安全和使用效能的项目

35. 博彩业（含赌博类跑马场）

36. 色情业

十三、国家法律法规和我国缔结或者参加的国际条约规定禁止的其他产业

注：《内地与香港关于建立更紧密经贸关系的安排》及其补充协议、《内地与澳门关于建立更紧密经贸关系的安排》及其补充协议、《海峡两岸经济合作框架协议》及其后续协议、我国与有关国家签订的自由贸易区协议、投资协定另有规定的，从其规定。

国务院办公厅关于印发自由贸易试验区外商投资国家安全审查试行办法的通知

（国办发〔2015〕24号）

各省、自治区、直辖市人民政府，国务院各部委、各直属机构：

《自由贸易试验区外商投资国家安全审查试行办法》已经国务院同意，现印发给你们，请认真贯彻执行。

国务院办公厅

2015年4月8日

自由贸易试验区外商投资国家安全审查试行办法

为做好中国(上海)自由贸易试验区、中国(广东)自由贸易试验区、中国(天津)自由贸易试验区、中国(福建)自由贸易试验区等自由贸易试验区(以下统称自贸试验区)对外开放工作，试点实施与负面清单管理模式相适应的外商投资国家安全审查(以下简称安全审查)措施，引导外商投资有序发展，维护国家安全，制定本办法。

一、审查范围

总的原则是，对影响或可能影响国家安全、国家安全保障能力，涉及敏感投资主体、敏感并购对象、敏感行业、敏感技术、敏感地域的外商投资进行安全审查。

(一)安全审查范围为：外国投资者在自贸试验区内投资军工、军工配套和其他关系国防安全的领域，以及重点、敏感军事设施周边地域；外国投资者在自贸试验区内投资关系国家安全的重要农产品、重要能源和资源、重要基础设施、重要运输服务、重要文化、重要信息技术产品和服务、关键技术、重大装备制造等领域，并取得所投资企业的实际控制权。

(二)外国投资者在自贸试验区内投资，包括下列情形：

1. 外国投资者单独或与其他投资者共同投资新建项目或设立企业。

2. 外国投资者通过并购方式取得已设立企业的股权或资产。

3. 外国投资者通过协议控制、代持、信托、再投资、境外交易、租赁、认购可转换债券等方式投资。

(三)外国投资者取得所投资企业的实际控制权，包括下列情形：

1. 外国投资者及其关联投资者持有企业股份总额在 50% 以上。

2. 数个外国投资者持有企业股份总额合计在 50% 以上。

3. 外国投资者及其关联投资者、数个外国投资者持有企业股份总额不超过 50%，但所享有的表决权已足以对股东会或股东大会、董事会的决议产生重大影响。

4. 其他导致外国投资者对企业的经营决策、人事、财务、技术等产生重大影响的情形。

二、审查内容

（一）外商投资对国防安全，包括对国防需要的国内产品生产能力、国内服务提供能力和有关设施的影响。

（二）外商投资对国家经济稳定运行的影响。

（三）外商投资对社会基本生活秩序的影响。

（四）外商投资对国家文化安全、公共道德的影响。

（五）外商投资对国家网络安全的影响。

（六）外商投资对涉及国家安全关键技术研发能力的影响。

三、安全审查工作机制和程序

（一）自贸试验区外商投资安全审查工作，由外国投资者并购境内企业安全审查部际联席会议（以下简称联席会议）具体承担。在联席会议机制下，国家发展改革委、商务部根据外商投资涉及的领域，会同相关部门开展安全审查。

（二）自贸试验区安全审查程序依照《国务院办公厅关于建立外国投资者并购境内企业安全审查制度的通知》（国办发〔2011〕6 号）第四条办理。

（三）对影响或可能影响国家安全，但通过附加条件能够消除影响的投资，联席会议可要求外国投资者出具修改投资方案的书面承诺。外国投资者出具书面承诺后，联席会议可作出附加条件的审查意见。

（四）自贸试验区管理机构在办理职能范围内外商投资备案、核准或审核手续时，对属于安全审查范围的外商投资，应及时告知外国投资者提出安全审查申请，并暂停办理相关手续。

（五）商务部将联席会议审查意见书面通知外国投资者的同时，通知自贸试验区管理机构。对不影响国家安全或附加条件后不影响国家安全的外商投资，自贸试验区管理机构继续办理相关手续。

（六）自贸试验区管理机构应做好外商投资监管工作。如发现外国投资者提供虚假信息、遗漏实质信息、通过安全审查后变更投资活动或违背附加条件，对国家安全造成或可能造成重大影响的，即使外商投资安全审查已结束或投资已实施，自贸试验区管理机构应向国家发展改革委和商务部报告。

（七）国家发展改革委、商务部与自贸试验区管理机构通过信息化手段，在信息共享、实时监测、动态管理和定期核查等方面形成联动机制。

四、其他规定

（一）外商投资股权投资企业、创业投资企业、投资性公司在自贸试验区内投资，适用本办法。

（二）外商投资金融领域的安全审查另行规定。

（三）香港特别行政区、澳门特别行政区、台湾地区的投资者进行投资，参照本办法的规定执行。

（四）本办法由国家发展改革委、商务部负责解释。

（五）本办法自印发之日起 30 日后实施。

国务院办公厅关于印发自由贸易试验区外商投资准入特别管理措施（负面清单）的通知

（国办发〔2015〕23号）

各省、自治区、直辖市人民政府，国务院各部委、各直属机构：

《自由贸易试验区外商投资准入特别管理措施（负面清单）》已经国务院同意，现印发给你们，请认真执行。实施中的重大问题，要及时向国务院请示报告。

国务院办公厅

2015年4月8日

自由贸易试验区外商投资准入特别管理措施（负面清单）

说　明

一、《自由贸易试验区外商投资准入特别管理措施（负面清单）》（以下简称《自贸试验区负面清单》）依据现行有关法律法规制定，已经国务院批准，现予以发布。负面清单列明了不符合国民待遇等原则的外商投资准入特别管理措施，适用于上海、广东、天津、福建四个自由贸易试验区（以下统称自贸试验区）。

二、《自贸试验区负面清单》依据《国民经济行业分类》（GB/T 4754—2011）划分为15个门类、50个条目、122项特别管理措施。其中特别管理措施包括具体行业措施和适用于所有行业的水平措施。

三、《自贸试验区负面清单》中未列出的与国家安全、公共秩序、公共文化、金融审慎、政府采购、补贴、特殊手续和税收相关的特别管理措施，按照现行规定执行。自贸试验区内的外商投资涉及国家安全的，须按照《自由贸易试验区外商投资国家安全审查试行办法》进行安全审查。

四、《自贸试验区负面清单》之外的领域，在自贸试验区内按照内外资一致原则实施管理，并由所在地省级人民政府发布实施指南，做好相关引导工作。

五、香港特别行政区、澳门特别行政区、台湾地区投资者在自贸试验区内投资参照《自贸试验区负面清单》执行。内地与香港特别行政区、澳门特别行政区关于建立更紧密经贸关系的安排及其补充协议，《海峡两岸经济合作框架协议》，我国签署的自贸协定中适用于自贸试验区并对符合条件的投资者有更优惠的开放措施的，按照相关协议或协定的规定执行。

六、《自贸试验区负面清单》自印发之日起30日后实施，并适时调整。

自由贸易试验区外商投资准入特别管理措施（负面清单）

序号	领域	特别管理措施
一、农、林、牧、渔业		
（一）	种业	1. 禁止投资中国稀有和特有的珍贵优良品种的研发、养殖、种植以及相关繁殖材料的生产（包括种植业、畜牧业、水产业的优良基因）。 2. 禁止投资农作物、种畜禽、水产苗种转基因品种选育及其转基因种子（苗）生产。 3. 农作物新品种选育和种子生产属于限制类，须由中方控股。 4. 未经批准，禁止采集农作物种质资源。
（二）	渔业捕捞	5. 在中国管辖水域从事渔业活动，须经中国政府批准。 6. 不批准以合作、合资等方式引进渔船在管辖水域作业的船网工具指标申请。
二、采矿业		
（三）	专属经济区与大陆架勘探开发	7. 对中国专属经济区和大陆架的自然资源进行勘查、开发活动或在中国大陆架上为任何目的进行钻探，须经中国政府批准。
（四）	石油和天然气开采	8. 石油、天然气（含油页岩、油砂、页岩气、煤层气等非常规油气）的勘探、开发，限于合资、合作。
（五）	稀土和稀有矿采选	9. 禁止投资稀土勘查、开采及选矿；未经允许，禁止进入稀土矿区或取得矿山地质资料、矿石样品及生产工艺技术。 10. 禁止投资钨、钼、锡、锑、萤石的勘查、开采。 11. 禁止投资放射性矿产的勘查、开采、选矿。
（六）	金属矿及非金属矿采选	12. 贵金属（金、银、铂族）勘查、开采，属于限制类。 13. 锂矿开采、选矿，属于限制类。 14. 石墨勘查、开采，属于限制类。
三、制造业		
（七）	航空制造	15. 干线、支线飞机设计、制造与维修，3 吨级及以上民用直升机设计与制造，地面、水面效应飞机制造及无人机、浮空器设计与制造，须由中方控股。 16. 通用飞机设计、制造与维修限于合资、合作。
（八）	船舶制造	17. 船用低、中速柴油机及曲轴制造，须由中方控股。 18. 海洋工程装备（含模块）制造与修理，须由中方控股。 19. 船舶（含分段）修理、设计与制造属于限制类，须由中方控股。
（九）	汽车制造	20. 汽车整车、专用汽车制造属于限制类，中方股比不低于 50%；同一家外商可在国内建立两家（含两家）以下生产同类（乘用车类、商用车类）整车产品的合资企业，如与中方合资伙伴联合兼并国内其他汽车生产企业可不受两家的限制。 21. 新建纯电动乘用车生产企业生产的产品须使用自有品牌，拥有自主知识产权和已授权的相关发明专利。

（续）

序号	领域	特别管理措施
（十）	轨道交通设备制造	22. 轨道交通运输设备制造限于合资、合作（与高速铁路、铁路客运专线、城际铁路配套的乘客服务设施和设备的研发、设计与制造，与高速铁路、铁路客运专线、城际铁路相关的轨道和桥梁设备研发、设计与制造，电气化铁路设备和器材制造，铁路客车排污设备制造等除外）。 23. 城市轨道交通项目设备国产化比例须达到70%及以上。
（十一）	通信设备制造	24. 民用卫星设计与制造、民用卫星有效载荷制造须由中方控股。 25. 卫星电视广播地面接收设施及关键件生产属于限制类。
（十二）	矿产冶炼和压延加工	26. 钨、钼、锡（锡化合物除外）、锑（含氧化锑和硫化锑）等稀有金属冶炼属于限制类。 27. 稀土冶炼、分离属于限制类，限于合资、合作。 28. 禁止投资放射性矿产冶炼、加工。
（十三）	医药制造	29. 禁止投资列入《野生药材资源保护管理条例》和《中国稀有濒危保护植物名录》的中药材加工。 30. 禁止投资中药饮片的蒸、炒、炙、煅等炮制技术的应用及中成药保密处方产品的生产。
（十四）	其他制造业	31. 禁止投资象牙雕刻、虎骨加工、宣纸和墨锭生产等民族传统工艺。
四、电力、热力、燃气及水生产和供应业		
（十五）	原子能	32. 核电站的建设、经营，须由中方控股。 33. 核燃料、核材料、铀产品以及相关核技术的生产经营和进出口由具有资质的中央企业实行专营。 34. 国有或国有控股企业才可从事放射性固体废物处置活动。
（十六）	管网设施	35. 城市人口50万以上的城市燃气、热力和供排水管网的建设、经营属于限制类，须由中方控股。 36. 电网的建设、经营须由中方控股。
五、批发和零售业		
（十七）	专营及特许经营	37. 对烟草实行专营制度。烟草专卖品（指卷烟、雪茄烟、烟丝、复烤烟叶、烟叶、卷烟纸、滤嘴棒、烟用丝束、烟草专用机械）的生产、销售、进出口实行专卖管理，并实行烟草专卖许可证制度。禁止投资烟叶、卷烟、复烤烟叶及其他烟草制品的批发、零售。 38. 对中央储备粮（油）实行专营制度。中国储备粮管理总公司具体负责中央储备粮（含中央储备油）的收购、储存、经营和管理。 39. 对免税商品销售业务实行特许经营和集中统一管理。 40. 对彩票发行、销售实行特许经营，禁止在中华人民共和国境内发行、销售境外彩票。
六、交通运输、仓储和邮政业		
（十八）	道路运输	41. 公路旅客运输公司属于限制类。
（十九）	铁路运输	42. 铁路干线路网的建设、经营须由中方控股。 43. 铁路旅客运输公司属于限制类，须由中方控股。

（续）

序号	领域	特别管理措施
（二十）	水上运输	44. 水上运输公司（上海自贸试验区内设立的国际船舶运输企业除外）属于限制类，须由中方控股，且不得经营以下业务：（1）中国国内水路运输业务，包括以租用中国籍船舶或者舱位等方式变相经营水路运输业务；（2）国内船舶管理、水路旅客运输代理和水路货物运输代理业务。 45. 船舶代理外资比例不超过 51%。 46. 外轮理货属于限制类，限于合资、合作。 47. 水路运输经营者不得使用外国籍船舶经营国内水路运输业务，经中国政府许可的特殊情形除外。 48. 中国港口之间的海上运输和拖航，由悬挂中华人民共和国国旗的船舶经营。外国籍船舶经营中国港口之间的海上运输和拖航，须经中国政府批准。
（二十一）	公共航空运输	49. 公共航空运输企业须由中方控股，单一外国投资者（包括其关联企业）投资比例不超过 25%。 50. 公共航空运输企业董事长和法定代表人须由中国籍公民担任。 51. 外国航空器经营人不得经营中国境内两点之间的运输。 52. 只有中国指定承运人可以经营中国与其他缔约方签订的双边运输协议确定的双边航空运输市场。
（二十二）	通用航空	53. 允许以合资方式投资专门从事农、林、渔作业的通用航空企业，其他通用航空企业须由中方控股。 54. 通用航空企业法定代表人须由中国籍公民担任。 55. 禁止外籍航空器或者外籍人员从事航空摄影、遥感测绘、矿产资源勘查等重要专业领域的通用航空飞行。
（二十三）	民用机场与空中交通管制	56. 禁止投资和经营空中交通管制系统。 57. 民用机场的建设、经营，须由中方相对控股。
（二十四）	邮政	58. 禁止投资邮政企业和经营邮政服务。 59. 禁止经营信件的国内快递业务。
七、信息传输、软件和信息技术服务业		
（二十五）	电信传输服务	60. 电信公司属于限制类，限于中国入世承诺开放的电信业务，其中：增值电信业务（电子商务除外）外资比例不超过 50%，基础电信业务经营者须为依法设立的专门从事基础电信业务的公司，且公司中国有股权或者股份不少于 51%。
（二十六）	互联网和相关服务	61. 禁止投资互联网新闻服务、网络出版服务、网络视听节目服务、网络文化经营（音乐除外）、互联网上网服务营业场所、互联网公众发布信息服务（上述服务中，中国入世承诺中已开放的内容除外）。 62. 禁止从事互联网地图编制和出版活动（上述服务中，中国入世承诺中已开放的内容除外）。 63. 互联网新闻信息服务单位与外国投资者进行涉及互联网新闻信息服务业务的合作，应报经中国政府进行安全评估。

（续）

序号	领域	特别管理措施
八、金融业		
（二十七）	银行业股东机构类型要求	64. 境外投资者投资银行业金融机构，应为金融机构或特定类型机构。具体要求： （1）外商独资银行股东、中外合资银行外方股东应为金融机构，且外方唯一或者控股 / 主要股东应为商业银行； （2）投资中资商业银行、信托公司的应为金融机构； （3）投资农村商业银行、农村合作银行、农村信用（合作）联社、村镇银行的应为境外银行； （4）投资金融租赁公司的应为金融机构或融资租赁公司； （5）消费金融公司的主要出资人应为金融机构； （6）投资货币经纪公司的应为货币经纪公司； （7）投资金融资产管理公司的应为金融机构，且不得参与发起设立金融资产管理公司； （8）法律法规未明确的应为金融机构。
（二十八）	银行业资质要求	65. 境外投资者投资银行业金融机构须符合一定数额的总资产要求，具体包括： （1）外资法人银行外方唯一或者控股 / 主要股东、外国银行分行的母行； （2）中资商业银行、农村商业银行、农村合作银行、农村信用（合作）联社、村镇银行、信托公司、金融租赁公司、贷款公司、金融资产管理公司的境外投资者； （3）法律法规未明确不适用的其他银行业金融机构的境外投资者。 66. 境外投资者投资货币经纪公司须满足相关业务年限、全球机构网络和资讯通信网络等特定条件。
（二十九）	银行业股比要求	67. 境外投资者入股中资商业银行、农村商业银行、农村合作银行、农村信用（合作）联社、金融资产管理公司等银行业金融机构受单一股东和合计持股比例限制。
（三十）	外资银行	68. 除符合股东机构类型要求和资质要求外，外资银行还受限于以下条件： （1）外国银行分行不可从事《中华人民共和国商业银行法》允许经营的“代理发行、代理兑付、承销政府债券”、“代理收付款项”、“从事银行卡业务”，除可以吸收中国境内公民每笔不少于 100 万元人民币的定期存款外，外国银行分行不得经营对中国境内公民的人民币业务； （2）外国银行分行应当由总行无偿拨付营运资金，营运资金的一部分应以特定形式存在并符合相应管理要求； （3）外国银行分行须满足人民币营运资金充足性（8%）要求； （4）外资银行获准经营人民币业务须满足最低开业时间要求。
（三十一）	期货公司	69. 期货公司属于限制类，须由中方控股。
（三十二）	证券公司	70. 证券公司属于限制类，外资比例不超过 49%。 71. 单个境外投资者持有（包括直接持有和间接控制）上市内资证券公司股份的比例不超过 20%；全部境外投资者持有（包括直接持有和间接控制）上市内资证券公司股份的比例不超过 25%。

（续）

序号	领域	特别管理措施
（三十三）	证券投资基金管理公司	72. 证券投资基金管理公司属于限制类，外资比例不超过 49%。
（三十四）	证券和期货交易	73. 不得成为证券交易所的普通会员和期货交易所的会员。 74. 不得申请开立 A 股证券账户以及期货账户。
（三十五）	保险机构设立	75. 保险公司属于限制类（寿险公司外资比例不超过 50%），境内保险公司合计持有保险资产管理公司的股份不低于 75%。 76. 申请设立外资保险公司的外国保险公司，以及投资入股保险公司的境外金融机构（通过证券交易所购买上市保险公司股票的除外），须符合中国保险监管部门规定的经营年限、总资产等条件。
（三十六）	保险业务	77. 非经中国保险监管部门批准，外资保险公司不得与其关联企业从事再保险的分出或者分入业务。
九、租赁和商务服务业		
（三十七）	会计审计	78. 担任特殊普通合伙会计师事务所首席合伙人（或履行最高管理职责的其他职务），须具有中国国籍。
（三十八）	法律服务	79. 外国律师事务所只能以代表机构的方式进入中国，在华设立代表机构、派驻代表，须经中国司法行政部门许可。 80. 禁止从事中国法律事务，不得成为国内律师事务所合伙人。 81. 外国律师事务所驻华代表机构不得聘用中国执业律师，聘用的辅助人员不得为当事人提供法律服务。
（三十九）	统计调查	82. 实行涉外调查机构资格认定制度和涉外社会调查项目审批制度。 83. 禁止投资社会调查。 84. 市场调查属于限制类，限于合资、合作，其中广播电视收听、收视调查须由中方控股。 85. 评级服务属于限制类。
（四十）	其他商务服务	86. 因私出入境中介机构法定代表人须为具有境内常住户口、具有完全民事行为能力的中国公民。
十、科学研究和技术服务业		
（四十一）	专业技术服务	87. 禁止投资大地测量、海洋测绘、测绘航空摄影、行政区域界线测绘，地形图、世界政区地图、全国政区地图、省级及以下政区地图、全国性教学地图、地方性教学地图和真三维地图编制，导航电子地图编制，区域性的地质填图、矿产地质、地球物理、地球化学、水文地质、环境地质、地质灾害、遥感地质等调查。 88. 测绘公司属于限制类，须由中方控股。 89. 禁止投资人体干细胞、基因诊断与治疗技术开发和应用。 90. 禁止设立和运营人文社会科学研究机构。
十一、水利、环境和公共设施管理业		
（四十二）	动植物资源保护	91. 禁止投资国家保护的原产于中国的野生动植物资源开发。 92. 禁止采集或收购国家重点保护野生植物。

（续）

序号	领域	特别管理措施
十二、教育		
（四十三）	教育	93. 外国教育机构、其他组织或者个人不得单独设立以中国公民为主要招生对象的学校及其他教育机构（不包括非学制类职业技能培训）。 94. 外国教育机构可以同中国教育机构合作举办以中国公民为主要招生对象的教育机构，中外合作办学者可以合作举办各级各类教育机构，但是： （1）不得举办实施义务教育和实施军事、警察、政治和党校等特殊领域教育机构； （2）外国宗教组织、宗教机构、宗教院校和宗教教职人员不得在中国境内从事合作办学活动，中外合作办学机构不得进行宗教教育和开展宗教活动； （3）普通高中教育机构、高等教育机构和学前教育属于限制类，须由中方主导（校长或者主要行政负责人应当具有中国国籍，在中国境内定居；理事会、董事会或者联合管理委员会的中方组成人员不得少于1/2；教育教学活动和课程教材须遵守我国相关法律法规及有关规定）。
十三、卫生和社会工作		
（四十四）	医疗	95. 医疗机构属于限制类，限于合资、合作。
十四、文化、体育和娱乐业		
（四十五）	广播电视播出、传输、制作、经营	96. 禁止投资设立和经营各级广播电台（站）、电视台（站）、广播电视频率频道和时段栏目、广播电视传输覆盖网（广播电视发射台、转播台〔包括差转台、收转台〕、广播电视卫星、卫星上行站、卫星收转站、微波站、监测台〔站〕及有线广播电视传输覆盖网等），禁止从事广播电视视频点播业务和卫星电视广播地面接收设施安装服务。 97. 禁止投资广播电视节目制作经营公司。 98. 对境外卫星频道落地实行审批制度。引进境外影视剧和以卫星传送方式引进其他境外电视节目由新闻出版广电总局指定的单位申报。 99. 对中外合作制作电视剧（含电视动画片）实行许可制度。
（四十六）	新闻出版、广播影视、金融信息	100. 禁止投资设立通讯社、报刊社、出版社以及新闻机构。 101. 外国新闻机构在中国境内设立常驻新闻机构、向中国派遣常驻记者，应当经中国政府批准。 102. 外国通讯社在中国境内提供新闻的服务业务须由中国政府审批。 103. 禁止投资经营图书、报纸、期刊、音像制品和电子出版物的出版、制作业务；禁止经营报刊版面。 104. 中外新闻机构业务合作、中外合作新闻出版项目，须中方主导，且须经中国政府批准（经中国政府批准，允许境内科学技术类期刊与境外期刊建立版权合作关系，合作期限不超过5年，合作期满需延长的，须再次申请报批。中方掌握内容的终审权，外方人员不得参与中方期刊的编辑、出版活动）。 105. 禁止从事电影、广播电视节目、美术品和数字文献数据库及其出版物等文化产品进口业务（上述服务中，中国入世承诺中已开放的内容除外）。

（续）

序号	领域	特别管理措施
（四十六）	新闻出版、广播影视、金融信息	106. 出版物印刷属于限制类，须由中方控股。 107. 未经中国政府批准，禁止在中国境内提供金融信息服务。 108. 境外传媒（包括外国和港澳台地区报社、期刊社、图书出版社、音像出版社、电子出版物出版公司以及广播、电影、电视等大众传播机构）不得在中国境内设立代理机构或编辑部。如需设立办事机构，须经审批。
（四十七）	电影制作、发行、放映	109. 禁止投资电影制作公司、发行公司、院线公司。 110. 中国政府对中外合作摄制电影片实行许可制度。 111. 电影院的建设、经营须由中方控股。放映电影片，应当符合中国政府规定的国产电影片与进口电影片放映的时间比例。放映单位年放映国产电影片的时间不得低于年放映电影片时间总和的 2/3。
（四十八）	非物质文化遗产、文物及考古	112. 禁止投资和经营文物拍卖的拍卖企业、文物购销企业。 113. 禁止投资和运营国有文物博物馆。 114. 禁止不可移动文物及国家禁止出境的文物转让、抵押、出租给外国人。 115. 禁止设立与经营非物质文化遗产调查机构。 116. 境外组织或个人在中国境内进行非物质文化遗产调查和考古调查、勘探、发掘，应采取与中国合作的形式并经专门审批许可。
（四十九）	文化娱乐	117. 禁止设立文艺表演团体。 118. 演出经纪机构属于限制类，须由中方控股（为本省市提供服务的除外）。 119. 大型主题公园的建设、经营属于限制类。
十五、所有行业		
（五十）	所有行业	120. 不得作为个体工商户、个人独资企业投资人、农民专业合作社成员，从事经营活动。 121.《外商投资产业指导目录》中的禁止类以及标注有“限于合资”、“限于合作”、“限于合资、合作”、“中方控股”、“中方相对控股”和有外资比例要求的项目，不得设立外商投资合伙企业。 122. 外国投资者并购境内企业、外国投资者对上市公司的战略投资、境外投资者以其持有的中国境内企业股权出资涉及外商投资项目和企业设立及变更事项的，按现行规定办理。

商务部《自由贸易试验区外商投资备案管理办法（试行）》

（商务部公告2015年第12号）

为进一步扩大对外开放，推进外商投资管理制度改革，在自由贸易试验区（以下称自贸试验区）营造国际化、法治化、市场化的营商环境，经全国人大常委会授权，国务院决定在自贸试验区对外商投资实行准入前国民待遇加负面清单的管理模式。为落实改革外商投资管理模式的相关要求，规范自贸试验区外商投资备案管理工作，现公布《自由贸易试验区外商投资备案管理办法（试行）》，自发布之日起30日后实施。

商务部

2015年4月8日

自由贸易试验区外商投资备案管理办法（试行）

第一条　为进一步扩大对外开放，推进外商投资管理制度改革，在中国（广东）自由贸易试验区、中国（天津）自由贸易试验区、中国（福建）自由贸易试验区、中国（上海）自由贸易试验区（以下简称自贸试验区）营造国际化、法治化、市场化的营商环境，根据《全国人大常委会关于授权国务院在中国（上海）自由贸易试验区暂时调整有关法律规定的行政审批的决定》、《全国人大常委会关于授权国务院在中国（广东）、中国（天津）、中国（福建）自由贸易试验区以及中国（上海）自由贸易试验区扩展区域暂时调整有关法律规定的行政审批的决定》、相关法律、行政法规及国务院决定，制定本办法。

第二条　外国投资者在自贸试验区投资《自由贸易试验区外商投资准入特别管理措施（负面清单）》以外领域，外商投资企业设立、变更（以下统称投资实施）及合同章程备案，适用本办法。法律、行政法规和国务院决定另有规定的，从其规定。

投资实施的时间对外商投资企业设立而言，为企业营业执照签发时间；对外商投资企业变更而言，涉及换发企业营业执照的，投资实施时间为企业营业执照换发时间，不涉及换发企业营业执照的，投资实施时间为变更事项发生时间。

第三条　自贸试验区管理机构（以下简称备案机构）负责自贸试验区外商投资事项的备案管理。

备案机构通过商务部外商（港澳台侨）投资备案信息系统（以下简称备案系统），开展自贸试验区外商投资事项的备案工作。

第四条　外国投资者在自贸试验区投资设立企业，属于本办法规定的备案范围的，外国投资者在取得企业名称预核准通知书后，可在投资实施前，或投资实施之日起30日内，登录自贸试验区一口受理平台（以下简称受理平台），在线填报和提交《自贸试验区外商投资企业设立备案申报表》（以下简称《设立申报表》)。

第五条　属于本办法规定的备案范围的外商投资企业，发生以下变更事项的，可在投资实施前，或投资实施之日起30日内，在线填报和提交《自贸试验区外商投资企业变更事项备案申报表》(以下简称《变更申报表》)，办理变更备案手续：

(一)投资总额变更；

(二)注册资本变更；

(三)股权、合作权益变更或转让；

(四)股权质押；

(五)合并、分立；

(六)经营范围变更；

(七)经营期限变更；

(八)提前终止；

(九)出资方式、出资期限变更；

(十)中外合作企业外国合作者先行回收投资；

(十一)企业名称变更；

(十二)注册地址变更。

其中，依照相关法律法规规定应当公告的，应当在办理变更备案手续时说明依法办理公告手续情况。

第六条　备案管理的外商投资企业发生需审批的变更事项，应按照外商投资管理的相关规定办理审批手续。

第七条　自贸试验区内于本办法实施前已设立的外商投资企业发生变更，或自贸试验区外的外商投资企业迁入，且属于本办法规定的备案范围的，应办理变更备案手续，并缴销《外商(港澳台侨)投资企业批准证书》。

第八条　外国投资者或外商投资企业在提交《设立申报表》或《变更申报表》时承诺，申报内容真实、完整、有效，申报的投资事项符合相关法律法规的规定。

第九条　外国投资者或外商投资企业在线提交《设立申报表》或《变更申报表》后，备案机构对申报事项是否属于备案范围进行甄别。属于本办法规定的备案范围的，备案机构应在3个工作日内完成备案，通知外国投资者或外商投资企业。不属于备案范围的，通知外国投资者或外商投资企业按有关规定办理审批手续。

第十条 备案机构应即时在备案系统发布备案结果，并向受理平台共享备案结果信息。

第十一条 收到备案完成通知后，外国投资者或外商投资企业可向备案机构领取《外商投资企业备案证明》(以下简称《备案证明》)。领取时需提交以下文件：

（一）企业名称预先核准通知书（复印件）；

（二）外国投资者或其授权代表签章的《设立申报表》，或外商投资企业或其授权代表签章的《变更申报表》；

（三）外国投资者、实际控制人主体资格证明或身份证明（复印件）。

第十二条 自贸试验区外商投资企业应在每年6月30日前登录备案系统，填报《外商投资企业投资经营情况年度报告表》。

第十三条 备案机构对自贸试验区外国投资者及外商投资企业遵守外商投资法律法规规定情况实施监督检查。

备案机构可采取定期抽查、根据举报进行检查、根据有关部门或司法机关的建议和反映进行检查，以及依法定职权启动检查等方式开展监督检查。

第十四条 备案机构的监督检查内容包括：外国投资者或外商投资企业是否按本办法规定履行备案程序；外商投资企业投资经营活动是否与填报的备案信息一致；是否按本办法规定填报年度报告；是否存在违反外商投资法律法规规定的其他情形。

第十五条 经监督检查发现外国投资者或外商投资企业存在违反外商投资法律法规规定的情形的，备案机构应以书面通知责成其说明情况，并依法开展调查。经调查确认存在违法行为的，责令其限期整改；情节严重的，备案机构应取消备案，并提请相关部门依法予以处罚。

第十六条 外国投资者、外商投资企业在备案、登记及投资经营等活动中所形成的信息，以及备案机构和其他主管部门在监督检查中掌握的反映其诚信状况的信息，将纳入商务部外商（港澳台侨）投资诚信档案系统。

商务部与相关部门共享外国投资者及外商投资企业的诚信信息。对于备案信息不实，或未按本办法规定填报年度报告的，备案机构将把相关信息记入诚信档案，并采取适当方式予以公示。

诚信信息共享与公示不得含有外国投资者、外商投资企业的商业秘密、个人隐私。

第十七条　自贸试验区外商投资事项涉及国家安全审查、反垄断审查的，按相关规定办理。

第十八条　外商投资的投资性公司、创业投资企业在自贸试验区投资，视同外国投资者，适用本办法。

自贸试验区内的外资并购、外国投资者对上市公司战略投资、外国投资者以其持有的中国境内企业股权出资、外商投资企业境内再投资，应符合相关规定要求。

第十九条　香港特别行政区、澳门特别行政区、台湾地区投资者在自贸试验区投资《自由贸易试验区外商投资准入特别管理措施（负面清单）》以外领域的，参照本办法办理。

第二十条　本办法自发布之日起30日后实施。

附件：1. 自贸试验区外商投资企业设立备案申报表

2. 自贸试验区外商投资企业变更事项备案申报表

3. 中国（　　）自由贸易试验区外商投资企业备案证明

附件 1

自贸试验区外商投资企业设立备案申报表

企业基本信息		
企业名称		
注册地址		
企业类型	□合资 □合作 □独资 □股份制 □合伙	
经营期限	××× 年或长期	
投资行业	（从行业代码中勾选）	
经营范围		
投资总额		折 万元人民币
注册资本		折 万元人民币
在华投资计划描述		
是否将开展实质经营活动		
是否将通过本企业协议控制其他境内企业	（如选择是，请说明以何种方式控制何企业）	
未来 3 年计划雇佣人数		
企业联系方式	电话： 传真： 电子邮件：	
企业权力机构		
权力机构名称		
人员构成	董事： 国籍： 委派方：	
	监事： 国籍： 委派方：	
	法定代表人： 国籍：	
境外投资者基本信息（可按投资者数量下拉填报）		
姓名 / 名称		
国籍 / 注册地		
护照号码 / 商业登记证明号码		
认缴出资额		折 万元人民币
出资方式		
资金来源地		
是否为投资类企业	从以下选项勾选： □境外投资者是外商投资的投资性公司 □境外投资者是外商投资的创业投资企业 □境外投资者是外商投资的股权投资企业 □境外投资者不属于以上投资类企业	
是否为港澳服务提供者	□是 □否	

（续）

境外投资者实际控制人信息（可按实际控制人数量下拉填报）		
姓名 / 名称		
国籍 / 注册地		
护照号码或身份证号 / 商业登记证明号码或工商登记证明号码		
实际控制方式	从以下方式勾选： □单独或与关联投资者共同持有企业 50% 以上股份 □单独或与关联投资者共同持有企业股份不足 50%，但所享有的表决权足以对权力机构决议产生重大影响 □对企业的经营决策、人事、财务、技术等有重大影响的其他情形（请详细说明）	
境内投资者基本信息（可按投资者数量下拉填报）		
姓名 / 名称		
住址 / 注册地址		
身份证号 / 工商登记证明号码		
认缴出资额		折　　万元人民币
出资方式		
联系人信息		
姓名	固定电话	手机
联系地址		电子邮件
证件名及号码		

备案申报承诺书

________________：

根据中华人民共和国有关法律法规规定，现提交 ××× 公司设立 / 变更备案信息，本人 /××× 公司承诺：

1. 所填报的备案信息及提供的证明材料真实有效。

2. 所从事经营活动不涉及自贸试验区外商投资准入特别管理措施目录范围。

3. 遵守中华人民共和国法律规定。

4. 所从事投资经营活动不损害中国国家主权或社会公共利益，不危害中国国家安全，不损害环境。

上述承诺如有不实，本承诺人承担相应的法律责任和后果。

承诺人：________________________________

承诺人 / 授权代表签字、盖章：________________________________

年　月　日

附件 2

自贸试验区外商投资企业变更事项备案申报表

企业名称		
组织机构代码		
变更事项（勾选）	□投资总额变更 □注册资本变更 □股权（权益）变更（转让） □股权质押 □合并分立 □经营范围变更 □经营期限变更 □提前终止 □出资方式和期限变更 □中外合作企业外国投资者先行回收投资 □企业名称变更 □注册地址变更	
变更内容(文字描述）		
联系人信息		
姓名	固定电话	手机
联系地址		电子邮件
证件名及号码		

备案申报承诺书

________________：

根据中华人民共和国有关法律法规规定，现提交 ××× 公司设立 / 变更备案信息，本人 /××× 公司承诺：

1. 所填报的备案信息及出示的证明材料真实有效。

2. 外商投资企业所从事经营活动不涉及自贸试验区外商投资准入特别管理措施目录范围。

3. 遵守中华人民共和国法律规定。

4. 不损害中国国家主权或社会公共利益，不危害中国国家安全，不损害环境。

上述承诺如有不实，本承诺人承担所引发的一切后果和法律责任。

承诺人：______________________________

承诺人 / 授权代表签字、盖章：______________________________

年　月　日

附件 3

中国（   ）自由贸易试验区外商投资企业备案证明

备案机构名称：　　　　　　　　　　　　　　　　　　编号：

<table>
<tr><td>企业名称</td><td colspan="4"></td></tr>
<tr><td>注册地址</td><td colspan="4"></td></tr>
<tr><td>投资总额</td><td colspan="2"></td><td colspan="2">折合　　　万元人民币</td></tr>
<tr><td>注册资本</td><td colspan="2"></td><td colspan="2">折合　　　万元人民币</td></tr>
<tr><td>投资行业</td><td colspan="2"></td><td>经营期限</td><td></td></tr>
<tr><td>经营范围</td><td colspan="4"></td></tr>
<tr><td colspan="2">投资者名称</td><td colspan="2">注册地</td><td>出资额</td></tr>
<tr><td colspan="2"></td><td colspan="2"></td><td></td></tr>
<tr><td colspan="2"></td><td colspan="2"></td><td></td></tr>
<tr><td colspan="2"></td><td colspan="2"></td><td></td></tr>
<tr><td colspan="2"></td><td colspan="2"></td><td></td></tr>
<tr><td colspan="2"></td><td colspan="2"></td><td></td></tr>
<tr><td>备注</td><td colspan="4"></td></tr>
<tr><td colspan="5">（备案机构盖章）
备案日期：</td></tr>
</table>

商务部关于做好取消鼓励类外商投资企业项目确认审批后续工作的通知

（商资函〔2015〕160号）

各省、自治区、直辖市、计划单列市及新疆生产建设兵团商务主管部门：

2014年7月22日，国务院印发《国务院关于取消和调整一批行政审批项目等事项的决定》（国发〔2014〕27号），取消“鼓励类外商投资企业项目确认审批”事项。为贯彻落实国务院简政放权的有关要求，继续有效实施《国务院关于调整进口设备税收政策的通知》（国发〔1997〕37号）进口设备税收政策，现就有关工作通知如下：

一、对外商投资鼓励类项目，商务主管部门不再出具《国家鼓励发展的内外资项目确认书》（以下简称《确认书》），不再审核外商投资企业（以下简称企业）免税进口设备清单。

自2015年5月1日起，商务主管部门在按有关规定和权限办理企业设立（增资）事项时，对符合《外商投资产业指导目录》鼓励类产业条目和《中西部地区外商投资优势产业目录》条目的外商投资，应当在企业设立（增资）的批复中明确与外商投资鼓励类项目有关的信息（以下称外商投资鼓励类项目信息），包括：适用产业政策条目、项目性质、项目内容、项目投资总额。企业投资经营活动涉及多项鼓励类产业政策条目的，应当按照相关条目分别明确上述信息。

二、商务主管部门应当于发放企业批准证书之前，将本文第一条规定的信息录入全口径外商投资管理信息系统（以下简称系统）。

省级以下商务主管部门将上述信息录入系统后，应将其与企业批准证书信息一并通过系统上传至省级商务主管部门。省级商务主管部门应当进行比对，并在3个工作日内通过系统反馈比对结果。省级以下商务主管部门收到反馈结果后，方可出具批复文件和企业批准证书。

三、商务主管部门在2014年7月22日前批复的企业设立（增资）但未出具《确认书》，以及2014年7月22日至2015年4月30日期间批复的企业设立（增资）事项，对于其中符合《外商投资产业指导目录》鼓励类产业条目和《中西部地区外商投资优势产业目录》条目的，应当填写《外商投资鼓励类项目信息汇总表》（以下简称《汇总表》，格式见附表）。

省级以下商务主管部门应于2015年6月1日前将《汇总表》报所属省级商务主管部门比对汇总，省级商务主管部门应于2015年7月1日前，将所辖范围内比对汇总完毕的《汇总表》发送相关直属海关，抄送商务部（外资司）。

四、本通知第一条规定的外商投资鼓励类项目信息发生变化的，商务主管部门应当在批准变更后及时将变化后的信息录入系统，由省级商务主管部门比对后向相关直属海关发送外商投资鼓励类项目变更后信息。

五、如外商投资企业设立（增资）适用备案程序，由实施备案的部门参照上述规定执行，并在出具的备案证明备注栏中注明外商投资鼓励类项目信息。

六、本通知自发布之日起执行。对于执行中遇到的问题，请省级商务主管部门与直属海关加强沟通、协调，必要时向商务部（外资司）、海关总署（关税司）反映。

附表：外商投资鼓励类项目信息汇总表

商务部

2015年4月13日

附表

外商投资鼓励类项目信息汇总表

序号	企业名称	适用产业政策条目	项目性质	项目内容	项目投资总额	审批 / 备案机关	审批 / 备案时间	批复文号 / 备案证明编号
1								
2								
3								
4								
5								
6								
7								
8								
9								
10								
11								
12								
13								
14								
15								

海关总署关于执行《外商投资产业指导目录（2015年修订）》的公告

（海关总署公告2015年第29号）

国家发展改革委、商务部第22号令公布了《外商投资产业指导目录（2015年修订）》（详见附件），并规定自2015年4月10日起施行。现就海关执行中的有关问题公告如下：

一、自2015年4月10日起，对属于《外商投资产业指导目录（2015年修订）》鼓励类范围的外商投资项目（包括增资项目），在投资总额内进口的自用设备以及按照合同随上述设备进口的技术和配套件、备件，除《外商投资项目不予免税的进口商品目录》和《进口不予免税的重大技术装备和产品目录》所列商品外，按照《国务院关于调整进口设备税收政策的通知》（国发〔1997〕37号）、海关总署公告2008年第103号及其他相关规定，免征关税，照章征收进口环节增值税。

二、为保持政策的连续性，对2015年4月10日以前（不含4月10日，下同）审批、核准或备案的外商投资项目（以项目的审批、核准或备案日期为准，下同），属于《外商投资产业指导目录（2011年修订）》鼓励类范围的，可继续按照规定办理免征进口关税手续。但有关项目单位须于2016年4月10日以前，向海关申请办理减免税备案手续。逾期，海关不再受理上述减免税备案申请。

对于2015年4月10日以前审批、核准或备案，同时属于《外商投资产业指导目录（2015年修订）》鼓励类范围的外商投资项目，有关项目单位按相关规定向海关申请办理减免税备案手续的，海关可予受理。

三、对于不属于《外商投资产业指导目录（2011年修订）》鼓励类范围的外商投资在建项目，凡符合《外商投资产业指导目录（2015年修订）》鼓励类范围的，在有关项目单位按相关规定向海关申请办理减免税相关手续后，在建项目进口的自用设备以及按照合同随上述设备进口的技术和配套件、备件，可参照本公告第一条的规定享受进口税收优惠政策。对于自 2015 年 4 月 10 日（含 4 月 10 日）至本公告发布之日期间，上述有关在建项目项下进口设备已经征税的，税款可以退还；自本公告发布之日起，进口设备已经征税的，税款不予退还。

特此公告。

附件 :《外商投资产业指导目录（2015 年修订）》

海关总署

2015 年 6 月 18 日

注 :《外商投资产业指导目录（2015 年修订）》详见本篇“外商投资产业指导目录（2015 年修订）”的附件。

工商总局《关于废止〈外商投资广告企业管理规定〉的决定》

（国家工商行政管理总局令第 75 号）

现公布《关于废止〈外商投资广告企业管理规定〉的决定》，自公布之日起生效。

局长：张茅

2015 年 6 月 29 日

关于废止《外商投资广告企业管理规定》的决定

为了依法推进行政审批制度改革和政府职能转变，促进和保障政府管理由事前审批更多地转为事中事后监管，根据《国务院关于推广中国（上海）自由贸易试验区可复制改革试点经验的通知》（国发〔2014〕65号）的要求，经商商务部同意，现决定废止《外商投资广告企业管理规定》（2008年8月22日国家工商行政管理总局、商务部令第35号）。

本决定自公布之日起生效。

中国银监会《中华人民共和国外资银行管理条例实施细则（修订）》

（中国银监会令 2015 年第 7 号）

《中华人民共和国外资银行管理条例实施细则》已经中国银监会 2015 年第 4 次主席会议修订通过。现予公布，自 2015 年 9 月 1 日起施行。

主席：尚福林

2015 年 7 月 1 日

中华人民共和国外资银行管理条例实施细则（修订）

第一章　总　　则

第一条　根据《中华人民共和国银行业监督管理法》、《中华人民共和国商业银行法》和《中华人民共和国外资银行管理条例》（以下简称《条例》），制定本细则。

第二条　《条例》所称国务院银行业监督管理机构是指中国银监会，所称银行业监督管理机构是指中国银监会及其派出机构。

第二章　设立与登记

第三条　《条例》和本细则所称审慎性条件，至少包括下列内容：

（一）具有良好的行业声誉和社会形象；

（二）具有良好的持续经营业绩，资产质量良好；

（三）管理层具有良好的专业素质和管理能力；

（四）具有健全的风险管理体系，能够有效控制各类风险；

（五）具有健全的内部控制制度和有效的管理信息系统；

（六）按照审慎会计原则编制财务会计报告，且会计师事务所对财务会计报告持无保留意见；

（七）无重大违法违规记录和因内部管理问题导致的重大案件；

（八）具有有效的人力资源管理制度，拥有高素质的专业人才；

（九）具有对中国境内机构活动进行管理、支持的经验和能力；

（十）具备有效的资本约束与资本补充机制；

（十一）具有健全的公司治理结构；

（十二）法律、行政法规和中国银监会规定的其他审慎性条件。

本条第（九）项、第（十）项、第（十一）项仅适用于外商独资银行及其股东、中外合资银行及其股东以及外国银行。

第四条 《条例》第十一条所称主要股东，是指持有拟设中外合资银行资本总额或者股份总额50%以上，或者不持有资本总额或者股份总额50%以上但有下列情形之一的商业银行：

（一）持有拟设中外合资银行半数以上的表决权；

（二）有权控制拟设中外合资银行的财务和经营政策；

（三）有权任免拟设中外合资银行董事会或者类似权力机构的多数成员；

（四）在拟设中外合资银行董事会或者类似权力机构有半数以上投票权。

拟设中外合资银行的主要股东应当将拟设中外合资银行纳入其并表范围。

第五条 有下列情形之一的，不得作为拟设外商独资银行、中外合资银行的股东：

（一）公司治理结构与机制存在明显缺陷；

（二）股权关系复杂或者透明度低；

（三）关联企业众多，关联交易频繁或者异常；

（四）核心业务不突出或者经营范围涉及行业过多；

（五）现金流量波动受经济环境影响较大；

（六）资产负债率、财务杠杆率高于行业平均水平；

（七）代他人持有外商独资银行、中外合资银行股权；

（八）其他对拟设银行产生重大不利影响的情形。

第六条 《条例》第十条至第十二条所称提出设立申请前1年年末是指截至申请日的上一会计年度末。

第七条 外国银行在中国境内增设分行，除应当具备《条例》第九条、第十二条规定的条件外，其在中国境内已设分行应当具备中国银监会规定的审慎性条件。

外国银行在中国境内增设代表处，除应当具备《条例》第九条规定的条件外，其在中国境内已设代表处应当无重大违法违规记录。

第八条　外商独资银行、中外合资银行设立分行，应当具备中国银监会规定的审慎性条件。

第九条　设立外资银行营业性机构，申请人应当自接到批准筹建通知书之日起 15 日内到拟设机构所在地中国银监会派出机构领取开业申请表，开始筹建工作。

逾期未领取开业申请表的，自批准其筹建之日起 1 年内，中国银监会及其派出机构不受理该申请人在中国境内同一城市设立营业性机构的申请。

第十条　设立外资银行营业性机构，申请人在筹建期内应当完成下列工作：

（一）建立健全公司治理结构，并将公司治理结构说明报送所在地中国银监会派出机构（仅限外商独资银行、中外合资银行）；

（二）建立内部控制制度，包括内部组织结构、授权授信、信贷资金管理、资金交易、会计核算、计算机信息管理系统的控制制度和操作规程，并将内控制度和操作规程报送所在地中国银监会派出机构；

（三）配备符合业务发展需要的、适当数量的且已接受政策法规及业务知识等相关培训的业务人员，以满足对主要业务风险有效监控、业务分级审批和复查、关键岗位分工和相互牵制等要求；

（四）印制拟对外使用的重要业务凭证和单据，并将样本报送所在地中国银监会派出机构；

（五）配备经有关部门认可的安全防范设施，并将有关证明复印件报送所在地中国银监会派出机构；

（六）应当聘请在中国境内依法设立的合格的会计师事务所对其内部控制系统、会计系统、计算机系统等进行开业前审计，并将审计报告报送所在地中国银监会派出机构。

第十一条　拟设外资银行营业性机构在筹建事项完成后，筹备组负责人应当向拟设机构所在地中国银监会派出机构提出开业前验收。拟设机构所在地中国银监会派出机构应当在 10 日内进行验收。验收合格的，应当发给验收合格意见书。验收不合格的，应当书面通知申请人，申请人可以自接到通知书之日起 10 日后向拟设机构所在地中国银监会派出机构提出复验。

第十二条　经验收合格完成筹建工作的，申请人应当按照外资银行行政许可规章的规定向中国银监会或拟设机构所在地银监局提交开业申请资料。

第十三条　外资银行营业性机构获准开业后，应当按照有关规定领取金融许可证。

第十四条　外资银行营业性机构应当在规定的期限内开业。逾期未开业的，开业批准文件失效，由开业决定机关注销开业许可，收回其金融许可证，并予以公告。自开业批准文件失效之日起 1 年内，开业决定机关不受理该申请人在同一城市设立营业性机构的申请。

第十五条　外资银行营业性机构在开业前应当将开业日期书面报送所在地中国银监会派出机构。外资银行营业性机构开业前应当在中国银监会指定的全国性报纸和所在地中国银监会派出机构指定的地方性报纸上公告。

第十六条　外国银行将其在中国境内的分行改制为由其总行单独出资的外商独资银行，应当符合《条例》和本细则有关设立外商独资银行的条件，并且具备在中国境内长期持续经营以及对拟设外商独资银行实施有效管理的能力。

第十七条　外国银行将其在中国境内的分行改制为由其总行单独出资的外商独资银行的，经中国银监会批准，原外国银行分行的营运资金经合并验资可以转为外商独资银行的注册资本，也可以转回其总行。

第十八条　外国银行将其在中国境内的分行改制为由其总行单独出资的外商独资银行的，应当在拟设外商独资银行筹建期间、办理注册登记手续后，在中国银监会指定的全国性报纸和所在地中国银监会派出机构指定的地方性报纸上公告。

第十九条　外国银行代表处应当在办理注册登记手续后，在中国银监会指定的全国性报纸以及所在地中国银监会派出机构指定的地方性报纸上公告。

外国银行代表处应当自所在地银监局批准设立之日起 6 个月内迁入固定的办公场所，超出 6 个月后仍未迁入固定办公场所办公的，代表处设立批准决定失效。

第二十条　外国银行代表处迁入固定办公场所后，应当向所在地中国银监会派出机构报送下列资料：

（一）代表处基本情况登记表；

（二）工商登记证复印件；

（三）内部管理制度，内容包括代表处的职责安排、内部分工以及内部报告制度等；

（四）办公场所的租赁合同或者产权证明复印件；

（五）配备办公设施以及租赁电信部门数据通讯线路的情况；

（六）公章、公文纸样本以及工作人员对外使用的名片样本；

（七）中国银监会要求的其他资料。

第二十一条　外资银行营业性机构合并、分立后的注册资本或者营运资金、业务范围由中国银监会重新批准。

第二十二条　外资银行营业性机构临时停业 3 天以上 6 个月以下，应当在临时停业后 5 日内向所在地中国银监会派出机构报告，说明临时停业时间、理由及停业期间安排。外资银行营业性机构临时停业的，应当在营业场所外公告，说明临时停业期间的安排。所在地中国银监会派出机构应当及时将辖内外资银行营业性机构临时停业情况逐级报送中国银监会。

第二十三条　临时停业期限届满或者导致临时停业的原因消除，临时停业机构应当复业。外资银行营业性机构应当在复业后 5 日内向所在地中国银监会派出机构报告。营业场所重新修建的，外资银行营业性机构应当向所在地中国银监会派出机构报送营业场所的租赁或者购买合同意向书的复印件、安全和消防合格证明的复印件方可复业。

特殊情况需要延长临时停业期限的，应当按照本细则第二十二条规定重新办理。

第二十四条　外资银行营业性机构有《条例》第二十七条所列情形须变更金融许可证所载内容的，应当根据金融许可证管理的有关规定办理变更事宜。

需要验资的，外资银行营业性机构应当将在中国境内依法设立的合格会计师事务所出具的验资证明报送所在地中国银监会派出机构。需要验收的，外资银行营业性机构所在地中国银监会派出机构应当进行验收。

外资银行营业性机构持中国银监会或所在地中国银监会派出机构的批准

文件向工商行政管理机关办理变更登记，换领营业执照。

外资银行营业性机构有《条例》第二十七条第（一）项至第（三）项所列情形之一的，应当在中国银监会指定的全国性报纸以及所在地中国银监会派出机构指定的地方性报纸上公告。公告应当自营业执照生效之日起30日内完成。

第二十五条　外国银行代表处发生更名、变更办公场所等变更事项，应当在办理变更工商登记手续后在所在地中国银监会派出机构指定的地方性报纸上公告。

第三章　业务范围

第二十六条　《条例》第二十九条第（四）项、第三十一条第（四）项所称买卖政府债券、金融债券，买卖股票以外的其他外币有价证券包括但不限于下列外汇投资业务：在中国境外发行的中国和外国政府债券、中国金融机构债券和中国非金融机构债券。

第二十七条　《条例》第二十九条第（十二）项和第三十一条第（十一）项所称资信调查和咨询服务是指与银行业务有关的资信调查和咨询服务。

第二十八条　外国银行分行经营《条例》第三十一条规定的外汇业务，营运资金应当不少于2亿元人民币或者等值的自由兑换货币。

第二十九条　外国银行分行经营《条例》第三十一条规定的外汇业务和人民币业务，营运资金应当不少于3亿元人民币或者等值的自由兑换货币，其中人民币营运资金应当不少于1亿元人民币，外汇营运资金应当不少于2亿元人民币等值的自由兑换货币。

外资法人银行分行营运资金应当与业务规模相适应且拨付到位。

第三十条　外国银行分行改制的由其总行单独出资的外商独资银行可以承继原外国银行分行已经获准经营的全部业务。

第三十一条　外商独资银行、中外合资银行在获准的业务范围内授权其分支机构开展业务。

外国银行分行在获准的业务范围内授权其支行开展业务。

第三十二条 《条例》第三十四条是指外资银行营业性机构初次申请经营人民币业务应当具备的条件，其中第（一）项是指拟申请经营人民币业务的外资银行营业性机构开业 1 年以上。开业 1 年是指自外资银行营业性机构获准开业之日起至申请日止满 1 年。

已经获准经营人民币业务的外资银行营业性机构申请扩大人民币业务服务对象范围，应当具备中国银监会规定的审慎性条件，并经中国银监会或所在地银监局审批。

外资银行营业性机构申请经营人民币业务或者扩大人民币业务服务对象范围，应当按照外资银行行政许可规章的规定报送下列申请资料：

（一）申请人董事长或者行长（首席执行官、总经理）签署的致中国银监会主席的申请书；

（二）可行性研究报告；

（三）拟经营业务的内部控制制度及操作规程；

（四）中国银监会要求的其他资料。

外国银行的 1 家分行已经依照《条例》规定获准经营人民币业务的，该外国银行的其他分行申请经营人民币业务，不受《条例》第三十四条第一款第一项的限制。

外国银行的 1 家分行已经获准经营人民币业务的，该外国银行增设的分行在筹建期间可以开展人民币业务的筹备工作，经所在地中国银监会派出机构验收合格后，可以在开业时提出经营人民币业务的申请。

第三十三条 外商独资银行、中外合资银行经营对中国境内公民的人民币业务，除应当具备中国银监会规定的审慎性条件外，还应当具备符合业务特点以及业务发展需要的营业网点。

第三十四条 外资银行营业性机构应当自接到中国银监会或所在地银监局批准其经营人民币业务或者扩大人民币业务服务对象范围的批准文件之日起 4 个月内完成下列筹备工作：

（一）配备符合业务发展需要的、适当数量的业务人员；

（二）印制拟对外使用的重要业务凭证和单据，并将样本报送所在地中国银监会派出机构；

（三）配备经有关部门认可的安全防范设施，并将有关证明的复印件报送所在地中国银监会派出机构；

（四）建立健全人民币业务的内部控制制度和操作规程，并报送所在地中国银监会派出机构；

（五）外资银行营业性机构需要增加注册资本或者营运资金的，应当聘请在中国境内依法设立的合格的会计师事务所验资，并将验资证明报送所在地中国银监会派出机构。

外资银行营业性机构未能在4个月内完成筹备工作的，中国银监会或所在地银监局原批准决定自动失效。

第三十五条　外资银行营业性机构在完成人民币业务筹备工作后，应当向所在地中国银监会派出机构提出验收，所在地中国银监会派出机构应当在10日内进行验收。验收合格的，应当发给验收合格意见书。验收不合格的，外资银行营业性机构可以自接到通知书10日后向所在地中国银监会派出机构提出复验。

外资银行营业性机构经所在地中国银监会派出机构验收合格并出具人民币业务验收合格意见书后，可以开展人民币业务。

第三十六条　外商独资银行分行、中外合资银行分行在其总行业务范围内经授权经营人民币业务。在开展业务前，应当按照本细则第三十四条的规定进行筹备并将总行对其经营人民币业务的授权书报送所在地中国银监会派出机构。

筹备工作完成后，外商独资银行分行、中外合资银行分行应当向所在地中国银监会派出机构申请验收，验收合格后凭所在地中国银监会派出机构出具的经营人民币业务确认函办理营业执照变更事宜，可以开展人民币业务。

第三十七条　外资银行营业性机构及其分支机构经营人民币业务或者扩大人民币业务服务对象范围，应当在中国银监会指定的全国性报纸和所在地中国银监会派出机构指定的地方性报纸上公告。

第三十八条　外资银行营业性机构及其分支机构经营业务范围内的新产品，应当在经营业务后5日内向中国银监会或所在地中国银监会派出机构书面报告，内容包括新产品介绍、风险特点、内部控制制度和操作规程等。

第三十九条　外资银行营业性机构可以按照有关规定从事人民币同业借款业务。

第四章　任职资格管理

第四十条　外资银行的董事、高级管理人员、首席代表在中国银监会或者所在地银监局核准其任职资格前不得履职。

第四十一条　拟任人有下列情形之一的，不得担任外资银行的董事、高级管理人员和首席代表：

（一）有故意或者重大过失犯罪记录的；

（二）有违反社会公德的不良行为，造成恶劣影响的；

（三）对曾任职机构违法违规经营活动或者重大损失负有个人责任或者直接领导责任，情节严重的；

（四）担任或者曾任被接管、撤销、宣告破产或者吊销营业执照的机构的董事或者高级管理人员的，但能够证明本人对曾任职机构被接管、撤销、宣告破产或者吊销营业执照不负有个人责任的除外；

（五）因违反职业道德、操守或者工作严重失职，造成重大损失或者恶劣影响的；

（六）指使、参与所任职机构不配合依法监管或者案件查处的；

（七）被取消终身的董事和高级管理人员任职资格，或者受到监管机构或者其他金融管理部门处罚累计达到两次以上的；

（八）本人或者配偶负有数额较大的债务且到期未偿还的，包括但不限于在该外资银行的逾期贷款；

（九）存在其他所任职务与拟任职务有明显利益冲突，或者明显分散其履职时间和精力的情形；

（十）不具备本办法规定的任职资格条件，采取不正当手段以获得任职资格核准的；

（十一）法律、行政法规、部门规章规定的不得担任金融机构董事、高级管理人员或者首席代表的；

（十二）中国银监会认定的其他情形。

第四十二条　外资银行下列人员任职资格核准的申请，由中国银监会受理、审查和决定：

中国银监会直接监管的外商独资银行、中外合资银行董事长、行长（首席执行官、总经理）、董事、副董事长、董事会秘书、副行长（副总经理）、行长助理、首席运营官、首席风险控制官、首席财务官（财务总监、财务负责人）、首席技术官（首席信息官）、内审负责人、合规负责人以及其他对经营管理具有决策权或者对风险控制起重要作用的人员。

第四十三条　外资银行下列人员任职资格核准的申请，由拟任职机构所在地银监局受理和初审，中国银监会审查和决定：

非中国银监会直接监管的外商独资银行、中外合资银行董事长、行长（首席执行官、总经理）。

所在地银监局应当自受理之日起20日内将申请资料连同审核意见报送中国银监会。

中国银监会授权所在地银监局受理、审查和决定随机构开业初次任命的外商独资银行、中外合资银行董事长、行长（首席执行官、总经理）任职资格核准申请。

第四十四条　外资银行下列人员任职资格核准的申请，由拟任职机构所在地银监局受理、审查和决定：

（一）非中国银监会直接监管的外商独资银行、中外合资银行董事、副董事长、董事会秘书、副行长（副总经理）、行长助理、首席运营官、首席风险控制官、首席财务官（财务总监、财务负责人）、首席技术官（首席信息官）、内审负责人、合规负责人；

（二）外商独资银行分行、中外合资银行分行、外国银行分行的行长（总经理）、副行长（副总经理）、合规负责人、管理型支行行长；外国银行代表处首席代表；

（三）其他对经营管理具有决策权或者对风险控制起重要作用的人员。

第四十五条　拟任人在中国境内的银行业金融机构担任过董事、高级管理人员和首席代表的，中国银监会或者所在地银监局在核准其任职资格前，可以根据需要征求拟任人原任职机构所在地银监局的意见。

拟任人原任职机构所在地银监局应当及时提供反馈意见。

第四十六条　外资银行递交任职资格核准申请资料后，中国银监会以及所在地银监局可以约见拟任人进行任职前谈话。

第四十七条　中国银监会直接监管的外资银行营业性机构董事长、行长离岗连续 1 个月以上的，应当向中国银监会书面报告；其他外资银行营业性机构董事长、行长、分行行长、管理型支行行长、外国银行代表处首席代表离岗连续 1 个月以上的，应当向所在地中国银监会派出机构书面报告。外资银行在提交上述报告的同时，应指定专人代行其职，代为履职时间不得超过 6 个月。外资银行应当在 6 个月内选聘符合任职资格条件的人员正式任职。

第四十八条　外资银行董事、高级管理人员和首席代表存在下列情形之一的，中国银监会及其派出机构可以视情节轻重，取消其一定期限直至终身的任职资格：

（一）被依法追究刑事责任的；

（二）拒绝、干扰、阻挠或者严重影响中国银监会及其派出机构依法监管的；

（三）因内部管理与控制制度不健全或者执行监督不力，造成所任职机构重大财产损失，或者导致重大金融犯罪案件发生的；

（四）因严重违法违规经营、内控制度不健全或者长期经营管理不善，造成所任职机构被接管、兼并或者被宣告破产的；

（五）因长期经营管理不善，造成所任职机构严重亏损的；

（六）对已任职的外资银行董事、高级管理人员、首席代表，中国银监会及其派出机构发现其任职前有违法、违规或者其他不宜担任所任职务的行为的；

（七）中国银监会认定的其他情形。

第五章　监督管理

第四十九条　外资银行营业性机构应当建立与其业务发展相适应的内部控制制度和业务操作规程，并于每年 3 月末前将内部控制制度和业务操作规程的修订内容报送所在地中国银监会派出机构。

第五十条　外商独资银行、中外合资银行应当设置独立的风险管理部门、合规管理部门和内部审计部门。

外国银行分行应当指定专门部门或者人员负责合规工作。

第五十一条　外资银行营业性机构结束内部审计后，应当及时将内审报告报送所在地中国银监会派出机构，所在地中国银监会派出机构可以采取适当方式与外资银行营业性机构的内审人员沟通。

第五十二条　外资银行营业性机构应当建立贷款风险分类制度，并将贷款风险分类标准与中国银监会规定的分类标准的对应关系报送所在地中国银监会派出机构。

第五十三条 《条例》第四十条所称资产负债比例管理的规定是指《中华人民共和国商业银行法》第三十九条的规定。

外商独资银行、中外合资银行有关资产负债比例的计算方法执行银行业监管报表指标体系的规定。

第五十四条　外商独资银行、中外合资银行应当建立关联交易管理制度，关联交易必须符合商业原则，交易条件不得优于与非关联方进行交易的条件。

中国银监会及其派出机构按照商业银行关联交易有关管理办法的规定对关联方及关联交易进行认定。

第五十五条　外资银行营业性机构应当制定与业务外包相关的政策和管理制度，包括业务外包的决策程序、对外包方的评价和管理、控制银行信息保密性和安全性的措施和应急计划等。

外资银行营业性机构签署业务外包协议前应当向所在地中国银监会派出机构报告业务外包协议的主要风险及相应的风险规避措施等。

第五十六条 《条例》第四十四条所称外国银行分行的生息资产包括外汇生息资产和人民币生息资产。

外国银行分行外汇营运资金的 30% 应当以 6 个月以上（含 6 个月）的外币定期存款作为外汇生息资产；人民币营运资金的 30% 应当以人民币国债或者 6 个月以上（含 6 个月）的人民币定期存款作为人民币生息资产。

外国银行分行以定期存款形式存在的生息资产应当存放在中国境内经营

稳健、具有一定实力的3家或者3家以下中资商业银行。外国银行分行不得对以人民币国债形式存在的生息资产进行质押回购，或者采取其他影响生息资产支配权的处理方式。

外国银行分行应当分别于每年6月末和12月末向所在地中国银监会派出机构报告生息资产的存在情况，包括定期存款的存放银行、金额、期限和利率，持有人民币国债的金额、形式和到期日等内容。

外国银行分行动用生息资产，应当在变更生息资产存在形式或定期存款存放银行后5日内向所在地中国银监会派出机构报告，提交变更生息资产的书面材料以及变更后生息资产存放凭证复印件。

第五十七条 《条例》第四十五条所称营运资金加准备金等项之和是指营运资金、未分配利润和贷款损失一般准备之和，所称风险资产是指按照有关加权风险资产的规定计算的表内、表外加权风险资产。

《条例》第四十五条所规定的比例，按照外国银行在中国境内分行单家计算，按季末余额考核。

第五十八条 外国银行分行的流动性资产包括现金、黄金、在中国人民银行存款、存放同业、1个月内到期的拆放同业、1个月内到期的借出同业、境外联行往来及附属机构往来的资产方净额、1个月内到期的应收利息及其他应收款、1个月内到期的贷款、1个月内到期的债券投资、在国内外二级市场上可随时变现的其他债券投资、其他1个月内可变现的资产。上述各项资产中应当扣除预计不可收回的部分。生息资产不计入流动性资产。

外国银行分行的流动性负债包括活期存款、1个月内到期的定期存款、同业存放、1个月内到期的同业拆入、1个月内到期的借入同业、境外联行往来及附属机构往来的负债方净额、1个月内到期的应付利息及其他应付款、其他1个月内到期的负债。冻结存款不计入流动性负债。

外国银行分行应当每日按人民币、外币分别计算并保持《条例》第四十六条规定的流动性比例，按照外国银行在中国境内分行单家考核。

第五十九条 《条例》第四十七条所称境内本外币资产余额、境内本外币负债余额按照以下方法计算：

境内本外币资产余额 = 本外币资产总额 – 境外联行往来（资产）– 境外

附属机构往来（资产）－境外贷款－存放境外同业－拆放境外同业－买入境外返售资产－境外投资－其他境外资产。

下列投资不列入境外投资：购买在中国境外发行的中国政府债券、中国金融机构债券和中国非金融机构的债券。

境内本外币负债余额＝本外币负债总额－境外联行往来（负债）－境外附属机构往来（负债）－境外存款－境外同业存放－境外同业拆入－卖出境外回购款项－其他境外负债。

《条例》第四十七条的规定按照外国银行在中国境内分行合并考核。

第六十条　外资银行营业性机构不得虚列、多列、少列资产、负债和所有者权益。

第六十一条　在中国境内设立2家及2家以上外国银行分行的，应当由外国银行总行或者经授权的地区总部指定其中1家分行作为管理行，统筹负责中国境内业务的管理以及中国境内所有分行的合并财务信息和综合信息的报送工作。

外国银行或者经授权的地区总部应当指定管理行行长负责中国境内业务的管理工作，并指定合规负责人负责中国境内业务的合规工作。

第六十二条　外资银行营业性机构应当按照中国银监会的规定，每季度末将跨境大额资金流动和资产转移情况报送所在地中国银监会派出机构。

第六十三条　外资银行营业性机构由总行或者联行转入信贷资产，应当在转入信贷资产后5日内向所在地中国银监会派出机构报告，提交关于转入信贷资产的金额、期限、分类及担保等情况的书面材料。

第六十四条　外国银行分行有下列情形之一的，应当向该分行或者管理行所在地中国银监会派出机构报告：

（一）外国银行分行未分配利润与本年度纯损益之和为负数，且该负数绝对值与贷款损失准备尚未提足部分之和超过营运资金30%的，应当每季度末报告；

（二）外国银行分行对所有大客户的授信余额超过其营运资金8倍的，应当每季度末报告，大客户是指授信余额超过外国银行分行营运资金10%的客户，该指标按照外国银行在中国境内分行季末余额合并计算；

（三）外国银行分行境外联行及附属机构往来的资产方余额超过境外联行及附属机构往来的负债方余额与营运资金之和的，应当每月末报告，该指标按照外国银行在中国境内分行合并计算；

（四）中国银监会认定的其他情形。

第六十五条　中国银监会及其派出机构对外资银行营业性机构采取的特别监管措施包括以下内容：

（一）约见有关负责人进行警诫谈话；

（二）责令限期就有关问题报送书面报告；

（三）对资金流出境外采取限制性措施；

（四）责令暂停部分业务或者暂停受理经营新业务的申请；

（五）责令出具保证书；

（六）对有关风险监管指标提出特别要求；

（七）要求保持一定比例的经中国银监会认可的资产；

（八）责令限期补充资本金或者营运资金；

（九）责令限期撤换董事或者高级管理人员；

（十）暂停受理增设机构的申请；

（十一）对利润分配和利润汇出境外采取限制性措施；

（十二）派驻特别监管人员，对日常经营管理进行监督指导；

（十三）提高有关监管报表的报送频度；

（十四）中国银监会采取的其他特别监管措施。

第六十六条　外资银行营业性机构应当向所在地中国银监会派出机构及时报告下列重大事项：

（一）财务状况和经营活动出现重大问题；

（二）经营策略的重大调整；

（三）除不可抗力原因外，外资银行营业性机构在法定节假日以外的日期暂停营业 2 日以内，应当提前 7 日向所在地中国银监会派出机构书面报告；

（四）外商独资银行、中外合资银行的重要董事会决议；

（五）外国银行分行的总行、外商独资银行或者中外合资银行股东的章程、注册资本和注册地址的变更；

（六）外国银行分行的总行、外商独资银行或者中外合资银行股东的合并、分立等重组事项以及董事长或者行长（首席执行官、总经理）的变更；

（七）外国银行分行的总行、外商独资银行或者中外合资银行股东的财务状况和经营活动出现重大问题；

（八）外国银行分行的总行、外商独资银行或者中外合资银行股东发生重大案件；

（九）外国银行分行的总行、外商独资银行或者中外合资银行外方股东所在国家或者地区以及其他海外分支机构所在国家或者地区金融监管当局对其实施的重大监管措施；

（十）外国银行分行的总行、外商独资银行或者中外合资银行外方股东所在国家或者地区金融监管法规和金融监管体系的重大变化；

（十一）中国银监会要求报告的其他事项。

第六十七条　外国银行代表处应当及时向所在地中国银监会派出机构报告其所代表的外国银行发生的下列重大事项：

（一）章程、注册资本或者注册地址变更；

（二）外国银行的合并、分立等重组事项以及董事长或者行长（首席执行官、总经理）变更；

（三）财务状况或者经营活动出现重大问题；

（四）发生重大案件；

（五）所在国家或者地区金融监管当局对其实施的重大监管措施；

（六）其他对外国银行经营产生重大影响的事项。

第六十八条　非外资银行在中国境内机构正式员工，在该机构连续工作超过20日或者在90日内累计工作超过30日的，外资银行应当向所在地中国银监会派出机构报告。

第六十九条　外商独资银行、中外合资银行和在中国境内设立2家及2家以上分行的外国银行，应当在每个会计年度结束后聘请在中国境内依法设立的合格会计师事务所对该机构在中国境内所有营业性机构进行并表或者合并审计，并在会计年度结束后4个月内将审计报告和管理建议书报送外商独资银行、中外合资银行总行或者管理行所在地中国银监会派出机构。

外国银行分行应当在每个会计年度结束后聘请在中国境内依法设立的合格会计师事务所进行审计，并在会计年度结束后 4 个月内将审计报告和管理建议书报送所在地中国银监会派出机构。

第七十条　外资银行营业性机构聘请在中国境内依法设立的合格会计师事务所进行年度或者其他项目审计 1 个月前，应当将会计师事务所及其参加审计的注册会计师的基本资料报送所在地中国银监会派出机构。

第七十一条　外商独资银行、中外合资银行的年度审计应当包括以下内容：资本充足情况、资产质量、公司治理情况、内部控制情况、盈利情况、流动性和市场风险管理情况等。

外国银行分行的年度审计应当包括以下内容：财务报告、风险管理、营运控制、合规经营情况和资产质量等。

第七十二条　中国银监会及其派出机构在必要时可以指定会计师事务所对外资银行营业性机构的经营状况、财务状况、风险状况、内部控制制度及执行情况等进行审计。

第七十三条　中国银监会及其派出机构可以要求外资银行营业性机构更换专业技能和独立性达不到监管要求的会计师事务所。

第七十四条　外商独资银行、中外合资银行应当在会计年度结束后 6 个月内向其总行所在地中国银监会派出机构报送外商独资银行及其股东、中外合资银行及其股东的年报。

外国银行分行及外国银行代表处应当在其总行会计年度结束后 6 个月内向所在地中国银监会派出机构报送其总行的年报。

第七十五条　外国银行代表处应当于每年 2 月末前按照中国银监会规定的格式向所在地中国银监会派出机构报送上年度工作报告和本年度工作计划。

第七十六条　外国银行代表处应当具备独立的办公场所、办公设施和专职工作人员。

第七十七条　外国银行代表处应当配备合理数量的工作人员，工作人员的职务应当符合代表处工作职责。

第七十八条　外国银行代表处应当建立会计账簿，真实反映财务收支情况，其成本以及费用开支应当符合代表处工作职责。

外国银行代表处不得使用其他企业、组织或者个人的账户。

第七十九条　外国银行代表处不得在其电脑系统中使用与代表处工作职责不符的业务处理系统。

第八十条　本细则要求报送的资料，除年报外，凡用外文书写的，应当附有中文译本。外资银行营业性机构的内部控制制度、业务操作规程、业务凭证样本应当附有中文译本；其他业务档案和管理档案相关文件如监管人员认为有必要的，也应当附有中文译本。特殊情况下，中国银监会及其派出机构可以要求有关中文译本经外国银行分行的总行、外商独资银行或者中外合资银行的外方股东所在国家或者地区认可的机构公证，并且经中国驻该国使馆、领馆认证。

第六章　终止与清算

第八十一条　《条例》第五十八条所称自行终止包括下列情形：

（一）外商独资银行、中外合资银行章程规定的营业期限届满或者其他解散事由出现的；

（二）外商独资银行、中外合资银行股东会决定解散的；

（三）外商独资银行、中外合资银行因合并或者分立需要解散的；

（四）外国银行、外商独资银行、中外合资银行关闭在中国境内分行的。

第八十二条　自中国银监会批准外商独资银行、中外合资银行解散或者外国银行、外商独资银行、中外合资银行关闭在中国境内分行的决定生效之日起，被批准解散、关闭的机构应当立即停止经营活动，交回金融许可证，并在15日内成立清算组。

第八十三条　清算组成员包括行长（总经理）、会计主管、中国注册会计师以及中国银监会指定的其他人员。外商独资银行、中外合资银行清算组还应当包括股东代表和董事长。清算组成员应当报经所在地中国银监会派出机构同意。

第八十四条　清算组应当书面通知工商行政管理机关、税务机关、劳动与社会保障部门等有关部门。

第八十五条　外商独资银行、中外合资银行自行解散或者外商独资银行、中外合资银行和外国银行关闭其在中国境内分行涉及的其他清算事宜按照《中华人民共和国公司法》的有关规定执行。

第八十六条　被解散或者关闭的外资银行营业性机构及其分支机构所在地中国银监会派出机构负责监督解散与清算过程，并将重大事项和清算结果逐级报至中国银监会。

第八十七条　清算组应当自成立之日起30日内聘请在中国境内依法设立的合格会计师事务所进行审计，自聘请之日起60日内向所在地中国银监会派出机构报送审计报告。

第八十八条　解散或者关闭清算过程中涉及外汇审批或者核准事项的，应当经国家外汇管理局及其分局批准。

第八十九条　清算组在清偿债务过程中，应当在支付清算费用、所欠职工工资和劳动保险费后，优先支付个人储蓄存款的本金和利息。

第九十条　清算组应当在每月10号前向所在地中国银监会派出机构报送有关债务清偿、资产处置、贷款清收、销户等情况的报告。

第九十一条　被清算机构全部债务清偿完毕后，清算组申请提取生息资产，应当向所在地中国银监会派出机构报送下列申请资料，由所在地中国银监会派出机构进行审批：

（一）由清算组组长签署的申请书；

（二）关于清算情况的报告；

（三）中国银监会要求的其他资料。

第九十二条　清算工作结束后，清算组应当制作清算报告，报送所在地中国银监会派出机构确认，并报送工商行政管理机关申请注销工商登记，在中国银监会指定的全国性报纸和所在地中国银监会派出机构指定的地方性报纸上公告。清算组应当将公告内容在公告日3日前书面报至所在地中国银监会派出机构。

第九十三条　清算后的会计档案及业务资料依照有关规定处理。

第九十四条　自外国银行分行清算结束之日起2年内，中国银监会及其派出机构不受理该外国银行在中国境内同一城市设立营业性机构的申请。

第九十五条　外商独资银行、中外合资银行有违法违规经营、经营管理不善等情形，不予撤销将严重危害金融秩序、损害社会公众利益的，由中国银监会按照《金融机构撤销条例》的规定撤销。

中国银监会责令关闭外国银行分行的，按照《中华人民共和国公司法》的有关规定执行。

第九十六条　外商独资银行、中外合资银行因不能支付到期债务，自愿或者应其债权人要求申请破产，或者因解散而清算，清算组在清理财产、编制资产负债表和财产清单后，发现外商独资银行、中外合资银行财产不足清偿债务须申请破产的，经中国银监会批准，应当立即向人民法院申请宣告破产。外商独资银行、中外合资银行经人民法院裁定宣告破产后，清算组应当将清算事务移交给人民法院。

第九十七条　外国银行将其在中国境内的分行改制为由其总行单独出资的外商独资银行的，原外国银行分行应当在外商独资银行开业后交回金融许可证，并依法向工商行政管理机关办理注销登记。

第九十八条　经批准关闭的代表处应当在依法办理注销登记手续后15日内，在中国银监会指定的全国性报纸及所在地中国银监会派出机构指定的地方性报纸上公告，并将公告内容报送所在地中国银监会派出机构。

第七章　附　　则

第九十九条　外资银行违反本细则的，中国银监会按照《条例》和其他有关规定对其进行处罚。

第一百条　中国银监会2006年11月24日公布的《中华人民共和国外资银行管理条例实施细则》（中国银行业监督管理委员会令2006年第6号）废止。

商务部、财政部、国家税务总局、国家统计局关于开展 2015 年外商投资企业年度投资经营信息联合报告工作的通知

（商资函〔2015〕366 号）

为进一步转变政府职能，改善投资环境，加强对外商投资事中事后协同监管，做好 2015 年外商投资企业年度投资经营信息联合报告工作（以下简称联合年报），现就有关事项通知如下：

一、在我国境内依法批准设立并登记注册、获得法人资格的外商投资企业应当于 2015 年 7 月 16 日至 10 月 15 日，登录“全国外商投资企业年度投资经营信息网上联合报告及共享系统”（http：//lhnb.gov.cn/），填报 2014 年度投资经营信息报告。相关信息在商务、财政、税务、统计部门间实现共享。

2015 年度批准设立的外商投资企业，自下一年度起填报企业年度投资经营信息。

二、企业所填报的投资经营信息，根据《企业信息公示暂行条例》（国务院令第 654 号）应向社会公示的，将在联合年报结束后通过“全国外商投资企业年度投资经营信息公示平台”（http：//gongshi.lhnb.gov.cn/）向社会公示。

三、各地商务主管部门应会同财政、税务、统计部门加强对联合年报数据的统计分析，形成总结分析报告，于 2015 年 10 月 30 日前报送商务部，并抄送财政部、税务总局、统计局。

附件：外商投资企业年度投资经营信息联合报告书（2015 年版）

商务部　财政部

税务总局　统计局

2015 年 7 月 13 日

附件

外商投资企业年度投资经营信息联合报告书（2015年版）

一、基本信息

企业名称		企业代码	
工商注册号		工商登记时间	
经营年限		法定代表人	
董事长		总经理	
外方董事、监事情况	姓名： 国籍：	护照号或身份证号：	
国税登记证号		地税登记证号	
财政登记证号			
联系人		手机	
企业电话		传真	
电子邮箱		邮编	
联系地址			

二、投资信息

	1. 投资行业		
企业类别	鼓励（ ） 允许（ ） 限制（ ） 中西部优势产业（ ）		
所属行业		行业代码	
经营范围			
	2. 投资者		
企业类型	合资企业（ ） 合作企业（ ） 外商独资企业（ ） 股份公司（ ）		
中方投资者	中方 1	中方 2	中方 3
名称			
外方投资者	外方 1	外方 2	外方 3
名称			
国别			
实际来源地			
境外投资者实际控制人姓名 / 名称		实际控制人国籍 / 注册地	

（续）

实际控制人护照号或身份证号 / 商业登记证明号码或工商登记证明号码			
境外实际控制人是否发生变化		实际控制人变化情况说明	
3. 资本状况			
投资总额（万美元）		注册资本（万美元）	
外方认缴注册资本（万美元）		外方本年实际出资（万美元）	
累计外方实际出资（万美元）		外方实际出资占外方认缴注册资本比例	
外方股东贷款（万美元）			
当年度外方已分配利润（元人民币）		当年度外方利润转投资（元人民币）	
已分配但尚未汇出外方股利（元人民币）		外方未分配利润（元人民币）	

4. 境内投资　　　　项目数：

投资企业名称	注册号	所在省、市	注册资本（万元人民币）	所占比例

5. 境外投资　　　　项目数：

投资企业名称	所在国家（地区）	注册资本（万美元）	所占比例

6. 境内分支机构　　　　项目数：

分支机构名称	注册号	所在省、市

三、经营信息

<table>
<tr><td>营业收入</td><td colspan="3">元人民币</td></tr>
<tr><td>国内（营业）销售额</td><td colspan="3">元人民币</td></tr>
<tr><td>企业进出口情况</td><td colspan="3">出品额（万美元）： 进口额（万美元）：</td></tr>
<tr><td>利润总额</td><td>元人民币</td><td>净利润</td><td>元人民币</td></tr>
<tr><td>纳税总额 元人民币</td><td colspan="3">其中：增值税 元；消费税 元；营业税 元
企业所得税 元；个人所得税 元；关税 元</td></tr>
<tr><td>是否高新技术企业</td><td></td><td>认定证号</td><td></td></tr>
<tr><td>是否技术先进型服务企业</td><td></td><td>认定证号</td><td></td></tr>
<tr><td>研发投入</td><td colspan="3">元人民币</td></tr>
<tr><td>从业人数 人</td><td colspan="3">其中：外籍职工 人；大学以上学历职工人数： 人；
研发人员 人；本年新增就业人数： 人。</td></tr>
</table>

2015 年联合年报报告书书填写说明

1. 报告年度：指填报时间的上一年度，即报告期为上年 1 月 1 日至 12 月 31 日。如填报时间为“2015 年 × 月 × 日”，报告年度应为“2014”年。

2. 企业名称：指营业执照上的企业名称。

3. 企业代码：填写“进出口企业代码”（13 位码）。“进出口企业代码”的编写原则：前 4 位为“企业注册地行政区划代码”，采用《中华人民共和国行政区划代码》（如：北京市区划代码为 1100）；后 9 位为国家质量检验检疫总局或其授权机构核发的“全国组织机构代码”。“全国组织机构代码”后两位之间的连接符“—”不需要填入。

4. 工商注册号：指营业执照上的注册号。

5. 经营年限：指企业设立批准证书上的经营年限。

6. 企业类别：按照《指导外商投资方向规定》和《外商投资产业指导目录》的规定填写“鼓励类”、“允许类”、“限制类”，“中西部优势产业”；中西部优势产业：系指投资的产业属于《中西部地区外商投资优势产业目录》的外商投资企业。

7. 所属行业：填写核准的经营范围中主要业务的所属行业。

8. 企业类型：在合资企业、合作企业、外商独资企业、股份公司四种类型中选择一类填写。

9. 实际控制人：指虽然不是投资者，但通过投资关系、协议或者其他安排，能够决定企业的财务和经营政策，并能从企业的经营活动中获取利益，能够实际支配企业行为的自然人或实体。

10. 外方股东贷款：是指截至报告期末外国投资者以自有资金向外商投资企业提供的期限 1 年以上的中长期贷款本金和针对外国股东贷款所获得的利息，包括债券和信贷。

11. 已分配但尚未汇出外方股利：指企业已宣告分配但尚未支付给外方的股利（未扣除应代扣代缴的税款）。

12. 境内投资：指企业作为出资人向境内其他企业的直接或间接投资；所

占比例是指占所投资企业的注册资本（金）的百分比。

13. 境外投资：指企业作为出资人向境外其他企业的投资；所占比例是指占所投资企业的注册资本（金）的百分比。

14. 营业收入：反映企业经营主要业务和其他业务所取得的收入总额。

15. 利润总额：指企业在一定会计期间的经营成果，包括收入减去费用后的净额、直接计入当期利润的利得和损失等，亏损用“-”表示。按企业当年财务会计报告中“利润表”所披露的“利润总额”科目发生额填写。

16. 净利润：指企业实现的净利润，亏损用“-”表示。按企业当年财务会计报告中“利润表”所披露的“净利润”科目发生额填写。

17. 纳税总额：反映企业本年实际缴纳的增值税、消费税、营业税、资源税、城建税、教育费附加、关税、企业所得税及其他各税的合计数额。

18. 企业所得税：指根据《中华人民共和国企业所得税法》的规定，企业填报《企业所得税年度纳税申报表》（A 类、2014 年）主表第 31 行“实际应纳所得税额”。

19. 个人所得税：指根据个人所得税相关规定，企业代扣代缴的员工个人所得税总额。

20. 高新技术企业：以企业所在地科技部门颁发的“高新技术企业证书”为准。

21. 技术先进型服务企业：以企业所在地科技部门颁发的“技术先进型服务企业证书”为准。

22. 研发投入：指企业研究与开发过程中发生的各项支出。

23. 从业人数：指在企业工作并取得劳动报酬或者经营收入的全部人员数量。

24. 外籍职工：指在企业工作并由企业支付劳动报酬的外国公民和华侨、台、港、澳人员。

25. 本年度新增就业人数：指本年度新增加的劳动者人数。

国家外汇管理局关于印发《跨国公司外汇资金集中运营管理规定》的通知

（汇发〔2015〕36号）

国家外汇管理局各省、自治区、直辖市分局、外汇管理部，深圳、大连、青岛、厦门、宁波市分局：

为进一步促进贸易投资便利化，服务实体经济，国家外汇管理局（以下简称总局）修订了《跨国公司外汇资金集中运营管理规定（试行）》。现通知如下：

一、试点外债比例自律管理。跨国公司成员企业借用外债实行比例自律，主办企业可全部或部分集中成员企业外债额度；外债结汇资金可依法用于偿还人民币贷款、股权投资等；企业办理外债登记后可根据商业原则自主选择偿债币种。

二、优化国际主账户功能。境内银行通过国际外汇资金主账户吸收的存款，可在不超过前六个月日均存款余额的50%（含）额度内境内运用；在纳入银行结售汇头寸管理前提下，允许账户内资金一定比例内结售汇。

三、简化账户开立要求。允许跨国公司资金集中运营A类成员企业经常项目外汇收入无需进入出口收入待核查账户；符合条件的跨国公司主办企业可异地开立国内、国际外汇资金主账户。

四、简化外汇收支手续。允许银行按照“了解客户”、“了解业务”、“尽职审查”等原则，审核相关电子单证真实性后办理经常项目外汇收支；允许经常项目和资本项目对外支付购汇与付汇在不同银行办理。

五、完善涉外收付款申报手续。简化集中收付汇和轧差结算收支申报程序，建立与资金池自动扫款模式相适应的涉外收付款申报方式，允许银企一揽子签订涉外收付款扫款协议。

六、加强事中事后管理。一是银行、企业等应按照规定及时、准确报送试点业务等数据。二是各级外汇局应当加强跨国公司外汇资金集中运营管理业务跨境资金流动监测，对异常或可疑情况进行风险提示，依法开展现场核查检查。三是各分局、外汇管理部（以下简称分局）既可要求主办企业一次性更新之前备案材料，重新制定操作规程备案；也可仅就外债比例自律管理等新增业务单独备案。分局参照前述规定办理向总局的备案，新开展业务的分局须向总局整体备案业务操作规程。四是分局在审核企业备案操作规程过程中，须严格审核外债和对外放款额度，确保准确；做好系统维护，加强部门协调和对银行、企业的监管。

现将修订后的《跨国公司外汇资金集中运营管理规定》印发，请各分局遵照执行。遇有特殊情况，及时向总局反馈。

联系电话：

010-68402113；68402448；68402381；68402383

附件：跨国公司外汇资金集中运营管理规定

国家外汇管理局

2015 年 8 月 5 日

附件

跨国公司外汇资金集中运营管理规定

第一章　总　　则

第一条　为促进贸易投资便利化，服务实体经济，制定本规定。

第二条　跨国公司可以根据经营需要，在所在地银行（省级区域，下同）开立国内外汇资金主账户，集中运营管理境内成员企业外汇资金，办理经常项目集中收付汇和轧差净额结算等业务。

第三条　跨国公司可以根据经营需要，在所在地银行开立国际外汇资金主账户，集中运营管理境外成员企业资金及从其他境外机构借入的外债资金。

国际外汇资金主账户之间以及与境外机构境内外汇账户、境外资金往来自由。国际外汇资金主账户内资金不占用企业外债指标，但应按规定办理外债登记。

第四条　境内银行通过国际外汇资金主账户吸收的存款，可在不超过前六个月日均存款余额的 50% 额度内境内运用；在占用短期外债余额指标的前提下，可将国际外汇资金主账户吸收存款中超过 50% 的部分境内运用。

上述存款可在前六个月日均存款余额的 10% 比例范围内结售汇，相关头寸纳入银行结售汇综合头寸管理。

第五条　跨国公司试行借用外债比例自律管理，可在满足规定条件下，遵循商业惯例自行借用外债（操作规程见附 1，预警机制见附 2）。

国内外汇资金主账户从国际外汇资金主账户净融入资金不得超过外债总规模。国际外汇资金主账户从国内外汇资金主账户净融出资金不得超过对外放款总规模。

第六条　跨国公司可以根据经营需要，同时开立国内、国际外汇资金主账户，也可以选择开立其中任何一个账户。

同时开立国内、国际外汇资金主账户的，外债、对外放款融出入资金应经由国际外汇资金主账户办理；仅开立国内外汇资金主账户的，或仅开立国际外汇资金主账户的，外债、对外放款通过该账户办理。

跨国公司、银行应做好额度控制，确保任一时点外债、对外放款融出入资金不超过规定额度。

第七条　开户银行应为近三年执行外汇管理规定年度考核 B（含）类及以上的银行。主办企业原则上选择不超过 3 家境内具有结售汇业务资格的银行作为办理资金集中运营管理业务的开户银行，开户银行依据本规定对相关账户交易进行操作和管理。

开户银行办理资金集中运营管理业务后考核等次为 B（不含）以下的（考核等次为 C 的除外），可以继续办理原有相应业务。

第二章　业务备案

第八条　满足以下条件的跨国公司，可根据经营需要开立国内、国际外汇资金主账户：

（一）具备真实业务需求；

（二）具有完善的外汇资金管理架构、内控制度；

（三）建立相应的内部管理电子系统；

（四）上年度本外币国际收支规模超过 1 亿美元（参加外汇资金集中运营管理的境内成员企业合并计算）；

（五）近三年无重大外汇违法违规行为（成立不满三年的企业，自成立之日起无重大外汇违规行为）。贸易外汇收支企业名录内企业，货物贸易分类结果应为 A 类；

（六）外汇局规定的其他审慎监管条件。

第九条　主办企业开立国内、国际外汇资金主账户应向所在地外汇分局、管理部（以下简称分局）备案，提交以下材料：

（一）备案申请。包括跨国公司基本情况，业务需求；主办企业基本情况，参与企业名单、股权结构；跨国公司对主办企业的授权书等。选择经常项目外汇资金集中收付汇、轧差净额结算业务的，还需列表说明参与的境内外成员企业名单，包括名称、组织机构代码、注册地等。

（二）相关证明材料。包括加盖主办企业公章的主办企业及境内成员企业营业执照；金融业务许可证及经营范围批准文件（金融机构需提供）；境外成员企业只需提供注册证明。

（三）企业与开户银行联合制定的业务模式、操作流程、内控制度、组织架构、系统建设、风险控制措施、数据监测方式以及技术服务保障方案等；经签署的《跨国公司外汇资金集中运营管理业务办理确认书》（见附 3）；选择 2 家以上（含）开户银行的，应明确外债、对外放款集中额度在各家开户银行的具体分配。

（四）外汇局要求提供的其他材料。

第十条　跨国公司主办企业首次申请集中外债额度时应提交以下材料：

（一）申请书，应列表说明参加外债额度集中的成员企业名称、组织机构代码、注册地、每家成员企业可用外债额度、已登记外债签约额及提款额、集中的外债额度。

（二）参与集中或者部分集中外债额度的成员企业的资本项目信息系统外债业务查询中的尚可借债额、外债签约登记列表及外债业务条线查询列表信息打印界面、净资产总额有关证明等。

成员企业所在地外汇局应根据该成员企业要求或其主办企业所在地外汇局要求，以书面形式出具前款材料并认真核对，确保数据准确。

第十一条　外汇局应在主办企业提交完整的备案申请材料之日起二十个工作日内完成备案手续并出具备案通知书（见附 4）。备案通知书应包含外债、对外放款资金融出入额度等。

主办企业所在地外汇局应及时将前款外债、对外放款额度维护到外汇局相关信息系统；加强日常监测，确保管理有效。

第十二条　主办企业为财务公司的，应当遵守行业主管部门规定，并将跨国公司外汇资金集中运营管理业务和其他业务（包括自身资产负债业务）分账管理。

第十三条　业务办理期间开户银行、主办企业、成员企业等发生变更的，应提前一个月向分局变更备案。

开户银行变更的，应提交以下材料：

（一）变更开户银行申请。主要包括：变更开户银行的原因，拟选择的开户银行，原账户余额的处理方式等。

（二）拟新开户银行业务模式、操作流程、内控制度、组织架构、系统建设、风险控制措施、数据监测方式以及技术服务保障方案等。

（三）加盖银行业务公章的原账户余额对账单。

（四）经签署的《跨国公司外汇资金集中运营管理业务办理确认书》。

（五）外汇局要求的其他材料。

成员企业、主办企业外债和对外放款额度、业务种类变更的，除参照第九、十条提交材料外，还应提交原备案通知书复印件。

第十四条　主办企业货物贸易分类结果降为B、C类，根据违规情节轻重，外汇局将通知跨国公司变更主办企业并重新提交申请材料，或取消主办企业业务资格；其他成员企业货物贸易分类结果降为B、C类，主办企业应终止其业务，并向外汇局进行成员企业变更备案。

第十五条　主办企业存在外汇违规行为的，自处罚生效之日起，取消主办企业业务资格；成员企业存在外汇违规行为，自处罚生效之日起，取消该成员企业参与业务资格。

第三章　国内、国际外汇资金主账户管理

第十六条　主办企业应持备案通知书到银行开立国内和（或）国际外汇资金主账户，办理外汇资金划转手续。国内和国际外汇资金主账户可以是多币种账户，允许日间及隔夜透支；透支资金只能用于对外支付，收到外汇资金后应优先偿还透支款。根据业务需要，该账户项下可设立分账户。

国内外汇资金主账户和国际外汇资金主账户开户数量不予限制，但应符合审慎监管要求。

第十七条　国内外汇资金主账户收支范围。

（一）收入范围

1. 境内成员企业从境外直接获得的经常项目收入；

2. 境内成员企业经常项目外汇账户、资本金账户、资产变现账户、再投资专用账户、外债账户划入；

3. 规定额度内由国际外汇资金主账户划入的从境外借入的外债和偿还的对外放款本息；

4. 购汇存入（经常项目项下对外支付购汇所得资金、购汇对外放款或偿还外债资金）；

5. 理财产品的本息；

6. 外汇局核准的其他收入。

同一跨国公司未开立国际外汇资金主账户的，国内外汇资金主账户收入范围还包括规定额度内从境外借入的外债资金或者收回的对外放款本息。

跨国公司向境内存款性金融机构借入的外汇贷款不得进入国内外汇资金主账户（用于偿还外债、对外放款等除外）。

（二）支出范围

1. 境内成员企业向境外的经常项目支出；

2. 向境内成员企业经常项目外汇账户、资本金账户、资产变现账户、再投资专用账户、外债账户划出；

3. 规定额度内向国际外汇资金主账户划出的对外放款和偿还的外债本息；

4. 结汇；

5. 理财产品本金划出；

6. 交纳外币存款准备金；

7. 外汇局核准的其他支出。

同一跨国公司未开立国际外汇资金主账户的，国内外汇资金主账户支出范围还包括规定额度内对外放款和偿还的外债本息。

第十八条　主办企业可以集中成员企业全部外债额度，也可以集中部分外债额度。办理外债登记后可根据商业原则自主选择偿债币种。

主办企业集中全部外债额度的，自递交申请之日起，成员企业不得自行举借外债。集中部分外债额度的，所余外债额度仍按照现行外债管理规定办理。具体管理办法由主办企业所在地外汇局与所涉外汇局核实后商主办企业及其开户银行制定，且所涉外汇局之间应按季度核对外债数据。

主办企业可以自身为实际借款人集中借入外债，也可以成员企业为实际借款人代理其借入外债。但外债的借入和偿还必须通过主办企业国际外汇资金主账户、国内外汇资金主账户之间的资金通道划转。

第十九条　主办企业应当通过国际外汇资金主账户从境外融入资金，并办理外债登记。外债登记实行分债权人分币种填报，即企业对每个境外债权人的每个币种的负债视为一笔外债。企业在办理与外债提款、还本付息相关的业务时，应准确进行涉外收付款申报，并在“外汇局批件号 / 备案表号 / 业务编号”中准确填写相应的业务编号。主办企业应在签订外债合同后 15 个工作日内且在首笔外债资金入账前，到外汇局办理签约登记手续，外债变更登记按现行规定办理。

同一跨国公司未开立国际外汇资金主账户的，国内外汇资金主账户借入外债资金，在规定额度内按前款规定办理。

第二十条　跨国公司对外放款，遵循现行外汇管理程序办理。对外放款额度超过境内成员企业所有者权益 50% 的，可以向分局申请。分局按规定程序集体讨论决定。

第二十一条　国内外汇资金主账户与境外经常项目收付以及结售汇，包括集中收付汇和净额结算等，由经办银行按照“了解客户”、“了解业务”、“尽职审查”等原则办理相关手续。对于资金性质不明确的，银行应当要求主办企业提供相关单证。服务贸易等项目对外支付仍需按规定提交税务备案表。

银行、主办企业应当分别留存充分证明其交易真实、合法的相关文件和单证等 5 年备查。

第二十二条　国内外汇资金主账户可集中办理经常项下、直接投资、外债和对外放款项下结售汇，相关购汇、付汇业务可在不同银行办理。

企业归集至主办企业的外商直接投资项下外汇资金（包括外汇资本金、资产变现账户资金和境内再投资账户资金）、外债资金在国内外汇资金主账户内按照意愿结汇方式办理结汇手续，结汇所得人民币资金划入主办企业对应开立的人民币专用存款账户（资本项目—结汇待支付账户），经银行审核交易的合规性、真实性后直接支付。不得直接或间接用于企业经营范围之外或国家法律法规禁止的支出。银行应当留存充分证明其交易真实、合法的相关文件和单证等 5 年备查。

企业及开户银行应及时准确地报送结汇和支付数据至外汇局相关业务信息系统。银行应参照《国家外汇管理局关于发布〈金融机构外汇业务数据采集规范（1.0 版）〉的通知》（汇发〔2014〕18 号）的要求报送人民币专用存款账户的开关户及收支余信息，人民币专用存款账户的账户性质代码为 2113，账户性质名称为“资本项目—结汇待支付账户”。银行应参照《国家外汇管理局关于发布〈金融机构外汇业务数据采集规范（1.0 版）〉的通知》（汇发〔2014〕18 号）的要求，通过境内收付款凭证，报送人民币专用存款账户与其他境内人民币账户之间的收付款信息。

主办企业为财务公司的，成员企业可申请在财务公司办理上述结售汇业务，也可由主办企业以其名义在银行办理结售汇业务。财务公司为成员企业办理结售汇业务应当具备结售汇业务资格，并按规定向外汇局报送结售汇数据。

第二十三条　开户银行或财务公司应按规定向外汇局报送国际外汇资金主账户（代码为“3600”）和国内外汇资金主账户（代码为“3601”）信息。

第二十四条　国内外汇资金主账户和国际外汇资金主账户之间的资金划转无需进行涉外收付款申报，但应按照《国家外汇管理局关于发布〈金融机构外汇业务数据采集规范（1.0 版）〉的通知》（汇发〔2014〕18 号）和《国家外汇管理局关于启用境内银行涉外收付凭证及明确有关数据报送要求的通知》（汇发〔2012〕42 号）关于境内居民之间资金划转要求报送有关数据。国际外汇资金主账户向国内外汇资金主账户划款时，区分资金性质分别申报为：822990（借入外债）、821990（对外放款归还）、322041（利息支付）；国内外汇资金主账户向国际外汇资金主账户划款时，区分资金性质分别申报为：822990（偿还外债）、821990（对外放款）、322041（利息支付）。

第二十五条　银行和企业可签订一揽子涉外收付款扫款协议。当主办企业在国际外汇资金主账户中进行涉外收付款自动扫款时，按照《国家外汇管理局关于印发〈通过银行进行国际收支统计申报业务实施细则〉的通知》（汇发〔2015〕27 号）规定进行涉外收付款申报。

第二十六条　主办企业应当按照《国家外汇管理局关于印发〈通过银行

进行国际收支统计申报业务实施细则〉的通知》（汇发〔2015〕27号）进行涉外收付款申报；主办企业为财务公司的，还应当按照《国家外汇管理局关于印发〈对外金融资产负债及交易统计制度〉的通知》（汇发〔2013〕43号）的规定进行申报。

第四章　集中收付汇和轧差净额结算业务管理

第二十七条　集中收付汇是指主办企业通过国内外汇资金主账户集中代理境内成员企业办理经常项目外汇收支。

经常项目轧差净额结算是指主办企业通过国内外汇资金主账户集中核算其境内外成员企业经常项目项下外汇应收应付资金，合并一定时期内外汇收付交易为单笔外汇交易的操作方式。原则上每个自然月轧差净额结算不少于1次。

第二十八条　境内成员企业办理货物贸易集中收付汇或货物贸易轧差净额结算时，应按规定办理“贸易外汇收支企业名录”登记手续（主办企业为财务公司除外）。A类成员企业外汇收支可不进入出口收入待核查账户，但应按货物贸易外汇管理规定，及时、准确通过货物贸易外汇业务监测系统（企业端）进行贸易信贷、贸易融资等业务报告。

第二十九条　主办企业可以根据境内成员企业真实合法的进口付汇需求提前购汇存入国内外汇资金主账户。

对于退汇日期与原收、付款日期间隔在180天（不含）以上或由于特殊情况无法按规定办理原路退汇的，主办企业应当到外汇局办理货物贸易外汇业务登记手续，并提供书面申请、原收入/支出申报单证、原进/出口合同、退汇合同等。

第三十条　境内成员企业按照《货物贸易外汇管理指引》及其实施细则规定，需凭《货物贸易外汇业务登记表》办理的业务不得参加集中收付汇和轧差净额结算，按现行规定办理。

第三十一条　办理经常项目集中收付款或轧差净额结算应按以下要求进行涉外收付款申报：

主办企业应对两类数据进行涉外收付款申报。一类是集中收付款或轧差净额结算时主办企业的实际收付款数据（以下简称实际收付款数据）；另一类是逐笔还原集中收付或轧差净额结算前各成员企业的原始收付款数据（以下简称还原数据）。

实际收付款数据不为零时，主办企业应通过办理实际对外收付款交易的境内银行进行申报，境内银行应将实际收付款信息交易编码标记为“999999”。实际收付款数据为零时（轧差净额结算为零），主办企业应虚拟一笔结算为零的申报数据，填写《境外汇款申请书》，收付款人名称均为主办企业，交易编码标记为“999998”，国别为“中国”，其他必输项可视情况填报或填写“N/A”（大写英文字母）。境内银行应在其实际对外收付款之日（轧差净额结算为零时为轧差结算日或会计结算日）（T）后的第1个工作日（T+1）中午12:00前，完成实际数据的报送工作。

对还原数据的申报，主办企业应按照实际对外收付款的日期（轧差净额结算为零时为轧差结算日或会计结算日）确认还原数据申报时点（T），并根据全收全支原则，以境内成员企业名义，向实际办理或记账处理对外收付款业务的银行提供还原数据的基础信息和申报信息，使其至少包括涉外收付款统计申报的所需信息。境内银行应在上述还原数据申报时点（T）后的第1个工作日（T+1）中午12：00前，完成还原数据基础信息的报送工作；第5个工作日（T+5）前，完成还原数据申报信息的报送工作。

申报单号码由发生实际收付款的银行编制、交易编码按照实际交易性质填报。境内银行应将还原数据的“银行业务编号”填写为所对应的对外实际收付数据的申报号码，以便建立集中收付数据与还原数据间的对应关系。境内银行应为主办企业提供申报渠道等基础条件，并负责将还原数据的基础信息和申报信息传送到外汇局。

第五章　监督管理

第三十二条　主办企业应认真按照本规定及外汇局备案通知书内容开展业务。业务开展期间，相关事项发生变更的，应按要求及时向外汇局变更备案。

主办企业及成员企业应严格按规定向银行申报跨境资金收付性质，办理国际收支统计申报。

第三十三条　开户银行对跨国公司外汇资金集中运营管理业务及提交的材料，做好真实性和合规性审核；对其相关外汇资金变动，做好相应登记备案；对资金流动，做好监测、审核和额度管理。

第三十四条　开户银行应按规定及时、完整、准确地报送国内、国际外汇资金主账户、结汇待支付账户等账户信息、国际收支申报、境内资金划转、结售汇等数据，审核企业报送的业务数据，协助外汇局做好非现场监测。

第三十五条　分局应采取下列措施确保外汇资金集中运营管理工作平稳有序，政策落到实处：

（一）完善工作机制，责任到人，及时准确报送数据。指定牵头处室并 1 名工作联系人负责向总局报告。本规定实施之日起一年内，每月 10 日前以局发文形式向总局报告业务情况及相关统计报表；每季度一并报告辖内办理资金集中运营管理企业名单等基本情况。一年后，以综合部门名义每月报告统计报表；每季度报告辖内办理资金集中运营管理企业名单等基本情况；每半年报告业务情况（有关报表见附 5-7）。

（二）强化非现场监测与现场核查检查。充分利用跨境资金流动监测与分析系统等现有外汇管理系统，建立跨国公司名单，全面分析国际、国内资金主账户外汇收支、外债额度和对外放款额度、结售汇、资金划转。

（三）做好银行和企业风险提示和窗口指导工作。采取有效措施满足企业需求，逐步形成合理的跨境资金双向流动格局。督促银行建立操作规程和内控制度，提供必要的技术服务保障。必要时，可要求主办企业对外汇资金集中运营管理业务的合规性等进行审计。

（四）根据本规定及当地实际情况，制定细化准入条件等操作规程，按程序向总局备案后实施。

第三十六条　企业发生异常情况及违规行为，分局应在事前通知下暂停或取消办理本规定范围内的各项业务，根据《外汇管理条例》等相关法规进行行政处罚；开户银行未履行、未正确履行、未全面履行了解客户、了解业务和尽职审查责任的，应取消办理本规定范围内各项业务，根据《外汇管理条例》等相关法规进行行政处罚。

第六章　附　　则

第三十七条　本规定所称跨国公司是以资本联结为纽带，由母公司、子公司及其他成员企业或机构共同组成的联合体。

成员企业，是指跨国公司内部相互直接或间接持股的、具有独立法人资格的各家公司，分为境内成员企业和境外成员企业。与试点企业无直接或间接持股关系，但属同一母公司控股的兄弟公司可认定为成员企业。其他关联关系（如协议控制）可由分局根据具体情况集体审议后确定是否可认定为成员企业。

主办企业，是指履行主体业务申请、备案、实施、数据报送、情况反馈等职责的跨国公司或取得跨国公司授权且具有独立法人资格的一家境内公司。主办企业为财务公司的，其从事跨境资金交易应遵守行业管理部门的规定。

本规定第三条第二款所称境外机构境内外汇账户包括境外机构在境内银行开立的 NRA 账户（Non-resident Account）、在取得离岸银行业务资格的离岸银行业务部开立的 OSA 账户（Offshore Account）等。

第三十八条　单一企业集团符合内控制度完善、上年度外汇收支规模超过 1 亿美元、最近三年无重大外汇违规行为等条件的，可以根据业务实际，申请单独开立国内外汇资金主账户，办理经常项目轧差净额结算业务，以及按照本规定第二十一条简化单证审核、第二十二条办理结汇手续等；或者单独开立国际资金主账户，集中管理境外资金。

跨国公司资金集中运营管理框架下委托贷款，应遵守有关境内外汇贷款管理规定，无需开立并通过实体外汇账户办理相关业务；不同成员企业和性质账户间可直接划转资金，无需先上划至国内外汇资金主账户，再下划至成员企业。

第三十九条　外汇局可根据国家宏观调控政策、外汇收支形势及业务开展情况，逐步完善和改进政策内容。

第四十条　本规定自发布之日起实施，由国家外汇管理局负责解释。《国家外汇管理局关于印发〈跨国公司外汇资金集中运营管理规定（试行）〉的通知》（汇发〔2014〕23 号）同时废止。

附 1

跨国公司外债比例自律管理操作规程

一、外债比例自律管理公式

跨国公司可在满足如下两个公式条件下，根据比例自律原则，遵循商业惯例自行借用外债：

公式一：跨国公司外债总规模≤∑净资产 × 融资杠杆率 × 宏观审慎调节参数。

公式二：资产负债率≤ 75%

在公式一中，净资产按照上年末经审计（或本年度专项审计）的净资产计算。原则上使用并表净资产计算外债额度；没有并表净资产或者使用并表净资产不合适的，使用加总净资产。跨国公司也可选择其中一家（数家）成员公司净资产，或者在公式一范围内自选金额申请外债额度。初始时期，融资杠杆率为 1，宏观审慎调节参数为 1。外汇局可根据整体对外负债情况、期限结构、币种结构等对融资杠杆率和宏观审慎调节参数进行调节。外债口径执行现行外汇管理规定。

在公式二中，如确有必要，经分局集体审议并事前向总局备案后，资产负债率可超过 75%。

二、企业管理要求

（一）已开展外汇资金集中运营管理的跨国公司采用上述方式计算外债额度，应向所在地外汇局备案并取得回执。既可与跨国公司资金集中运营业务一并申请，也可单独备案。

（二）无投注差的成员企业可利用自身净资产为计算因子参与集中外债额

度的计算；有投注差的成员企业可选择使用投注差或净资产参与集中外债额度的计算，一经选定，原则上不得更改。

（三）跨国公司融入的外币外债资金，可以按现行跨国公司外汇资金集中运营管理规定结汇使用。

（四）金融机构外债管理执行现行外汇管理规定。现行外汇管理规定对外资投资性公司、融资租赁公司、财务公司等外债政策有特殊规定的，可从其规定。属于地方政府融资性平台性质的成员企业，暂不参与外债比例自律试点。

（五）主办企业可以自身为实际借款人集中借入外债，也可以成员企业为实际借款人，由主办企业代理其借入外债。但外债的借入和偿还必须通过主办企业国际外汇资金主账户、国内外汇资金主账户之间的资金通道划转。

三、监督管理

（一）宏观审慎管理。国家外汇管理局根据经济金融形势，对外债进行宏观审慎管理；调整融资杠杆率和宏观审慎调节参数，对全部或部分试点企业借入外债规模进行调控。备案书中企业承诺按外汇局调控要求调整外债规模。

（二）分局应当通过非现场核查、现场检查手段对经办银行、试点企业外债额度等进行监测、检查。对发现存在异常、可疑或涉嫌违规的经办银行、试点企业，可采取下发风险提示函、约谈、行政处罚等管理措施。

（三）银行应当严格履行审核职责，按照“了解客户”、“了解业务”、“尽职审查”等展业原则，遵循实需要求，为客户办理结汇及资金支付。

其他未明确事项，按照本规定、其他外债管理规定等执行。

附 2

跨国公司对外债权债务风险调控预警机制

一、国家外汇管理局（以下简称总局）建立跨国公司对外债权债务风险宏观审慎调控预警机制，由风险预警指标体系及相应的宏观调控政策工具构成。

二、总局根据系统采集的数据以及跨国公司跨境资金流动情况建立相应的外债风险宏观审慎预警指标体系。

总局采用宏观调控政策工具调控外债规模。调控工具包括调整融资杠杆率、宏观审慎调节参数等。初始时期，融资杠杆率为 1，宏观审慎调节参数为 1。

总局可根据风险防控需要，经过评估后，对上述风险预警指标和宏观调控政策工具进行调整与完善。

三、跨国公司对外债权债务风险宏观审慎调控风险预警包括Ⅰ级（关注风险）、Ⅱ级（中度风险）以及Ⅲ级（重度风险）三个风险级别。

其中，Ⅰ级（关注风险）为：跨国公司外债规模达到等值 1000 亿美元。Ⅱ级（中度风险）为：跨国公司外债规模达到等值 1500 亿美元。Ⅲ级（重度风险）为：跨国公司外债规模达到等值 2000 亿美元。

四、跨国公司对外债权债务风险宏观审慎调控风险预警指标达到本操作规程第三条相应临界值时，总局可以采用宏观调控政策工具对外债余额进行相应的调节：

Ⅰ级（关注风险）时，向跨国公司或金融机构进行风险预警，发出风险提示函。

Ⅱ级（中度风险）时，向跨国公司或金融机构发出宏观调控预通知，告知必要时将通过宏观调控政策工具，调整融资杠杆率、宏观审慎调节参数等；跨国公司或金融机构可提前采取相应措施，一定期限内将外债余额控制在相应政策目标值内。

重点地区所在地外汇局加强现场核查力度。

Ⅲ级（重度风险）时，向跨国公司或金融机构发出宏观调控正式通知，正式调整融资杠杆率、宏观审慎调节参数等；跨国公司或金融机构需采取相应措施，一定期限内将外债余额控制在相应政策目标值内。

重点地区所在地外汇局对违规行为进行检查和立案处罚。

上述调控可以采用单一工具或组合工具的方式进行，也可以针对部分或全部跨国公司或金融机构进行。因融资杠杆率、宏观审慎调节参数等调整导致相关额度超出上限的，原有融资合约可持有到期；在相关额度调整到新上限前，不办理相关新业务。

跨国公司对外债权债务风险宏观审慎调控风险预警指标达到临界值以下的，总局可根据外汇形势等回调相关宏观审慎措施。

五、各分局（外汇管理部）应当根据本操作规程制定辖内跨国公司对外债权债务风险宏观审慎调控预警机制，并定期进行监测分析。达到触发风险调控预警标准的，要及时以书面形式向总局报告。

附 3

跨国公司外汇资金集中运营管理业务办理确认书

本单位已知晓跨国公司外汇资金集中运营管理政策及相关要求，仔细阅读本确认书告知和提示的本单位义务以及外汇局监管要求。承诺将：

一、依法合规开展外汇资金集中运营管理业务。在满足下列要求前提下，享有按照政策规定的便利措施办理相关业务的权利：签署本确认书，严格按照试点要求办理业务，合规经营等。

二、按外汇局政策规定及时、准确、完整地报送业务数据；不使用虚假合同或者构造交易办理业务，接受并配合外汇局对本单位的监督检查，及时、如实说明情况并提供相关单证资料。

三、理解并接受外汇局根据国际收支形势对政策和业务进行适时调整。遵守外汇局关于外债风险系数调整要求。自行承担由于外汇局调整政策以及本单位违规行为而引起的相关损失。违反政策及相关要求的，接受外汇局依法实施的包括行政处罚、暂停或终止业务、对外公布相关处罚决定等在内的处理措施。

四、本确认书适用于跨国公司外汇资金集中运营管理业务；本确认书未尽事项，按照有关外汇管理法规规定执行。

五、本确认书适用于本单位及所属成员单位，自签署时生效。本单位将认真学习并遵守相关政策及要求，积极支持配合外汇局对跨国公司外汇资金集中运营管理业务的管理。

企业（公章）：	银行（公章）：
法定代表人（签字）：	负责人（签字）：
年　月　日	年　月　日

为进一步促进贸易投资便利化，外汇局依法制定本确认书，提示企业、银行在开展跨国公司外汇资金集中运营管理中依法享有的权利和应当承担的义务。企业、银行签署本确认书并认真执行，享有按照外汇资金集中运营管理规定的便利措施办理相关业务的权利。

外汇局根据国际收支形势等具体情况，制定、调整跨国公司外汇资金集中运营管理政策，并依法予以告知。

外汇局依法对跨国公司外汇资金集中运营管理进行监督检查。对企业、银行违规行为，按照《中华人民共和国外汇管理条例》等法规规定进行行政处罚。

附4

国家外汇管理局××分局（外汇管理部）关于××公司开展外汇资金集中运营管理业务的备案通知书（参考样式）

××〔20××〕×号

××公司：

你公司《关于××公司开展跨国公司外汇资金集中运营管理业务的备案申请》（××字〔××〕××号）收悉。根据《国家外汇管理局关于印发〈跨国公司外汇资金集中运营管理规定〉的通知》（汇发〔2015〕××号）和××等规定，同意对××公司开展跨国公司外汇资金集中运营管理予以备案。

你公司可备案开展如下业务事项：境外外汇资金境内归集；境内外汇资金集中管理；外债和对外放款额度集中调配；经常项下集中收付；经常项下轧差净额结算。

同意××公司作为你公司开展外汇资金集中运营管理的主办企业。

同意你公司××家成员公司（其中××家境内，××家境外）参与外汇资金集中管理，名单附后。

你公司可集中调配的外债额度××亿美元；可集中调配的对外放款额度××亿美元。

主办企业可凭本通知书在××（银行）开立"国际外汇资金主账户"和"国内外汇资金主账户"（或"××主账户"）；并办理外汇资金集中运营管理相关业务（具有多家合作银行的，应写明融入资金净头寸限额、融出资金净头寸

限额为 ×× 亿美元在每家银行的分配）。

（其他需备案或特别关注、说明的事项）。

国家外汇管理局 ×× 分局（外汇管理部）

×× 年 ×× 月 ×× 日

抄送：国家外汇管理局 ×× 分局[1]

---

[1] 有异地成员企业时，备案通知书应同时抄送异地试点所在地外汇局（分局）。

附 5

______省（市）分局国际、国内外汇资金主账户及资金通道出入情况月报表（　　年　月）

单位：万美元

<table>
<tr><td rowspan="5">试点企业</td><td colspan="22">国际外汇资金主账户</td><td>资金通道</td><td colspan="18">国内外汇资金主账户</td></tr>
<tr><td rowspan="4">期初余额（1）</td><td colspan="10">流入</td><td colspan="10">流出</td><td rowspan="4">期末余额（12）</td><td rowspan="4">本期净头寸（13）</td><td rowspan="4">期初余额（14）</td><td colspan="8">流入</td><td colspan="8">流出</td><td rowspan="4">期末余额（25）</td></tr>
<tr><td colspan="4">跨境</td><td colspan="4">境内</td><td colspan="2" rowspan="2">合计</td><td colspan="4">跨境</td><td colspan="4">境内</td><td colspan="2" rowspan="2">合计</td><td colspan="2" rowspan="2">跨境</td><td colspan="5">境内</td><td rowspan="2">合计</td><td colspan="2" rowspan="2">跨境</td><td colspan="5">境内</td><td rowspan="2">合计</td></tr>
<tr><td colspan="2">本金</td><td colspan="2">其他</td><td colspan="2">通道本金</td><td colspan="2">其他</td><td colspan="2">本金</td><td colspan="2">其他</td><td colspan="2">通道本金</td><td colspan="2">其他</td><td colspan="2">通道</td><td colspan="2">购汇</td><td>其他</td><td colspan="2">通道</td><td colspan="2">结汇</td><td>其他</td></tr>
<tr><td>笔数</td><td>金额（2）</td><td>笔数</td><td>金额（3）</td><td>笔数</td><td>金额（4）</td><td>笔数</td><td>金额（5）</td><td>笔数</td><td>金额（6）</td><td>笔数</td><td>金额（7）</td><td>笔数</td><td>金额（8）</td><td>笔数</td><td>金额（9）</td><td>笔数</td><td>金额（10）</td><td>笔数</td><td>金额（11）</td><td>笔数</td><td>金额（15）</td><td>笔数</td><td>金额（16）</td><td>笔数</td><td>金额（17）</td><td>金额（18）</td><td>金额（19）</td><td>笔数</td><td>金额（20）</td><td>笔数</td><td>金额（21）</td><td>笔数</td><td>金额（22）</td><td>金额（23）</td><td>金额（24）</td></tr>
<tr><td></td><td></td><td></td><td></td><td></td><td></td><td></td><td></td><td></td><td></td><td></td><td></td><td></td><td></td><td></td><td></td><td></td><td></td><td></td><td></td><td></td><td></td><td></td><td></td><td></td><td></td><td></td><td></td><td></td><td></td><td></td><td></td><td></td><td></td><td></td><td></td><td></td><td></td><td></td><td></td><td></td><td></td></tr>
<tr><td></td><td></td><td></td><td></td><td></td><td></td><td></td><td></td><td></td><td></td><td></td><td></td><td></td><td></td><td></td><td></td><td></td><td></td><td></td><td></td><td></td><td></td><td></td><td></td><td></td><td></td><td></td><td></td><td></td><td></td><td></td><td></td><td></td><td></td><td></td><td></td><td></td><td></td><td></td><td></td><td></td><td></td></tr>
<tr><td></td><td></td><td></td><td></td><td></td><td></td><td></td><td></td><td></td><td></td><td></td><td></td><td></td><td></td><td></td><td></td><td></td><td></td><td></td><td></td><td></td><td></td><td></td><td></td><td></td><td></td><td></td><td></td><td></td><td></td><td></td><td></td><td></td><td></td><td></td><td></td><td></td><td></td><td></td><td></td><td></td><td></td></tr>
<tr><td></td><td></td><td></td><td></td><td></td><td></td><td></td><td></td><td></td><td></td><td></td><td></td><td></td><td></td><td></td><td></td><td></td><td></td><td></td><td></td><td></td><td></td><td></td><td></td><td></td><td></td><td></td><td></td><td></td><td></td><td></td><td></td><td></td><td></td><td></td><td></td><td></td><td></td><td></td><td></td><td></td><td></td></tr>
<tr><td>合计</td><td></td><td></td><td></td><td></td><td></td><td></td><td></td><td></td><td></td><td></td><td></td><td></td><td></td><td></td><td></td><td></td><td></td><td></td><td></td><td></td><td></td><td></td><td></td><td></td><td></td><td></td><td></td><td></td><td></td><td></td><td></td><td></td><td></td><td></td><td></td><td></td><td></td><td></td><td></td><td></td><td></td></tr>
</table>

注：1.（6）=（2）+（3）+（4）+（5），（11）=（7）+（8）+（9）+（10），（19）=（15）+（16）+（17）+（18），（24）=（20）+（21）+（22）+（23）

2.（12）=（1）+（6）－（11），（25）=（14）+（19）－（24）

3.（13）=（9）－（4）

4. 剔除通过资金通道融出入而在国际、国内外汇资金主账户上划转的资金后，国际主账户收入（（2）+（3）－（16））=____，国际主账户支出（（7）+（8）－（21））=____。

5. 只开立国内外汇资金主账户时

①："通道"项下数据的"流入"指外债本金和收回的对外放款本息，"流出"指对外放款本金和偿还的外债本息；

②：资金通道本期净头寸（13）指外债本金 + 收回的对外放款本金 − 对外放款本金 − 偿还的外债本金。

6. 请以 EXCEL 表格形式报送本表电子数据，报送本期表格时，一并报送自试点开始期至本期的累积相关数据，使用本月折算率累积数据，数据格式同本表。

附 6

经资金通道借入外债、对外放款情况月报表（　　年　月）

单位：万美元

试点企业	国内外汇主账户经通道或从境外借入外债								国内外汇主账户经通道或向境外对外放款								
											本期发放对外放款（发生额）						
	集中额度（1）	期初余额（2）	本期借入外债金额（3）	本期外债结汇金额（4）	本期还本金额（5）	本期还息金额（6）	期末余额（7）	期末余额/集中额度（%）（8）	集中额度（9）	期初余额（10）	本期发放金额（11）	放款资金来源于境内购汇（12）	放款资金来源于自有外汇（13）	收回本金（14）	收回利息（15）	期末余额（16）	余额/集中额度（%）（17）
合计																	

注：1.（7）=（2）+（3）-（5）；（16）=（10）+（11）-（14）

2. 请以 EXCEL 表格形式报送本表电子数据。

3. 报送本期表格时，一并报送自试点开始期至本期的累积相关数据，报表格式同本表。

附 7

________省（市）分局（管理部）跨国公司外汇资金集中运营管理企业及银行基本情况表

制表日期：　　年　月　日

试点企业		合作银行	分局(管理部)完成备案时间	主要试点业务（按备案通知书填写）	试点企业联系人及联系方式(电话、手机)	合作银行联系人及联系方式(电话、手机)	境内成员企业					境外成员企业		
集团公司	主办企业						名称	所在地	企业性质（中资（国有或民营）/外资）	组织机构代码	总数	名称	所在地	总数

注：此表按季报送，每季度结束后首月 10 日前与试点月度报告一并报送。报送时应填写全部试点企业及银行情况，并将新增内容用黑体标出。报送时请一并将电子版（Excel 格式）发至综合司法规处门户网邮箱（reg@general.safe）。

国家外汇管理局综合司关于发布《合格境外机构投资者额度管理操作指引》的通知

（汇综发〔2015〕88号）

合格境外机构投资者境内托管行：

为便利合格境外机构投资者境内证券投资运作，根据《合格境外机构投资者境内证券投资管理办法》（中国证券监督管理委员会、中国人民银行、国家外汇管理局令第36号）、《合格境外机构投资者境内证券投资外汇管理规定》（国家外汇管理局公告2009年第1号，根据国家外汇管理局公告2012年第2号修改），国家外汇管理局制定了《合格境外机构投资者额度管理操作指引》（见附件）。现予以发布，请遵照执行。

附件：合格境外机构投资者额度管理操作指引

国家外汇管理局综合司

2015年9月30日

附件

合格境外机构投资者额度管理操作指引

一、关于投资额度

对 QFII 投资额度实行相对统一管理，放宽产品之间额度调剂。QFII 额度分为开放式基金额度、其他产品或资金额度。QFII 机构可根据业务需要，向外汇局提出上述两类额度的申请。

开放式基金额度可在多只开放式基金产品之间共享。

开放式基金额度与其他产品或资金额度相互调剂的，QFII 机构应通过托管行向国家外汇管理局（以下简称外汇局）提交《QFII 投资额度调剂备案表》（见附 1），经外汇局确认同意后可调剂使用额度。

二、关于投资本金汇入

QFII 机构需延期汇入投资本金的，应在本金汇入期满前 10 个工作日，通过托管行向外汇局提交《QFII 延期汇入投资本金备案表》（见附 2），经外汇局确认同意后可延期一次、最长 6 个月。

三、关于本金汇出

QFII 其他产品或资金需汇出本金的，应通过托管行向外汇局提交《QFII 其他产品或资金本金汇出备案表》（见附 3），经外汇局确认同意后，由托管行审核办理汇出。

四、完善登记

托管行应及时向外汇局报送《QFII 产品信息登记备案表》(见附 4)。外汇局将根据 QFII 产品备案信息，在资本项目信息系统为 QFII 机构办理产品信息（含变更）登记。

五、其他事项

已取得投资额度的 QFII 机构，应在本指引发布后 1 个月内，对已取得的投资额度进行梳理，按照开放式基金额度、其他产品或资金额度进行分类，填写《QFII 已获批额度分类备案表》(附相关额度批复等证明性文件)(见附 5)，通过托管人向外汇局备案。外汇局将统一下发文件，明确 QFII 机构已有投资额度分类情况。

本操作指引自下发之日起执行。执行中若出现问题，请及时与国家外汇局资本项目管理司联系。

联系电话：(010) 68402258/68402366

附 1

QFII 投资额度调剂备案表

备案日期：　　年　　月　　日　　　　　　　　　　　　　　单位：亿美元

<table>
<tr><td rowspan="2">QFII 名称</td><td>中文</td><td colspan="2"></td></tr>
<tr><td>English</td><td colspan="2"></td></tr>
<tr><td rowspan="2">托管人</td><td rowspan="2"></td><td>联系人</td><td></td></tr>
<tr><td>联系方式</td><td></td></tr>
<tr><td rowspan="2">累计获批额度</td><td rowspan="2"></td><td>开放式基金额度</td><td></td></tr>
<tr><td>其他产品或资金额度</td><td></td></tr>
<tr><td>额度调剂需求</td><td colspan="3">（开放式基金额度向其他产品或资金额度调剂及金额，或反之）</td></tr>
<tr><td>额度调剂原因</td><td colspan="3">（包括拟调出产品额度的使用率、投资情况，拟调入产品额度的投资计划等，可附页）</td></tr>
<tr><td colspan="4">本机构承诺本备案表内容及所附材料真实、准确，无虚假信息，并承诺严格按照外汇管理相关规定办理额度调剂及使用，接受国家外汇管理部门的监督、管理和检查。
QFII 机构（签章）：
年　月　日</td></tr>
<tr><td colspan="4">经审核，同意该机构从＿＿＿＿＿＿（开放式基金 / 其他产品或资金）额度中调剂出＿＿＿＿＿亿美元至＿＿＿＿＿＿（开放式基金 / 其他产品或资金）。额度调剂后，该机构 QFII 总额度不变。</td></tr>
<tr><td colspan="2">司领导签发：</td><td colspan="2">经办人：
审核人：</td></tr>
</table>

第一联　外汇局留存

备案日期：　　年　　月　　日　　　　　　　　　　　　　　单位：亿美元

<table>
<tr><td rowspan="2">QFII 名称</td><td>中文</td><td colspan="2"></td></tr>
<tr><td>English</td><td colspan="2"></td></tr>
<tr><td rowspan="2">托管人</td><td rowspan="2"></td><td>联系人</td><td></td></tr>
<tr><td>联系方式</td><td></td></tr>
<tr><td rowspan="2">累计获批额度</td><td rowspan="2"></td><td>开放式基金额度</td><td></td></tr>
<tr><td>其他产品或资金额度</td><td></td></tr>
<tr><td>额度调剂需求</td><td colspan="3">（开放式基金额度向其他产品或资金额度调剂及金额，或反之）</td></tr>
<tr><td>额度调剂原因</td><td colspan="3">（包括拟调出产品额度的使用率、投资情况，拟调入产品额度的投资计划等，可附页）</td></tr>
<tr><td colspan="4">本机构承诺本备案表内容及所附材料真实、准确，无虚假信息，并承诺严格按照外汇管理相关规定办理额度调剂及使用，接受国家外汇管理部门的监督、管理和检查。
QFII 机构（签章）：
年　月　日</td></tr>
<tr><td colspan="4">经审核，同意你机构从＿＿＿＿＿＿（开放式基金 / 其他产品或资金）额度中调剂出＿＿＿＿＿亿美元至＿＿＿＿＿＿（开放式基金 / 其他产品或资金）。额度调剂后，你机构 QFII 总额度不变。

国家外汇管理局资本项目管理司
年　月　日</td></tr>
</table>

第二联　退 QFII 机构

附 2

QFII 延期汇入投资本金备案表

备案日期：　　年　　月　　日　　　　　　　　　　　　　　　　单位：亿美元

QFII 名称	中文		
	English		
托管人		联系人	
		联系方式	
累计获批额度		总额度使用率	
申请延期情况	延期额度获批时间及金额		
	延期汇入时间及金额		
	延期原因（可附页）：		
本机构承诺本备案表内容及所附材料真实、准确，无虚假信息，并承诺严格按照外汇管理相关规定办理投资本金汇入，接受国家外汇管理部门的监督、管理和检查。 QFII 机构（签章）： 年　月　日			
经审核，同意该机构____年____月____日获批的__________亿美元投资额度，其投资本金汇入期延长至____年____月____日。			
司领导签发：		经办人： 审核人：	

第一联　外汇局留存

备案日期：　　年　　月　　日　　　　　　　　　　　　　　　　单位：亿美元

QFII 名称	中文		
	English		
托管人		联系人	
		联系方式	
累计获批额度		总额度使用率	
申请延期情况	延期额度获批时间及金额		
	延期汇入时间及金额		
	延期原因（可附页）：		
本机构承诺本备案表内容及所附材料真实、准确，无虚假信息，并承诺严格按照外汇管理相关规定办理投资本金汇入，接受国家外汇管理部门的监督、管理和检查。 QFII 机构（签章）：　年　月　日			
经审核，同意该机构____年____月____日获批的__________亿元人民币投资额度，其投资本金汇入期延长至____年____月____日。 国家外汇管理局资本项目管理司 年　月　日			

第二联　退 QFII 机构

附 3

QFII 其他产品或资金汇出本金备案表

备案日期：　　年　　月　　日　　　　　　　　　　　　　　　　单位：亿美元

<table>
<tr><td rowspan="2">QFII 名称</td><td>中文</td><td colspan="5"></td></tr>
<tr><td>English</td><td colspan="5"></td></tr>
<tr><td rowspan="2">托管人</td><td colspan="2" rowspan="2"></td><td>联系人</td><td colspan="3"></td></tr>
<tr><td>联系方式</td><td colspan="3"></td></tr>
<tr><td rowspan="2">累计获批额度</td><td colspan="2" rowspan="2"></td><td>开放式基金额度</td><td></td><td rowspan="2">截至上年底境内总资产</td><td rowspan="2"></td></tr>
<tr><td>其他产品或资金额度</td><td></td></tr>
<tr><td rowspan="2">其他产品汇出本金情况</td><td>本次汇出</td><td></td><td>占上年底境内总资产比例</td><td></td><td>累计汇出本金</td><td></td></tr>
<tr><td colspan="6">（情况说明）</td></tr>
<tr><td colspan="7">本机构承诺本备案表内容及所附材料真实、准确，无虚假信息，并承诺严格按照外汇管理相关规定通过托管人办理本金汇出手续，接受国家外汇管理部门的监督、管理和检查。
QFII 机构（签章）：
年　月　日</td></tr>
<tr><td colspan="7">经审核，同意该机构其他产品汇出本金________亿美元，本金汇出后，该机构其他产品或资金额度调减为________亿美元。</td></tr>
<tr><td colspan="3">司领导签发：</td><td colspan="4">经办人：
审核人：</td></tr>
</table>

第一联　外汇局留存

备案日期：　　年　　月　　日　　　　　　　　　　　　　　　　单位：亿美元

<table>
<tr><td rowspan="2">QFII 名称</td><td>中文</td><td colspan="5"></td></tr>
<tr><td>English</td><td colspan="5"></td></tr>
<tr><td rowspan="2">托管人</td><td colspan="2" rowspan="2"></td><td>联系人</td><td colspan="3"></td></tr>
<tr><td>联系方式</td><td colspan="3"></td></tr>
<tr><td rowspan="2">累计获批额度</td><td colspan="2" rowspan="2"></td><td>开放式基金额度</td><td></td><td rowspan="2">截至上年底境内总资产</td><td rowspan="2"></td></tr>
<tr><td>其他产品或资金额度</td><td></td></tr>
<tr><td rowspan="2">其他产品汇出本金情况</td><td>本次汇出</td><td></td><td>占上年底境内总资产比例</td><td></td><td>累计汇出本金</td><td></td></tr>
<tr><td colspan="6">（情况说明）</td></tr>
<tr><td colspan="7">本机构承诺本备案表内容及所附材料真实、准确，无虚假信息，并承诺严格按照外汇管理相关规定通过托管人办理本金汇出手续，接受国家外汇管理部门的监督、管理和检查。
QFII 机构（签章）：
年　月　日</td></tr>
<tr><td colspan="7">经审核，同意你机构其他产品或资金汇出本金________亿美元。本本金汇出后，你机构其他产品或资金额度调减为________亿美元。
国家外汇管理局资本项目管理司
年　月　日</td></tr>
</table>

第二联　退 QFII 机构

附 4

QFII 产品信息登记备案表

QFII 机构名称：　　　　　　　　　　机构类型：□基金公司□保险公司□证券公司 / 投行□银行机构
QFII 机构特殊赋码：　　　　　　　　□其他机构（请注明：______________）

托管行（盖章）：　　　　托管行金融机构标识码：______________备案日期：　年　月　日

序号	产品名称	产品类型（①开放式基金；②其他产品或资金）
1		
2		
3		
	……	

附 5

QFII 已获批额度分类备案表

托管行（盖章）：　　　　　　　　　　　　　　　　备案日期：　年　月　日

QFII 名称	中文	
	English	
累计已获批额度（亿美元）	（附所有的额度批复文件复印件）	
其中：开放式基金额度（亿美元）		
其他产品或资金额度（亿美元）		
本机构承诺本备案表内容真实、准确，无虚假信息，并承诺严格遵守 QFII 额度管理有关规定，接受国家外汇管理部门的监督、管理和检查。 QFII 机构（签章）： 年　月　日		

国务院关于实行市场准入负面清单制度的意见

（国发〔2015〕55 号）

各省、自治区、直辖市人民政府，国务院各部委、各直属机构：

按照《中共中央关于全面深化改革若干重大问题的决定》要求和国务院决策部署，现就实行市场准入负面清单制度提出以下意见。

一、重大意义

（一）市场准入负面清单制度的定位。

市场准入负面清单制度，是指国务院以清单方式明确列出在中华人民共和国境内禁止和限制投资经营的行业、领域、业务等，各级政府依法采取相应管理措施的一系列制度安排。市场准入负面清单以外的行业、领域、业务等，各类市场主体皆可依法平等进入。

（二）实行市场准入负面清单制度是发挥市场在资源配置中的决定性作用的重要基础。

通过实行市场准入负面清单制度，赋予市场主体更多的主动权，有利于落实市场主体自主权和激发市场活力，有利于形成各类市场主体依法平等使用生产要素、公开公平公正参与竞争的市场环境，有利于形成统一开放、竞争有序的现代市场体系，将为发挥市场在资源配置中的决定性作用提供更大空间。

（三）实行市场准入负面清单制度是更好发挥政府作用的内在要求。

通过实行市场准入负面清单制度，明确政府发挥作用的职责边界，有利于进一步深化行政审批制度改革，大幅收缩政府审批范围、创新政府监管方式，促进投资贸易便利化，不断提高行政管理的效率和效能，有利于促进政府运用法治思维和法治方式加强市场监管，推进市场监管制度化、规范化、程序化，从根本上促进政府职能转变。

（四）实行市场准入负面清单制度是构建开放型经济新体制的必要措施。

实施市场准入负面清单和外商投资负面清单制度，有利于加快建立与国际通行规则接轨的现代市场体系，有利于营造法治化的营商环境，促进国际国内要素有序自由流动、资源高效配置、市场深度融合，不断提升我国国际竞争力，是以开放促改革、建设更高水平市场经济体制的有效途径。

二、总体要求和适用条件

（五）总体要求。

坚持社会主义市场经济改革方向，把发挥市场在资源配置中的决定性作用与更好发挥政府作用统一起来，把转变政府职能与创新管理方式结合起来，把激发市场活力与加强市场监管统筹起来，放宽和规范市场准入，精简和优化行政审批，强化和创新市场监管，加快构建市场开放公平、规范有序，企业自主决策、平等竞争，政府权责清晰、监管有力的市场准入管理新体制。

各地区各部门要认真落实市场准入负面清单制度。对各类市场主体基于自愿的投资经营行为，凡涉及市场准入的领域和环节，都要建立和实行负面清单制度；条件成熟时，将采取目录式管理的现行市场准入事项统一纳入市场准入负面清单。

（六）类别。

市场准入负面清单包括禁止准入类和限制准入类，适用于各类市场主体基于自愿的初始投资、扩大投资、并购投资等投资经营行为及其他市场进入行为。对禁止准入事项，市场主体不得进入，行政机关不予审批、核准，不得办理有关手续；对限制准入事项，或由市场主体提出申请，行政机关依法依规作出是否予以准入的决定，或由市场主体依照政府规定的准入条件和准入方式合规进入；对市场准入负面清单以外的行业、领域、业务等，各类市场主体皆可依法平等进入。

（七）适用条件。

对各类市场主体涉及以下领域的投资经营行为及其他市场进入行为，依照法律、行政法规和国务院决定的有关规定，可以采取禁止进入或限制市场主体资质、股权比例、经营范围、经营业态、商业模式、空间布局、国土空间开发保护等管理措施：涉及人民生命财产安全、政治安全、国土安全、军事安全、经济安全、金融安全、文化安全、社会安全、科技安全、信息安全、生态安全、资源安全、核安全和新型领域安全等国家安全的有关行业、领域、业务等；涉及全国重大生产力布局、战略性资源开发和重大公共利益的有关行业、领域、业务等；依法可以设定行政许可且涉及市场主体投资经营行为的有关行业、领域、业务等；法律、行政法规和国务院决定规定的其他情形。

（八）负面清单的主要类型和适用对象。

负面清单主要包括市场准入负面清单和外商投资负面清单。市场准入负面清单是适用于境内外投资者的一致性管理措施，是对各类市场主体市场准入管理的统一要求；外商投资负面清单适用于境外投资者在华投资经营行为，是针对外商投资准入的特别管理措施。制定外商投资负面清单要与投资议题对外谈判统筹考虑，有关工作另行规定。我国签署的双多边协议（协定）另有规定的，按照相关协议（协定）的规定执行。

三、制定、实施和调整程序

（九）制定原则。

法治原则。制定市场准入负面清单要全面落实依法治国的基本方略。法律、行政法规和国务院决定未作规定但确需纳入市场准入负面清单的新设事项，应在科学评估的基础上，依照法定程序提请制定或修订法律、行政法规或国务院决定。涉及全国经济社会发展的重大事项以及专业性较强的事项，要履行公众参与、专家论证、风险评估、合法性审查和集体讨论决定等决策程序。

安全原则。制定和实施市场准入负面清单，必须坚持总体国家安全观，遵循维护国家安全的法律法规和国家关于各领域安全的制度体系。要以保障经济安全为重点，维护国家基本经济制度和社会主义市场经济秩序，健全预防和化解经济安全风险的制度机制，保障关系国民经济命脉的重要行业和关键领域、重点产业、重大基础设施和重大建设项目以及其他重大经济利益安全。

渐进原则。制定和实施市场准入负面清单，要立足国情、循序渐进、整体规划、分步实施，取得可复制、可推广的经验后全面推开。对市场上出现的新技术、新产品、新业态、新商业模式等，要本着鼓励创新、降低创业门槛的原则，加强制度供给，寓监管于服务，不急于纳入市场准入负面清单管理。

必要原则。列入市场准入负面清单的事项应当尽量简化、确属必要。不能把法律、行政法规和国务院决定中的禁止类、限制类事项简单纳入市场准入负面清单。不能把现行禁止、限制市场主体投资经营的行业、领域、业务等简单照搬至市场准入负面清单。不能把非市场准入事项和准入后监管措施，混同于市场准入管理措施。不能把对市场主体普遍采取的注册登记、信息收集、用地审批等措施纳入市场准入负面清单。不能机械套用市场准入负面清单的适用条件，把不适于实行负面清单管理的事项纳入市场准入负面清单。

公开原则。市场准入负面清单的制定和调整要体现公开公平公正的原则，形成稳定、透明、可预期的制度安排，保障公众的知情权和参与权。除依法应当保密的外，制定和调整市场准入负面清单的事项、依据和结果都要向社会公开，方便公众查阅。

（十）制定程序。

市场准入负面清单由国务院统一制定发布；地方政府需进行调整的，由省级人民政府报国务院批准。凡负有市场准入管理职责的部门和单位，都要全面梳理禁止和限制市场主体投资经营的行业、领域、业务等，按照《国民经济行业分类》的统一分类标准（需适用于《国民经济行业分类》多个门类的，以及《国民经济行业分类》未列明的新业态，另作说明），提出本部门、本单位市场准入负面清单草案；发展改革委、商务部牵头汇总、审查形成统一的市场准入负面清单，报国务院批准后实施。

对依据法律、行政法规和国务院决定设定的市场准入管理措施，要进行合法性审查，并按照发挥市场在资源配置中的决定性作用的要求进行合理性、可行性和可控性评估。依据部门规章、规范性文件等设定的市场准入管理措施，确需纳入市场准入负面清单的，应依照法定程序制定或修订法律、行政法规，或依照本意见明确的程序，经认真论证后报国务院决定。

制定市场准入负面清单要充分考虑地区发展的差异性，增强操作性、针对性。允许省级人民政府在全国统一的市场准入负面清单基础上，根据本地区资源要素禀赋、主体功能定位、产业比较优势、生产协作关系、物流营销网络、生态环境影响等因素，提出调整市场准入负面清单的建议，报国务院批准后实施。未经国务院授权，各地区各部门不得自行发布市场准入负面清单，不得擅自增减市场准入负面清单条目。

制定市场准入负面清单时，有关部门要健全公众参与、专家论证和政府决定相结合的决策机制，充分听取各地区各部门意见，组织专家进行必要性和可行性论证，并向社会公开征求意见。涉及国家安全的，应事先报经中央国家安全委员会审查。

（十一）实施步骤。

按照先行先试、逐步推开的原则，从2015年12月1日至2017年12月31日，在部分地区试行市场准入负面清单制度，积累经验、逐步完善，探索形成全国统一的市场准入负面清单及相应的体制机制，从2018年起正式实行全国统一的市场准入负面清单制度。发展改革委、商务部牵头提出市场准入负面清单草案和拟开展试点的地区，报经党中央、国务院批准后，组织开展试点工作。试点地区省级人民政府根据市场准入负面清单草案，提出拟试行市场准入负面清单制度的方案，报国务院批准后实施。涉及暂停有关法律、行政法规或其相关条款实施的，按法定程序办理。

试点地区省级人民政府要按照《关于开展市场准入负面清单制度改革试点的工作方案》（见附件）的要求，加强组织领导和统筹协调，完善流程管理、预警预报、信息反馈、动态绩效考核等工作机制，确保改革取得实质性进展。有关部门要加强与试点地区的工作对接，将优化市场准入管理的改革措施放到试点地区先行先试。发展改革委、商务部等部门要加强指导和督促检查，及时发现、解决改革过程中的各种问题，重大事项及时报告国务院。

（十二）调整程序。

市场准入负面清单制度实施后，要按照简政放权、放管结合、优化服务的原则，根据改革总体进展、经济结构调整、法律法规修订等情况，适时调整市场准入负面清单。经国务院授权，发展改革委、商务部要牵头建立跨部门的议事协调机制，负责市场准入负面清单制度实施的日常工作，并组织开展第三方评估。涉及重大条目调整和增加市场准入管理措施的，报国务院批准。依据法律、行政法规和国务院决定的有关规定调整市场准入管理措施，或涉及技术性、表述性等非实质性内容调整和减少市场准入管理措施的，由相关部门提出调整建议，经议事协调机制审查确定后，报国务院备案。涉及国家安全的，应事先报经中央国家安全委员会审查。

四、确认方式及与现行制度的衔接

（十三）做好市场准入负面清单与行政审批事项清单的衔接。

制定市场准入负面清单要与行政审批事项清单相衔接，行政审批事项清单中对市场主体投资经营的行业、领域、业务等限制性措施，原则上都要纳入市场准入负面清单。对未列入《国务院各部门行政审批事项汇总清单》、已经取消的涉及市场准入的事项，不得纳入市场准入负面清单，其余经审查合格的市场准入负面清单事项，在市场准入负面清单中逐条列出。今后，国务院决定取消、新设或调整行政审批事项的，市场准入负面清单直接与之衔接。

（十四）做好市场准入负面清单与《产业结构调整指导目录》的衔接。

对《产业结构调整指导目录》中的淘汰类项目和限制类新建项目，根据《国务院关于发布实施〈促进产业结构调整暂行规定〉的决定》（国发〔2005〕40号）关于“对淘汰类项目，禁止投资”、“对属于限制类的新建项目，禁止投资”的要求，在禁止准入类清单中直接引用，不再逐条列出。有关部门要适应产业结构调整和新产品、新技术层出不穷、千变万化的新形势，及时修订《产业结构调整指导目录》。今后，《产业结构调整指导目录》作出修订的，市场准入负面清单直接与之衔接。

（十五）做好市场准入负面清单与《政府核准的投资项目目录》的衔接。

对《政府核准的投资项目目录》明确实行核准制的项目（专门针对外商投资和境外投资的除外，另行规定），在限制准入类清单中直接引用，不再逐条列出。有关部门要按照全面深化改革的总体部署，加快研究制定深化投融资体制改革的决定、政府核准和备案投资项目管理条例，适时调整《政府核准的投资项目目录》。今后，国务院决定修订《政府核准的投资项目目录》的，市场准入负面清单与修订后的《政府核准的投资项目目录》直接衔接。

（十六）做好市场准入负面清单与依据法律、行政法规、国务院决定设定的市场准入管理事项的衔接。

对依据法律、行政法规和国务院决定设定的市场准入管理措施，经审查后分类纳入禁止准入类清单和限制准入类清单。有关部门要根据法律、行政法规制修订和国务院文件清理等情况，及时对市场准入负面清单作出相应调整。其中，法律、行政法规、国务院决定没有明确规定为前置条件的，一律不再作为前置审批；法律、行政法规、国务院决定明确规定为前置条件的，除确有必要保留外，都要通过修改法律、行政法规、国务院决定，不再作为前置审批。

五、保障措施

（十七）建立健全与市场准入负面清单制度相适应的准入机制。

对市场准入负面清单以外的行业、领域、业务等，各类市场主体皆可依法平等进入，政府不再审批。对应该放给企业的权力要松开手、放到位，做到市场准入负面清单以外的事项由市场主体依法自主决定。要坚持放管结合，有关部门要统筹考虑国家安全、生态环境、群众利益、安全生产等方面的因素，完善综合考量指标体系，落实企业首负责任，依法加强监管，建立安全审查监管追责机制，形成政府监管、企业自治、行业自律、社会监督的新格局。对属于市场准入负面清单的事项，可以区分不同情况探索实行承诺式准入等方式，进一步强化落实告知性备案、准入信息公示等配套措施。承诺式准入，是指各类市场主体承诺履行法定义务、承担社会责任、践行社会诚信并向有关部门提交书面承诺书后，即可准入；告知性备案，是指各类市场主体投资经营行为发生后，即向有关部门履行告知性备案义务；准入信息公示，是指各类市场主体要依法履行《企业信息公示暂行条例》规定的义务。

（十八）完善与市场准入负面清单制度相适应的审批体制。

对限制准入事项，各级政府及其有关部门要根据审批权限，规范审批权责和标准，按照《国务院关于规范国务院部门行政审批行为改进行政审批有关工作的通知》（国发〔2015〕6号）和《国务院办公厅关于印发精简审批事项规范中介服务实行企业投资项目网上并联核准制度工作方案的通知》（国办发〔2014〕59号）要求，精简前置审批，实现审批流程优化、程序规范、公开透明、权责清晰。其中，涉及国家安全、安全生产等环节的前置性审批，要依法规范和加强。鼓励各地区在省、市、县三级政府推行市场准入事项（限制类）行政审批清单，明确审批事项名称、设定依据、适用范围、实施主体、办理条件、申请材料清单及要求、办理程序及时限等。要加快建立"统一规范、并联运行，信息共享、高效便捷，阳光操作、全程监督"的网上联合审批监管平台，实现所有审批事项"一网告知、一网受理、一网办结、一网监管"。

（十九）建立健全与市场准入负面清单制度相适应的监管机制。

各地区各部门要按照各司其职、依法监管的原则，加强对市场主体投资经营行为的事中事后监管。要按照简政放权、依法监管、公正透明、权责一致、社会共治原则，转变监管理念，创新监管方式，提升监管效能，优化对准入后市场行为的监管，确保市场准入负面清单以外的事项放得开、管得住。有关部门要强化发展战略、发展规划、产业政策和标准规范等的制定、调整和管理，严格依法设定"红线"，加强事中事后监管。鼓励各地区在省、市、县三级政府推行监管清单，明确监管事项、监管依据、监管主体、监管权限、监管内容、监管方法、监管程序和处罚措施，构建法律约束、行政监督、行业规范、公众参与和企业诚信自律有机结合的监管格局。推动行业协会商会建立健全行业经营自律规范、自律公约和职业道德准则，建立健全与市场准入负面清单制度相适应的行业自律机制。

（二十）建立健全与市场准入负面清单制度相适应的社会信用体系和激励惩戒机制。

要健全社会信用体系，完善企业信用信息公示系统，将市场主体信用记录纳入"信用中国"网站和全国统一的信用信息共享交换平台，作为各类市场主体从事生产、投资、流通、消费等经济活动的重要依据。推动建立市场主体准入前信用承诺制，要求其向社会作出公开承诺，若违法失信经营将自愿接受惩戒和限制。信用承诺纳入市场主体信用记录。健全守信激励和失信惩戒机制，根据市场主体信用状况实行分类、动态管理，对守信主体予以支持和激励，对失信主体在投融资、土地供应、招投标、财政性资金安排等方面依法依规予以限制。将严重违反市场竞争原则、扰乱市场经济秩序和侵犯消费者、劳动者、其他经营者合法权益的市场主体列入“黑名单”，对严重违法失信者依法实行市场禁入。

（二十一）建立健全与市场准入负面清单制度相适应的信息公示制度和信息共享制度。

要依托企业信用信息公示系统，完善企业年报及即时信息公示、公示信息抽查、经营异常名录和严重违法企业名单等制度。企业从事生产经营活动过程中形成的信息，以及政府部门在履行职责过程中产生的能够反映企业状况的信息，要按照《企业信息公示暂行条例》等有关规定及时公示。对不按时公示或隐瞒情况、弄虚作假的企业采取信用约束措施，在政府采购、工程招投标、国有土地出让等方面依法予以限制或禁入。各地区各部门要按照国家总体要求，推动本行政区域和本领域的信用信息系统建设，并通过全国统一的信用信息共享交换平台实现信息互联共享。

（二十二）完善与市场准入负面清单制度相应的法律法规体系。

实行市场准入负面清单制度，要坚持改“旧法”与立“新法”并重。有关部门要依照法定程序全面清理涉及市场准入、投资经营的法律、法规、规章、规范性文件以及各类行政审批，应当修改、废止的及时加以修改、废止或提出修改、废止的建议。对未纳入市场准入负面清单的事项，要及时废止或修改设定依据。涉及突破现行法律的，由国务院提请全国人大或其常委会修改或者暂停实施相关法律后，再向社会公布；涉及突破现行行政法规的，由国务院修改或者暂停实施相关行政法规后，再向社会公布。同时，要加快与市场准入负面清单制度相适应的相关立法，确保市场准入管理措施职权法定、事中事后监管有法可依。

六、加快相关体制改革和制度建设

（二十三）建立与市场准入负面清单制度相适应的投资体制。

企业投资项目，除关系国家安全和生态安全、涉及全国重大生产力布局、战略性资源开发和重大公共利益等项目外，一律由企业依法依规自主决策，政府不再审批。发展改革委要按照国务院要求，改革企业投资项目核准制，适时按程序修订和发布实施《政府核准的投资项目目录》，最大限度地缩小企业投资项目的核准范围，实现项目核准网上并联办理。要加强规划、国土资源、环保、技术、安全监管等部门的联动和监管，通过环境保护、资源节约、技术、安全标准等实行准入控制。外商投资企业投资建设固定资产投资项目，按照国民待遇原则与内资企业适用相同的核准或备案程序。

（二十四）建立与市场准入负面清单制度相适应的商事登记制度。

要深化商事制度改革，加快实施“三证合一”、“一照一码”，推行法人和其他组织统一社会信用代码制度。要精简前置性审批事项，削减资质认定事项，凡是市场主体基于自愿的投资经营行为，只要不属于法律、行政法规和国务院决定禁止和限制的领域，不得限制进入。要清理现有涉及市场准入的管理措施，没有法律、行政法规和国务院决定依据的，一律取消。

（二十五）建立与市场准入负面清单制度相适应的外商投资管理体制。

有关部门要按照准入前国民待遇加负面清单管理模式，抓紧制定外商投资负面清单。按照规范化、便利化的要求，逐步简化外商投资领域的许可手续，探索实行一站式审批，减少许可环节。根据维护国家安全的需要，抓紧完善规范严格的外商投资安全审查制度。外商投资涉及国家安全的，按照国家安全审查制度和有关办法进行安全审查。加强事中事后监管，建立外商投资信息报告制度和外商投资信息公示制度，形成政府部门间信息共享、协同监管，社会公众参与监督的外商投资全程监管体系。

（二十六）营造与市场准入负面清单制度相适应的公平交易平等竞争的市场环境。

有关部门要按要求清理和废除制约市场在资源配置中发挥决定性作用、

妨碍全国统一市场和公平竞争的各种规定和做法，严禁和惩处各类违法实行优惠政策行为，反对地方保护，反对垄断和不正当竞争，防止相关政策妨碍全国统一市场和公平竞争。完善产权界定、运营、保护的一系列体制机制，依法保护物权、债权、股权和知识产权等各类财产权。坚持权利平等、机会平等、规则平等，废除对非公有制经济各种形式的不合理规定，消除各种隐性壁垒，制定保障各类市场主体依法平等进入自然垄断、特许经营领域的具体办法。

各地区各部门要从推进国家治理体系和治理能力现代化的高度，充分认识实行市场准入负面清单制度的重要性和紧迫性，做好市场准入负面清单的制定和实施工作，加快推进相关改革和配套制度建设，及时发现并解决苗头性、倾向性、潜在性问题，确保这项改革取得实效。

附件：关于开展市场准入负面清单制度改革试点的工作方案

国务院

2015 年 10 月 2 日

附件

关于开展市场准入负面清单制度改革试点的工作方案

第一条　按照《中共中央关于全面深化改革若干重大问题的决定》关于“实行统一的市场准入制度，在制定负面清单基础上，各类市场主体可依法平等进入清单之外领域”和《国务院关于促进市场公平竞争维护市场正常秩序的若干意见》（国发〔2014〕20号）关于“改革市场准入制度”的要求，国务院决定选择部分地区开展市场准入负面清单制度试点。为正确、有序、协调地推进这项改革，现制定本方案。

第二条　市场准入负面清单制度，是指国务院以清单方式明确列出在中华人民共和国境内禁止和限制投资经营的行业、领域、业务等，各级政府依法采取相应管理措施的一系列制度安排。市场准入负面清单以外的行业、领域、业务等，各类市场主体皆可依法平等进入。

第三条　本方案适用于国务院批准的开展市场准入负面清单制度改革试点的地区。未纳入试点的地区，仍然实行现行管理模式。

第四条　试点应当遵循简政放权、依法监管、公正透明、权责一致、社会共治的原则，处理好政府和市场的关系，使市场在资源配置中起决定性作用和更好发挥政府作用。制定市场准入负面清单，应当遵循法治、安全、渐进、必要、公开的原则。

试点地区要把制度创新作为核心任务，把形成可复制、可推广的制度性经验作为基本要求。

第五条　试点地区省级人民政府根据发展改革委、商务部牵头汇总、审查形成的市场准入负面清单草案（试行版），提出拟试行市场准入负面清单制度的方案，报国务院批准后实施。

试点地区在探索市场准入负面清单的制定、实施和调整程序的同时，要不断深化相关改革，建立健全与市场准入负面清单制度相适应的准入机制、审批机制、监管机制、社会信用体系和激励惩戒机制、信息公示制度和信息共享制度、投资体制、商事登记制度、外商投资管理体制，营造公平交易平等竞争的市场环境，对完善与市场准入负面清单制度相应的法律法规体系提出建议。

试点期间，各类市场主体不得投资经营禁止准入类清单所列的行业、领域、业务等；各类市场主体投资经营限制准入类清单所列的行业、领域、业务等，按照法律、行政法规和国务院决定的有关规定，经过审批或其他方式的行政确认后方可进入。负面清单以外的行业、领域、业务等，各类市场主体皆可依法平等进入，政府不再审批。要坚持放管结合，有关部门要统筹考虑国家安全、生态环境、群众利益、安全生产等方面的因素，完善综合考量指标体系，落实企业首负责任，依法加强监管，建立安全审查监管追责机制，形成政府监管、企业自治、行业自律、社会监督的新格局。对属于市场准入负面清单的事项，可以区分不同情况探索实行承诺式准入等方式，进一步强化落实告知性备案、准入信息公示等配套措施。

试点期间，试点地区省级人民政府要根据改革进展情况和各类市场主体反映的突出问题，提出调整市场准入负面清单的建议，报国务院批准后实施。

第六条　试点期间，试点地区省级人民政府可以根据实行市场准入负面清单制度的需要，经国务院授权或同意后，暂时调整《产业结构调整指导目录》、《政府核准的投资项目目录》等有关规定。涉及暂停有关法律、行政法规或其相关条款实施的，按法定程序办理。

第七条　试点地区省级人民政府要加强组织领导和统筹安排，建立流程管理、预警预报、信息反馈、动态绩效考核等工作机制，完善配套政策措施，确保改革取得实质性进展。

第八条　发展改革委、商务部牵头负责市场准入负面清单制度改革试点的指导、协调、督促、评估等工作，重大情况和重要问题及时报告国务院。有关部门要加强与试点地区的工作对接，将优化市场准入管理的改革措施放到试点地区先行先试。

第九条　试点地区要及时总结经验，善于发现苗头性、倾向性、潜在性问题，及时纠正偏差、完善政策，扎实推进工作，确保按期完成改革任务。

试点地区省级人民政府应当定期向国务院提交改革试点情况报告。中期评估报告应在改革试点满一年之日起一个月内提交；总结报告应在改革试点期满之日起两个月内提交。

试点期间，发展改革委、商务部要牵头组织开展第三方评估，对改革执行情况、实施效果、取得的经验、存在的问题、影响因素等进行客观调查和综合评价，提出完善和改进的意见。试点地区在中期评估、总结评估时，应当优先采用第三方评估方式。

第十条　本方案由发展改革委、商务部负责解释。

第十一条　本方案自 2015 年 12 月 1 日起施行，有效期至 2017 年 12 月 31 日。

商务部、国家外汇管理局关于进一步改进外商投资房地产备案工作的通知

（商资函〔2015〕895号）

各省、自治区、直辖市、计划单列市及新疆生产建设兵团商务主管部门、外汇局：

为贯彻落实党的十八届三中、四中全会精神，转变政府职能，提高工作效率，促进房地产市场健康平稳发展，进一步改进外商投资房地产管理工作，现就有关事项通知如下：

一、进一步简化外商投资房地产企业管理工作，地方各级商务主管部门根据外商投资法律法规和有关规定批准外商投资房地产企业的设立和变更，并按要求在商务部外商投资综合管理信息系统中填报房地产项目相关信息。

二、取消商务部网站备案公示程序，外商投资房地产企业在完成前述工作流程后，可按相关外汇管理规定到银行办理外商直接投资项下外汇登记等手续。

三、为加强事后监管，商务部每季度将对外商投资房地产企业进行一次随机抽查，省级商务主管部门应自收到抽查通知之日起的5个工作日内将被抽查企业的审批材料报送至商务部。商务部将对抽查发现的违规行为加大惩处和曝光力度，对违规审批的部门在商务系统内予以通报批评；对违规的外商投资房地产企业及其投资者依法予以处罚，列入“黑名单”，并在商务部网站予以公示。各级商务主管部门对违规或未按要求填报房地产项目相关信息的企业及其投资者以后的投资行为应从严审查，商务部将对列入“黑名单”

的外商投资房地产企业及其投资者或有违规审批情况的审批部门加大随机抽查力度。

四、本通知自印发之日起开始执行。

商务部
外汇局
2015 年 11 月 6 日

商务部、海关总署《2016年羊毛、毛条进口国别关税配额管理实施细则》

（公告 2015 年第 71 号）

根据《中华人民共和国政府与新西兰政府自由贸易协定》（以下简称《中新自贸协定》），2016 年自新西兰进口羊毛、毛条国别关税配额量（以下简称新西兰国别配额）分别为 35178 吨和 633 吨（该数量为洗净 / 公定数量）。为做好相关商品进口管理工作，现将有关事项公告如下：

一、新西兰国别配额实行凭合同先来先领的分配方式。申请者凭羊毛、毛条进口合同以及有关材料提交申请（含加工贸易）。商务部授权机构为符合条件的申请者发放《农产品进口关税配额证》。

《新西兰羊毛、毛条国别配额申请表》（以下简称《申请表》）可到商务部授权机构领取或从商务部网站（www.mofcom.gov.cn）下载。《申请表》中进口合同原产地栏仅限填注新西兰。

二、2016 年 9 月 30 日前，新西兰国别配额分别按以下方式申领：

羊毛。有实绩申请者（指持有 2015 年新西兰羊毛国别配额，且有进口实绩的企业）累计申领的新西兰羊毛国别配额数量不超过 2015 年同一贸易方式新西兰国别配额项下进口数量。

毛条。有 2015 年羊毛全球或新西兰国别关税配额进口实绩，或有 2015 年毛条全球关税配额进口实绩，或新建成投产且羊毛、毛条年加工能力 5000 吨以上的企业，可申请新西兰毛条国别配额，可申领总量不超过 50 吨。

当新西兰国别配额发放数量累计达到 2016 年总量后，商务部授权机构停止接受申请者申请。

三、2016 年 9 月 30 日后，如新西兰国别配额未申领完毕，经商务部核准的申请企业可继续申领配额，数量不超过核准数量。已完成第二条规定数量的有实绩者和新建成投产且羊毛、毛条年加工能力5000吨以上的无实绩者可以递交配额申请，商务部授权机构9月30日前将企业申请送达商务部。

四、新西兰国别配额证明使用《农产品进口关税配额证》，但配额证备注栏中需明确标注“新西兰羊毛、毛条国别配额”。配额证面显示数量为洗净/公定数量。

五、新西兰国别配额持有者进口时，应据实向海关申报进口羊毛的洗净/公定数量，并提交相关《农产品进口关税配额证》。经海关审核确认并符合《中新自贸协定》有关规定的，可适用《中新自贸协定》协定税率；若不符合《中新自贸协定》有关规定，则适用最惠国税率或普通税率。

六、新西兰国别配额申请条件、程序，配额证有效期、延期、退回、核销及有关罚则等按照《2016年羊毛、毛条进口关税配额管理实施细则》（商务部公告2015年第45号）执行。

附件：1. 新西兰羊毛、毛条进口国别关税配额申请表

2. 2016年羊毛、毛条进口税目表

商务部

海关总署

2015年12月14日

附件 1

羊毛、毛条进口关税配额申请表

申请企业盖章：　　　　　　　　　　　　　　　　企业法人代表签字：

企业名称：		
企业注册地址：		
企业性质：　☐国有　☐股份制　☐民营　☐外商投资		
企业类型：　☐生产企业　☐贸易企业		
工商注册号：		组织机构代码：
统一社会信用代码：		联系电话：
申请配额名称：　☐羊毛　☐毛条		贸易方式：　☐一般贸易　☐加工贸易
申请企业种类：　☐ 2015 年有进口实绩者　☐ 2015 年无进口实绩者		
本次申请数量（吨）：		当年已申领累计数量（吨）：
企业羊毛制品生产能力	产品名称：	2015 年羊毛制品销售额（万元）：
	2015 年产量：	2016 年进口需求量（吨）：
以下由有进口实绩（不包括代理进口）的企业填写：		
2015 年羊毛（毛条）关税配额执行情况	一般贸易（加工贸易）配额已申领到数量（吨）：	
	一般贸易（加工贸易）实际进口量（吨）：	
2016 年羊毛（毛条）关税配额执行情况	一般贸易（加工贸易）配额已申领到数量（吨）：	
	一般贸易（加工贸易）实际进口量（吨）：	
进口合同		
进口商：		进口商海关编码：
合同号：	商品名称：	商品编码：
合同数量（吨）：	签约日期：	报关口岸：1.　　2.
装船期：	原产地：	贸易国（地区）：
合同单价：	合同总值：	总值折美元：
是否同意对外提供本企业基本信息和配额申领数量		☐是　☐否

填制说明：

1. 已获统一社会信用代码的企业，不需填写工商注册号和组织机构代码。
2. 一般贸易、加工贸易分别填写申请。
3. 实际进口量：指当年关税配额进口报关单按期交到授权机构累计进口数量（当年 12 月 31 日前装船离港，于次年 2 月底前进口报关计入当年实际进口量）。
4. 已申领数量：指当年从授权机构申领到进口关税配额数量累计。

附件 2

2016 年羊毛、毛条进口税目表

序号	商品类别	税则号列	货品名称
1	羊毛	51011100	未梳的含脂剪羊毛
		51011900	未梳的其他含脂羊毛
		51012100	未梳的脱脂剪羊毛（未碳化）
		51012900	未梳的其他脱脂羊毛（未碳化）
		51013000	未梳碳化羊毛
		51031010	羊毛落毛
2	毛条	51051000	粗梳羊毛
		51052100	精梳羊毛片毛
		51052900	羊毛条及其他精梳羊毛

海关总署关于各优惠贸易协定项下经港澳中转进口货物相关证明文件的公告

（海关总署公告2015年第60号）

为便利各优惠贸易安排中“直接运输”条款的实施，现就经香港或澳门中转货物单证提交相关事宜公告如下：

一、收货人或者其代理人（以下统称“进口人”）申报适用协定税率或特惠税率时向海关提交下列运输单证之一的，海关不再要求提交中转确认书或者未再加工证明：

（一）对空运或海运进口货物，经营国际快递业务的企业、民用航空运输企业、国际班轮运输经营者及其委托代理人出具的单份运输单证。该运输单证应在同一页上载明始发地为进口货物的原产国（地区）境内，且目的地为中国境内；原产于内陆国家（地区）的海运进口货物，始发地可为其海运始发地。

（二）对已实现原产地电子数据交换的《海峡两岸经济合作框架协议》（ECFA）等协定项下集装箱运输货物，也可提交能够证明货物在运输过程中集装箱箱号、封志号未发生变动的全程运输单证。

二、不符合上述两种情形的，进口人应按照以下规定提交中转确认书或未再加工证明：

（一）对于在香港或澳门中转的非集装箱运输货物，以及中转期间非因预检验开箱的集装箱运输货物，应提交香港或澳门海关签发的中转确认书。

（二）中转期间进行预检验的集装箱运输货物，应提交中国检验（香港）公司或澳门中国检验公司签发的未再加工证明。

（三）对于中转期间未开箱的集装箱运输货物，应提交香港或澳门海关签发的中转确认书，或者中国检验（香港）公司或澳门中国检验公司签发的未再加工证明。

海关对上述单证有疑问的，进口人应当补充提交相关资料。

本公告自 2015 年 12 月 20 日起执行。

海关总署

2015 年 12 月 8 日

工商总局关于扩大开放台湾居民在大陆申办个体工商户登记管理工作的意见

（工商个字〔2015〕224 号）

北京、天津、河北、山西、辽宁、吉林、黑龙江、上海、江苏、浙江、安徽、福建、江西、山东、河南、湖北、湖南、广东、广西、海南、重庆、四川、贵州、云南、陕西、宁夏省（自治区、直辖市）工商行政管理局、市场监督管理部门：

为落实《关于扩大开放台湾居民在大陆申请设立个体工商户的通知》（国台发〔2015〕3 号）的有关要求，进一步鼓励台湾同胞到大陆投资创业，根据《个体工商户条例》《个体工商户登记管理办法》《个体工商户名称登记管理办法》等有关法规规章，现就台湾居民来大陆申办个体工商户的登记管理工作提出如下意见：

一、自 2016 年 1 月 1 日起，在北京、上海、江苏、浙江、福建、湖北、广东、重庆、四川既有 9 省市基础上，台湾居民在天津、河北、山西、辽宁、吉林、安徽、江西、山东、河南、湖南、海南、贵州、陕西全省（直辖市）及黑龙江、广西、云南、宁夏等省（自治区）的设区市申请登记为个体工商户，无需经过外资审批（不包括特许经营），由经营所在地的县、自治县、不设区的市、市辖区工商行政管理（市场监督管理）部门（以下简称“登记机关”）依照国家有关法律、行政法规和规章直接予以登记。

二、台湾居民个体工商户可以申请登记的经营范围见附件 1。台湾居民个体工商户的组成形式仅限于个人经营，取消对从业人员人数和营业面积的限制。

三、台湾居民申请个体工商户登记，依照《个体工商户条例》《个体工商户登记管理办法》等法规规章办理，其中申请人签署的《个体工商户开业登记申请书》《个体工商户变更登记申请书》，不填写申请书的“经营者”一栏，填写《个体工商户经营者（台湾居民）登记表》（式样见附件2）作为替代，申请人身份证明为其本人的台湾居民来往大陆通行证（式样见附件3）。

四、对台湾居民个体工商户有关登记事项的审核，按照《个体工商户条例》《个体工商户登记管理办法》等法规规章办理，其中：

1. 名称：依照《个体工商户名称登记管理办法》的有关规定执行，并应当使用符合国家规范的语言文字。

2. 经营者姓名：除了核定经营者姓名外，应当在经营者姓名后面加注“台湾居民”字样。

3. 经营者住所：填写经营者经营场所所在地的相关信息。

五、登记机关受理台湾居民个体工商户开业登记、变更登记申请后应当对申请材料进行审查，并于受理申请之日起15日内作出是否予以登记的决定。

六、台湾居民个体工商户的年报以及日常监管工作依照国家现行有关法律、行政法规和规章等相关规定执行。

七、台湾农民个体工商户登记管理工作继续依照台湾农民在海峡两岸农业合作试验区和台湾农民创业园申办个体工商户登记管理的有关规定执行。

八、各地要及时组织登记监管工作人员认真学习有关政策法规，切实加强业务培训，努力提高服务质量和监管效能。

附件：1. 台湾居民申请设立个体工商户的经营范围

2. 个体工商户经营者（台湾居民）登记表

3. 台湾居民来往大陆通行证样本

工商总局

2015年12月28日

附件 1

台湾居民申请设立个体工商户的经营范围

序号	行业列举	2011 国民经济行业分类编号	备注
1	纺织、服装及家庭用品批发	F513	中类
2	文具用品批发	F5141	小类
3	体育用品批发	F5142	小类
4	其他文化用品批发	F5149	小类
5	零售业（烟草制品零售除外，并且不包括特许经营）	F52	大类
6	装卸搬运（仅限港口货物装卸活动）	G581	中类
7	货物运输代理（仅限国际船舶代理活动）	G5821	小类
8	仓储业	G59	大类
9	餐饮业	H62	大类
10	软件开发	I651	中类
11	娱乐及体育设备出租	L7121	小类
12	图书出租（仅限漫画图书出租）*	L7122	小类
13	社会经济咨询（仅限贸易咨询服务、企业管理咨询服务）	L7233	小类
14	广告业（不包括广告发布服务）	L724	中类
15	包装服务	L7293	小类
16	办公服务中的以下项目：标志牌、铜牌的设计、制作服务，奖杯、奖牌、奖章、锦旗的设计、制作服务；翻译服务	L7294	小类
17	摄影扩印服务	M7492	小类
18	洗染服务	O793	中类
19	理发及美容服务	O794	中类
20	洗浴服务	O795	中类
21	婚姻服务（不包括婚姻介绍服务）	O797	中类
22	家用电器修理	O803	中类
23	其他日用产品修理业	O809	中类
24	建筑物清洁服务	O8111	小类

* 经营图书为国内出版单位的正式出版物或由批准的图书进出口单位进口的出版物。

附件 2

个体工商户经营者（台湾居民）登记表

<table>
<tr><td>姓　　名</td><td></td><td>性　　别</td><td></td><td>出生日期</td><td></td><td rowspan="4">照片粘贴处</td></tr>
<tr><td>文化程度</td><td></td><td colspan="2">职业状况</td><td colspan="2"></td></tr>
<tr><td>住　　所</td><td colspan="5"></td></tr>
<tr><td>电子邮箱</td><td colspan="5"></td></tr>
<tr><td colspan="2">邮政编码</td><td colspan="2"></td><td>联系电话</td><td colspan="2"></td></tr>
<tr><td colspan="2">身份证件名称</td><td colspan="3">证件号码</td><td colspan="2">证件有效期</td></tr>
<tr><td colspan="2">台湾居民来往大陆通行证</td><td colspan="3"></td><td colspan="2"></td></tr>
</table>

注：1. 住所及联系电话、邮政编码须填写经营者在经营场所所在地的相关信息；
2. 身份证件复印件另附。

附件 3

《台湾居民来往大陆通行证》样本

台湾居民来往大陆通行证、签注申请表

<table>
<tr><td>姓　　名</td><td></td><td>性　　别</td><td></td><td>出生日期</td><td></td><td rowspan="4">照
片</td></tr>
<tr><td>原　　籍</td><td></td><td>婚姻状况</td><td></td><td>出 生 地</td><td></td></tr>
<tr><td>台湾相关资料</td><td colspan="5">身份证号码：
住址：　　　　　　　　　　职业：
服务处所：　　　　　　　　职务：</td></tr>
<tr><td colspan="2">本次入境</td><td colspan="4">口岸：　　　　　　　　时间：</td></tr>
<tr><td colspan="2">入境持用证件</td><td colspan="5">□台湾居民来往大陆通行证　　□中华人民共和国旅行证
证件号码：　　　　　　　　　有效期至：</td></tr>
<tr><td colspan="2">入境持用签注</td><td colspan="5">□壹次入出境签注　　□来往大陆签注　　□居留签注
签注号码：　　　　　有效期至：　　　　有效次数：</td></tr>
<tr><td colspan="2">申请类别</td><td colspan="5">□台湾居民来往大陆通行证　□来往大陆签注　□居留签注</td></tr>
<tr><td colspan="3">申领台湾居民来往大陆通行证</td><td colspan="4">□首次申领　　□补、换发　　□口岸入境</td></tr>
<tr><td colspan="2">来往大陆签注申请事项</td><td colspan="5">来往次数：　□一次　　□多次
有效期：　　□ 3 个月　□ 1 年</td></tr>
<tr><td colspan="2">居留签注申请事项</td><td colspan="5">申请事由：□投资　□就业　□交流　□就学（大学以上）
□就学（专科以下）　□寄养儿童　□其他
有效期：　□ 1 年　□ 2 年　□ 3 年　□ 5 年</td></tr>
<tr><td colspan="2">在大陆联系方式</td><td colspan="5">住址：　　　　　　　　联系电话：
工作单位：　　　　　　职务：</td></tr>
<tr><td>大陆主要亲属</td><td colspan="6">称谓　　姓名　　年龄　　住址</td></tr>
</table>

我谨声明，我如实地填写了上述内容并对此负法律责任。

代办人签名：________申请人签名：________年___月___日

以下栏目由审批机关填写

受理意见	
审批意见	
审批结果	
备　　注	

国内投资篇

中国保监会关于规范投资连结保险投资账户有关事项的通知

（保监发〔2015〕32号）

各人身保险公司：

为规范投资连结保险投资账户的设立、变更、合并、分立、关闭、清算等事项，保护保险消费者利益，现将有关事项通知如下：

一、本通知所称投资连结保险是指包含保险保障功能并至少在一个投资账户拥有一定资产价值的人身保险产品。本通知所称投资连结保险投资账户（以下简称投资账户）是指保险公司为投资连结保险产品设立的、资产单独管理的资金账户。投资账户应划分为等额单位，单位价格由单位数量及投资账户中资产或资产组合的市场价值决定。

二、投资账户可以连结一个及以上投资连结保险产品。投资连结保险产品至少连结一个投资账户。保险公司在投资连结保险产品报送中国保监会审批或备案前，应完成投资账户的设立。

三、投资连结保险产品投保人有权利选择投资账户。保单账户价值应当根据该保单在每一投资账户中占有的单位数量及其单位价格确定。投资账户产生的全部投资净损益归投保人所有，投资风险完全由投保人承担。

四、投资账户的资产配置范围包括流动性资产、固定收益类资产、上市权益类资产、基础设施投资计划、不动产相关金融产品、其他金融资产，同时应符合下列条件：

（一）符合中国保监会资金运用相关监管规定；

（二）具有合理的估值方法，以满足投资账户高频次估值的需要；

（三）具有公开交易市场或虽不具有公开交易市场但具有稳定收益预期。

流动性资产、固定收益类资产、上市权益类资产、基础设施投资计划、不动产相关金融产品、其他金融资产的分类和定义遵照中国保监会资金运用相关监管规定。

五、投资账户应具有明确的投资策略、资产配置范围和比例限制、业绩比较基准。

六、保险公司应加强投资账户的流动性管理，确保投资账户能够满足流动性需要。对于投资账户的流动性管理应符合以下要求：

（一）流动性资产的投资余额不得低于账户价值的 5%；

（二）基础设施投资计划、不动产相关金融产品、其他金融资产的投资余额不得超过账户价值的 75%，其中单一项目的投资余额不得超过账户价值的 50%；

（三）针对投资账户特点建立相应的流动性管理方案。

投资账户建立初期、10 个工作日内赎回比例超过账户价值 10% 时、投资账户清算期间，投资账户可以突破上述有关流动性管理的比例限制，但应在 30 个工作日内调整至规定范围内。

七、投资账户资产实行单独管理，独立核算。对于投资账户的独立性，应符合以下要求：

（一）具有满足投资账户单独管理、独立核算要求的投资管理系统和会计核算系统；

（二）投资账户与保险公司管理的其他资产之间、投资账户之间，不得存在债权债务关系，也不得承担连带责任；

（三）投资账户与保险公司的其他资产之间、投资账户之间，不得发生买卖、交易、财产转移和利益输送行为。投资账户建立初期，为建立该账户而发生的现金转移，不受此限制；

（四）投资账户的管理人员不得自营或者代人经营与该投资账户同类的业务，不得从事任何损害该投资账户利益的活动，不得与该投资账户进行交易；

（五）投资账户的资产应全部进行托管。资产托管机构的市场准入、资格条件、服务范围等应符合相关监管规定。

八、投资账户应具有明确的估值方法。估值方法应符合以下要求：

（一）符合会计准则的相关规定；

（二）对于存在公开市场的投资资产，应采用公允价值进行估值；对于没有公开市场的投资资产，应采用合理的估值方法，能够全面反映资产的收益和风险特点；

（三）投资账户应至少每周确定一次单位价格。

九、投资账户的设立、变更、分立等事项，应当符合本通知及相关监管规定的要求。保险公司在设立、变更、分立投资账户时，公司应符合下列条件：

（一）上季度末分类监管评价结果为 A 类公司或 B 类公司；

（二）最近一年未发生重大违法违规行为；

（三）中国保监会要求的其他条件。

十、保险公司应在不迟于投资账户设立、变更、合并、分立、关闭、清算等事项发生后 10 个工作日向中国保监会报告。报告时，保险公司应提供以下材料：

（一）投资账户设立、变更、合并、分立、关闭、清算等事项说明；

（二）账户说明书，应包含账户特征与投资策略、资产配置范围及投资比例限制、业绩比较基准、账户估值方法、流动性管理方案、主要投资风险、资产托管情况、账户独立性与防范利益输送说明等；

（三）合规声明书，应包含投资账户设立、变更、合并、分立、关闭、清算和账户管理符合监管规定、保证投资账户独立、不进行利益输送等内容。合规声明书由合规负责人、财务负责人、总精算师和分管投资的高级管理人员签字，并承担相应的合规责任；

（四）账户变更应提供变更内容及变更依据；

（五）账户合并、分立、关闭、清算应提供相关方案；

（六）中国保监会要求的其他材料。

十一、保险公司应加强投资账户的信息披露。投资账户的信息披露应符合以下要求：

（一）保险公司应在投资账户设立后 10 个工作日内在公司网站或中国保监会认可的公众媒体上披露账户说明书和合规声明书；

（二）对于变更、合并、分立、关闭、清算等重大事项，保险公司应在实施前 20 个工作日在公司网站或中国保监会认可的公众媒体上将变更内容或合并、分立、关闭、清算的实施方案进行公告，并以合适方式告知所有投保人，同时做好客户解释和服务工作；

（三）投资账户的配置资产包含基础设施投资计划、不动产相关金融产品、其他金融资产的，保险公司在销售相关投资连结保险产品时，应向投保人主动披露拟投资的基础设施投资计划、不动产相关金融产品、其他金融资产的投资比例、估值方法、基础资产、主要投资风险等信息；

（四）其他信息披露事项遵照相关监管规定执行。

十二、投资账户每年应至少进行一次外部审计，主要审核投资账户的独立性和合规性。外部审计报告应在报告出具后 30 个工作日内在公司网站上对外披露。

十三、保险公司违反本通知，或侵犯投保人合法权益的，中国保监会将依据有关规定予以处罚，并追究相关人员责任。

十四、本通知自 2015 年 4 月 1 日起执行。本通知执行前中国保监会颁布的通知与本通知不符的，以本通知为准。自本通知执行之日起，《关于下发〈分红保险管理暂行办法〉、〈投资连结保险管理暂行办法〉的通知》（保监发〔2000〕26 号）之《投资连结保险管理暂行办法》废止。

十五、保险公司已设立的配置资产包含基础设施投资计划、不动产相关金融产品、其他金融资产的投资账户与本通知不符的，应做好衔接工作。2015 年 10 月 1 日起，不得向该类投资账户转入资金。

中国保监会

2015 年 3 月 27 日

财政部、国家税务总局关于个人非货币性资产投资有关个人所得税政策的通知

（财税〔2015〕41号）

各省、自治区、直辖市、计划单列市财政厅（局）、地方税务局，新疆生产建设兵团财务局：

为进一步鼓励和引导民间个人投资，经国务院批准，将在上海自由贸易试验区试点的个人非货币性资产投资分期缴税政策推广至全国。现就个人非货币性资产投资有关个人所得税政策通知如下：

一、个人以非货币性资产投资，属于个人转让非货币性资产和投资同时发生。对个人转让非货币性资产的所得，应按照“财产转让所得”项目，依法计算缴纳个人所得税。

二、个人以非货币性资产投资，应按评估后的公允价值确认非货币性资产转让收入。非货币性资产转让收入减除该资产原值及合理税费后的余额为应纳税所得额。

个人以非货币性资产投资，应于非货币性资产转让、取得被投资企业股权时，确认非货币性资产转让收入的实现。

三、个人应在发生上述应税行为的次月15日内向主管税务机关申报纳税。纳税人一次性缴税有困难的，可合理确定分期缴纳计划并报主管税务机关备案后，自发生上述应税行为之日起不超过5个公历年度内（含）分期缴纳个人所得税。

四、个人以非货币性资产投资交易过程中取得现金补价的，现金部分应优先用于缴税；现金不足以缴纳的部分，可分期缴纳。

个人在分期缴税期间转让其持有的上述全部或部分股权，并取得现金收入的，该现金收入应优先用于缴纳尚未缴清的税款。

五、本通知所称非货币性资产，是指现金、银行存款等货币性资产以外的资产，包括股权、不动产、技术发明成果以及其他形式的非货币性资产。

本通知所称非货币性资产投资，包括以非货币性资产出资设立新的企业，以及以非货币性资产出资参与企业增资扩股、定向增发股票、股权置换、重组改制等投资行为。

六、本通知规定的分期缴税政策自2015年4月1日起施行。对2015年4月1日之前发生的个人非货币性资产投资，尚未进行税收处理且自发生上述应税行为之日起期限未超过5年的，可在剩余的期限内分期缴纳其应纳税款。

财政部　国家税务总局

2015年3月30日

国家发展和改革委员会、财政部、国土资源部、中国银监会、国家铁路局关于进一步鼓励和扩大社会资本投资建设铁路的实施意见

（发改基础〔2015〕1610号）

各省、自治区、直辖市、新疆生产建设兵团发展改革委、财政厅、国土资源厅、中国铁路总公司、有关计划单列企业：

铁路是国民经济大动脉和关键基础设施，加快推进铁路建设，对稳增长、调结构、惠民生具有重要意义。吸引社会资本进入是深化铁路投融资体制改革、加快铁路建设的重要举措。为贯彻落实党的十八大和十八届三中、四中全会精神，按照《国务院关于改革铁路投融资体制加快推进铁路建设的意见》（国发〔2013〕33号）、《国务院关于创新重点领域投融资机制鼓励社会投资的指导意见》（国发〔2014〕60号）及《国家发展改革委关于当前更好发挥交通运输支撑引领经济社会发展作用的意见》（发改基础〔2015〕969号）的有关要求，进一步鼓励和扩大社会资本对铁路的投资，拓宽投融资渠道，完善投资环境，合理配置资源，促进市场竞争，推动体制机制创新，促进铁路事业加快发展，现提出以下实施意见：

一、全面开放铁路投资与运营市场

（一）积极鼓励社会资本全面进入铁路领域，列入中长期铁路网规划、国家批准的专项规划和区域规划的各类铁路项目，除法律法规明确禁止的外，均向社会资本开放。

（二）重点鼓励社会资本投资建设和运营城际铁路、市域（郊）铁路、资

源开发性铁路以及支线铁路，鼓励社会资本参与投资铁路客货运输服务业务和铁路“走出去”项目。支持有实力的企业按照国家相关规定投资建设和运营干线铁路。

二、推进投融资方式多样化

（三）支持社会资本以独资、合资等多种投资方式建设和运营铁路，向社会资本开放铁路所有权和经营权。

（四）推广政府和社会资本合作（PPP）模式，运用特许经营、股权合作等方式，通过运输收益、相关开发收益等方式获取合理收益。

（五）支持铁路总公司以股权转让、股权置换、资产并购、重组改制等资本运作方式盘活铁路资产，广泛吸引社会资本参与，扩大铁路建设资金筹集渠道，优化存量资产结构。

（六）拓宽铁路发展基金吸引社会资本的渠道，扩大基金募集规模。按照特事特办的原则，支持通过设立专项信托计划和公募基金产品募集铁路发展基金，各类社会资金和基金投资铁路发展基金，按照约定获得合理稳定回报。

三、完善社会资本投资的实施机制

（七）做好项目遴选和公布。根据经济社会发展需要和规划要求，各级发展改革部门做好项目储备和筛选工作，及时向社会公开发布项目信息，优先推荐市场前景较好、投资预期收益较稳定的铁路项目。对社会资本提出的规划外项目，在科学论证的基础上，积极推进项目前期工作，并研究纳入相关规划。

（八）公开透明选择投资主体。通过招标、竞争性谈判等多种竞争方式，公平择优确定融资实力较强、信用状况良好、具备相关专业能力的投资主体。各地向社会公开发布投资主体选择公告，按照相关法律法规，依法确定投资主体。社会资本投资铁路项目根据国务院投融资体制改革的相关规定，按国家基本建设程序组织建设。

（九）明确实施机构及责任。地方引进社会资本的实施机构应是省级人民政府授权的相关部门、事业单位等机构，在授权范围内负责工程前期研究、项目实施方案编制、投资主体选择、项目合同签订、项目组织实施等工作。跨省（区、市）项目由相关省（区、市）协商确定实施机构。项目实施方案重点包括社会资本投资形式、投资主体基本条件、建设运营标准、监管要求、项目投资回报机制、投资主体选择方式、项目合同条款、项目风险、退出机制等内容。实施方案经过评估和批准后，作为投资主体选择和项目实施的重要依据，必要时应充分听取社会公众和专家意见。

（十）健全风险防范和监督机制。省级政府相关部门和投资者要对项目可能产生的政策风险、商业风险、环境风险、法律风险等进行充分分析，完善合同设计，建立健全纠纷解决、风险防范和监督机制。各地要根据财力状况，合理确定政府参与方式，防范政府债务风险。

（十一）完善退出机制。明确社会资本退出条件，按照有关法律和约定，为社会资本提供多元化、规范化、市场化的退出渠道，保障社会公共利益和经营者合法权益不受侵害。对涉及资产移交的政府和社会资本合作（PPP）项目在合作期满后，要按照合同约定的移交形式、移交内容和移交标准，及时组织开展项目验收、资产交割等工作，妥善做好项目移交。

（十二）加强后评价和绩效评价。实施机构定期组织开展社会资本投资铁路项目后评价和绩效评价，从安全、服务、效率等方面建立健全评价体系。评价结果可以作为政府加大支持和完善监管的依据，激励社会资本不断改善管理，推进技术创新，提高服务水平。

四、进一步改善社会资本投资环境

（十三）切实保障社会资本合法权益。按照相关法律法规，维护企业平等的市场主体地位。依法保障企业自主决策权，不干预企业在勘察设计、工程招投标、项目施工、设备采购等建设过程中的正常活动。支持企业自主选择合适的运输管理方式，有条件的可实行管内自主运输调度。鼓励不同投资主体按照平等互利的原则相互开放各类铁路资源，实现路网资源共享。对按规定实行市场调节价的铁路项目，由企业根据市场供求和竞争状况自主制定具体运价水平。

（十四）依法履行投资经营权利和义务。社会资本应按现代企业制度要求，完善企业法人治理结构。严格按照基本建设程序，履行项目法人责任。依法承担安全、质量和环境责任，按照国家关于铁路运输服务、运输调度等相关规定，切实履行运输企业社会责任和公共服务义务，服从国家应急调度和管理。

（十五）进一步改善国铁服务。铁路总公司要抓紧完善清算体系，公开清算规则，健全清算平台，向社会资本开放相关设施，积极提供技术支持、人才培养和管理服务，实现线路使用、车站服务、技术作业、设施设备维护、委托运输等各类铁路社会化服务项目的内容和收费标准公开透明，切实维护社会资本合法权益。

（十六）规范和简化国铁接轨手续。铁路总公司要进一步规范和简化接轨审核相关程序和手续，明确办理时限，积极支持社会资本投资铁路与国铁接轨。要按照公开公平的原则，在项目实施前与接轨企业及时协商确定接轨相关工程技术方案，签订接轨意向协议，明确接轨验收标准。合理界定接轨工程范围和资产界面，因接轨引起的相关改造工程投资，应明确分担标准，由双方平等协商，合理分担。

（十七）加强市场监管。国家铁路局加强对运输秩序的监管，探索建立市场化清算和争议协调、仲裁机制。各企业要按照合法、公平、诚信的原则，合理收取服务费用，自觉规范价格行为。各级价格主管部门加强对各类社会化服务项目和收费标准的监管，规范收费行为，依法查处价格违法行为，维护市场正常价格秩序。

五、加大对社会资本投资的政策支持

（十八）推动实施土地综合开发。社会资本投资铁路享受国家有关支持铁路建设实施土地综合开发的政策，通过开发铁路用地及站场毗邻区域土地、物业、商业、广告等资源提高收益。支持盘活既有铁路用地，在符合土地利用总体规划的前提下，鼓励新建项目按照一体规划、联动供应、立体开发、统筹建设的原则实施土地综合开发。各地要统筹做好铁路站场及毗邻地区相关规划，及时办理用地、规划许可等手续。

（十九）积极做好征地拆迁等工作。对社会资本投资的铁路项目，各地要切实负起征地拆迁主体责任，做好群众补偿安置工作，为项目建设创造良好条件。在保障被征地拆迁群众合法权益的基础上，允许地方政府以国有土地入股参与铁路项目建设。社会资本投资的铁路项目用地，在用地政策上与政府投资的铁路项目实行同等政策。

（二十）加强政府资金引导。对社会资本控股的城际铁路和中西部干线铁路项目，中央预算内投资可以视情况通过贷款贴息、投资补助等方式给予支持。对社会资本承担的公益性运输，按照事权与支出责任相适应的原则，建立合理的补偿制度。鼓励各地研究建立相应的政府资金支持政策。

（二十一）创新金融服务。鼓励金融机构按照商业可持续、风险可控原则支持社会资本投资铁路项目建设。鼓励金融机构为社会资本投资铁路项目创新担保方式，支持利用采矿权、特许经营权等进行担保贷款，积极探索利用铁路运输、土地综合开发等预期收益进行质押贷款。发挥政策性和开发性金融机构的作用，加大对符合条件的政府和社会资本合作（PPP）项目的信贷支持力度，为项目提供长期、稳定、低成本的资金支持。

（二十二）促进债权和股权融资。支持符合条件的企业通过发行企业债券、公司债券和债务融资工具等方式筹措铁路建设资金。允许符合条件的、以新建项目设立的企业为主体发行项目收益债，支持重大项目发行可续期债券。鼓励社会资本投资铁路的企业通过IPO（首次公开发行股票并上市）、增发、资产证券化等方式筹集资金用于铁路建设。

（二十三）实行税收优惠。社会资本投资的铁路项目符合《公共基础设施项目企业所得税优惠目录》规定条件的，自项目取得第一笔生产经营收入所属纳税年度起，第一年至第三年免征企业所得税，第四年至第六年减半征收企业所得税。

（二十四）加大配套外部电源建设。电网企业要积极支持社会资本投资的铁路建设，参照国家铁路配套外部电源建设的办法，通过电气化铁路还贷电价政策补偿电网投资。

六、建立健全工作机制

（二十五）进一步加快项目核准。深化行政审批制度改革，优化审核流程，推进建立并联审批机制和在线审批平台，明确咨询评估和核准时限，开辟绿色通道，加快核准进度。对于法律、法规没有明确规定作为项目审批前置条件的行政审批事项，一律不再作为前置审批。

（二十六）加强事中事后监管。国家铁路局要强化安全、质量等监督管理，依法开展检查、验收和责任追究，切实维护公众利益和公共安全。各有关部门要加强对项目建设、运营和相关经营活动的监督管理，规范行政许可，维护公平竞争秩序，建立健全社会资本投资铁路市场信用记录。

（二十七）充分发挥协商机制作用。国家发展改革委会同相关部门依托铁路投融资改革和建设项目前期工作协商会议制度，形成工作合力，及时研究推动社会资本投资铁路建设工作。近期重点推进蒙西至华中、长春至西巴彦花铁路等引进社会资本的示范项目实施。

（二十八）做好项目跟踪服务。各级发展改革部门要进一步增强对社会资本投资铁路项目的服务意识，协调矛盾解决问题。要建立信息平台，加强跟踪指导，掌握项目进展，及时沟通信息。做好舆论引导，营造良好氛围。

国家发展改革委
财政部
国土资源部
银监会
国家铁路局
2015 年 7 月 10 日

国务院办公厅关于进一步促进旅游投资和消费的若干意见

（国办发〔2015〕62号）

各省、自治区、直辖市人民政府，国务院各部委、各直属机构：

旅游业是我国经济社会发展的综合性产业，是国民经济和现代服务业的重要组成部分。通过改革创新促进旅游投资和消费，对于推动现代服务业发展，增加就业和居民收入，提升人民生活品质，具有重要意义。为进一步促进旅游投资和消费，经国务院同意，现提出以下意见：

一、实施旅游基础设施提升计划，改善旅游消费环境

（一）着力改善旅游消费软环境。建立健全旅游产品和服务质量标准，规范旅游经营服务行为，提升宾馆饭店、景点景区、旅行社等管理服务水平。大力整治旅游市场秩序，严厉打击虚假广告、价格欺诈、欺客宰客、超低价格恶性竞争、非法“一日游”等旅游市场顽疾，进一步落实游客不文明行为记录制度。健全旅游投诉处理和服务质量监督机制，完善旅游市场主体退出机制。深化景区门票价格改革，调整完善价格机制，规范价格行为。大力弘扬文明旅游风尚，积极开展旅游志愿者公益服务，提升游客文明旅游素质。

（二）完善城市旅游咨询中心和集散中心。各地要根据实际需要，在3A级以上景区、重点乡村旅游区以及机场、车站、码头等建设旅游咨询中心。鼓励依托城市综合客运枢纽和道路客运站点建设布局合理、功能完善的游客集散中心。2020年前，实现重点旅游景区、旅游城市、旅游线路旅游咨询服务全覆盖。

（三）加强连通景区道路和停车场建设。加大投入，加快推进城市及国道、省道至A级景区连接道路建设。加强城市与景区之间交通设施建设和运输组织，加快实现从机场、车站、码头到主要景区公路交通无缝对接。加大景区和乡村旅游点停车位建设力度。

（四）加强中西部地区旅游支线机场建设。围绕国家重点旅游线路和集中连片特困地区，支持有条件的地方按实际需求新建或改扩建一批支线机场，增加至主要客源城市航线。充分发挥市场力量，鼓励企业发展低成本航空和国内旅游包机业务。

（五）大力推进旅游厕所建设。鼓励以商建厕、以商养厕、以商管厕，用三年时间全国新建、改建5.7万座旅游厕所，完善上下水设施，实行粪便无害化处理。到2017年实现全国旅游景区、旅游交通沿线、旅游集散地的旅游厕所全部达到数量充足、干净无味、实用免费、管理有效的要求。

二、实施旅游投资促进计划，新辟旅游消费市场

（六）加快自驾车房车营地建设。制定全国自驾车房车营地建设规划和自驾车房车营地建设标准，明确营地住宿登记、安全救援等政策，支持少数民族地区和丝绸之路沿线、长江经济带等重点旅游地区建设自驾车房车营地。到2020年，鼓励引导社会资本建设自驾车房车营地1000个左右。

（七）推进邮轮旅游产业发展。支持建立国内大型邮轮研发、设计、建造和自主配套体系，鼓励有条件的国内造船企业研发制造大中型邮轮。按照《全国沿海邮轮港口布局规划方案》，进一步优化邮轮港口布局，形成由邮轮母港、始发港、访问港组成的布局合理的邮轮港口体系，有序推进邮轮码头建设。支持符合条件的企业按程序设立保税仓库。到2020年，全国建成10个邮轮始发港。

（八）培育发展游艇旅游大众消费市场。制定游艇旅游发展指导意见，有规划地逐步开放岸线和水域。推动游艇码头泊位等基础设施建设，清理简化游艇审批手续，降低准入门槛和游艇登记、航行旅游、停泊、维护的总体成本，吸引社会资本进入；鼓励发展适合大众消费水平的中小型游艇；鼓励拥有海域、

水域资源的地区根据实际情况制定游艇码头建设规划。到2017年，全国建成一批游艇码头和游艇泊位，初步形成互联互通的游艇休闲旅游线路网络，培育形成游艇大众消费市场。

（九）大力发展特色旅游城镇。推动新型城镇化建设与现代旅游产业发展有机结合，到2020年建设一批集观光、休闲、度假、养生、购物等功能于一体的全国特色旅游城镇和特色景观旅游名镇。

（十）大力开发休闲度假旅游产品。鼓励社会资本大力开发温泉、滑雪、滨海、海岛、山地、养生等休闲度假旅游产品。重点依托现有旅游设施和旅游资源，建设一批高水平旅游度假产品和满足多层次多样化休闲度假需求的国民度假地。加快推动环城市休闲度假带建设，鼓励城市发展休闲街区、城市绿道、骑行公园、慢行系统，拓展城市休闲空间。支持重点景区和旅游城市积极发展旅游演艺节目，促进主题公园规范发展。依托铁路网，开发建设铁路沿线旅游产品。

（十一）大力发展旅游装备制造业。把旅游装备纳入相关行业发展规划，制定完善安全性技术标准体系。鼓励发展邮轮游艇、大型游船、旅游房车、旅游小飞机、景区索道、大型游乐设施等旅游装备制造业。大力培育具有自主品牌的休闲、登山、滑雪、潜水、露营、探险等各类户外用品。支持国内有条件的企业兼并收购国外先进旅游装备制造企业或开展合资合作。鼓励企业开展旅游装备自主创新研发，按规定享受国家鼓励科技创新政策。

（十二）积极发展"互联网+旅游"。积极推动在线旅游平台企业发展壮大，整合上下游及平行企业的资源、要素和技术，形成旅游业新生态圈，推动"互联网+旅游"跨产业融合。支持有条件的旅游企业进行互联网金融探索，打造在线旅游企业第三方支付平台，拓宽移动支付在旅游业的普及应用，推动境外消费退税便捷化。加强与互联网公司、金融企业合作，发行实名制国民旅游卡，落实法定优惠政策，实行特惠商户折扣。放宽在线度假租赁、旅游网络购物、在线旅游租车平台等新业态的准入许可和经营许可制度。到2020年，全国4A级以上景区和智慧乡村旅游试点单位实现免费Wi-Fi（无线局域网）、智能导游、电子讲解、在线预订、信息推送等功能全覆盖，在全国打造1万家智慧景区和智慧旅游乡村。

三、实施旅游消费促进计划，培育新的消费热点

（十三）丰富提升特色旅游商品。扎实推进旅游商品的大众创业、万众创新，鼓励市场主体开发富有特色的旅游纪念品，丰富旅游商品类型，增强对游客的吸引力。培育一批旅游商品研发、生产、销售龙头企业，加大对老字号商品、民族旅游商品的宣传推广力度。加快实施中国旅游商品品牌提升工程，推出中国特色旅游商品系列。鼓励优质特色旅游商品进驻主要口岸、机场、码头等旅游购物区和城市大型商场超市，支持在线旅游商品销售。适度增设口岸进境免税店。

（十四）积极发展老年旅游。加快制定实施全国老年旅游发展纲要，规范老年旅游服务，鼓励开发多层次、多样化老年旅游产品。各地要加大对乡村养老旅游项目的支持，大力推动乡村养老旅游发展，鼓励民间资本依法使用农民集体所有的土地举办非营利性乡村养老机构。做好基本医疗保险异地就医医疗费用结算工作。鼓励进一步开发完善适合老年旅游需求的商业保险产品。

（十五）支持研学旅行发展。把研学旅行纳入学生综合素质教育范畴。支持建设一批研学旅行基地，鼓励各地依托自然和文化遗产资源、红色旅游景点景区、大型公共设施、知名院校、科研机构、工矿企业、大型农场开展研学旅行活动。建立健全研学旅行安全保障机制。旅行社和研学旅行场所应在内容设计、导游配备、安全设施与防护等方面结合青少年学生特点，寓教于游。加强国际研学旅行交流，规范和引导中小学生赴境外开展研学旅行活动。

（十六）积极发展中医药健康旅游。推出一批以中医药文化传播为主题，集中医药康复理疗、养生保健、文化体验于一体的中医药健康旅游示范产品。在有条件的地方建设中医药健康旅游产业示范园区，推动中医药产业与旅游市场深度结合，在业态创新、机制改革、集群发展方面先行先试。规范中医药健康旅游市场，加强行业标准制定和质量监督管理。扩大中医药健康旅游海外宣传，推动中医药健康旅游国际交流合作，使传统中医药文化通过旅游走向世界。

四、实施乡村旅游提升计划，开拓旅游消费空间

（十七）坚持乡村旅游个性化、特色化发展方向。立足当地资源特色和生态环境优势，突出乡村生活生产生态特点，深入挖掘乡村文化内涵，开发建设形式多样、特色鲜明、个性突出的乡村旅游产品，举办具有地方特色的节庆活动。注重保护民族村落、古村古镇，建设一批具有历史、地域、民族特点的特色景观旅游村镇，让游客看得见山水、记得住乡愁、留得住乡情。

（十八）完善休闲农业和乡村旅游配套设施。重点加强休闲农业和乡村旅游特色村的道路、电力、饮水、厕所、停车场、垃圾污水处理设施、信息网络等基础设施和公共服务设施建设，加强相关旅游休闲配套设施建设。到2020年，全国建成6000个以上乡村旅游模范村，形成10万个以上休闲农业和乡村旅游特色村、300万家农家乐，乡村旅游年接待游客超过20亿人次，受益农民5000万人。

（十九）开展百万乡村旅游创客行动。通过加强政策引导和专业培训，三年内引导和支持百万名返乡农民工、大学毕业生、专业技术人员等通过开展乡村旅游实现自主创业。鼓励文化界、艺术界、科技界专业人员发挥专业优势和行业影响力，在有条件的乡村进行创作创业。到2017年，全国建设一批乡村旅游创客示范基地，形成一批高水准文化艺术旅游创业就业乡村。

（二十）大力推进乡村旅游扶贫。加大对乡村旅游扶贫重点村的规划指导、专业培训、宣传推广力度，组织开展乡村旅游规划扶贫公益活动，对建档立卡贫困村实施整村扶持，2015年抓好560个建档立卡贫困村乡村旅游扶贫试点工作。到2020年，全国每年通过乡村旅游带动200万农村贫困人口脱贫致富；扶持6000个旅游扶贫重点村开展乡村旅游，实现每个重点村乡村旅游年经营收入达到100万元。

五、优化休假安排，激发旅游消费需求

（二十一）落实职工带薪休假制度。各级人民政府要把落实职工带薪休假

制度纳入议事日程，制定带薪休假制度实施细则或实施计划，并抓好落实。

（二十二）鼓励错峰休假。在稳定全国统一的既有节假日前提下，各单位和企业可根据自身实际情况，将带薪休假与本地传统节日、地方特色活动相结合，安排错峰休假。

（二十三）鼓励弹性作息。有条件的地方和单位可根据实际情况，依法优化调整夏季作息安排，为职工周五下午与周末结合外出休闲度假创造有利条件。

六、加大改革创新力度，促进旅游投资消费持续增长

（二十四）加大政府支持力度。符合条件的地区要加快实施境外旅客购物离境退税政策。设立中国旅游产业促进基金，鼓励有条件的地方政府设立旅游产业促进基金。支持企业通过政府和社会资本合作（PPP）模式投资、建设、运营旅游项目。各级人民政府要加大对国家重点旅游景区、“一带一路”及长江经济带等重点旅游线路、集中连片特困地区生态旅游开发和乡村旅游扶贫村等旅游基础设施和公共服务设施的支持力度。让多彩的旅游丰富群众生活，助力经济发展。

（二十五）落实差别化旅游业用地用海用岛政策。对投资大、发展前景好的旅游重点项目，要优先安排、优先落实土地和围填海计划指标。新增建设用地指标优先安排给中西部地区，支持中西部地区利用荒山、荒坡、荒滩、垃圾场、废弃矿山、石漠化土地开发旅游项目。对近海旅游娱乐、浴场等亲水空间开发予以优先保障。

（二十六）拓展旅游企业融资渠道。支持符合条件的旅游企业上市，鼓励金融机构按照风险可控、商业可持续原则加大对旅游企业的信贷支持。积极发展旅游投资项目资产证券化产品，推进旅游项目产权与经营权交易平台建设。积极引导预期收益好、品牌认可度高的旅游企业探索通过相关收费权、经营权抵（质）押等方式融资筹资。鼓励旅游装备出口，加大对大型旅游装备出口的信贷支持。

国务院办公厅

2015 年 8 月 4 日

中华人民共和国大气污染防治法

中华人民共和国主席令

（第三十一号）

《中华人民共和国大气污染防治法》已由中华人民共和国第十二届全国人民代表大会常务委员会第十六次会议于2015年8月29日修订通过，现将修订后的《中华人民共和国大气污染防治法》公布，自2016年1月1日起施行。

中华人民共和国主席　习近平

2015年8月29日

中华人民共和国大气污染防治法

（1987年9月5日第六届全国人民代表大会常务委员会第二十二次会议通过

根据1995年8月29日第八届全国人民代表大会常务委员会第十五次会议《关于修改〈中华人民共和国大气污染防治法〉的决定》修正

2000年4月29日第九届全国人民代表大会常务委员会第十五次会议第一次修订

2015年8月29日第十二届全国人民代表大会常务委员会第十六次会议第二次修订）

第一章　总　　则

第一条　为保护和改善环境，防治大气污染，保障公众健康，推进生态文明建设，促进经济社会可持续发展，制定本法。

第二条　防治大气污染，应当以改善大气环境质量为目标，坚持源头治理，规划先行，转变经济发展方式，优化产业结构和布局，调整能源结构。

防治大气污染，应当加强对燃煤、工业、机动车船、扬尘、农业等大气污染的综合防治，推行区域大气污染联合防治，对颗粒物、二氧化硫、氮氧化物、挥发性有机物、氨等大气污染物和温室气体实施协同控制。

第三条　县级以上人民政府应当将大气污染防治工作纳入国民经济和社会发展规划，加大对大气污染防治的财政投入。

地方各级人民政府应当对本行政区域的大气环境质量负责，制定规划，采取措施，控制或者逐步削减大气污染物的排放量，使大气环境质量达到规定标准并逐步改善。

第四条　国务院环境保护主管部门会同国务院有关部门，按照国务院的规定，对省、自治区、直辖市大气环境质量改善目标、大气污染防治重点任务完成情况进行考核。省、自治区、直辖市人民政府制定考核办法，对本行政区域内地方大气环境质量改善目标、大气污染防治重点任务完成情况实施考核。考核结果应当向社会公开。

第五条　县级以上人民政府环境保护主管部门对大气污染防治实施统一监督管理。

县级以上人民政府其他有关部门在各自职责范围内对大气污染防治实施监督管理。

第六条　国家鼓励和支持大气污染防治科学技术研究，开展对大气污染来源及其变化趋势的分析，推广先进适用的大气污染防治技术和装备，促进科技成果转化，发挥科学技术在大气污染防治中的支撑作用。

第七条　企业事业单位和其他生产经营者应当采取有效措施，防止、减少大气污染，对所造成的损害依法承担责任。

公民应当增强大气环境保护意识，采取低碳、节俭的生活方式，自觉履行大气环境保护义务。

第二章　大气污染防治标准和限期达标规划

第八条　国务院环境保护主管部门或者省、自治区、直辖市人民政府制定大气环境质量标准，应当以保障公众健康和保护生态环境为宗旨，与经济社会发展相适应，做到科学合理。

第九条　国务院环境保护主管部门或者省、自治区、直辖市人民政府制定大气污染物排放标准，应当以大气环境质量标准和国家经济、技术条件为依据。

第十条　制定大气环境质量标准、大气污染物排放标准，应当组织专家进行审查和论证，并征求有关部门、行业协会、企业事业单位和公众等方面的意见。

第十一条　省级以上人民政府环境保护主管部门应当在其网站上公布大气环境质量标准、大气污染物排放标准，供公众免费查阅、下载。

第十二条　大气环境质量标准、大气污染物排放标准的执行情况应当定期进行评估，根据评估结果对标准适时进行修订。

第十三条　制定燃煤、石油焦、生物质燃料、涂料等含挥发性有机物的产品、烟花爆竹以及锅炉等产品的质量标准，应当明确大气环境保护要求。

制定燃油质量标准，应当符合国家大气污染物控制要求，并与国家机动车船、非道路移动机械大气污染物排放标准相互衔接，同步实施。

前款所称非道路移动机械，是指装配有发动机的移动机械和可运输工业设备。

第十四条　未达到国家大气环境质量标准城市的人民政府应当及时编制大气环境质量限期达标规划，采取措施，按照国务院或者省级人民政府规定的期限达到大气环境质量标准。

编制城市大气环境质量限期达标规划，应当征求有关行业协会、企业事业单位、专家和公众等方面的意见。

第十五条　城市大气环境质量限期达标规划应当向社会公开。直辖市和设区的市的大气环境质量限期达标规划应当报国务院环境保护主管部门备案。

第十六条　城市人民政府每年在向本级人民代表大会或者其常务委员会报告环境状况和环境保护目标完成情况时，应当报告大气环境质量限期达标规划执行情况，并向社会公开。

第十七条　城市大气环境质量限期达标规划应当根据大气污染防治的要求和经济、技术条件适时进行评估、修订。

第三章　大气污染防治的监督管理

第十八条　企业事业单位和其他生产经营者建设对大气环境有影响的项目，应当依法进行环境影响评价、公开环境影响评价文件；向大气排放污染物的，应当符合大气污染物排放标准，遵守重点大气污染物排放总量控制要求。

第十九条　排放工业废气或者本法第七十八条规定名录中所列有毒有害大气污染物的企业事业单位、集中供热设施的燃煤热源生产运营单位以及其他依法实行排污许可管理的单位，应当取得排污许可证。排污许可的具体办法和实施步骤由国务院规定。

第二十条　企业事业单位和其他生产经营者向大气排放污染物的，应当依照法律法规和国务院环境保护主管部门的规定设置大气污染物排放口。

禁止通过偷排、篡改或者伪造监测数据、以逃避现场检查为目的的临时停产、非紧急情况下开启应急排放通道、不正常运行大气污染防治设施等逃避监管的方式排放大气污染物。

第二十一条　国家对重点大气污染物排放实行总量控制。

重点大气污染物排放总量控制目标，由国务院环境保护主管部门在征求国务院有关部门和各省、自治区、直辖市人民政府意见后，会同国务院经济综合主管部门报国务院批准并下达实施。

省、自治区、直辖市人民政府应当按照国务院下达的总量控制目标，控制或者削减本行政区域的重点大气污染物排放总量。

确定总量控制目标和分解总量控制指标的具体办法，由国务院环境保护主管部门会同国务院有关部门规定。省、自治区、直辖市人民政府可以根据本行政区域大气污染防治的需要，对国家重点大气污染物之外的其他大气污染物排放实行总量控制。

国家逐步推行重点大气污染物排污权交易。

第二十二条　对超过国家重点大气污染物排放总量控制指标或者未完成国家下达的大气环境质量改善目标的地区，省级以上人民政府环境保护主管部门应当会同有关部门约谈该地区人民政府的主要负责人，并暂停审批该地区新增重点大气污染物排放总量的建设项目环境影响评价文件。约谈情况应当向社会公开。

第二十三条　国务院环境保护主管部门负责制定大气环境质量和大气污染源的监测和评价规范，组织建设与管理全国大气环境质量和大气污染源监测网，组织开展大气环境质量和大气污染源监测，统一发布全国大气环境质量状况信息。

县级以上地方人民政府环境保护主管部门负责组织建设与管理本行政区域大气环境质量和大气污染源监测网，开展大气环境质量和大气污染源监测，统一发布本行政区域大气环境质量状况信息。

第二十四条　企业事业单位和其他生产经营者应当按照国家有关规定和监测规范，对其排放的工业废气和本法第七十八条规定名录中所列有毒有害大气污染物进行监测，并保存原始监测记录。其中，重点排污单位应当安装、使用大气污染物排放自动监测设备，与环境保护主管部门的监控设备联网，保证监测设备正常运行并依法公开排放信息。监测的具体办法和重点排污单位的条件由国务院环境保护主管部门规定。

重点排污单位名录由设区的市级以上地方人民政府环境保护主管部门按照国务院环境保护主管部门的规定，根据本行政区域的大气环境承载力、重点大气污染物排放总量控制指标的要求以及排污单位排放大气污染物的种类、数量和浓度等因素，商有关部门确定，并向社会公布。

第二十五条　重点排污单位应当对自动监测数据的真实性和准确性负责。环境保护主管部门发现重点排污单位的大气污染物排放自动监测设备传输数据异常，应当及时进行调查。

第二十六条　禁止侵占、损毁或者擅自移动、改变大气环境质量监测设施和大气污染物排放自动监测设备。

第二十七条　国家对严重污染大气环境的工艺、设备和产品实行淘汰制度。

国务院经济综合主管部门会同国务院有关部门确定严重污染大气环境的工艺、设备和产品淘汰期限，并纳入国家综合性产业政策目录。

生产者、进口者、销售者或者使用者应当在规定期限内停止生产、进口、销售或者使用列入前款规定目录中的设备和产品。工艺的采用者应当在规定期限内停止采用列入前款规定目录中的工艺。

被淘汰的设备和产品，不得转让给他人使用。

第二十八条　国务院环境保护主管部门会同有关部门，建立和完善大气污染损害评估制度。

第二十九条　环境保护主管部门及其委托的环境监察机构和其他负有大气环境保护监督管理职责的部门，有权通过现场检查监测、自动监测、遥感监测、远红外摄像等方式，对排放大气污染物的企业事业单位和其他生产经营者进行监督检查。被检查者应当如实反映情况，提供必要的资料。实施检查的部门、机构及其工作人员应当为被检查者保守商业秘密。

第三十条　企业事业单位和其他生产经营者违反法律法规规定排放大气污染物，造成或者可能造成严重大气污染，或者有关证据可能灭失或者被隐匿的，县级以上人民政府环境保护主管部门和其他负有大气环境保护监督管理职责的部门，可以对有关设施、设备、物品采取查封、扣押等行政强制措施。

第三十一条　环境保护主管部门和其他负有大气环境保护监督管理职责的部门应当公布举报电话、电子邮箱等，方便公众举报。

环境保护主管部门和其他负有大气环境保护监督管理职责的部门接到举报的，应当及时处理并对举报人的相关信息予以保密；对实名举报的，应当反馈处理结果等情况，查证属实的，处理结果依法向社会公开，并对举报人给予奖励。

举报人举报所在单位的，该单位不得以解除、变更劳动合同或者其他方式对举报人进行打击报复。

第四章　大气污染防治措施

第一节　燃煤和其他能源污染防治

第三十二条　国务院有关部门和地方各级人民政府应当采取措施，调整能源结构，推广清洁能源的生产和使用；优化煤炭使用方式，推广煤炭清洁高效利用，逐步降低煤炭在一次能源消费中的比重，减少煤炭生产、使用、转化过程中的大气污染物排放。

第三十三条　国家推行煤炭洗选加工，降低煤炭的硫分和灰分，限制高硫分、高灰分煤炭的开采。新建煤矿应当同步建设配套的煤炭洗选设施，使煤炭的硫分、灰分含量达到规定标准；已建成的煤矿除所采煤炭属于低硫分、低灰分或者根据已达标排放的燃煤电厂要求不需要洗选的以外，应当限期建成配套的煤炭洗选设施。

禁止开采含放射性和砷等有毒有害物质超过规定标准的煤炭。

第三十四条　国家采取有利于煤炭清洁高效利用的经济、技术政策和措施，鼓励和支持洁净煤技术的开发和推广。

国家鼓励煤矿企业等采用合理、可行的技术措施，对煤层气进行开采利用，对煤矸石进行综合利用。从事煤层气开采利用的，煤层气排放应当符合有关标准规范。

第三十五条　国家禁止进口、销售和燃用不符合质量标准的煤炭，鼓励燃用优质煤炭。

单位存放煤炭、煤矸石、煤渣、煤灰等物料，应当采取防燃措施，防止大气污染。

第三十六条　地方各级人民政府应当采取措施，加强民用散煤的管理，禁止销售不符合民用散煤质量标准的煤炭，鼓励居民燃用优质煤炭和洁净型煤，推广节能环保型炉灶。

第三十七条　石油炼制企业应当按照燃油质量标准生产燃油。

禁止进口、销售和燃用不符合质量标准的石油焦。

第三十八条　城市人民政府可以划定并公布高污染燃料禁燃区，并根据大气环境质量改善要求，逐步扩大高污染燃料禁燃区范围。高污染燃料的目录由国务院环境保护主管部门确定。

在禁燃区内，禁止销售、燃用高污染燃料；禁止新建、扩建燃用高污染燃料的设施，已建成的，应当在城市人民政府规定的期限内改用天然气、页岩气、液化石，油气、电或者其他清洁能源。

第三十九条　城市建设应当统筹规划，在燃煤供热地区，推进热电联产和集中供热。在集中供热管网覆盖地区，禁止新建、扩建分散燃煤供热锅炉；已建成的不能达标排放的燃煤供热锅炉，应当在城市人民政府规定的期限内拆除。

第四十条　县级以上人民政府质量监督部门应当会同环境保护主管部门对锅炉生产、进口、销售和使用环节执行环境保护标准或者要求的情况进行监督检查；不符合环境保护标准或者要求的，不得生产、进口、销售和使用。

第四十一条　燃煤电厂和其他燃煤单位应当采用清洁生产工艺，配套建设除尘、脱硫、脱硝等装置，或者采取技术改造等其他控制大气污染物排放的措施。

国家鼓励燃煤单位采用先进的除尘、脱硫、脱硝、脱汞等大气污染物协同控制的技术和装置，减少大气污染物的排放。

第四十二条　电力调度应当优先安排清洁能源发电上网。

第二节　工业污染防治

第四十三条　钢铁、建材、有色金属、石油、化工等企业生产过程中排放粉尘、硫化物和氮氧化物的，应当采用清洁生产工艺，配套建设除尘、脱硫、脱硝等装置，或者采取技术改造等其他控制大气污染物排放的措施。

第四十四条　生产、进口、销售和使用含挥发性有机物的原材料和产品的，其挥发性有机物含量应当符合质量标准或者要求。

国家鼓励生产、进口、销售和使用低毒、低挥发性有机溶剂。

第四十五条　产生含挥发性有机物废气的生产和服务活动，应当在密闭空间或者设备中进行，并按照规定安装、使用污染防治设施；无法密闭的，应当采取措施减少废气排放。

第四十六条　工业涂装企业应当使用低挥发性有机物含量的涂料，并建立台账，记录生产原料、辅料的使用量、废弃量、去向以及挥发性有机物含量。台账保存期限不得少于三年。

第四十七条　石油、化工以及其他生产和使用有机溶剂的企业，应当采取措施对管道、设备进行日常维护、维修，减少物料泄漏，对泄漏的物料应当及时收集处理。

储油储气库、加油加气站、原油成品油码头、原油成品油运输船舶和油罐车、气罐车等，应当按照国家有关规定安装油气回收装置并保持正常使用。

第四十八条　钢铁、建材、有色金属、石油、化工、制药、矿产开采等企业，应当加强精细化管理，采取集中收集处理等措施，严格控制粉尘和气态污染物的排放。

工业生产企业应当采取密闭、围挡、遮盖、清扫、洒水等措施，减少内部物料的堆存、传输、装卸等环节产生的粉尘和气态污染物的排放。

第四十九条　工业生产、垃圾填埋或者其他活动产生的可燃性气体应当回收利用，不具备回收利用条件的，应当进行污染防治处理。

可燃性气体回收利用装置不能正常作业的，应当及时修复或者更新。在回收利用装置不能正常作业期间确需排放可燃性气体的，应当将排放的可燃性气体充分燃烧或者采取其他控制大气污染物排放的措施，并向当地环境保护主管部门报告，按照要求限期修复或者更新。

第三节　机动车船等污染防治

第五十条　国家倡导低碳、环保出行，根据城市规划合理控制燃油机动车保有量，大力发展城市公共交通，提高公共交通出行比例。

国家采取财政、税收、政府采购等措施推广应用节能环保型和新能源机动车船、非道路移动机械，限制高油耗、高排放机动车船、非道路移动机械的发展，减少化石能源的消耗。

省、自治区、直辖市人民政府可以在条件具备的地区，提前执行国家机动车大气污染物排放标准中相应阶段排放限值，并报国务院环境保护主管部门备案。

城市人民政府应当加强并改善城市交通管理，优化道路设置，保障人行道和非机动车道的连续、畅通。

第五十一条　机动车船、非道路移动机械不得超过标准排放大气污染物。

禁止生产、进口或者销售大气污染物排放超过标准的机动车船、非道路移动机械。

第五十二条　机动车、非道路移动机械生产企业应当对新生产的机动车和非道路移动机械进行排放检验。经检验合格的，方可出厂销售。检验信息应当向社会公开。

省级以上人民政府环境保护主管部门可以通过现场检查、抽样检测等方式，加强对新生产、销售机动车和非道路移动机械大气污染物排放状况的监督检查。工业、质量监督、工商行政管理等有关部门予以配合。

第五十三条　在用机动车应当按照国家或者地方的有关规定，由机动车排放检验机构定期对其进行排放检验。经检验合格的，方可上道路行驶。未经检验合格的，公安机关交通管理部门不得核发安全技术检验合格标志。

县级以上地方人民政府环境保护主管部门可以在机动车集中停放地、维修地对在用机动车的大气污染物排放状况进行监督抽测；在不影响正常通行的情况下，可以通过遥感监测等技术手段对在道路上行驶的机动车的大气污染物排放状况进行监督抽测，公安机关交通管理部门予以配合。

第五十四条　机动车排放检验机构应当依法通过计量认证，使用经依法检定合格的机动车排放检验设备，按照国务院环境保护主管部门制定的规范，对机动车进行排放检验，并与环境保护主管部门联网，实现检验数据实时共享。机动车排放检验机构及其负责人对检验数据的真实性和准确性负责。

环境保护主管部门和认证认可监督管理部门应当对机动车排放检验机构的排放检验情况进行监督检查。

第五十五条　机动车生产、进口企业应当向社会公布其生产、进口机动车车型的排放检验信息、污染控制技术信息和有关维修技术信息。

机动车维修单位应当按照防治大气污染的要求和国家有关技术规范对在用机动车进行维修，使其达到规定的排放标准。交通运输、环境保护主管部门应当依法加强监督管理。

禁止机动车所有人以临时更换机动车污染控制装置等弄虚作假的方式通过机动车排放检验。禁止机动车维修单位提供该类维修服务。禁止破坏机动车车载排放诊断系统。

第五十六条　环境保护主管部门应当会同交通运输、住房城乡建设、农业行政、水行政等有关部门对非道路移动机械的大气污染物排放状况进行监督检查，排放不合格的，不得使用。

第五十七条　国家倡导环保驾驶，鼓励燃油机动车驾驶人在不影响道路通行且需停车三分钟以上的情况下熄灭发动机，减少大气污染物的排放。

第五十八条　国家建立机动车和非道路移动机械环境保护召回制度。

生产、进口企业获知机动车、非道路移动机械排放大气污染物超过标准，属于设计、生产缺陷或者不符合规定的环境保护耐久性要求的，应当召回；未召回的，由国务院质量监督部门会同国务院环境保护主管部门责令其召回。

第五十九条　在用重型柴油车、非道路移动机械未安装污染控制装置或者污染控制装置不符合要求，不能达标排放的，应当加装或者更换符合要求的污染控制装置。

第六十条　在用机动车排放大气污染物超过标准的，应当进行维修；经维修或者采用污染控制技术后，大气污染物排放仍不符合国家在用机动车排放标准的，应当强制报废。其所有人应当将机动车交售给报废机动车回收拆解企业，由报废机动车回收拆解企业按照国家有关规定进行登记、拆解、销毁等处理。

国家鼓励和支持高排放机动车船、非道路移动机械提前报废。

第六十一条　城市人民政府可以根据大气环境质量状况，划定并公布禁止使用高排放非道路移动机械的区域。

第六十二条　船舶检验机构对船舶发动机及有关设备进行排放检验。经检验符合国家排放标准的，船舶方可运营。

第六十三条　内河和江海直达船舶应当使用符合标准的普通柴油。远洋船舶靠港后应当使用符合大气污染物控制要求的船舶用燃油。

新建码头应当规划、设计和建设岸基供电设施；已建成的码头应当逐步实施岸基供电设施改造。船舶靠港后应当优先使用岸电。

第六十四条　国务院交通运输主管部门可以在沿海海域划定船舶大气污染物排放控制区，进入排放控制区的船舶应当符合船舶相关排放要求。

第六十五条　禁止生产、进口、销售不符合标准的机动车船、非道路移动机械用燃料；禁止向汽车和摩托车销售普通柴油以及其他非机动车用燃料；禁止向非道路移动机械、内河和江海直达船舶销售渣油和重油。

第六十六条　发动机油、氮氧化物还原剂、燃料和润滑油添加剂以及其他添加剂的有害物质含量和其他大气环境保护指标，应当符合有关标准的要求，不得损害机动车船污染控制装置效果和耐久性，不得增加新的大气污染物排放。

第六十七条　国家积极推进民用航空器的大气污染防治，鼓励在设计、生产、使用过程中采取有效措施减少大气污染物排放。

民用航空器应当符合国家规定的适航标准中的有关发动机排出物要求。

第四节　扬尘污染防治

第六十八条　地方各级人民政府应当加强对建设施工和运输的管理，保持道路清洁，控制料堆和渣土堆放，扩大绿地、水面、湿地和地面铺装面积，防治扬尘污染。

住房城乡建设、市容环境卫生、交通运输、国土资源等有关部门，应当根据本级人民政府确定的职责，做好扬尘污染防治工作。

第六十九条　建设单位应当将防治扬尘污染的费用列入工程造价，并在施工承包合同中明确施工单位扬尘污染防治责任。施工单位应当制定具体的施工扬尘污染防治实施方案。

从事房屋建筑、市政基础设施建设、河道整治以及建筑物拆除等施工单位，应当向负责监督管理扬尘污染防治的主管部门备案。

施工单位应当在施工工地设置硬质围挡，并采取覆盖、分段作业、择时施工、洒水抑尘、冲洗地面和车辆等有效防尘降尘措施。建筑土方、工程渣土、建筑垃圾应当及时清运；在场地内堆存的，应当采用密闭式防尘网遮盖。工程渣土、建筑垃圾应当进行资源化处理。

施工单位应当在施工工地公示扬尘污染防治措施、负责人、扬尘监督管理主管部门等信息。

暂时不能开工的建设用地，建设单位应当对裸露地面进行覆盖；超过三个月的，应当进行绿化、铺装或者遮盖。

第七十条　运输煤炭、垃圾、渣土、砂石、土方、灰浆等散装、流体物料的车辆应当采取密闭或者其他措施防止物料遗撒造成扬尘污染，并按照规定路线行驶。

装卸物料应当采取密闭或者喷淋等方式防治扬尘污染。

城市人民政府应当加强道路、广场、停车场和其他公共场所的清扫保洁管理，推行清洁动力机械化清扫等低尘作业方式，防治扬尘污染。

第七十一条　市政河道以及河道沿线、公共用地的裸露地面以及其他城镇裸露地面，有关部门应当按照规划组织实施绿化或者透水铺装。

第七十二条　贮存煤炭、煤矸石、煤渣、煤灰、水泥、石灰、石膏、砂土等易产生扬尘的物料应当密闭；不能密闭的，应当设置不低于堆放物高度的严密围挡，并采取有效覆盖措施防治扬尘污染。

码头、矿山、填埋场和消纳场应当实施分区作业，并采取有效措施防治扬尘污染。

第五节　农业和其他污染防治

第七十三条　地方各级人民政府应当推动转变农业生产方式，发展农业循环经济，加大对废弃物综合处理的支持力度，加强对农业生产经营活动排放大气污染物的控制。

第七十四条　农业生产经营者应当改进施肥方式，科学合理施用化肥并按照国家有关规定使用农药，减少氨、挥发性有机物等大气污染物的排放。

禁止在人口集中地区对树木、花草喷洒剧毒、高毒农药。

第七十五条　畜禽养殖场、养殖小区应当及时对污水、畜禽粪便和尸体等进行收集、贮存、清运和无害化处理，防止排放恶臭气体。

第七十六条　各级人民政府及其农业行政等有关部门应当鼓励和支持采用先进适用技术，对秸秆、落叶等进行肥料化、饲料化、能源化、工业原料化、食用菌基料化等综合利用，加大对秸秆还田、收集一体化农业机械的财政补贴力度。

县级人民政府应当组织建立秸秆收集、贮存、运输和综合利用服务体系，采用财政补贴等措施支持农村集体经济组织、农民专业合作经济组织、企业等开展秸秆收集、贮存、运输和综合利用服务。

第七十七条　省、自治区、直辖市人民政府应当划定区域，禁止露天焚烧秸秆、落叶等产生烟尘污染的物质。

第七十八条　国务院环境保护主管部门应当会同国务院卫生行政部门，根据大气污染物对公众健康和生态环境的危害和影响程度，公布有毒有害大气污染物名录，实行风险管理。

排放前款规定名录中所列有毒有害大气污染物的企业事业单位，应当按照国家有关规定建设环境风险预警体系，对排放口和周边环境进行定期监测，评估环境风险，排查环境安全隐患，并采取有效措施防范环境风险。

第七十九条　向大气排放持久性有机污染物的企业事业单位和其他生产经营者以及废弃物焚烧设施的运营单位，应当按照国家有关规定，采取有利于减少持久性有机污染物排放的技术方法和工艺，配备有效的净化装置，实现达标排放。

第八十条　企业事业单位和其他生产经营者在生产经营活动中产生恶臭气体的，应当科学选址，设置合理的防护距离，并安装净化装置或者采取其他措施，防止排放恶臭气体。

第八十一条　排放油烟的餐饮服务业经营者应当安装油烟净化设施并保持正常使用，或者采取其他油烟净化措施，使油烟达标排放，并防止对附近居民的正常生活环境造成污染。

禁止在居民住宅楼、未配套设立专用烟道的商住综合楼以及商住综合楼内与居住层相邻的商业楼层内新建、改建、扩建产生油烟、异味、废气的餐饮服务项目。

任何单位和个人不得在当地人民政府禁止的区域内露天烧烤食品或者为露天烧烤食品提供场地。

第八十二条　禁止在人口集中地区和其他依法需要特殊保护的区域内焚烧沥青、油毡、橡胶、塑料、皮革、垃圾以及其他产生有毒有害烟尘和恶臭气体的物质。

禁止生产、销售和燃放不符合质量标准的烟花爆竹。任何单位和个人不得在城市人民政府禁止的时段和区域内燃放烟花爆竹。

第八十三条　国家鼓励和倡导文明、绿色祭祀。

火葬场应当设置除尘等污染防治设施并保持正常使用，防止影响周边环境。

第八十四条　从事服装干洗和机动车维修等服务活动的经营者，应当按照国家有关标准或者要求设置异味和废气处理装置等污染防治设施并保持正常使用，防止影响周边环境。

第八十五条　国家鼓励、支持消耗臭氧层物质替代品的生产和使用，逐步减少直至停止消耗臭氧层物质的生产和使用。

国家对消耗臭氧层物质的生产、使用、进出口实行总量控制和配额管理。具体办法由国务院规定。

第五章 重点区域大气污染联合防治

第八十六条 国家建立重点区域大气污染联防联控机制，统筹协调重点区域内大气污染防治工作。国务院环境保护主管部门根据主体功能区划、区域大气环境质量状况和大气污染传输扩散规律，划定国家大气污染防治重点区域，报国务院批准。

重点区域内有关省、自治区、直辖市人民政府应当确定牵头的地方人民政府，定期召开联席会议，按照统一规划、统一标准、统一监测、统一的防治措施的要求，开展大气污染联合防治，落实大气污染防治目标责任。国务院环境保护主管部门应当加强指导、督促。

省、自治区、直辖市可以参照第一款规定划定本行政区域的大气污染防治重点区域。

第八十七条 国务院环境保护主管部门会同国务院有关部门、国家大气污染防治重点区域内有关省、自治区、直辖市人民政府，根据重点区域经济社会发展和大气环境承载力，制定重点区域大气污染联合防治行动计划，明确控制目标，优化区域经济布局，统筹交通管理，发展清洁能源，提出重点防治任务和措施，促进重点区域大气环境质量改善。

第八十八条 国务院经济综合主管部门会同国务院环境保护主管部门，结合国家大气污染防治重点区域产业发展实际和大气环境质量状况，进一步提高环境保护、能耗、安全、质量等要求。

重点区域内有关省、自治区、直辖市人民政府应当实施更严格的机动车大气污染物排放标准，统一在用机动车检验方法和排放限值，并配套供应合格的车用燃油。

第八十九条 编制可能对国家大气污染防治重点区域的大气环境造成严重污染的有关工业园区、开发区、区域产业和发展等规划，应当依法进行环境影响评价。规划编制机关应当与重点区域内有关省、自治区、直辖市人民政府或者有关部门会商。

重点区域内有关省、自治区、直辖市建设可能对相邻省、自治区、直辖市大气环境质量产生重大影响的项目，应当及时通报有关信息，进行会商。

会商意见及其采纳情况作为环境影响评价文件审查或者审批的重要依据。

第九十条　国家大气污染防治重点区域内新建、改建、扩建用煤项目的，应当实行煤炭的等量或者减量替代。

第九十一条　国务院环境保护主管部门应当组织建立国家大气污染防治重点区域的大气环境质量监测、大气污染源监测等相关信息共享机制，利用监测、模拟以及卫星、航测、遥感等新技术分析重点区域内大气污染来源及其变化趋势，并向社会公开。

第九十二条　国务院环境保护主管部门和国家大气污染防治重点区域内有关省、自治区、直辖市人民政府可以组织有关部门开展联合执法、跨区域执法、交叉执法。

第六章　重污染天气应对

第九十三条　国家建立重污染天气监测预警体系。

国务院环境保护主管部门会同国务院气象主管机构等有关部门、国家大气污染防治重点区域内有关省、自治区、直辖市人民政府，建立重点区域重污染天气监测预警机制，统一预警分级标准。可能发生区域重污染天气的，应当及时向重点区域内有关省、自治区、直辖市人民政府通报。

省、自治区、直辖市、设区的市人民政府环境保护主管部门会同气象主管机构等有关部门建立本行政区域重污染天气监测预警机制。

第九十四条　县级以上地方人民政府应当将重污染天气应对纳入突发事件应急管理体系。

省、自治区、直辖市、设区的市人民政府以及可能发生重污染天气的县级人民政府，应当制定重污染天气应急预案，向上一级人民政府环境保护主管部门备案，并向社会公布。

第九十五条　省、自治区、直辖市、设区的市人民政府环境保护主管部门应当会同气象主管机构建立会商机制，进行大气环境质量预报。可能发生重污染天气的，应当及时向本级人民政府报告。省、自治区、直辖市、设区的市人民政府依据重污染天气预报信息，进行综合研判，确定预警等级并及时发出预警。预警等级根据情况变化及时调整。任何单位和个人不得擅自向社会发布重污染天气预报预警信息。

预警信息发布后，人民政府及其有关部门应当通过电视、广播、网络、短信等途径告知公众采取健康防护措施，指导公众出行和调整其他相关社会活动。

第九十六条　县级以上地方人民政府应当依据重污染天气的预警等级，及时启动应急预案，根据应急需要可以采取责令有关企业停产或者限产、限制部分机动车行驶、禁止燃放烟花爆竹、停止工地土石方作业和建筑物拆除施工、停止露天烧烤、停止幼儿园和学校组织的户外活动、组织开展人工影响天气作业等应急措施。

应急响应结束后，人民政府应当及时开展应急预案实施情况的评估，适时修改完善应急预案。

第九十七条　发生造成大气污染的突发环境事件，人民政府及其有关部门和相关企业事业单位，应当依照《中华人民共和国突发事件应对法》、《中华人民共和国环境保护法》的规定，做好应急处置工作。环境保护主管部门应当及时对突发环境事件产生的大气污染物进行监测，并向社会公布监测信息。

第七章　法律责任

第九十八条　违反本法规定，以拒绝进入现场等方式拒不接受环境保护主管部门及其委托的环境监察机构或者其他负有大气环境保护监督管理职责的部门的监督检查，或者在接受监督检查时弄虚作假的，由县级以上人民政府环境保护主管部门或者其他负有大气环境保护监督管理职责的部门责令改正，处二万元以上二十万元以下的罚款；构成违反治安管理行为的，由公安机关依法予以处罚。

第九十九条　违反本法规定，有下列行为之一的，由县级以上人民政府环境保护主管部门责令改正或者限制生产、停产整治，并处十万元以上一百万元以下的罚款;情节严重的，报经有批准权的人民政府批准，责令停业、关闭：

（一）未依法取得排污许可证排放大气污染物的；

（二）超过大气污染物排放标准或者超过重点大气污染物排放总量控制指标排放大气污染物的；

（三）通过逃避监管的方式排放大气污染物的。

第一百条　违反本法规定，有下列行为之一的，由县级以上人民政府环境保护主管部门责令改正，处二万元以上二十万元以下的罚款；拒不改正的，责令停产整治：

（一）侵占、损毁或者擅自移动、改变大气环境质量监测设施或者大气污染物排放自动监测设备的；

（二）未按照规定对所排放的工业废气和有毒有害大气污染物进行监测并保存原始监测记录的；

（三）未按照规定安装、使用大气污染物排放自动监测设备或者未按照规定与环境保护主管部门的监控设备联网，并保证监测设备正常运行的；

（四）重点排污单位不公开或者不如实公开自动监测数据的；

（五）未按照规定设置大气污染物排放口的。

第一百零一条　违反本法规定，生产、进口、销售或者使用国家综合性产业政策目录中禁止的设备和产品，采用国家综合性产业政策目录中禁止的工艺，或者将淘汰的设备和产品转让给他人使用的，由县级以上人民政府经济综合主管部门、出入境检验检疫机构按照职责责令改正，没收违法所得，并处货值金额一倍以上三倍以下的罚款；拒不改正的，报经有批准权的人民政府批准，责令停业、关闭。进口行为构成走私的，由海关依法予以处罚。

第一百零二条　违反本法规定，煤矿未按照规定建设配套煤炭洗选设施的，由县级以上人民政府能源主管部门责令改正，处十万元以上一百万元以下的罚款；拒不改正的，报经有批准权的人民政府批准，责令停业、关闭。

违反本法规定，开采含放射性和砷等有毒有害物质超过规定标准的煤炭的，由县级以上人民政府按照国务院规定的权限责令停业、关闭。

第一百零三条　违反本法规定，有下列行为之一的，由县级以上地方人民政府质量监督、工商行政管理部门按照职责责令改正，没收原材料、产品和违法所得，并处货值金额一倍以上三倍以下的罚款：

（一）销售不符合质量标准的煤炭、石油焦的；

（二）生产、销售挥发性有机物含量不符合质量标准或者要求的原材料和产品的；

（三）生产、销售不符合标准的机动车船和非道路移动机械用燃料、发动机油、氮氧化物还原剂、燃料和润滑油添加剂以及其他添加剂的；

（四）在禁燃区内销售高污染燃料的。

第一百零四条　违反本法规定，有下列行为之一的，由出入境检验检疫机构责令改正，没收原材料、产品和违法所得，并处货值金额一倍以上三倍以下的罚款；构成走私的，由海关依法予以处罚：

（一）进口不符合质量标准的煤炭、石油焦的；

（二）进口挥发性有机物含量不符合质量标准或者要求的原材料和产品的；

（三）进口不符合标准的机动车船和非道路移动机械用燃料、发动机油、氮氧化物还原剂、燃料和润滑油添加剂以及其他添加剂的。

第一百零五条　违反本法规定，单位燃用不符合质量标准的煤炭、石油焦的，由县级以上人民政府环境保护主管部门责令改正，处货值金额一倍以上三倍以下的罚款。

第一百零六条　违反本法规定，使用不符合标准或者要求的船舶用燃油的，由海事管理机构、渔业主管部门按照职责处一万元以上十万元以下的罚款。

第一百零七条　违反本法规定，在禁燃区内新建、扩建燃用高污染燃料的设施，或者未按照规定停止燃用高污染燃料，或者在城市集中供热管网覆盖地区新建、扩建分散燃煤供热锅炉，或者未按照规定拆除已建成的不能达标排放的燃煤供热锅炉的，由县级以上地方人民政府环境保护主管部门没收燃用高污染燃料的设施，组织拆除燃煤供热锅炉，并处二万元以上二十万元以下的罚款。

违反本法规定，生产、进口、销售或者使用不符合规定标准或者要求的锅炉，由县级以上人民政府质量监督、环境保护主管部门责令改正，没收违法所得，并处二万元以上二十万元以下的罚款。

第一百零八条　违反本法规定，有下列行为之一的，由县级以上人民政府环境保护主管部门责令改正，处二万元以上二十万元以下的罚款；拒不改正的，责令停产整治：

（一）产生含挥发性有机物废气的生产和服务活动，未在密闭空间或者设备中进行，未按照规定安装、使用污染防治设施，或者未采取减少废气排放措施的；

（二）工业涂装企业未使用低挥发性有机物含量涂料或者未建立、保存台账的；

（三）石油、化工以及其他生产和使用有机溶剂的企业，未采取措施对管道、设备进行日常维护、维修，减少物料泄漏或者对泄漏的物料未及时收集处理的；

（四）储油储气库、加油加气站和油罐车、气罐车等，未按照国家有关规定安装并正常使用油气回收装置的；

（五）钢铁、建材、有色金属、石油、化工、制药、矿产开采等企业，未采取集中收集处理、密闭、围挡、遮盖、清扫、洒水等措施，控制、减少粉尘和气态污染物排放的；

（六）工业生产、垃圾填埋或者其他活动中产生的可燃性气体未回收利用，不具备回收利用条件未进行防治污染处理，或者可燃性气体回收利用装置不能正常作业，未及时修复或者更新的。

第一百零九条　违反本法规定，生产超过污染物排放标准的机动车、非道路移动机械的，由省级以上人民政府环境保护主管部门责令改正，没收违法所得，并处货值金额一倍以上三倍以下的罚款，没收销毁无法达到污染物排放标准的机动车、非道路移动机械；拒不改正的，责令停产整治，并由国务院机动车生产主管部门责令停止生产该车型。

违反本法规定，机动车、非道路移动机械生产企业对发动机、污染控制装置弄虚作假、以次充好，冒充排放检验合格产品出厂销售的，由省级以上人民政府环境保护主管部门责令停产整治，没收违法所得，并处货值金额一倍以上三倍以下的罚款，没收销毁无法达到污染物排放标准的机动车、非道路移动机械，并由国务院机动车生产主管部门责令停止生产该车型。

第一百一十条　违反本法规定，进口、销售超过污染物排放标准的机动车、非道路移动机械的，由县级以上人民政府工商行政管理部门、出入境检验检疫机构按照职责没收违法所得，并处货值金额一倍以上三倍以下的罚款，没收销毁无法达到污染物排放标准的机动车、非道路移动机械；进口行为构成走私的，由海关依法予以处罚。

违反本法规定，销售的机动车、非道路移动机械不符合污染物排放标准的，销售者应当负责修理、更换、退货；给购买者造成损失的，销售者应当赔偿损失。

第一百一十一条　违反本法规定，机动车生产、进口企业未按照规定向社会公布其生产、进口机动车车型的排放检验信息或者污染控制技术信息的，由省级以上人民政府环境保护主管部门责令改正，处五万元以上五十万元以下的罚款。

违反本法规定，机动车生产、进口企业未按照规定向社会公布其生产、进口机动车车型的有关维修技术信息的，由省级以上人民政府交通运输主管部门责令改正，处五万元以上五十万元以下的罚款。

第一百一十二条　违反本法规定，伪造机动车、非道路移动机械排放检验结果或者出具虚假排放检验报告的，由县级以上人民政府环境保护主管部门没收违法所得，并处十万元以上五十万元以下的罚款；情节严重的，由负责资质认定的部门取消其检验资格。

违反本法规定，伪造船舶排放检验结果或者出具虚假排放检验报告的，由海事管理机构依法予以处罚。

违反本法规定，以临时更换机动车污染控制装置等弄虚作假的方式通过机动车排放检验或者破坏机动车车载排放诊断系统的，由县级以上人民政府环境保护主管部门责令改正，对机动车所有人处五千元的罚款；对机动车维修单位处每辆机动车五千元的罚款。

第一百一十三条　违反本法规定，机动车驾驶人驾驶排放检验不合格的机动车上道路行驶的，由公安机关交通管理部门依法予以处罚。

第一百一十四条　违反本法规定，使用排放不合格的非道路移动机械，或者在用重型柴油车、非道路移动机械未按照规定加装、更换污染控制装置的，由县级以上人民政府环境保护等主管部门按照职责责令改正，处五千元的罚款。

违反本法规定，在禁止使用高排放非道路移动机械的区域使用高排放非道路移动机械的，由城市人民政府环境保护等主管部门依法予以处罚。

第一百一十五条　违反本法规定，施工单位有下列行为之一的，由县级以上人民政府住房城乡建设等主管部门按照职责责令改正，处一万元以上十万元以下的罚款；拒不改正的，责令停工整治：

（一）施工工地未设置硬质密闭围挡，或者未采取覆盖、分段作业、择时施工、洒水抑尘、冲洗地面和车辆等有效防尘降尘措施的；

（二）建筑土方、工程渣土、建筑垃圾未及时清运，或者未采用密闭式防尘网遮盖的。

违反本法规定，建设单位未对暂时不能开工的建设用地的裸露地面进行覆盖，或者未对超过三个月不能开工的建设用地的裸露地面进行绿化、铺装或者遮盖的，由县级以上人民政府住房城乡建设等主管部门依照前款规定予以处罚。

第一百一十六条　违反本法规定，运输煤炭、垃圾、渣土、砂石、土方、灰浆等散装、流体物料的车辆，未采取密闭或者其他措施防止物料遗撒的，由县级以上地方人民政府确定的监督管理部门责令改正，处二千元以上二万元以下的罚款；拒不改正的，车辆不得上道路行驶。

第一百一十七条　违反本法规定，有下列行为之一的，由县级以上人民政府环境保护等主管部门按照职责责令改正，处一万元以上十万元以下的罚款；拒不改正的，责令停工整治或者停业整治：

（一）未密闭煤炭、煤矸石、煤渣、煤灰、水泥、石灰、石膏、砂土等易产生扬尘的物料的；

（二）对不能密闭的易产生扬尘的物料，未设置不低于堆放物高度的严密围挡，或者未采取有效覆盖措施防治扬尘污染的；

（三）装卸物料未采取密闭或者喷淋等方式控制扬尘排放的；

（四）存放煤炭、煤矸石、煤渣、煤灰等物料，未采取防燃措施的；

（五）码头、矿山、填埋场和消纳场未采取有效措施防治扬尘污染的；

（六）排放有毒有害大气污染物名录中所列有毒有害大气污染物的企业事业单位，未按照规定建设环境风险预警体系或者对排放口和周边环境进行定期监测、排查环境安全隐患并采取有效措施防范环境风险的；

（七）向大气排放持久性有机污染物的企业事业单位和其他生产经营者以及废弃物焚烧设施的运营单位，未按照国家有关规定采取有利于减少持久性有机污染物排放的技术方法和工艺，配备净化装置的；

（八）未采取措施防止排放恶臭气体的。

第一百一十八条　违反本法规定，排放油烟的餐饮服务业经营者未安装油烟净化设施、不正常使用油烟净化设施或者未采取其他油烟净化措施，超过排放标准排放油烟的，由县级以上地方人民政府确定的监督管理部门责令改正，处五千元以上五万元以下的罚款；拒不改正的，责令停业整治。

违反本法规定，在居民住宅楼、未配套设立专用烟道的商住综合楼、商住综合楼内与居住层相邻的商业楼层内新建、改建、扩建产生油烟、异味、废气的餐饮服务项目的，由县级以上地方人民政府确定的监督管理部门责令改正；拒不改正的，予以关闭，并处一万元以上十万元以下的罚款。

违反本法规定，在当地人民政府禁止的时段和区域内露天烧烤食品或者为露天烧烤食品提供场地的，由县级以上地方人民政府确定的监督管理部门责令改正，没收烧烤工具和违法所得，并处五百元以上二万元以下的罚款。

第一百一十九条　违反本法规定，在人口集中地区对树木、花草喷洒剧毒、高毒农药，或者露天焚烧秸秆、落叶等产生烟尘污染的物质的，由县级以上地方人民政府确定的监督管理部门责令改正，并可以处五百元以上二千元以下的罚款。

违反本法规定，在人口集中地区和其他依法需要特殊保护的区域内，焚烧沥青、油毡、橡胶、塑料、皮革、垃圾以及其他产生有毒有害烟尘和恶臭气体的物质的，由县级人民政府确定的监督管理部门责令改正，对单位处一万元以上十万元以下的罚款，对个人处五百元以上二千元以下的罚款。

违反本法规定，在城市人民政府禁止的时段和区域内燃放烟花爆竹的，由县级以上地方人民政府确定的监督管理部门依法予以处罚。

第一百二十条　违反本法规定，从事服装干洗和机动车维修等服务活动，未设置异味和废气处理装置等污染防治设施并保持正常使用，影响周边环境的，由县级以上地方人民政府环境保护主管部门责令改正，处二千元以上二万元以下的罚款；拒不改正的，责令停业整治。

第一百二十一条　违反本法规定，擅自向社会发布重污染天气预报预警信息，构成违反治安管理行为的，由公安机关依法予以处罚。

违反本法规定，拒不执行停止工地土石方作业或者建筑物拆除施工等重污染天气应急措施的，由县级以上地方人民政府确定的监督管理部门处一万元以上十万元以下的罚款。

第一百二十二条　违反本法规定，造成大气污染事故的，由县级以上人民政府环境保护主管部门依照本条第二款的规定处以罚款；对直接负责的主管人员和其他直接责任人员可以处上一年度从本企业事业单位取得收入百分之五十以下的罚款。

对造成一般或者较大大气污染事故的，按照污染事故造成直接损失的一倍以上三倍以下计算罚款；对造成重大或者特大大气污染事故的，按照污染事故造成的直接损失的三倍以上五倍以下计算罚款。

第一百二十三条　违反本法规定，企业事业单位和其他生产经营者有下列行为之一，受到罚款处罚，被责令改正，拒不改正的，依法作出处罚决定的行政机关可以自责令改正之日的次日起，按照原处罚数额按日连续处罚：

（一）未依法取得排污许可证排放大气污染物的；

（二）超过大气污染物排放标准或者超过重点大气污染物排放总量控制指标排放大气污染物的；

（三）通过逃避监管的方式排放大气污染物的；

（四）建筑施工或者贮存易产生扬尘的物料未采取有效措施防治扬尘污染的。

第一百二十四条　违反本法规定，对举报人以解除、变更劳动合同或者其他方式打击报复的，应当依照有关法律的规定承担责任。

第一百二十五条　排放大气污染物造成损害的，应当依法承担侵权责任。

第一百二十六条　地方各级人民政府、县级以上人民政府环境保护主管部门和其他负有大气环境保护监督管理职责的部门及其工作人员滥用职权、玩忽职守、徇私舞弊、弄虚作假的，依法给予处分。

第一百二十七条　违反本法规定，构成犯罪的，依法追究刑事责任。

第八章　附　　则

第一百二十八条　海洋工程的大气污染防治，依照《中华人民共和国海洋环境保护法》的有关规定执行。

第一百二十九条　本法自 2016 年 1 月 1 日起施行。

国务院关于调整和完善固定资产投资项目资本金制度的通知

（国发〔2015〕51 号）

各省、自治区、直辖市人民政府，国务院各部委、各直属机构：

为进一步解决当前重大民生和公共领域投资项目融资难、融资贵问题，增加公共产品和公共服务供给，补短板、增后劲，扩大有效投资需求，促进投资结构调整，保持经济平稳健康发展，国务院决定对固定资产投资项目资本金制度进行调整和完善。现就有关事项通知如下：

一、各行业固定资产投资项目的最低资本金比例按以下规定执行。

城市和交通基础设施项目：城市轨道交通项目由 25% 调整为 20%，港口、沿海及内河航运、机场项目由 30% 调整为 25%，铁路、公路项目由 25% 调整为 20%。

房地产开发项目：保障性住房和普通商品住房项目维持 20% 不变，其他项目由 30% 调整为 25%。

产能过剩行业项目：钢铁、电解铝项目维持 40% 不变，水泥项目维持 35% 不变，煤炭、电石、铁合金、烧碱、焦炭、黄磷、多晶硅项目维持 30% 不变。

其他工业项目：玉米深加工项目由 30% 调整为 20%，化肥（钾肥除外）项目维持 25% 不变。

电力等其他项目维持 20% 不变。

二、城市地下综合管廊、城市停车场项目，以及经国务院批准的核电站等重大建设项目，可以在规定最低资本金比例基础上适当降低。

三、金融机构在提供信贷支持和服务时，要坚持独立审贷，切实防范金融风险。要根据借款主体和项目实际情况，按照国家规定的资本金制度要求，对资本金的真实性、投资收益和贷款风险进行全面审查和评估，坚持风险可控、商业可持续原则，自主决定是否发放贷款以及具体的贷款数量和比例。对于产能严重过剩行业，金融机构要严格执行《国务院关于化解产能严重过剩矛盾的指导意见》（国发〔2013〕41号）有关规定。

四、自本通知印发之日起，凡尚未审批可行性研究报告、核准项目申请报告、办理备案手续的固定资产投资项目，以及金融机构尚未贷款的固定资产投资项目，均按照本通知执行。已经办理相关手续但尚未开工建设的固定资产投资项目，参照本通知执行。已与金融机构签订相关合同的固定资产投资项目，按照原合同执行。

五、国家将根据经济形势发展和宏观调控需要，适时调整固定资产投资项目最低资本金比例。

六、本通知自印发之日起执行。

国务院

2015年9月9日

财政部关于财政资金注资政府投资基金支持产业发展的指导意见

（财建〔2015〕1062号）

各省、自治区、直辖市、计划单列市财政厅（局）：

近年来，各级财政探索政府投资基金等市场化方式支持产业，有效引导了社会资本投向，促进了企业和产业发展，但也存在投向分散、运作不规范、指导监督机制不完善等问题。为贯彻落实十八届五中全会通过的《国民经济和社会发展第十三个五年规划的建议》关于“发挥财政资金撬动功能，创新融资方式，带动社会资本参与投资”等精神，规范有序推进相关工作，根据《政府投资基金管理办法》（财预〔2015〕210号），现就财政资金注资设立政府投资基金支持产业发展，提出以下指导意见：

一、指导思想、总体要求及基本原则

（一）指导思想。

规范有序运用政府投资基金方式推动重点产业发展，发挥财政资金带动社会投资、培育市场需求、促进企业创业成长等作用，提高资源配置效率和财政资金使用效益，加快经济结构调整和发展方式转变。

（二）总体要求。

使市场在资源配置中起决定性作用，更好发挥政府引导作用。协调好财政资金杠杆放大作用和多种所有制资本相互促进作用，加强顶层设计，坚持市场化运作，规范有序推进，推动解决产业重点领域和薄弱环节的资金、市场、技术等瓶颈制约。

（三）基本原则。

——聚焦重点产业。区分产业重点领域和薄弱环节，明确特定政策目标，在准确定位的基础上确定财政资金投入方式和支持产业发展的政府投资基金设立方案，解决好产业发展的瓶颈制约。

——坚持市场化运作。按照法律法规和市场通行做法明确工作机制，遵循市场规则，实行专业化管理，同时注重充分发挥社会资本作用。在确保有效监督指导的同时，基金机构设置尽可能精简，提高效率。

——切实履行出资人职责。财政部门根据同级政府授权，切实履行对财政资金注资的政府投资基金的出资人职责。通过合理设计基金设立方案及财政出资让利措施、选好基金管理公司或团队等，充分发挥政府投资基金支持产业的作用。

二、合理运用政府投资基金聚焦支持重点产业

财政资金注资政府投资基金支持产业发展，应当针对宏观经济及产业发展的特定问题，加强政策顶层设计、明确基金定位、合理控制规模，规范有序推进。

（一）精准定位、聚焦重点。公共财政运用政府投资基金方式支持产业，限定于具有一定竞争性、存在市场失灵、外溢性明显的关键领域和薄弱环节。具体按照《政府投资基金暂行管理办法》有关规定，限定支持领域。推动产业发展方面，主要支持外部性强、基础性、带动性、战略性特征明显的产业领域及中小企业创业成长。各地应当结合上述定位，以及国家、地方产业布局和发展规划聚焦作用的特定领域。

（二）问题导向、分类施策。针对产业重点领域和薄弱环节，相机采取创业投资引导基金、产业投资基金等形式予以支持。其中：对战略性新兴产业等新兴产业及中小企业，可通过创业投资引导基金，加强资金、技术和市场相融合。对集成电路等战略主导产业及行业龙头企业，可通过产业投资基金直接投资，实现产业重点突破和跨越发展。

（三）加强引导、有序推进。通过一般公共预算、政府性基金预算、国有

资本经营预算等安排对政府投资基金注资，发挥财政资金引导作用，引导社会资金投资经济社会发展的重点领域和薄弱环节。同时，要合理控制政府投资基金规模，不得在同一行业或领域重复设立基金。结合产业发展阶段性特点和要求，适时调整政府投资基金作用的领域；对市场能够充分发挥作用的领域，要及时退出。

三、规范设立运作支持产业的政府投资基金

财政资金注资设立政府投资基金支持产业，要坚持市场化运作、专业化管理，以实现基金良性运营。基金的设立和运作，应当遵守契约精神，依法依规推进，促进政策目标实现。

（一）设立市场化的基金实体。结合政府投资基金定位、社会出资人意愿等，设立公司制、合伙制等市场化基金实体，坚持所有权、管理权、托管权分离。原则上不设立事业单位形式的政府投资基金；已设立事业单位形式基金的应当积极向企业转制，不能转制的应当选聘专业管理团队，提高市场化管理水平。

（二）建立多元化的出资结构。结合政府投资基金政策目标，广泛吸引社会出资，形成多元化出资结构，优化基金内部治理结构、形成各方出资合理制衡，促进协同发展。结合财力可能、基金定位、募资难度等确定财政资金注资上限，并根据有关章程、协议及基金投资进度等分期到位。

（三）坚持专业化投资运营。财政资金注资设立的政府投资基金，原则上委托市场化基金管理公司管理，并通过委托管理协议等约定主要投资领域和投资阶段。为促进产业链协同发展，可适当布局产业上下游环节。

（四）建立适时退出机制。财政资金注资设立政府投资基金形成的股权，应根据有关法律法规并按照章程约定的条件退出。财政出资原则在基金存续期满后退出，存续期内如达到预期目标，也可考虑通过预设股权回购机制等方式适时退出。

四、切实履行财政资金出资人职责

财政部门作为财政资金管理部门，根据本级人民政府授权，并依照法律法规以及基金章程、合伙人协议等，切实履行对财政资金注资政府投资基金的出资人职责，促进支持产业政策目标实现，保障出资人权益。

（一）深入研究基金设立方案。确需设立支持产业的政府投资基金，财政部门应当主动研究设立方案，结合拟支持的产业发展所需，明确基金设立形式、运作机制、财政出资比例、让利措施等问题，同时发挥行业主管部门在行业政策及投向等方面的指导作用，明确引导基金投资结构、中长期目标等，由财政部门或财政部门会同有关行业主管部门报同级人民政府审批。

（二）选定绩优基金管理公司或团队。选择政府投资基金管理公司或团队要综合考虑团队募资能力、投资业绩、研究能力、出资实力等，预设好前置条件，确保专注管理。同时，设定合理的激励约束机制，主要是确定合理的管理费和绩效奖励、要求基金管理公司或团队对引导基金认缴出资、将对其绩效评价与管理费等挂钩等，促使基金管理公司或团队不断提高管理水平。

（三）合理确定财政出资让利措施。财政资金注资设立政府投资基金支持产业发展，着眼政策目标，坚持风险共担、收益共享。财政出资原则上与社会出资同股同权。对于“市场失灵”突出的领域，设立基金可以采取向社会出资人让渡部分分红等让利措施，但必须控制财政风险，并确保市场机制充分发挥作用。

（四）依法行使出资人权利。财政部门与其他出资人共同签订政府投资基金章程、合伙人协议等，明晰各方责权利；同时，按照有关协议约定委派董事或理事、监事等，依法依规参与基金内部治理，促进政策目标实现，保障出资权益。

（五）适时进行考核评价。财政资金控股的政府投资基金应当纳入公共财政考核评价体系，定期对基金支持产业的政策目标、政策效果及其资产情况进行评估；对于财政资金注资但不控股的基金，财政部门或财政部门授权有关部门（机构）按照公共性原则对财政出资进行考核评价。

五、积极营造政府投资基金支持产业发展的良好环境

财政资金新注资设立政府投资基金支持产业发展，要按照本意见要求规范推进。已注资的基金如具备条件，应当在出资人自愿协商一致的前提下，按照本意见调整完善运作机制。财政部门应对所注资基金加强统筹，完善机制，营造良好环境，促使更好发挥支持产业发展的政策效应。

（一）加强统筹合作。中央和地方财政资金注资的投向相近的政府投资基金，应加强合作，通过互相参股、联合投资等方式发挥合力。同时，财政资金也可参股一些产业龙头企业发起设立的基金，扶优扶强，推动产业链协同发展，优化产业布局。

（二）加强组织协调。探索建立财政资金注资政府投资基金的统计分析、考核评价、董事及监事委派、风险控制等体系。同时，加强与有关部门和单位的合作，推动建立政府投资基金支持产业发展的工作协调机制，促进政策作用的有效发挥。

（三）强化政策支撑。对符合国有股转持豁免、税收减免等规定的基金，要用足用好政策。同时，积极研究促进政府投资基金支持产业发展的政策措施，引导金融机构加大对有关基金的融资支持力度，引导产业链相关的国有企业对基金出资。

（四）完善支持方式。按照财税改革和构建现代财政制度的要求，结合经济发展规划、产业基础、资源禀赋及科技优势等实际情况，积极探索完善保险补偿、PPP、融资担保等市场化支持方式，形成政策合力共同支持产业发展，推动重点产业发展和产业转型升级。

财政部

2015 年 12 月 25 日

编后语

为了加强对“引进来”和“走出去”双向投资工作的宏观指导和服务，更好地为中国企业“走出去”、跨国公司“进入中国”提供政策和资讯等方面的信息，在国家发展和改革委员会领导的关怀和指导下，国际合作中心组织编辑了“一带一路双向投资丛书”（以下简称“丛书”）。

“丛书”以促进“一带一路”建设和中国的双向投资为宗旨，由《2016中国双向投资发展报告》《中国双向投资政策指南2016》《“一带一路”与国际产能合作——行业布局研究》《“一带一路”与国际产能合作——地方发展破局》《“一带一路”与国际产能合作——企业生存之道》和《“一带一路”与国际产能合作——国别合作指南》等6本书组成，以达到务实指导和服务社会各界开展交流合作的目的。

“丛书”编辑团队，经过走访、调研、征稿、网上搜集、分析等多种方式，历时8个月完成了“丛书”编辑工作。在“丛书”编辑过程中，编辑组得到了国家发展和改革委员会办公厅、利用外资和境外投资司、西部开发司、国际合作司等有关司局的支持，有关省区市发展改革委为“丛书”提供了大量丰富的信息资料；得到了商务部办公厅、外国投资管理司、对外投资和经济合作司的支持与帮助；同时，“丛书”也得到了有关外国驻华大使馆的大力协助与支持。最后，机械工业出版社对“丛书”的出版也给予了大力协助，在此一并致以最诚挚的谢意。

曹文炼

国家发展和改革委员会国际合作中心主任

“一带一路双向投资丛书”执行主编

国家发展和改革委员会国际合作中心组织编写的

一带一路双向投资丛书(国际产能合作)

由时任国家发展改革委主任徐绍史担任主编并作序，国家发展改革委主任何立峰，副主任宁吉喆、王晓涛为副主编，国家发展改革委国际合作中心组织编写的“一带一路双向投资丛书（国际产能合作）”，已全面出版发行。

“丛书”编辑部继2014、2015年出版了反映“一带一路”和双向投资状况的大型丛书后，在2016年推出重点配合宣传“一带一路”建设和推进国际产能和装备制造合作的权威性大型丛书。

“丛书”特点

权威性：“丛书”编委成员为推进“一带一路”建设工作领导小组成员单位（国家发展改革委有关司局、国际合作中心）、各地方发展改革委工作人员；同时还得到商务部有关司局、外国驻华大使馆以及各行业协会、企业的支持与帮助，使本套书资料全面且丰富。

政策性：“丛书”深度解读“一带一路”与国际产能合作相关政策，以及各地方落实推进方案，向境内外投资者展示中国开放的新政策及投资导向。

务实性：“丛书”内容结合大量“一带一路”与国际产能合作案例，总结并研究中国企业海外合作前景、方式、方法，是切实具有指导意义的一套丛书。

可观性：“丛书”图文并茂地展开“一带一路”与国际产能合作的探讨与研究，语言平实易懂。

书号	书名	定价
978-7-111-56353-2	2016中国双向投资发展报告	120 元
978-7-111-56308-2	中国双向投资政策指南2016	180 元
978-7-111-56688-5	“一带一路”与国际产能合作——行业布局研究	180 元
978-7-111-56658-8	“一带一路”与国际产能合作——地方发展破局	150 元
978-7-111-56506-2	“一带一路”与国际产能合作——企业生存之道	180 元
978-7-111-56592-5	“一带一路”与国际产能合作——国别合作指南	180 元

一带一路双向投资丛书（国际产能合作）

扫描二维码立即购买

机械工业出版社
China Machine Press

国家发展和改革委员会国际合作中心组织编写的

一带一路双向投资丛书（2015）

“一带一路双向投资丛书”是由时任国家发展改革委主任徐绍史担任主编，国家发展改革委主任何立峰、副主任王晓涛为副主编，国家发展改革委国际合作中心具体组织编写的权威性大型丛书。

该“丛书”是继2014年组织出版了全面反映我国双向投资状况的权威报告之后，在2015年重点结合推进“一带一路”倡议的权威性大型丛书。

“丛书”分为《2015中国双向投资发展报告》《中国双向投资政策指南》《一带一路国外投资指南》（上、下）和《一带一路双向投资研究与案例分析》五册。

本套书特点可概括为四点：

一是收集了国家与各地方2014年双向投资的发展情况，对国内外更多了解中国双向投资发展情况提供了大量信息；

二是收集了有关双向投资的政策，特别是关于“一带一路”的政策，向外国投资者展示中国开放的新政策及投资导向；

三是收集了“一带一路”沿线重点国家的国外投资指南，对中国企业对外投资提供一定的指导；

四是收集了国内外专家对“一带一路”国家和地区双向投资的分析与研究报告，以及不同行业“走出去”“引进来”的典型案例分析。

书号	书名	定价
978-7-111-52961-3	一带一路国外投资指南（上）	180元
978-7-111-52954-5	一带一路国外投资指南（下）	180元
978-7-111-52925-5	一带一路双向投资研究与案例分析	80元
978-7-111-52924-8	2015中国双向投资发展报告	100元
978-7-111-52883-8	中国双向投资政策指南	120元

一带一路双向投资丛书（2015）

扫描二维码立即购买